Erkenntnis des Göttlichen im Bild?

Hermeneutik und Ästhetik 3 (2021)

Herausgegeben von Philipp David, Thomas Erne,
Malte Dominik Krüger und Thomas Wabel

Malte Dominik Krüger/Andreas Lindemann/
Arbogast Schmitt

Erkenntnis des Göttlichen im Bild?

Perspektiven hermeneutischer
Theologie und antiker Philosophie

EVANGELISCHE VERLAGSANSTALT
Leipzig

Bibliographische Information der Deutschen Nationalbibliothek
Die Deutsche Nationalbibliothek verzeichnet diese Publikation in der
Deutschen Nationalbibliographie; detaillierte bibliographische Daten
sind im Internet über http://dnb.dnb.de abrufbar.

© 2021 by Evangelische Verlagsanstalt GmbH, Leipzig
Printed in Germany

Das Werk einschließlich aller seiner Teile ist urheberrechtlich geschützt.
Jede Verwertung außerhalb der Grenzen des Urheberrechtsgesetzes ist
ohne Zustimmung des Verlags unzulässig und strafbar. Das gilt insbesondere für Vervielfältigungen, Übersetzungen, Mikroverfilmungen und
die Einspeicherung und Verarbeitung in elektronischen Systemen.

Das Buch wurde auf alterungsbeständigem Papier gedruckt.

Cover: Kai-Michael Gustmann, Leipzig
Satz: Druckerei Böhlau, Leipzig
Druck und Binden: Hubert & Co., Göttingen
ISBN 978-3-374-06746-6 // eISBN (PDF) 978-3-374-06747-3
www.eva-leipzig.de

Vorwort

Die folgenden Beiträge gehen auf die *2. Internationale Bultmann-Lecture* in der Alten Aula der Philipps-Universität Marburg am 1. Juli 2019 zurück. Veranstalter war das *Rudolf-Bultmann-Institut für Hermeneutik* am Fachbereich Theologie der Philipps-Universität. Für den Druck wurde das Vorgetragene überarbeitet und erweitert.

Für die *Rudolf-Bultmann-Gesellschaft für Hermeneutische Theologie* sprach der Neutestamentler Prof. Dr. Andreas Lindemann (Bethel); im Folgenden ist dies unter dem Titel »René Magritte und die Entmythologisierung« abgedruckt. Für das *Rudolf-Bultmann-Institut für Hermeneutik* sprach der Systematische Theologe und Religionsphilosoph Prof. Dr. Malte Dominik Krüger (Marburg); im Folgenden ist dies unter dem Titel »Bildhermeneutische Theologie. Evangelische, hermeneutische und metaphysische Perspektiven« abgedruckt. Der Gräzist Prof. Dr. Arbogast Schmitt (Marburg) hielt den Hauptvortrag, der unter dem Titel »Die Darstellung des Göttlichen im Bild. Zwei Bildbegriffe der Antike und ihre Bedeutung für die Präsenz der Wirklichkeit des Dargestellten im Bild« abgedruckt ist. Diese drei Texte verstehen sich als Diskussionsbeiträge zur Debatte: Gibt es eine Erkenntnis des Göttlichen im Bild? Und wenn ja, wie ist sie zu verstehen und einzuordnen?

Den Marburger Mitarbeitern Herrn Dr. Raphael Döhn und insbesondere Herrn Dipl.-Theol. Martin Jockel sei für die Hilfe bei der Erstellung der Druckvorlage und der Register gedankt. Den Mitarbeitern der Evangelischen Verlagsanstalt, insbesondere Frau Dr. Annette Weidhas, danken wir für die intensive Betreuung des Projekts und die gute Zusammenarbeit.

Bethel/Marburg im Dezember 2020
Malte Dominik Krüger, Andreas Lindeman und Arbogast Schmitt

Inhalt

Einleitung 11
Erkenntnis des Göttlichen im Bild?

Andreas Lindemann
René Magritte und die Entmythologisierung 17

Malte Dominik Krüger
Bildhermeneutische Theologie 33
Evangelische, hermeneutische und metaphysische Perspektiven
I Skizze des Programms 33
II Theologie als Bildlehre des Glaubens 39
    1. Die theologische Grundlagenkrise in der Moderne
       aufgrund der Historisierung 39
    2. Das Anbahnen eines neuen Weges: Die theologische
       Fokussierung der Einbildungskraft 47
    3. Zwischenfazit 61
III Hermeneutik als Bildlehre des Verstehens 63
    1. Der bildhermeneutische Ansatz des symbolischen
       Pragmatismus 63
    2. Die mediengenealogische Verortung der Gegenwart... 75
    3. Das Verstehen von Bildern und ihren Eigenarten ... 81
    4. Kulturanthropologische Perspektiven des
       bildhermeneutischen Ansatzes 87
    5. Zwischenfazit 91
IV Metaphysik als Bildlehre des Unbedingten 92
    1. Die wahrnehmungstheoretische Verankerung
       der Metaphysik 92
    2. Doxographische Spurensuche: Metaphysik als
       Philosophie des Bildes 98

    3. Aktuelle Systematisierung: Metaphysik als
       Philosophie des Bildes 115
    4. Zwischenfazit 124
V Glaube als Bildsprache des Unbedingten 125
    1. Die christliche Grundbotschaft von Jesus als dem
       Bild Gottes 125
    2. Luthers bildhermeneutische Theologie und ihre
       aktuellen Potentiale 137
    3. Der religionskritische Projektionsverdacht und die
       theologische Glaubwürdigkeit 143
    4. Die aktuelle Realismus-Debatte und der Realismus
       des Glaubens 148
    5. Fazit und Folgen 154

Arbogast Schmitt
Die Darstellung des Göttlichen im Bild 161
Zwei Bildbegriffe der Antike und ihre Bedeutung für
die Präsenz der Wirklichkeit des Dargestellten im Bild
  I   Einführende Charakteristik der beiden Bildbegriffe 161
  II Platons Kritik am Erscheinenlassen des Erscheinenden,
      wie es erscheint 170
      1. Die immanente Präsenz des *eídos* im Einzelnen,
         das dadurch zum Bild des *eídos* wird 185
      2. Übt Platon Kritik an der Täuschung über den
         fiktionalen Charakter sinnlich perfekter Bilder? 195
      3. Zur Überlastung der Anschauung in der
         »Schattenmalerei« 198
      4. Zur besonderen Form der Anschaulichkeit bei Homer 206
      5. Anschaulichkeit als Verdeutlichung des Bildakts in
         Gemälden und Zeichnungen der Neuzeit 215
  III Aristoteles über die Bedingungen, wie man »etwas
      vor Augen stellt« 223
      1. Aristoteles' erkenntnistheoretische Erklärung der
         Entstehung von Anschaulichkeit 225
      2. Quintilian als Beispiel: wie die sinnliche Deutlichkeit

(*enérgeia*) scheinbar unmittelbar ihre geistige
Bedeutung (*enérgeia*) mitenthält 233
   3. Die »reine Sinneserkenntnis« (*cognitio sensitiva qua talis*) und das Verschwinden des Gegenstands in der »Ästhetik« des 18. und 19. Jahrhunderts 237
   4. Der Sinnüberschuss im Bild: über zwei Grundformen möglicher Intuition 250
   5. Zur Besonderheit einer auf Erfahrung und Kenntnis beruhenden Intuition 261
   6. Exkurs zum Begriff des Denkens in einer Bewusstseins- und einer Unterscheidungsphilosophie 262
   7. Fortsetzung: Zur Besonderheit einer auf Erfahrung und Kenntnis beruhenden Intuition 266
   8. Das Bild als die Präsenz des Nachgeahmten, wie es wirklich ist 269
   9. Aristoteles' Theorie von Dichtung und Kunst: Darstellung des Möglichen, »wie es geschehen müsste«, als Gestaltungsprinzip 282
IV Die Macht der Gottheit im Bild. Kultische Verehrung und künstlerische Darstellung des Göttlichen im Bild 303
   1. Die Götter als Bild des menschlichen Inneren bei Homer? 304
   2. Das Erscheinungsbild der Götter: Zusammenwirken von göttlicher Macht und menschlicher Aktivität 310
   3. Darstellung des personalen Seins der Götter, wie es den Menschen erscheinen kann 319
   4. Die Götter im Bild: subjektiv abstrakte Allegorie oder Teilhabe an der Seinsweise des Göttlichen 326
   5. Das Paris-Urteil 340
   6. Die Götter als Extrapolation menschlicher Befindlichkeiten 343
   7. Die Darstellung göttlichen Handelns und die Vollendung, »Areté«, der Kunst 349

Personen- und Sachregister............................ 371
Die Autoren 376

Einleitung

Erkenntnis des Göttlichen im Bild?

Eine *Lecture,* die mit dem Namen von Rudolf Bultmann verbunden ist, muss sich nicht zwanghaft an ihm und seiner Theologie orientieren. Doch angesichts der Frage dieser *Lecture* nach einer Erkenntnis des Göttlichen im Bild kommt man nicht umhin, eine Spannung wahrzunehmen: Ist Bultmann nicht geradezu ein Bilderstürmer bzw. Ikonoklast erster Ordnung, der das alttestamentliche Bilderverbot theologisch auch in der Auslegung des Neuen Testaments umsetzt?

So ist nach dem katholischen Theologen Bernhard Dieckmann die Theologie Bultmanns ein Bildersturm sprachlicher Art, der letztlich den Mythos auf den Begriff zu bringen versucht.[1] Dabei erteilt, so Dieckmann, Bultmanns Theologie dem Bildlichen eine klare Absage: »Alles Gestalthafte, alles Bildhafte ist nur äußere Hülle, Form des Gedankens [...] das Wesentliche ist der Gedanke, den Entmythologisierung und existentiale Interpretation zu erheben haben«.[2] Bultmanns Theologie führt auf diese Weise, so Dieckmann, zu einem »Intellektualismus«,[3] der die Fülle der menschlichen Erlebnisweisen ignoriert und damit auch theologisch hochproblematisch ist.[4] Wer meint, diese Kritik sei typisch katholisch, kann

---

[1] Vgl. BERNHARD DIECKMANN, Die theologischen Gründe von Bultmanns Bildfeindschaft, in: Catholica 32 (1978), 270-298.
[2] A. a. O., 274.
[3] A. a. O., 273.
[4] Vgl. a. a. O., 270-298.

bei dem lutherischen Theologen Claus Bachmann das Urteil lesen[5]: Während Karl Barths calvinistischer Ikonoklasmus immerhin noch die Bibel gleichsam als letzte Ikone verschont, fällt letztere bei Bultmann dessen Entmythologisierungsprogramm zum Opfer.[6] Denn Bultmann trennt, so Bachmann, das sinnliche Bibelwort so von seinem christologischen Sinn, dass jede Veranschaulichung in sprachlichen Bildern einer Leere des Unsichtbaren weicht, die dem Glauben und seiner Hoffnung nichts mehr zu sehen gibt.[7] Mit dem Gott, der im Wort vom Gekreuzigten sichtbar wird und einen Dualismus vermeidet, so Bachmann, hat dies kaum noch etwas zu tun.[8]

Doch: Sind mit diesen nur als Beispielen angeführten Deutungen von Bultmanns Theologie deren Potentiale oder sogar die der neueren Theologie ausgeschöpft? Und wenn dies nicht der Fall sein sollte, gibt es in der Antike, die für die europäische Geistesgeschichte und Theologie maßgeblich ist, nicht auch ein Bildkonzept, das gerade seine eigene Vergegenständlichung kritisch durchkreuzt? Mit diesen Fragen beschäftigen sich in unterschiedlicher Weise und aus unterschiedlichen Blickwinkeln die drei folgenden Beiträge.

Der Beitrag von Andreas Lindemann steht unter dem Titel »René Magritte und die Entmythologisierung« und nimmt direkt auf die soeben benannten Probleme Bezug. Kann die Deutung von Bildern ein Modell sein für die Ausle-

---

[5] Vgl. CLAUS BACHMANN, Vom unsichtbaren zum gekreuzigten Gott. Die Karriere des biblischen Bilderverbots im Protestantismus, in: NZSTh 47 (2005), 1-34.
[6] Vgl. a. a. O., 14. 21.
[7] Vgl. a. a. O., 21-27.
[8] Vgl. a. a. O., 27-34.

gung neutestamentlicher, insbesondere bildlich erzählender »mythologischer« Texte? Oder gilt umgekehrt, dass das Verstehen von Bildern erleichtert wird, wenn das dargestellte Geschehen oder die dargestellten Personen von Texten her identifizierbar sind? Das Bild von René Magritte zeigt eine sofort zu identifizierende (Tabaks-)Pfeife und den Satz »Ceci n'est pas une pipe.« und bietet damit eine hermeneutische Herausforderung: Wäre der abgebildete Gegenstand tatsächlich nicht als Pfeife zu erkennen, dann wäre die sprachlich getroffene Feststellung trivial. Die Bedeutung des ganzen Bildes liegt gerade darin, dass man eine Pfeife sieht, während die Textzeile unmissverständlich behauptet: »Dies ist keine Pfeife.« Der geschriebene Text bietet nicht ein Dementi, eine »Eliminierung« des Bildes, sondern er zielt auf dessen Selbstinterpretation. Zwischen dem abgebildeten Gegenstand und der geschriebenen Aussage besteht ein direkter Zusammenhang; dieser Zusammenhang bedarf der Interpretation. Insofern lässt sich Magrittes Bild verstehen als eine Analogie zur existentialen Interpretation eines biblischen Textes.

Der Beitrag von Malte Dominik Krüger trägt den Titel »Bildhermeneutische Theologie. Evangelische, hermeneutische und metaphysische Perspektiven«. In Bezug auf die in dieser Einleitung anfangs aufgeworfene Problematik ist Krüger grundsätzlich der Überzeugung: Der paradox-ungegenständliche Charakter des evangelischen Glaubens, auf den Bultmanns Entmythologisierungsprogramm abzielt, kommt gerade in einer kritischen (Sprach-)Bildhermeneutik zum Zuge. Der unverfügbare Gott des Evangeliums zeigt sich in der Selbstdurchstreichung einer Bildlichkeit, die über sich hinaus verweist. Damit rücken anthropologisch das Bildvermögen und damit auch die Einbildungskraft in den Mittelpunkt des theologischen Interesses. Letztlich gründet dies, so

Krüger, für den christlichen Glauben in dem Leben und Geschick Jesu Christi. In ihm verbirgt sich nämlich der unverfügbare Gott so, dass seine präzise Entzogenheit und indirekte Präsenz negativ-theologisch in dem Gottesbild zusammenfallen, das sich von Ostern her versteht: Derjenige, der seinen Gott in den Sprachbildern der Gleichnisse auslegt und sich entsprechend verhält, wird mit der Auferstehung selbst zum Sprachbild Gottes, d. h. zum anschaulichen Wort bzw. zum sprachlichen Bild Gottes. In der Bibel als dem Zeugnis, in dem sich diese Kunde schriftsprachlich niederschlägt, wird so ein Eindruck – oder besser gesagt: das Bild – Jesu Christi weitergegeben. Dieses Bild kann im Glauben immer wieder angeeignet werden und Menschen im alten Leben neue Perspektiven erschließen. Dabei fallen in Gott als dem ungegenständlichen Fluchtpunkt die Freiheit und Ganzheit zusammen; als geheimnisvolle Unschärfe des eigenen Lebens ist dieser Gott hintergründig gegenwärtig, ohne direkt verfügbar zu sein. Vor dem Hintergrund dieses Ansatzes schlägt Krüger vor, (evangelische) Theologie als Bildlehre und den (evangelischen) Glauben als Bildsprache des Unbedingten zu verstehen. Dies schließt bei Krüger ein, die – insbesondere unter dem Schlagwort des »iconic turn« bekannte – Gegenwartsdiskussion der Bildtheorie einschließlich ihrer hermeneutischen Einsichten aufzunehmen. Hermeneutik wird auf diese Weise als Bildlehre des Verstehens einsichtig. Letztere führt wiederum über sich hinaus und in die geheimnisvollen Tiefen der abendländischen Metaphysik hinein, die man als Bildlehre des Unbedingten – insbesondere bei Platon und in der Spätphilosophie Fichtes – interpretieren kann. Auf diese Weise vermag evangelische Theologie aufgrund ihrer Orientierung an der tradierten Bibelfrömmigkeit, aber auch aufgrund deren liberaltheologischer Infragestellung nicht nur das feinsinnige Gespür der Hermeneutik, sondern auch die intellektuelle Arbeit der metaphysischen Tradition zu integrieren, so Krüger.

Der Beitrag von Arbogast Schmitt steht unter dem Titel »Die Darstellung des Göttlichen im Bild. Zwei Bildbegriffe der Antike und ihre Bedeutung für die Präsenz der Wirklichkeit des Dargestellten im Bild«. Neben vielen Unterschieden im Detail gibt es in der Antike zwei Grundkonzepte für die Bildgestaltung, von denen her man versucht hat, zu erklären, so Schmitt, wie die Wirklichkeit von etwas Dargestelltem im Bild präsent gemacht werden kann. Eine Tendenz, die schon im 5. Jahrhundert theoretisch entwickelt und in der Praxis erprobt wurde, zielt auf die möglichst perfekt gelungene Aufhebung der Differenz zwischen Dargestelltem und der erfahrbaren Wirklichkeit. Ein Bild soll so gemalt, ein Text so geschrieben sein, dass man beim Betrachten oder Lesen unmittelbar etwas Wirkliches mitzuerleben meint. Das Mittel, diese ästhetisch gewollte Täuschung des Betrachters oder Lesers zu erreichen, ist die möglichst umfassende sinnliche Deutlichkeit. Der griechische Terminus dafür ist *enárgeia*, der lateinische *evidentia*. Es gibt aber auch Philosophen und andere Theoretiker, so Schmitt, die die vollkommene Präsenz des ganzen Phänomens im Bild, wie es in der Wirklichkeit vorgefunden wird, gerade für eine Verfehlung des wirklichen Seins der Dinge und eine täuschende Ablenkung von ihnen halten – wer Sokrates' äußere Erscheinung getreu abbilden würde, würde ein grundlegend falsches Bild von ihm zeichnen. Unter Berufung auf Dichter seit Homer, auf Maler und Bildhauer suchen sie das wirkliche, wesentliche Sein von etwas in der Darstellung einer Auswahl aus dem äußeren Phänomenganzen sinnlich präsent zu machen. Kriterium für diese Auswahl ist die sog. *oikeía enérgeia*, die eigentümliche

Aktivität, die ausmacht, dass etwas oder jemand eine bestimmte Fähigkeit oder bestimmte innere Tendenzen verwirklicht. Wenn Agamemnon meint, er werde für seinen Egoismus sogar von Zeus unterstützt, und sich deshalb aufs prächtigste ankleidet, um so vor seinen Ältestenrat zu treten, beschreibt Homer lediglich, wie prächtig jedes Stück ist, das er anlegt, ohne auch nur ein Wort über dessen wirkliches Aussehen zu sagen. Das Bild von dem sich ankleidenden Agamemnon bietet kein getreues Bild seiner Kleidung, sondern stellt vor Augen, von welcher sich selbst überschätzenden Verblendung das konkrete Handeln Agamemnons geprägt ist. Stellt man nun Gott oder Göttliches im Sinn der *enárgeia*- oder *evidentia*-Konzepte dar, so Schmitt, wird die Differenz zwischen Gott und einer empirischen Erscheinung aufgehoben, er wird zum Götzen. Folgt man den *enérgeia*-Prinzipien, ist die Darstellung des Göttlichen daran ausgerichtet, wie es sich in sinnlicher Erscheinung verwirklichen würde, wenn dies möglich wäre. Für die antiken Theoretiker, so Schmitt, waren es etwa die Zeus- und Athenestatuen des Phidias, die dies leisteten. Eine solche Darstellung weist über die sinnliche Erscheinung hinaus auf das, was sich in ihr kundgibt.

Andreas Lindemann

René Magritte und die Entmythologisierung*

Kann Gott abgebildet werden? Oder können Bilder zumindest geeignet sein, auf Gott hinzuweisen? Eines der Charakteristika des frühen Christentums war die Bildlosigkeit; der jüdischen religiösen Praxis entsprechend lag den ersten Christusgläubigen der Gedanke fern, Gott könne den Menschen in einem sichtbaren Bild vermittelt werden. Zwar bieten die neutestamentlichen Schriften eine Fülle von »Bildworten«, die synoptischen Evangelien überliefern viele oft bildlich erzählende Gleichnisse, und es ist durchaus möglich, »mythologische« Texte, insbesondere Wundererzählungen, als »Bilder« zu verstehen; aber reale Bilder mit religiöser Thematik scheint es im Urchristentum nicht gegeben zu haben. Dennoch soll im Folgenden, angeregt durch das von Arbogast Schmitt in seiner Bultmann-Lecture erörterte Thema, gefragt werden, ob die Deutung von Bildern ein Modell sein könnte für die Auslegung neutestamentlicher Texte. Konkret gefragt mit Blick auf die Hermeneutik Rudolf Bultmanns: Können neutestamentliche, insbesondere »mythologisch« erzählende Texte in ähnlicher Weise wie Bilder betrachtet und interpre-

---

* Erweiterte Fassung meines für die Rudolf-Bultmann-Gesellschaft für Hermeneutische Theologie e. V. am 1. Juli 2019 in Marburg anlässlich der Bultmann-Lecture von Arbogast Schmitt gesprochenen Grußworts.

tiert werden? Mythologische Erzählungen zielen ja darauf, etwas, das eigentlich nur *gedacht* werden kann, auf narrative Weise *anschaulich* zu machen; solche Erzählungen funktionieren also in gewisser Weise so wie Bilder oder Bildgeschichten. Ist das Verhältnis von Bild und Deutung vergleichbar mit der Beziehung von Text und Interpretation?

Die Interpretation eines Kunstwerks – also etwa die Frage: »Was will uns der Maler mit diesem Bild sagen?« oder: »Was wollte die Bildhauerin mit dieser Skulptur zum Ausdruck bringen?« – ist von vornherein problematisch, und die dazu möglicherweise gegebenen Antworten sind es in noch höherem Maße. Das gilt insbesondere für Werke der abstrakten Kunst. Auf die Frage, was seine Bilder ausdrücken, soll Pablo Picasso geantwortet haben, wenn er das sagen könnte, wäre er Schriftsteller geworden. Werke der gegenständlichen Kunst allerdings erschließen sich dem Betrachter eher, wenn er oder sie mit dem Hintergrund der dargestellten Personen oder Szenen vertraut ist, wenn also zumindest einzelne Aspekte des bildlich Dargestellten bekannt sind. Das gilt insbesondere auch für religiöse Kunst: Sie wird im Grunde nur verstanden, wenn das bildlich dargestellte Geschehen aus anderen Quellen, beispielsweise von der biblischen Überlieferung her, identifiziert und gedeutet wird.

Oft wird angenommen, die Illustration einer in einem biblischen Text erzählten Szene könne erheblich zum Verstehen der erzählten Szene beitragen; Bilderbibeln erfreuen sich großer Beliebtheit und gelten nicht selten als Hilfen zur Interpretation biblischer Texte. Aber dem steht offenbar das biblische Gebot entgegen: »Du sollst dir kein Bildnis machen!« Da Gott als Sprecher dieser an Mose bzw. an das Volk Israel gerichteten Weisung gilt, ist zu fragen, ob wir also gänzlich auf Bilder zu verzichten haben. Das in Ex 20,4–6 / Dtn 5.8–10 überlieferte Dekalog-Gebot sagt allerdings nicht pauschal, dass gar keine Bilder angefertigt werden dürfen; vielmehr spricht das Gebot explizit vom Gottesbild (פֶּסֶל).[1] Das Erste Gebot beginnt mit der Selbstvorstellung Gottes (»Ich bin der HERR, dein Gott ...«) und der Weisung: »Du sollst keine anderen Götter neben mir haben.« Dann folgt als Zweites Gebot das Bilderverbot;[2] es besteht also offenbar ein enger Zusammenhang zwischen der möglichen Verehrung »fremder Götter« und einem (Gottes-)Bild.[3] Der Einwand, ein solches Gottesbild sei doch nur ein Bild und also »ungefährlich«, verfängt nicht; denn es besteht immer die Möglichkeit, dass (Gottes-) Bilder kultische Verehrung nach sich ziehen – insbesondere dann, wenn sie in entsprechenden Räumen begegnen. Dementsprechend beschränkt sich das Gebot »Du sollst dir kein Gottesbild machen noch irgendein Abbild von etwas, was oben im Himmel, was unten auf der Erde oder was im Wasser unter der Erde ist« (Ex 20,4) nicht darauf, die Anfertigung von Gottesbildern zu untersagen; vielmehr setzt die dann folgende Weisung »Du sollst dich nicht niederwerfen vor ihnen und ihnen nicht dienen« (20,5a) voraus, dass die Gefahr einer Identifikation oder einer direkten Verbindung von Gottesbild und Gottheit nicht auszuschließen ist. Das Gottesbild kann zur

---

[1] Dazu ANGELIKA BERLEJUNG, Die Theologie der Bilder. Herstellung und Einweihung von Kultbildern in Mesopotamien und die alttestamentliche Bilderpolemik, OBO 162, Freiburg (Schweiz)/Göttingen 1998, 306: Da der Begriff פֶּסֶל im AT meist »mit Verben der Herstellung, der Verehrung oder des Zerstörens belegt ist, handelt es sich um einen religiösen Begriff, keinen künstlerischen, der am ehesten der deutschen Übersetzung (rundplastisches) ›Kultbild‹ entsprechen dürfte«.

[2] Luther übergeht in seinen Katechismen dieses Gebot, das in der Reformationszeit zum »Bildersturm« Anlass gab.

[3] Spätestens nach dem Exil in Babylon setzte sich aber die Vorstellung durch, auch der Gott Israels dürfe nicht bildlich dargestellt werden.

religiösen Verehrung und Anbetung des Bildes und der darauf dargestellten Gottheit verführen. Offenbar deshalb enthält dieses Gebot sowohl eine Strafandrohung als auch eine Verheißung: »Denn ich, der HERR, dein Gott, bin ein eifersüchtiger Gott, der die Schuld der Vorfahren heimsucht an den Nachkommen bis in bis in die dritte und vierte Generation, bei denen, die mich hassen, der aber Gnade erweist tausenden, bei denen, die mich lieben und meine Gebote halten.« (20,5b.6)[4] Wäre daraus zu folgern, dass Bilder in religiösen Kontexten völlig zu vermeiden und gegebenenfalls gewaltsam zu beseitigen sind?

Ein striktes Bilderverbot ist im Grunde gar nicht möglich. Denn sobald wir von Gott reden, sobald wir Gott denken, können wir nicht verhindern, dass wir uns ein »Gottesbild« machen; das gilt auch dort, wo es, wie in den Kirchen der reformierten Reformation, keinerlei Bilder gibt.[5] Zu solchen »gedachten« Gottesbildern gehören auch die bildlich von Gott erzählenden Texte; sie können und dürfen nicht im Zuge eines »Bildersturms« beseitigt werden, sondern es gilt, sie zu interpretieren. Aber welchem Maßstab folgt eine solche Interpretation? Wie verhalten sich ein gedachtes »Bild« und seine Deutung zueinander? Rudolf Bultmann hat mit seinem Programm der »Entmythologisierung« eine »existentiale Interpretation« mythologischer Texte angestrebt. Die Entmy-

---

[4] Luther hat diesen Teil des Gebots als Zusammenfassung aller Gebote (»Was saget nu Gott von diesen Geboten allen?« Kleiner Katechismus) bzw. als Zusatz zum Ersten Gebot (Großer Katechismus) übernommen.

[5] Vgl. dazu meinen im Rahmen der »Reformationsdekade« gehaltenen Vortrag: Christus – »Bild des unsichtbaren Gottes«. Welche Bilder sind uns erlaubt?, in: ANNETTE KURSCHUS (Hg.), Du sollst Dir kein Bildnis machen. Bild und Bibel – 12 Vorträge, Bielefeld 2016, 9–31. Vgl. ULRICH KÖRTNER, Dogmatik, LETh 5, Leipzig 2018, 566–569 (»Wort und Bild«).

thologisierung will »die eigentliche Intention des Mythos zur Geltung bringen, nämlich die Intention, von der eigentlichen Wirklichkeit des Menschen zu reden.«[6]

Im Folgenden soll versucht werden, über die Frage nachzudenken, ob ein Gemälde des belgischen Künstlers René Magritte (1898-1967) ein Modell für einen auch für andere Bilder und Texte möglichen Verstehensprozess sein könnte. Es handelt sich um ein 1928/29 entstandenes Bild im Format von etwa 60 x 81 Zentimetern, das einen in einem offenen, nur durch den Bildrand begrenzten Raum befindlichen, sehr sorgfältig gemalten Gegenstand und darunter den ebenso sorgfältig geschriebenen Satz »Ceci n'est pas une pipe.« (»Dies ist keine Pfeife.«) zeigt. In der Ecke rechts unten findet sich ganz klein geschrieben die Signatur »Magritte«.[7] Den abgebildeten Gegenstand wird jeder, der weiß, was eine Tabakspfeife ist, sofort als eine geradezu fotografisch genau wiedergegebene

---

[6] RUDOLF BULTMANN, Zum Problem der Entmythologisierung, in: DERS., Neues Testament und christliche Existenz. Theologische Aufsätze, hg. von Andreas Lindemann, UTB 2316, Tübingen 2002, 284-293, hier: 290.

[7] Es gibt dieses Bild in mehreren Ausführungen; s. dazu unten. Die nachstehenden Gedanken beziehen sich auf die hier wiedergegebene Fassung des Bildes.

Pfeife erkennen. Die Tatsache, dass ein geschriebener Text beigefügt ist, könnte, zumal bei fehlenden Kenntnissen der französischen Sprache, zu der Annahme führen, dass das Kunstwerk sich selbst interpretieren soll – der geschriebene Satz deutet offenbar die Abbildung der Pfeife. Aber wie wäre diese Selbstinterpretation zu verstehen? Versteht man den geschriebenen Satz, dann liest er sich nicht als Interpretation, sondern als das Dementi der Abbildung. Könnte es sein, dass diese offensichtliche Spannung in Magrittes Kunstwerk etwas beiträgt für die angemessene Interpretation eines biblischen Textes?

Ob sich Rudolf Bultmann jemals mit René Magritte befasst hat, der für Bultmann ja ein Künstler der Gegenwart war, weiß ich nicht.[8] Jedenfalls schrieb Antje Bultmann-Lemke in der 1964 ihrem Vater Rudolf Bultmann gewidmeten Festschrift, sie verdanke »die Freude am Beschauen und Interpretieren von Kunstwerken« ihren Eltern;[9] dass sie den 1909 geborenen britischen Maler Francis Bacon zum Thema ihres Festschriftbeitrags gemacht hat, könnte ein Indiz dafür sein, dass sich ihr Vater auch für zeitgenössische Kunst interessiert hat.

Magritte wird den Surrealisten zugerechnet;[10] er sagte er aber von sich, er sei »weder ein ›Surrealist‹ noch ein ›Kubist‹

---

[8] Tabakspfeifen jedenfalls waren ihm sehr vertraut, wie zahlreiche Berichte und Fotografien und nicht zuletzt das Logo des Bultmann-Instituts in Marburg belegen.

[9] ANTJE BULTMANN-LEMKE, Francis Bacon. Reflexionen über einen Maler unserer Zeit, in: ERICH DINKLER (Hg.), Zeit und Geschichte. Dankesgabe an Rudolf Bultmann zum 80. Geburtstag, Tübingen 1964, 637–642, hier: 642. Antje Bultmann-Lemke (1918–2016) war Professor emerita in der Syracuse University's School of Information Studies, New York.

[10] Ausführlich dazu DAVID SYLVESTER, Magritte. Deutsche Ausgabe Köln 2003; vgl. ferner: DuMonts Chronik der Kunst im 20. Jahrhundert. Stile, Akteure und Meisterwerke der Moderne, Köln 1990, 270–275.352.636 f.

noch ein sonst irgendwas«.[11] »Magritte wollte«, so schreibt der britische Kunstkritiker David Sylvester,

> »daß man auf seine Bilder schaut und nicht in sie hinein; er wollte mit ihrer Rätselhaftigkeit konfrontieren, aber sie nicht interpretiert wissen; er sah sie als Offenbarung eines Mysteriums, das latent allen Dingen eigen ist, eine Offenbarung, die vollendet sein sollte – so wie in der banalen Figur, die erst mysteriös wird, wenn sie von ihrem Spiegelbild begleitet wird – vollendet, indem jedes alltägliche Ding oder Wesen alternativ zu seinem täglichen Erscheinungsbild dargestellt wird.«[12]

Das oben beschriebene Bild trägt den Titel »La trahison des images« (»Der Verrat der Träume«).[13] Das Bild ist, zumindest auf den ersten Blick, völlig realistisch – die Abbildung einer leicht gebogenen kurzen Tabakspfeife, die anscheinend noch nie gebraucht wurde, sondern geradezu »fabrikneu« wirkt, könnte ein Werbeplakat sein.[14] Dabei muss der Pfeife nicht unbedingt »Realität« entsprechen, als hätte Magritte eine bestimmte Pfeife vor sich gehabt und eben diese und nicht irgendeine andere Pfeife im Bild darstellen wollen; Magrittes

---

[11] Briefliche Äußerung, zitiert nach DuMonts Chronik der Kunst im 20. Jahrhundert, 637 (ohne Nachweis).
[12] SYLVESTER, Magritte, 408.
[13] Der Satz »Ceci n'est pas une pipe.« ist unmittelbar Teil des Bildes, nicht etwa dessen Titel. Dazu a.a.O., 288: »Magritte teilte die Ansicht, die nahezu von allen surrealistischen Malern und Bildhauern vertreten wurde, daß ein Werk von ihm ohne Titel nicht vollständig sei – ›einen poetischen Titel‹ wohlgemerkt, also einen Titel, der nicht unmittelbar beschreibend, sondern auf indirekte und irrationale Weise relevant war, einen Titel, der möglicherweise durch freie Assoziation zustande kam. Das Besondere an der Poesie von Magrittes Titeln ist, daß die Sprache – wie auf seinen Bildern – nicht blumig oder geheimnisvoll ist; sie ist banal, neutral, einfach.«
[14] In dieser Branche war Magritte zeitweilig als Grafiker tätig gewesen.

Bild zeigt nicht das »Porträt« einer realen Pfeife, sondern eher so etwas wie die »Idee der Pfeife«. Aber die Schriftzeile »Ceci n'est pas une pipe.« widerspricht genau diesem Eindruck; so drängt sich die Frage auf, welchen Sinn es hat, angesichts einer realistisch gemalten Pfeife ausdrücklich zu sagen bzw. zu schreiben: »Dies ist keine Pfeife.«

Nehmen wir an, das Bild werde im schulischen Unterricht eingesetzt: Wenn die Schülerinnen und Schüler nicht wissen, was eine Tabakspfeife ist, dann sehen sie auf dem Bild einen ihnen unbekannten Gegenstand, und sie lesen die in französischer Sprache geschriebene Information, dass der hier abgebildete Gegenstand jedenfalls »keine Pfeife« ist. Vermutlich würden sie nun fragen, warum ihnen gesagt wird, was auf dem Bild nicht zu sehen ist, nämlich »une pipe«; und sie würden vermutlich auch sofort fragen, was denn dort tatsächlich abgebildet ist. Wenn die Schülerinnen und Schüler aber wissen oder wenn sie ein »Vorverständnis« davon haben, wie eine (Tabaks-)Pfeife aussieht, dann werden sie die abgebildete Pfeife sofort als solche erkennen. Dann aber erkennen sie auch, dass die Aussage der geschriebenen Textzeile, es handele sich nicht um eine Pfeife, unzutreffend ist; der Satz »Ceci n'est pas une pipe.« träfe ja nur dann zu, wenn der abgebildete Gegenstand tatsächlich nicht eine Pfeife ist, doch dann ist die entsprechende Feststellung eine Trivialität. Die Bedeutung des die Abbildung und die Schriftzeile umfassenden Bildes liegt offenbar gerade darin, dass man zweifellos eine Pfeife sieht, während die Textzeile zugleich unmissverständlich behauptet »Dies ist keine Pfeife.«

Der Philosoph Michel Foucault (1926-1984) hat sich in seiner Studie »Ceci n'est pas une pipe«[15] mit einer Fassung von

---

[15] MICHEL FOUCAULT, Dies ist keine Pfeife. Mit zwei Briefen und vier Zeich-

Magrittes Bild auseinandergesetzt, in der eine schulische Situation wie die oben kurz skizzierte vorausgesetzt zu sein scheint: Eine im Maßstab sehr groß gezeichnete Pfeife schwebt über einem auf einem Holzdielenboden stehenden, dreibeinigen, hölzernen Gestell, an dem, ähnlich einer altmodischen Schultafel, ein gerahmtes Bild befestigt ist, auf dem in kleinerem Format die Abbildung der »schwebenden« Pfeife und darunter die Textzeile »Ceci n'est pas une pipe.« zu sehen ist; die Signatur »Magritte« befindet sich rechts unten, unterhalb eines der Beine jenes Holzgestells. Foucault hebt die besondere sprachliche Gestalt der Aussage »Dies ist keine Pfeife« hervor: Der geschriebene Text sage nicht »Ich bin keine Pfeife«, »als gäbe es zwei gleichzeitige und voneinander getrennte Positionen innerhalb eines einzigen Raumes: die der Figur und die des Textes«; zwischen beiden ist vielmehr »ein subtiles, unstabiles, zugleich hartnäckiges und unsicheres Band angedeutet«, und zwar »durch das Wort ›dies‹«.[16] Foucault stellt fest: »Was von der Aussage Magrittes verneint wird, ist offensichtlich die unmittelbare und wechselseitige Zusammengehörigkeit zwischen der Zeichnung der Pfeife und dem Text, in dem von dieser Pfeife die Rede ist.«[17]

Foucault entwirft nun eine Unterrichtsstunde: Angesichts der auf die Tafel gemalten Pfeife ist ein (nicht sichtbarer) Lehrer gerade dabei, »ganz deutlich zu artikulieren: ›Dies ist eine Pfeife.‹ Von der Tafel zum Bild, vom Bild zum Text, vom Text zur Stimme [des Lehrers] führt, zeigt, fixiert, markiert, diktiert ein allgemeiner Zeigefinger ein System von Ver-

---

nungen von René Magritte. Aus dem Französischen übersetzt und mit einem Nachwort von Walter Seitter, München 1997.
[16] A. a. O., 18.
[17] A. a. O., 18 f.

weisungen und versucht, einen einzigen Raum zu stabilisieren.« Die Stimme des Lehrers

> »wollte gerade sagen ›Dies ist eine Pfeife‹, als sie noch einmal ansetzen mußte und stotterte: ›Dies ist keine Pfeife, sondern die Zeichnung einer Pfeife – dies ist keine Pfeife, sondern ein Satz, der sagt, daß das eine Pfeife ist – der Satz ›Dies ist keine Pfeife‹ ist keine Pfeife – im Satz ›Dies ist keine Pfeife‹ ist *dies* keine Pfeife: diese Tafel, dieser geschriebene Satz, diese Zeichnung einer Pfeife, all dies ist keine Pfeife.‹«[18]

Der Lehrer ist verwirrt, die Schüler aber rufen: »Das ist eine Pfeife.« Der Lehrer jedoch bleibt bei seiner Aussage, und er »murmelt: ›Und dennoch ist dies keine Pfeife.‹« Der Lehrer, so fährt Foucault fort,

> »hat nicht unrecht; denn diese Pfeife, die so sichtbar über der Szene schwebt, als wäre sie die Sache, auf die sich die Tafelzeichnung bezieht und in deren Namen der Text zurecht sagen kann, daß die Zeichnung nicht wirklich eine Pfeife ist, auch diese Zeichnung ist nur eine Zeichnung und keineswegs eine Pfeife. Weder auf der Schultafel noch darüber finden die Zeichnung der Pfeife und der Text, der sie nennen soll, einen Ort, an dem sie sich begegnen und aneinander festhalten können, wie es einst der Kalligraph ermöglicht hat.«[19]

Will Magritte zum Ausdruck bringen, dass es sich bei dem, was das Bild zeigt, in Wirklichkeit nicht um eine Pfeife handelt, sondern (nur) um die Abbildung einer Pfeife? Das wäre zweifellos eine sinnvolle und zutreffende Aussage; sie wäre aber trivial, denn jede Abbildung, die irgendein Objekt zeigt, könnte mit dem erläuternden, aber natürlich überflüssigen kommentierenden Hinweis versehen sein, dass die Abbildung nicht identisch ist mit dem abgebildeten Gegenstand. Auf Magrittes Bild aber bilden der abgebildete Gegenstand

---

[18] A. a. O., 22.
[19] A. a. O., 23.

und die geschriebene Textaussage insofern eine paradoxe Analogie, als die Textzeile das Bild nicht »von außen« kommentiert, sondern unmittelbar Teil des Bildes ist. Der Satz »Ceci n'est pas une pipe.« ruft das Interesse des Betrachters nur deshalb hervor, weil sich dieser Satz tatsächlich auf die Abbildung einer Pfeife bezieht; würde der geschriebene Satz stattdessen etwa lauten: »Dies ist keine Zigarre«, oder: »Dies ist kein Flugzeug«, so wäre diese Aussage zwar zutreffend, sie wäre aber trivial.

Der Philosoph Walter Seitter schreibt in seinem Nachwort zur deutschen Übersetzung von Foucaults Studie,[20] er sehe eine Parallele zwischen dem von Magritte gemalten Bild und einer im Sommer 1972 in Düsseldorf veranstalteten Ausstellung des belgischen Künstlers Marcel Broodthaers (1924–1976), der »nach eigenen Aussagen sowohl von Magritte wie auch von Foucault und insbesondere durch dessen Magritte-Essay wichtige Anregungen« erhalten hatte. In jener Ausstellung wurden »Adlerdarstellungen aus dem naturwissenschaftlichen, kunsthistorischen und vor allem aus dem Bereich der politischen, religiösen und kommerziellen Propaganda gezeigt«, durchweg versehen mit der Aufschrift: »Dies ist kein Kunstwerk.«[21] Seitter stellt dazu fest: indem Broodthaers den in der Ausstellung gezeigten Adlern – »vom Adler des Ganymed bis zum Adler der Deutschen Markenbutter – die Plakette anhängt ›Dies ist kein Kunstwerk‹, so erreicht seine Entmythologisierung nicht nur die Kunst, sondern auch die Mythen des Alltags«.[22] Seitter ergänzt:

---

[20] WALTER SEITTER, Michel Foucault und die Malerei, in: FOUCAULT, keine Pfeife (s. Anm. 15), 61–68.
[21] A. a. O., 67.
[22] A. a. O., 68.

> »Die kunsthistorische Linie, die Foucault theoretisch konstruiert hat, setzt genau in derselben Zeit an wie die von Broodthaers konstruierte – nur bei verschiedenen Künstlern. Und beide führen sie über Magritte zum ›selben‹, zum *simulacrum* – entthrontes Götterbild, das sich als Götzenbild wieder auf den Thron setzt; simuliertes Original; spielerisch vervielfachtes Vexierbild: zur Reproduktion, die nur sich reproduziert, oder zur Katalognummer, die sich selbst dementiert.«[23]

Die von Seitter nicht näher erläuterte Aussage zur »Entmythologisierung« setzt offenbar das bekannte Missverständnis voraus, »Entmythologisierung« meine die *Beseitigung* des »Mythos«. Das trifft für jene Düsseldorfer Ausstellung möglicherweise auch zu, denn der Satz »Dies ist kein Kunstwerk« war offenbar ein Kommentar zu der jeweiligen Adler-Abbildung. Im Blick auf Magritte kann aber von einer Beseitigung des »Mythos« nicht die Rede sein, denn der Satz »Ceci n'est pas une pipe.« gehört unmittelbar zu dem Bild und intendiert nicht ein Dementi des Bildes, sondern dessen Selbstinterpretation. Wenn man »Entmythologisierung« als ein hermeneutisches Programm zur *Interpretation* mythologischer Aussagen versteht, dann kann man fragen, ob sich die von Magritte gemalte Paradoxie von Abbildung und Textaussage möglicherweise auf anderen Ebenen wiederfinden lässt, etwa in der Kunst oder in der Literatur.

Das Bild des gekreuzigten Jesus gilt oft als Möglichkeit, Gott »anschaulich« zu machen. Aber was zeigt dieses Bild? Man sieht einen mit ausgebreiteten Armen an zwei gekreuzte Holzbalken gehefteten, sterbenden oder bereits toten Menschen. So ist das Bild zunächst ein Hinweis darauf, zu welchen Grausamkeiten Menschen offenbar fähig sind; um das zu verstehen, braucht man nicht zu wissen, wer die gekreuzigte

---

[23] Ebd.

Person ist und wie es zu dieser Kreuzigung kam. Damit das Bild des gekreuzigten Jesus wirklich verstanden werden kann, ist der Betrachter auf einen Textbezug angewiesen; ohne ein deutendes Wort bleibt dieses Bild zumindest mehrdeutig – ganz unabhängig davon, als wie »anschaulich« man es empfinden mag.

Nehmen wir nun an, dass das Bild auch die Textzeile enthält: »Dies ist nicht Jesus Christus.« Damit könnte gesagt sein, dass das Bild tatsächlich nicht die Kreuzigung Jesu, sondern die Hinrichtung eines anderen Menschen darstellt; das könnte gegebenenfalls eine zutreffende Information sein. Wenn das Bild aber, etwa durch den dem Kreuz beigefügten Titulus INRI, explizit auf Jesus von Nazareth verweist, dann muss der Betrachter ein »Vorverständnis« haben, wer mit dem Namen »Jesus« gemeint ist. In diesem Fall ist die Aussage »Dies ist nicht Jesus Christus« eine Paradoxie, die den Betrachter zum Nachdenken darüber zwingt, wie er oder sie diese Paradoxie verstehen will. Dann wäre, ähnlich wie bei Magrittes Bild, die Paradoxie zwischen der Abbildung des gekreuzigten Jesus und der geschriebenen Textzeile in dem Bild selber nicht aufgelöst; der Betrachter ist aber eingeladen, darüber nachzudenken, wie er oder sie diese Paradoxie verstehen kann.

Gibt es womöglich auch eine Analogie zwischen dem von Magritte gemalten Bild und einer biblischen Wundererzählung? Eine neutestamentliche Heilungsgeschichte etwa bietet ein fiktionales, dennoch mehr oder weniger genaues Abbild von möglicher Krankheit oder Behinderung. Wenn der Leser weiß, was Fieber oder Aussatz oder Lähmung bedeutet, dann kann sie oder er auch eine Vorstellung davon haben, was es bedeutet, wenn ein unter einer solchen Beeinträchtigung leidender Mensch durch einen anderen Menschen Heilung erfährt. Und dann kann, je nach Art der Darstellung der Heilung, die Frage aufkommen, ob das geschilderte Geschehen möglicherweise als ein »Wunder« anzusehen ist.

Im Johannesevangelium wird erzählt (Joh 5,2–9a.9b–16[24]), dass es in Jerusalem einen Teich namens Bethesda gibt, an dem viele kranke und behinderte Menschen liegen (V. 3), die, »wie der Leser sofort versteht, hier Heilung suchen«,[25] ohne dass das ausdrücklich gesagt wird. Einer von ihnen, der seit 38 Jahren krank ist, wie der Erzähler sagt (V. 5), wird von Jesus gefragt, ob er gesund werden will (V. 6); diese Frage ist paradox, geradezu absurd und im Grunde sogar zynisch, denn in der Hoffnung auf Heilung liegt der Mann ja dort. Er antwortet, dass ihm niemand hilft, rechtzeitig zu dem Wasser zu gelangen, wenn es »bewegt« wird, wenn es also, wie man voraussetzen muss, vorübergehend heilkräftig wird (V. 7).[26] Daraufhin sagt Jesus zu ihm: »Steh auf, nimm dein Bett und geh« (V. 8), was dieser auch sofort tut (V. 9a).

Vordergründig gesehen wird hier von einem »Wunder« erzählt, das offenbar durch die von Jesus an den Kranken gerichtete Aufforderung »Steh auf ...« bewirkt wurde. Die Erzählung enthält aber zumindest indirekt die Aussage »Dies ist kein Wunder«, denn es wird an keiner Stelle explizit gesagt, dass ein Wunder geschehen ist – Hinweise auf entsprechende besondere Handlungen oder Worte, die das »Wunder« herbeiführen,

---

[24] Die Differenzen zwischen beiden Abschnitten sind deutlich, aber eine literarkritische Operation ist nicht angezeigt; vgl. CHRISTIAN WELCK, Erzählte Zeichen. Die Wundergeschichten des Johannesevangeliums literarisch untersucht. Mit einem Ausblick auf Joh 21, WUNT II/69, Tübingen 1994, 148–157.

[25] RUDOLF BULTMANN, Das Evangelium des Johannes, KeK II, Göttingen 1964, 180.

[26] In V. 4 wird textkritisch sekundär gesagt, wie die Heilkraft des Teichwassers zustande kommt.

fehlen ebenso wie ein ein »Wunder« kennzeichnender Begriff oder ein erläuternder Kommentar des Erzählers oder Aussagen der auf der Erzähleebene als anwesend zu denkenden Personen.[27] Die Antwort auf die Frage, ob das geschilderte Geschehen am Teich Bethesda ein »Wunder« war oder ein gewöhnlicher Vorgang, bleibt beim Leser des Textes. Allerdings war im Johannesevangelium zuvor zweimal im Anschluss an eine ähnlich verlaufende Erzählung kommentierend gesagt worden, das dargestellte Geschehen sei ein »Zeichen« (σημεῖον) gewesen (2,11; 4,54).[28] Aber dieser Begriff ist kein Ersatz für das Wort »Wunder«, sondern er macht deutlich, dass das Geschehen über sich selbst hinausweist, dass Jesu Tat also auf jeden Fall etwas anderes ist als ein bloßes Mirakel (vgl. Joh 4,48: ἐὰν μὴ σημεῖα καὶ τέρατα ἴδητε, οὐ μὴ πιστεύσητε).

Der Satz »Ceci n'est pas une pipe.« in dem Bild, das die Abbildung einer Pfeife und diese Textzeile zeigt, könnte mit einem Ausrufungszeichen versehen sein; jedenfalls warnt dieser Satz, vordergründig betrachtet, davor, in der Abbildung der Pfeife eine reale Pfeife zu sehen, nach der man greifen und die man womöglich rauchen könnte. Wäre dies für sich genommen schon die Deutung des Bildes, dann wäre jener geschriebene Satz aber gerade nicht die Interpretation der Abbildung der Pfeife, sondern er wäre der Versuch ihrer »Eliminierung«; die Botschaft wäre dann allein die Aussage, dass der abgebildete Gegenstand jedenfalls keine Pfeife ist. Es besteht aber zwischen dem abgebildeten Gegenstand und der geschriebenen, warnenden Aussage ein direkter Zusammen-

---

[27] Die in V. 9b-16 geschilderte Debatte bezieht sich allein darauf, dass sich das geschilderte Geschehen am Sabbat abspielte – der mögliche Aspekt des »Wunders« kommt nicht in den Blick.

[28] Vgl. dazu WELCK, Erzählte Zeichen (s. Anm. 24).

hang, insofern der Betrachter das *Bild* der Pfeife tatsächlich als das Bild einer *Pfeife* erkennt; es ist dieser Zusammenhang, der der Interpretation bedarf. Eben das geschieht bei der »Entmythologisierung«, der existentialen Interpretation biblischer Wundererzählungen: Die direkt oder indirekt getroffene Aussage »Dies ist kein Wunder« würde vordergründig bedeuten, dass in Wirklichkeit nichts geschehen ist. Das könnte historisch betrachtet vielleicht sogar zutreffend sein; es könnte auch gemeint sein, dass sich zwar möglicherweise ein Wunder ereignet hat, dass es aber weit in der Vergangenheit geschah und also gegenwärtig keine Bedeutung mehr hat. Angemessen interpretiert aber sagt die Aussage »Dies ist kein Wunder«, das erzählte Geschehen sei nicht als vergangene Realität zu betrachten, die dem Leser gar nicht zugänglich ist. Die Textaussage soll vielmehr verstanden werden als Botschaft, die dem Leser sagt, dass das erzählte Geschehen sie oder ihn gegenwärtig etwas angeht. Sie oder er muss über die Bedeutung der Erzählung also nachdenken, ohne darüber zu entscheiden, ob die Erzählung womöglich auf ein »tatsächlich« geschehenes Ereignis zurückgeht oder nicht; sie oder er muss die Botschaft der Erzählung interpretieren, ohne allerdings sicher sein zu können, ob es die eine und womöglich im eigentlichen Sinne »richtige« Interpretation gibt.

Malte Dominik Krüger

Bildhermeneutische Theologie

Evangelische, hermeneutische
und metaphysische Perspektiven

I Skizze des Programms

Gott erscheint vorrangig in der Einbildungskraft.[1] Sie vermittelt zwischen Wahrnehmung und Gefühl einerseits und Sprache und Vernunft andererseits. Die Einbildungskraft ist stets verkörpert sowie intersubjektiv angelegt und besteht im kompetenten Umgang mit inneren wie äußeren Bildern. Man kann aufgrund dieser Struktur die Einbildungskraft auch als »Bildvermögen«[2] bezeichnen. Charakteristisch für

---

[1] Der Beitrag nimmt zwar Überlegungen auf, die in Teilen schon zuvor angedacht wurden (vgl. MALTE DOMINIK KRÜGER, Das andere Bild Christi. Spätmoderner Protestantismus als kritische Bildreligion, Tübingen 2017; DERS./MARKUS GABRIEL, Was ist Wirklichkeit? Neuer Realismus und Hermeneutische Theologie, Tübingen 2018), erweitert und vertieft sie aber im Blick auf das Verständnis des Theologie-, Hermeneutik- und Metaphysikbegriffs.

[2] Der Begriff »Bildvermögen« für eine Theorie der Einbildungskraft lässt sich auf die Spätphilosophie Fichtes zurückführen (vgl. z. B. JOHANN GOTTLIEB FICHTE, Einleitungsvorlesungen in die Wissenschaftslehre [1812/13], hg. v. Immanuel Hermann Fichte, Bonn 1834, 130.230.235 f.243. 253). In der kulturwissenschaftlichen Diskussion der Gegenwart kann man ebenso vom »Bildvermögen« sprechen und beruft sich dafür in der Regel gern auf die Anthropologie von Hans Jonas (vgl. z. B. MARK A. HALAWA, Art. Anthropologie, in: STEPHAN GÜNZEL/DIETER MERSCH [Hg.], Bild.

das Bildvermögen ist insbesondere die konstruktive Kraft der
Verneinung, in inneren wie äußeren Bildern etwas Abwesendes anwesend festzuhalten und damit die unmittelbar vorfindliche Wirklichkeit auf Distanz zu bringen. Mit dieser
Distanzierung ist nicht nur eine relative Freiheit bzw. Kontrafaktizität, sondern auch eine relative Ganzheit bzw. Einheit des Bildvermögens verbunden. Werden diese Freiheit
und Ganzheit entgrenzt, kommt eine Unbedingtheit in den
Blick, die göttlich genannt zu werden verdient. Sie zeigt sich
aufgrund der konstruktiven Kraft der Verneinung negativtheologisch als sich selbst durchstreichendes Bild. Dieser
theologische Ansatz benutzt einerseits nicht die eigenen Voraussetzungen als inhaltliche Plausibilisierung, verleugnet
andererseits aber auch nicht die standortgebundene Sicht, in
die seine Überlegungen letztlich wieder einmünden.[3] Denn
gerade die eigene Sicht motiviert eine Öffnung der Theologie
hin zu einer Hermeneutik des Bildes: Die Botschaft vom gekreuzigten und auferstandenen Jesus als Bild des bildlosen
Gottes[4] führt vor dem Hintergrund des monotheistischen
Bilderverbots zur Frage nach dem Bild und seinem Verstehen.

Ein interdisziplinäres Handbuch, Stuttgart 2014, 69–75). Sowohl bei Fichte
als auch bei Jonas ist eine auf das Bildvermögen abzielende Anthropologie
mit absolutheitstheoretischen Konzeptionen verträglich (vgl. z. B. JULIUS
DRECHSLER, Fichtes Lehre vom Bild, Stuttgart 1955; UDO LENZIG, Das
Wagnis der Freiheit. Der Freiheitsbegriff im philosophischen Werk von
Hans Jonas aus theologischer Perspektive, Stuttgart 2006, 166–217). Grundsätzlich gilt für diesen Beitrag: Ist eine Aussage oder ein Beleg nicht unmittelbar am Ende durch eine Fußnote nachgewiesen, ist die Angabe der im
Text nachfolgenden Fußnote darauf zu beziehen.

3 Im Folgenden sind unter Theologie und Glaube in der Regel die evangelische Theologie und der evangelische Glaube gemeint, wenn nichts anderes
angemerkt wird.

4 Dies ist zugegebenermaßen in der Sprache Kanaans formuliert (vgl. Kol

M. E. kann man angesichts eines solchen Ansatzes von einer bildhermeneutischen Theologie sprechen.⁵

Bildhermeneutisch ist ein solcher Ansatz, insofern er die Hermeneutik als Bildlehre des Bewusstseins und die Metaphysik als Bildlehre des Unbedingten einbezieht.⁶ Demnach handeln Menschen als verkörperte Lebewesen so, dass sie das Erleben wahrgenommener Situationen mithilfe des Bildvermögens und seiner Kraft konstruktiver Verneinung überschreiten. Dieses Überschreiten führt zum diskursiven Verstehen in Sprache und Vernunft und kann sich als Idee des Unbedingten selbst vorstellig werden. Somit vermittelt das Bildvermögen erstens im Sinn einer hermeneutischen Bewusstseinstheorie zwischen dem gefühlsmäßigen Erleben und dem diskursiven Verstehen und führt zweitens im Sinn

---

1,15; 2Kor 4,4; Hebr 1,3), ohne dass damit hier eine Reduktion (spät-)moderner Theologie auf die Schriftlehre oder gar die schriftlichen Anfangsstufen des christlichen Glaubens vorgenommen werden soll. Im Gegenzug darf und soll aber auch theologisch der Sprache Kanaans nicht das Recht abgesprochen werden, eine Weise der Beschreibung religiöser Überzeugungen zu sein, und zwar originärer Art für den christlichen Glauben.

⁵ Den Begriff »Bildhermeneutik« kann man entweder so auffassen, dass es ihm – mehr oder weniger ausschließlich – um das Verstehen von gern auch hochstufiger Bildkunst geht, oder dass er einen philosophischen Ansatz meint, bei dem die Einbildungskraft bzw. das Bildvermögen zum Dreh- und Angelpunkt menschlichen Verstehens wird. Letzteres ist hier und im Folgenden gemeint (vgl. so auch: FERDINAND FELLMANN, Symbolischer Pragmatismus. Hermeneutik nach Dilthey, Reinbek bei Hamburg 1991) – und kann sich dann u. U. auch einmal beispielhaft auf konkrete äußere Bilder beziehen, deren geschichtlich plurale Erscheinungsformen wiederum nicht mit dem identisch sind, was wir heute als Bilder an der Wand wahrnehmen (vgl. dazu: HANS BELTING, Bild-Anthropologie. Entwürfe für eine Bildwissenschaft, München ³2006).

⁶ Vgl. dazu und zum Folgenden: Teil III. und IV. dieses Beitrags.

einer metaphysischen Besinnung zur Idee des Unbedingten. Diese Idee ist dabei für den Menschen zwar keine beweisbare Wirklichkeit, aber eine unumgängliche Möglichkeit.

Theologisch ist ein solcher Ansatz, insofern er die Theologie als Bildlehre des Glaubens und den Glauben als Bildsprache des Unbedingten einbezieht.[7] Dies ist mit einem Problembewusstsein verbunden. Demnach kommt es im Kontext der Auflösung des altprotestantischen Schriftprinzips zur Frage nach der historischen Glaubwürdigkeit des evangelischen Glaubens. Darauf reagiert letzterer unter den gegensätzlichen Vorzeichen einer liberal-anthropologischen Religionstheologie und einer übernatürlich-bibelzentrierten Offenbarungstheologie und kann auf den Bildbegriff bzw. das Bildvermögen abzielen.[8] Daran anschließend vermag eine aktuelle Deutung den in Jesus offenbaren Gott unter Aufnahme geschichtsrelevanter Kriterien im Geist des monotheistischen Bilderverbots als »geheimnisvolle Unschärfe«[9] und Religion als »Ambivalenzmanagement«[10] im menschlichen Leben zu verstehen.

---

7 Vgl. dazu und zum Folgenden: Teile II. und V. dieses Beitrags.
8 Vgl. dazu: Teil II. dieses Beitrags.
9 Diese Wendung taucht im Kontext der Mona-Lisa-Forschung (CORDULA SAILER, Geheimnisvolle Unschärfe, in: Süddeutsche Zeitung vom 24.06. 2010; www.sueddeutsche.de/wissen/das-laecheln-der-mona-lisa-geheimnisvolle-unschaerfe-1.959207 [abgerufen am 02.05.2020]) und in der zeitgenössischen Kulturtheorie (BYUNG-CHUL HAN, Transparenzgesellschaft, Berlin 2012, 30) auf. In dem einen Fall steht die Wendung »geheimnisvolle Unschärfe« für das Lächeln, dessen für das menschliche Leben konstitutive Zweideutigkeit schon Helmuth Plessner herausstellt (vgl. HELMUTH PLESSNER, Philosophische Anthropologie, Frankfurt a. M. 1970, 173–186), in dem anderen Fall für das Heilige, das sich immer wieder entzieht. Hier und im Folgenden wird die Wendung in eigener Verantwortung theologisch kontextualisiert.

Methodisch ist ein solcher Ansatz weder der vermeintlich arbiträren Praxis des Gefühls noch der vermeintlich zwingenden Logik des Diskursiven verpflichtet, sondern setzt auf den Mittelweg »diagnostischer Rationalität«.[11] Sie bewährt

---

[10] Dieser Begriff taucht m.W. erstmalig im Jahr 2008 in der Soziologie auf, in der er für ein pragmatistisches Konzept interkultureller Identität verwendet wird (vgl. DARIUS ZIFONUN, Widersprüchliches Wissen. Elemente einer soziologischen Theorie des Ambivalenzmanagements, in: JÜRGEN RAAB/MICHAELA PFADENHAUER/PETER STEGMAIER/JOCHEN DREHER/ BERNT SCHNETTLER [Hg.], Phänomenologie und Soziologie. Theoretische Positionen, aktuelle Problemfelder und empirische Umsetzungen, Wiesbaden 2008, 307-316; CLAUS LEGGEWIE/DARIUS ZIFONUN, Was heißt Interkulturalität? Zeitschrift für interkulturelle Germanistik 1/2010, 11-31). Alternativ bieten sich zur Ambivalenz die Begriffe der Amphibolie und Ambiguität an. Der Begriff der Amphibolie ist kaum mehr im Gebrauch. Der Begriff der Ambiguität wird nach dem derzeitigen Fachdiskurs in der äußeren Umwelt verortet, während die Ambivalenz die innere Reaktion einer davon betroffenen Person meint. Daher ist m. E. der Begriff der Ambivalenz am treffendsten. Dabei geht es bei der Rede vom Ambivalenzmanagement um die Frage einer relativ gelingenden und immer wieder neu zu bewältigenden Praxis. Daher bietet sich m. E. im religiösen Kontext der Begriff des Ambivalenzmanagements an. Er soll gleichsam – etwas technizistisch – die Aufmerksamkeit auf die bestehende Praxis legen, um moralischen Engführungen entgegenzutreten, die Sollen und Sein abstrakt trennen. Insofern der Begriff des Managers erstmals bei William Shakespeare belegt ist (vgl. JÜRGEN FELDHOFF, Art. Manager, in: JOACHIM RITTER [Hg.], Historisches Wörterbuch der Philosophie, Bd. 5, Basel/ Stuttgart 1980, 709-711, 709), wird damit auch der technizistische Beiklang relativiert (vgl. zur Thematik auch den Beitrag: MALTE DOMINIK KRÜGER, Religion als Ambivalenzmanagement. Überlegungen [auch zu Ernst Troeltsch] im Horizont aktueller Diskurse, in: FRIEDEMANN VOIGT [Hg.], Die Kreativität des Christentums. Von der Wahrnehmung zur Gestaltung der Welt [im Erscheinen]). Gern sei notiert, dass der Hallenser Systematiker Jörg Dierken in Vorträgen auch von »Ambivalenzmanagement« spricht und der Leipziger Systematiker Rochus Leonhardt den Terminus »Endlichkeitsmanagement« (ROCHUS LEONHARDT, Ethik, Leipzig 2019, 291-307)

sich in der relativen Binnenstimmigkeit und Anschlussfähigkeit einer Deutung und muss Rückfragen erlauben: Eine aussagekräftige Einsicht setzt stets voraus, dass der Zweifel daran zumindest möglich ist.[12] Anders gesagt: Nahezu stets gibt es

---

verwendet. Pastoralpsychologisch arbeitet der Wuppertaler Praktische Theologe Michael Klessmann die Ambivalenzstruktur des Glaubens heraus (vgl. MICHAEL KLESSMANN, Ambivalenz und Glaube. Warum sich in der Gegenwart Glaubensgewissheit zu Glaubensambivalenz wandeln muss, Stuttgart 2018, bes. 12-31.253-289). Die Bochumer Praktische Theologin Isolde Karle verbindet »Glaube und Kontingenzsensibilität« (ISOLDE KARLE, Praktische Theologie, Leipzig 2020, 57-61) miteinander. Die Marburger Praktische Theologin Ulrike Wagner-Rau kann grundsätzlich die Praktische Theologie als »Schwellenkunde« beschreiben (vgl. ULRIKE WAGNER-RAU, Praktische Theologie als Schwellenkunde. Fortschreibung einer Anregung von Henning Luther, in: EBERHARD HAUSCHILDT/ULRICH SCHWAB [Hg.], Praktische Theologie für das 21. Jahrhundert, Stuttgart 2002, 177-191). Prinzipiell sieht der Philosoph Hermann Lübbe in der Bewältigung von herausfordernder Kontingenz die Eigenart von Religion, ohne zentral das Ambivalenz-Konzept einzuspielen (vgl. HERMANN LÜBBE, Religion nach der Aufklärung, Graz/Wien/Köln 1986, 127-218). Der nordamerikanische Philosoph John D. Caputo würdigt die Ambiguität als basale Bedingung der Möglichkeit von Bedeutung; dies gilt auch und vor allem von Gott (vgl. JOHN D. CAPUTO, In Praise of Ambiguity, in: CRAIG J. N. DE PAULO/PATRICK MESSINA/MARC STIER [Hg.], Ambiguity in the Western Mind, New York/Washington/Baltimore/Bern/Frankfurta. M./Berlin/Brüssel/Wien/Oxford 2005, 15-35; DERS., The Weakness of God. A Theology of the Event, Bloomington-Indianapolis 2006; DERS., Truth. Philosophy in Transit, London 2013).

[11] Vgl. zum Begriff der »diagnostischen Rationalität«, der sich der Auseinandersetzung mit Schellings Spätphilosophie, Charles S. Peirces Abduktionstheorie und Josef Königs Ursachenlehre verdankt: THOMAS BUCHHEIM, Eins von Allem. Die Selbstbescheidung des Idealismus in Schellings Spätphilosophie, Hamburg 1992, 17-23; DANIEL SOLLBERGER, Metaphysik und Invention. Die Wirklichkeit in den Suchbewegungen negativen und positiven Denkens in Schellings Spätphilosophie, Würzburg 1996, 17-54; MALTE DOMINIK KRÜGER, Göttliche Freiheit. Die Trinitätslehre in Schellings Spätphilosophie, Tübingen 2008, 300-312.

wissenschaftliche Alternativen, weswegen der wissenschaftliche Diskurs allerdings auch auf prägnante Deutungsvorschläge angewiesen ist.[13] Konkret wird im Folgenden vorgeschlagen, erstens die (evangelische) Theologie als Bildlehre des Glaubens, zweitens die Hermeneutik als Bildlehre des Verstehens, drittens die Metaphysik als Bildlehre des Unbedingten und viertens den (evangelischen) Glauben als Bildsprache des Unbedingten zu verstehen.

II Theologie als Bildlehre des Glaubens

1. Die theologische Grundlagenkrise in der Moderne aufgrund der Historisierung

»Theologie« ist ursprünglich kein christlicher Begriff.[14] Vielmehr kommt er aus der klassischen Metaphysik der Griechen. So bezeichnet »Theologie« bei Plato eine religiöse Mythenkritik im Namen einer reflexiv verantwortbaren Gottesrede,[15] die den bewussten Einsatz mythischer Rede einschließt.[16] In

---

[12] Vgl. Schellings Konzeption des positiven, emphatischen Wissens, das die Selbigkeit des negativen Wissens überschreitet: SOLLBERGER, Metaphysik und Invention (s. Anm. 11), 293-311.

[13] Man könnte auch von »Plädoyer« sprechen. Dieses beansprucht im Bereich der Rechtsprechung nicht, selbst ein abschließendes Urteil zu sein, sondern eine zusammenfassende, zuspitzende und rechenschaftsfähige Schlussrede. Dass alles Wissen auf Hypothesenbildung beruht, bei der theoretische Vermutungen und praktischen Erfahrungen verschränkt und Falsifikationen zu erwarten sind, betont insbesondere Karl Poppers Philosophie (vgl. HERBERT KEUTH, Die Philosophie Karl Poppers, Tübingen ²2011, 1-229).

[14] Vgl. z. B. so: OTTO WEBER, Grundlagen der Dogmatik I, Neukirchen ²1959, 65.

[15] Vgl. PLATON, Rep. 379 A.

[16] Vgl. MARKUS JANKA/CHRISTIAN SCHÄFER (Hg.), Platon als Mythologe.

Verbindung mit der biblischen Jesustradition hat sich daran anknüpfend dasjenige Denken herausgebildet,[17] das man – im Zusammenhang der Aristoteles-Rezeption und eines damit verbundenen Wissenschaftsverständnisses seit dem 13. Jahrhundert – christlich insgesamt als »Theologie« bezeichnet[18]

Interpretationen zu den Mythen in Platons Dialogen, Darmstadt ²2014. Am ehesten lassen sich Platons Mythen wohl als »Gleichnisrede« (CHRISTIAN SCHÄFER, Art. Mythos/Mythenkritik, in: CHRISTOPH HORN/JÖRN MÜLLER/JOACHIM SÖDER [Hg.], Platon-Handbuch. Leben – Werk – Wirkung, Stuttgart ²2017, 316–321, 319) beschreiben, deren Bildlichkeit sich so zum Logos verhält wie die Ideen- zur Erscheinungswelt (vgl. a. a. O., 320).

[17] Anders gesagt: Die griechische Philosophie von Platon und Aristoteles ist für das Selbstverständnis dessen, was dann christliche Theologie wird und heißt, wesentlich (vgl. WERNER BEIERWALTES, Platonismus im Christentum, Frankfurt a. M. 1998, bes. 7–24). Darüber hinaus ist ohnehin die klischeehafte Vorstellung, das vorchristliche Judentum und der daraus entstehende Glaube des Christentums sei frei vom griechischen Denken, inzwischen energisch korrigiert worden (vgl. dazu grundlegend: MARTIN HENGEL, Judentum und Hellenismus. Studien zu ihrer Begegnung unter besonderer Berücksichtigung Palästinas bis zur Mitte des 2. Jahrhunderts vor Christus, Tübingen 31988). Wenn das frühe »Judentum eine hellenistische Religion« (OTTO KAISER, Gott, Mensch und Geschichte. Studien zum Verständnis des Menschen und seiner Geschichte in der klassischen, biblischen und nachbiblischen Literatur, Berlin/New York 2010, 442; vgl. DERS., Zwischen Athen und Jerusalem. Studien zur griechischen und biblischen Theologie, ihrer Eigenart und ihrem Verhältnis, Berlin/New York 2003) darstellt, dann ist die Hellenisierung dem jüdisch-christlichen Glauben im Kern eingeschrieben; die spätere und explizite, konstruktive und kritische Aufnahme griechischer Philosophie erscheint so nicht als wesensferne Verfremdung.

[18] »Theologie« bezeichnete zuvor im Christentum lediglich die spezielle Gotteslehre bzw. die Trinitätslehre. Was seit dem 13. Jahrhundert »Theologie« heißt, ist zuvor unter dem Begriff der »sacra doctrina« o. ä. gängig (vgl. GERHARD EBELING, Art. Theologie I, RGG VI, ³1962, 754–769; vgl. immer noch grundlegend: ULRICH KÖPF, Die Anfänge theologischer Wissenschaftstheorie im 13. Jahrhundert, Tübingen 1974).

und das die pagane Gottesrede von der christlichen Offenbarung unterschieden weiß.[19] Letztere entkommt allerdings spätestens seit der Aufklärung selbst nicht mehr dem Verdacht, zumindest teilweise ein nicht durchschauter Mythos zu sein.[20] Diese Einsicht setzt sich in Deutschland nicht nur gegen die evangelische Theologie, sondern – für manche bis heute überraschend – vor allem mit ihrer Hilfe durch: Die Bibelwissenschaft des neuzeitlichen Protestantismus wird durch ihre Hochschätzung der biblischen Überlieferung zu deren akribischer Wahrnehmung motiviert und entdeckt dabei interne Widersprüche, sachliche Irrtümer und menschliche Projektionen.[21]

---

[19] In der Regel läuft dies grundsätzlich, und zwar über die stoische Denkfigur der »theologia tripartita« mit ihrer Unterscheidung von »theologia fabulosa«, »civilis« und »naturalis« vermittelt, über die Differenz von christlicher und im »liber scripturae« bezeugter Offenbarungstheologie und paganer Fabeltheologie. Letztere wird dann mithilfe der natürlichen und im »liber naturae« bezeugten Theologie der philosophischen Vernunft destruiert, während man die christliche Offenbarungstheologie dieser Kritik entzieht und als Vollendung der gereinigten Form natürlicher Theologie versteht. Mit der Aristoteles-Rezeption im Hochmittelalter rückt hierbei allerdings auch die Grenze der natürlichen Theologie in den Blick (vgl. WOLFHART PANNENBERG, Systematische Theologie I, Göttingen 1988, 91 f.; HANS BLUMENBERG, Die Lesbarkeit der Welt, Frankfurt a. M. 1981, 48–50).

[20] Wenn in der Aufklärung Immanuel Kant u.a. spotten, dass die Theologie Gott aus der Bibel beweisen würde, dann wird deutlich: Die Bibel gilt selbst als »theologia fabulosa«, die durch eine »theologia naturalis« zurechtgebracht werden muss (vgl. HANS-JOACHIM BIRKNER, Natürliche Theologie und Offenbarungstheologie. Ein theologiegeschichtlicher Überblick, NZSTh 3 [1961], 279–295, 283–286; MALTE DOMINIK KRÜGER, Natürlich glauben? Zum Problem der natürlichen Theologie, in: ELISABETH GRÄB-SCHMIDT/BENJAMIN HÄFELE/CHRISTIAN P. HÖLZCHEN [Hg.] Transzendenz und Rationalität, Leipzig 2019, 143–163, 146–152).

[21] Siegmund Jacob Baumgarten untersucht aus apologetischem Interesse die Bibel historisch, um die entsprechende Kritik an ihr zu entkräften. Sein

Trotz anfänglicher Versuche, diese widerwillig realisierten Einsichten zu ignorieren, setzt sich in der akademischen Theologie im Sinn der Verpflichtung auf Wahrheit und Aufrichtigkeit die Einsicht durch: Man muss reflexiv und theologisch mit der Auflösung des vorkritischen bzw. vormodernen Schriftprinzips umgehen.[22] Damit geht eine Ausdifferenzierung der neuzeitlichen Theologie einher, die sich in eher deskriptiv-historische Fächer und eher normativ-gegenwartsbezogene Fächer aufteilt, die dennoch dabei aufeinander bezogen bleiben.[23] Im Feld dieser sich immer komplexer gestaltenden Aus-

---

Schüler Johann Salomo Semler unterscheidet zwischen Bibel und Gotteswort, was bei Johann Philipp Gabler zur Forderung nach der Trennung von biblischer und dogmatischer Theologie führt. Infolge des »Fragmentenstreits« um eine von Lessing anonym publizierte Reimarus-Schrift gerät die Historizität der Glaubensinhalte noch massiver unter Druck. Mit Ferdinand Christian Baur und David Friedrich Strauß setzt sich endgültig die historisch-kritische Methode durch, so dass die Einsicht im Raum steht: Die Bibel entkommt nicht der Kritik am Mythos, dessen Begriff schon bei Strauß vielschichtig und diskutabel ist. Bei Rudolf Bultmann führt das im 20. Jahrhundert zur Forderung einer »Entmythologisierung« (vgl. JÖRG LAUSTER, Prinzip und Methode. Die Transformation des protestantischen Schriftprinzips durch die historische Kritik von Schleiermacher bis zur Gegenwart, Tübingen 2004, 1-44, bes. 23 f.101-122.277-292; OLIVER WINTZEK, Ermächtigung und Entmächtigung des Subjekts. Eine philosophisch-theologische Studie zum Begriff Mythos bei D. F. Strauß und F. W. J. Schelling, Regensburg 2008, 30-159).

22 Vgl. LAUSTER, Prinzip und Methode (s. Anm. 21), 143-184.
23 Seit dem 17. Jahrhundert gewinnen Bibelwissenschaft und Kirchengeschichte ihre Eigenständigkeit gegenüber der Dogmatik; auch die Ethik wird jetzt von der Dogmatik unterschieden. Im 19. Jahrhundert gliedert man schließlich die Praktische Theologie aus der Dogmatik aus (vgl. OTTO WEBER, Grundlagen der Dogmatik I [s. Anm. 14], 65; GERHARD EBELING, Art. Theologie I [s. Anm. 18], 754-769; grundsätzlich zur modernen Formierung der Kirchengeschichte auch: WOLF-FRIEDRICH SCHÄUFELE, Auf dem Weg zu einer historischen Theorie der Moderne. Überlegungen zur Kirchengeschichte als Wissenschaft, in: BERND JASPERT [Hg.], Kirchengeschichte als

differenzierung ringt die neuere evangelische Theologie seitdem verstärkt darum, zwischen vergangenheitsverpflichtender Überlieferung und gegenwartsreligiöser Plausibilität zu vermitteln. Insofern stellt die Auflösung des altprotestantischen Schriftprinzips die »Grundlagenkrise der modernen evangelischen Theologie«[24] dar.

Wissenschaft. Münster 2013, 162–181). Später können an verschiedenen Standorten weitere Disziplinen in den theologischen Fächerkanon aufgenommen werden – wie z. B. die Missionswissenschaft und Religionswissenschaft oder die Judaistik. Dies verstärkt den interdisziplinär angelegten Charakter des Gesamtfachs. Die Philosophie kommt traditional ohnehin hinzu. Sie wird allerdings im 20. Jahrhundert in der Theologie zunehmend von den Sozial- und später den Kulturwissenschaften ergänzt bzw. auch teilweise verdrängt. Diese Tendenz kann man sich daran verdeutlichen, dass philosophische Standardparadigmen wie die Metaphysik, Transzendentalphilosophie oder auch Sprachphilosophie kaum mehr als für das Gesamtfach verpflichtende oder gar zukunftsweisende Denkweisen angesehen werden, auf die man sich – ob nun eher konstruktiv oder kritisch – als gemeinsamen Bezugspunkt berufen kann. Entsprechend tritt das Quellenstudium dieser Standardparadigmen zurück, ohne dass damit gesagt wäre, dass nicht faktisch die darin traktierten Denkfiguren weiterhin – nunmehr allerdings eher unreflektiert – auch theologisch zur Anwendung kommen. Daher ist es m. E. sinnvoll, auch aus normativ-gegenwartsbezogenen Interessen das klassische Quellenstudium der großen philosophischen Traditionen zu pflegen, so sehr es sinnvoll ist, kulturwissenschaftlich auf der Theorie-Höhe der Zeit zu sein. Gerade so könnten sich auch Synergien ergeben, die *prima facie* kontraintuitiv erscheinen mögen. Dass dieses Plädoyer für das Quellenstudium auch theologieintern im Blick auf die eher deskriptiv-historischen Fächer gelten muss und m. E. den Erwerb der alten Sprachen einschließt, ist vielleicht wieder nötig, betont zu werden (vgl. zur Diskussion auch: ANGELA STANDHARTINGER, Traducere Navem. Acht Vorschläge zur Sprachenfrage im Theologiestudium, in: BERND SCHRÖDER [Hg.], Pfarrer oder Pfarrerin werden und sein. Herausforderungen für Beruf und theologische Bildung in Studium, Vikariat und Fortbildung?, Leipzig 2020, 379–395).

[24] WOLFHART PANNENBERG, Die Krise des Schriftprinzips, in: DERS., Grundfragen systematischer Theologie. Gesammelte Aufsätze, Göttingen 1967, 11–21, 13.

Diese Grundlagenkrise lässt sich nicht auf das Auseinandertreten von Bibelwissenschaften und Dogmatik reduzieren. Vielmehr führt sie im 18./19. Jahrhundert auch zum Aufstieg der Kirchengeschichte zur theologischen Leitdisziplin, da ihre Fokussierung auf die Historisierung wissenschaftlich am überzeugendsten erscheint.[25] Und innerhalb des Gesamtfaches zeigt sich die Grundlagenkrise in der immer drängender werdenden Frage nach seiner Einheit in der Vielfalt der Einzelfächer.[26] Offenbar legen sich zwei Optionen nahe, mit dieser durch die Historisierung der Bibel ausgelösten Grundlagenkrise innerhalb der modernen Theologie umzugehen. In dem einen Fall wird die historische Betrachtungsweise einschließlich ihrer normativen Verpflichtung auf das Historische auf die vermeintlich vom Historischen freien Fachanteile ausgedehnt; in dem anderen Fall reagiert man genau darauf kritisch, indem man religiös die Normativität des Historischen einschränkt und auf dem vermeintlich unhintergehbaren Zuspiel von lebenserschließenden Möglichkeiten im bibelfundierten Glauben insistiert.[27] Diese beiden entge-

---

[25] Vgl. CHRISTOPH SCHWÖBEL, Art. Theologie, RGG VIII, ⁴2005, 255–306, 292 f.

[26] Vgl. a. a. O., 295. Mitunter kann man heute z. B. den Eindruck haben, die Exegese mache ihre eigene Systematik und umgekehrt. Wäre es tatsächlich so, hätte sich die rechenschaftsfähige Ausdifferenzierung der neueren Theologie selbst *ad absurdum* geführt. Denn am Ende hätte man auf dem Weg der rechenschaftsfähigen Differenzierung oder sogar in ihrem Namen dieselbe zu Grabe getragen: Es bliebe der Zustand undifferenzierter Differenzierung ohne Verpflichtung auf Rechenschaft, den man mit einigen Verrenkungen noch als postmodernen Freiheitsgewinn zu inszenieren vermag. Ob man allerdings damit auch nur der reflektierten Postmoderne gerecht würde, darf bezweifelt werden.

[27] Die Rede von der Normativität des Historischen erinnert an die Denkfigur der »Normativität des Faktischen«. Sie ist im Rechtspositivismus seit Georg Jellinek prominent (vgl. KLAUS GRIMMLER, Die Rechtsfiguren einer »Nor-

gengesetzten Optionen kann man mit dem Recht relativer Einseitigkeit mit den Begriffen einer liberal-anthropologischen Religionstheologie und einer übernatürlich-bibelzentrierten Offenbarungstheologie überschreiben.[28] Beide Optionen können über verschiedene An- und Umwege in der

---

mativität des Faktischen«. Untersuchungen zum Verhältnis von Norm und Faktum und zur Funktion der Rechtsgestaltungsorgane, Berlin 1971, 11-29). Dagegen betont die Diskursethik von Jürgen Habermas die Faktizität des Normativen in Unterstellungen bzw. Bedingungen der Alltagskommunikation; hier ist die Rede von der »faktischen Kraft kontrafaktischer Unterstellungen« (JÜRGEN HABERMAS, Erläuterungen zur Diskursethik, Frankfurt a. M. 1991, 20).

[28] Unter der »Religionstheologie« ist die Richtung zu verstehen, die angesichts der neuzeitlichen Umformungskrise des Christentums auf kulturell-wissenschaftliche Anschlussfähigkeit bedacht ist und grundsätzlich bei dem Menschen und seiner Religion ansetzt. Familienähnliche Bezeichnungen sind »Kulturprotestantismus«, »Neuprotestantismus« oder »Liberale Theologie«, die im Einzelnen auch differieren und in einem komplexen Verhältnis zueinander stehen, das nicht zuletzt von theologiepolitischen und dogmatischen Vorentscheidungen bestimmt ist. Unter »Offenbarungstheologie« ist die Richtung zu verstehen, die auf diese Religionstheologie reagiert und Gott wieder aus der Gegenständlichkeit seines Wortes begreifen möchte, die dem neuzeitlichen Menschen souverän entgegentritt. Familienähnliche Bezeichnungen sind hier »Wort-Gottes-Theologie«, »Theologie der Krise«, »Kerygmatheologie« oder – schon deutlich kritisch gefärbt – »Offenbarungspositivismus« oder »Neoorthodoxie«. Auch diese Begriffe sind mit Deutungskämpfen innerhalb und außerhalb der Gruppe ihrer Vertreter verknüpft. Darum wird oben bewusst in deeskalierender Absicht von Religions- und Offenbarungstheologie gesprochen (vgl. zu einem orientierenden Überblick über die damit verknüpften Debatten z. B.: MICHAEL WEINRICH, Religion und Religionskritik. Ein Arbeitsbuch, Göttingen 2011; CHRISTOPH KOCK, Natürliche Theologie. Ein evangelischer Streitbegriff, Neukirchen-Vluyn 2001; ULRICH H. J. KÖRTNER, Theologie des Wortes Gottes. Positionen – Probleme – Perspektiven, Göttingen 2001).

Entdeckung einer Hermeneutik des Bildlichen bzw. der kontrafaktischen Einbildungskraft gipfeln.[29] M. E. kann man dieses »Setting« verstehen,[30] wie es im Folgenden skizziert wird.[31]

---

[29] Vgl. zu einer bildhermeneutischen Zuspitzung nicht des Theologieverständnisses, sondern der Schrift- und Rechtfertigungslehre: KRÜGER, Das andere Bild Christi (s. Anm. 1), 3–55.
[30] Alternativ können die Geschichtstheologie von Wolfhart Pannenberg und die Erfahrungstheologie von Eilert Herms ansetzen. Sie unterlaufen die Alternative von Offenbarungs- und Religionstheologie, indem sie anstelle des Bildbegriffs auf den Geschichts- bzw. Erfahrungsbegriff setzen. Dies ist in gewisser Hinsicht auch nachvollziehbar, lässt sich jedoch auch bildhermeneutisch einordnen. In Pannenbergs Fall kann man seine Geschichtstheologie als eine m. E. im Kern plausible Gedächtnistheorie theologischen Zuschnitts deuten, deren beanspruchter Heilsrealismus der Geschichte jedoch immer wieder durch deren deutungsabhängige Überlieferung, ihre sakramental-zeichenhafte Vergegenwärtigung und ihre kontrafaktische Antizipation unterlaufen wird. Insofern gehört auch zu der historischen Faktizität, auf die Pannenbergs Theologie abzielt, die kontrafaktische Einbildungskraft (vgl. MALTE DOMINIK KRÜGER, Pannenberg als Gedächtnistheoretiker. Ein Interpretationsvorschlag [auch] zu seiner Ekklesiologie, in: GUNTHER WENZ [Hg.], Kirche und Reich Gottes. Zur Ekklesiologie Wolfhart Pannenbergs, Göttingen 2017, 181–202, bes. 202, Anm. 48). In dem Fall von Herms steht in dessen Spätwerk das gegenwärtige christliche Leben in seiner geschichtlichen Erscheinung und leiblichen Präsenz im Mittelpunkt. Dieses baut auf einer praktischen Selbstgewissheit auf, die selbst unmittelbar und zweifelsfrei sein soll. Hier stellt sich m. E. die Frage, ob dies praktisch angesichts der diagnostizierten Relativierung durch das Historische überzeugt und ob dies theoretisch trägt, wenn man Gewissheit und Zweifel grundlegend dialektisch aufeinander bezogen weiß. Dagegen leuchtet m. E. der Deutungsvorschlag aus dem Frühwerk von Herms ein, die evangelische Kirche des Wortes in der szenischen Erschließung der österlichen Christusbotschaft zu verankern (vgl. THOMAS ERNE, Lebenskunst. Aneignung ästhetischer Erfahrung. Ein theologischer Beitrag zur Ästhetik im Anschluß an Kierkegaard, Kampen 1994, 46 f.; KRÜGER, Das andere Bild Christi (s. Anm. 1), 136; DERS., Rezension zu »Eilert Herms, Systematische Theolo-

2. Das Anbahnen eines neuen Weges: Die theologische Fokussierung der Einbildungskraft

Die Religionstheologie weitet das Wahrheitsbewusstsein des Historischen auf die gegenwartsreligiös normativen Glaubensinhalte aus. Dadurch werden die Glaubensinhalte einschließlich der vermeintlich überzeitlichen Gottesbilder der Dogmatik relativ und in den umfassenden Prozess der menschlichen Kulturgeschichte eingebettet. Diese Relativierung fängt die Religionstheologie auf, indem sie den Glauben nicht gegenständlich in einer überweltlichen Gottesoffenbarung, sondern zuständlich im menschlichen Gefühlserleben verankert. Nicht zuletzt der Umgang mit der Bibel zeigt dies an, die von einer übernatürlichen Glaubensquelle zu einem kulturellen Glaubensmedium wird, das basal seine Überzeugungskraft aus dem Bezug auf die glaubende Subjektivität schöpft. In dieser Fluchtlinie können theologisch Prozesse religiöser Symbolbildung in den Mittelpunkt rücken. Dabei wird auch das Bildvermögen und teilweise sogar explizit der Bildbegriff beansprucht. So kann die Historisierung und die Verankerung der Religion in der Subjektivität über die Einsicht in Symbolisierungsvorgänge zur Bildlehre führen.

---

gie«, www.informationsmittel-fuer-bibliotheken.de/showfile.php?id=9495; [01/2019] [abgerufen am 02.05.2020]; vgl. zu einer umfassenden Darstellung und Diskussion von Herms Theologie: ANDRÉ MUNZINGER, Gemeinsame Welt denken. Bedingungen interkultureller Existenz bei Jürgen Habermas und Eilert Herms, Tübingen 2015, 163–306).

[31] Zunächst wird im Folgenden die entsprechende Deutung der Religionstheologie skizziert und dann die entsprechende Deutung der Offenbarungstheologie.

Holzschnittartig kann man sich das vor Augen führen, wenn man die Entwicklung der Religionstheologie von dem als »Kirchenvater des 19. Jahrhunderts«[32] bezeichneten Friedrich Schleiermacher über Ernst Troeltsch, der als Systematiker der religionsgeschichtlichen Schule gilt,[33] hin zu dem zeitgenössischen Religionstheologen Hermann Timm nachvollzieht.

So ist bei Schleiermacher der evangelische Glaube ein Bestandteil der von dem Menschen gestalteten (Kultur-)Geschichte.[34] Dieser Glaube wird von Metaphysik und Moral abgegrenzt und als Erfüllung von Religion überhaupt begriffen. Dreh- und Angelpunkt ist für Schleiermacher die religiöse Subjektivität, die sich im vordiskursiven Erleben vollzieht und das Gefühl schlechthinniger Abhängigkeit einschließt. Dies führt zu religiösen Symbolisierungen, die nur in geschichtlich-positiven Religionen fassbar sind. Zugleich sind diese Symbolisierungen an ihre vermögenstheoretische Fundierung gebunden, die wiederum der historischen Kontingenz enthoben ist. Denn an der Funktion religiöser Symbolisierung führt für den Menschen kein Weg vorbei.[35] In seiner romantischen

---

[32] KARL BARTH, Die protestantische Theologie im 19. Jahrhundert. Ihre Vorgeschichte und ihre Geschichte, Zürich 1952, 379 (im Anschluss an Christian Lülmann).

[33] Vgl. JOHANN HINRICH CLAUSSEN, Die Jesus-Deutung von Ernst Troeltsch im Kontext der liberalen Theologie, Tübingen 1997, 14 f. 28 f.

[34] Vgl. zur folgenden Schleiermacher-Deutung mit einschlägigen Belegen und weiterführender Literatur: MALTE DOMINIK KRÜGER, Religion und Religionen. Bildtheoretischer Zugang und Schleiermachers Erbe, in: JÖRG DIERKEN/ARNULF V. SCHELIHA/SARAH SCHMIDT (Hg.), Reformation und Moderne. Pluralität – Subjektivität – Kritik, Berlin/Boston 2018, 87–102, bes. 93-102.

[35] Vgl. ebd.

Frühzeit bindet Schleiermacher dieses Religionsverständnis ausdrücklich an den Begriff der Anschauung und die Funktion imaginativer Fantasie. Man kann im Blick darauf in der Forschung von einem »deutungsoffenen Bildbewusstsein«[36] sprechen, wie es auch grundsätzlich eine bildhermeneutische Auslegung von Schleiermachers Werk gibt.[37] Der nachromantische Schleiermacher der Spätzeit lässt den Begriff der Anschauung fallen, dessen Fixierung auf Partikularität der Ganzheitsdimension des Gefühls widerstreitet, und reichert den Begriff des Gefühls komplex an, das ein singuläres Vermögen und zugleich die Ganzheit menschlicher Vermögen meint.[38] Dieses Gefühl verkörpert sich im Gottesbewusstsein. Darin wird der menschlichen Subjektivität ihre im eigenen Vollzug entzogene Faktizität vorstellig, so dass die Gottesvorstellung zwischen einer reinen Deutungsfunktion und einer substantiellen Eigenheit zu stehen kommt.[39] In

---

[36] CHRISTIAN KÖNIG, Unendlich gebildet. Schleiermachers kritischer Religionsbegriff und seine inklusivistische Religionstheologie anhand der Erstauflage der *Reden,* Tübingen 2016, 254. Vgl. a. a. O. 296.

[37] Vgl. grundlegend zur bildhermeneutischen Auslegung Schleiermachers: URSULA FROST, Einigung des geistigen Lebens. Zur Theorie religiöser und allgemeiner Bildung bei Friedrich Schleiermacher, Paderborn/München/Wien/Zürich 1991, 124–296; JOACHIM KUNSTMANN, Religion und Bildung. Zur ästhetischen Signatur religiöser Bildungsprozesse, Gütersloh 2002, 178–198.229–344; MARKUS FIRCHOW, Das freie Spiel der Bilder. Vernunft und Fantasie in Schleiermachers Konzeption lebendiger Anschauung und Darstellung, Leipzig 2020.

[38] Vgl. JÖRG DIERKEN, Glaube und Lehre im modernen Protestantismus. Studien zum Verhältnis von religiösem Vollzug und theologischer Bestimmtheit bei Barth und Bultmann sowie Schleiermacher und Hegel, Tübingen 1996, 308–416, bes. 364 f., Anm. 81.

[39] Vgl. a. a. O., 322–378, bes. 371.

[40] Vgl. zur Betonung des bildtheoretischen Charakters der Christologie bei

der geschichtlichen Person Jesu kommt urbildlich die vollkommene Kräftigkeit des entsprechenden Gottesbewusstseins zur Geltung.[40] Dieses (Ur-)Bild Jesu kann die Bibel vermitteln, in der sich die Erfahrung des christlichen Glaubens wirksam ausdrückt.[41] Der Bildbegriff wird so zu einem Vermittlungsbegriff. Dazu passt, dass das (innere) Bild für Schleiermacher philosophisch zwischen (affektiver) Wahrnehmung und (abstraktem) Begriff vermittelt und Einbildung und Divination zusammenfallen können.[42] Diese Bedeutung des Bildes darf allerdings nach Schleiermacher nicht als Freischein für eine falsch verstandene Kunstreligion begriffen werden; das Christentum ist als Religion ethisch und geschichtlich orientiert.[43]

Schleiermacher auch: CHRISTIAN DANZ, Grundprobleme der Christologie, Tübingen 2013, 118–123.
[41] Vgl. JÖRG LAUSTER, Prinzip und Methode (s. Anm. 21), 49–65, bes. 52 f.
[42] Vgl. ANDREAS ARNDT, Hermeneutik und Einbildungskraft, in: DERS./ JÖRG DIERKEN, Friedrich Schleiermachers Hermeneutik, Berlin/Boston, 2016, 119–128, 119; WOLFGANG H. PLEGER, Schleiermachers Philosophie, Berlin/New York 1988, 163–167.
[43] Vgl. GUNTER SCHOLTZ, Das Bild im Denken Schleiermachers, in: REINHARD HOEPS (Hg.), Handbuch der Bildtheologie I: Bild-Konflikte, Paderborn/München/Wien/Zürich 2007, 286–299, bes. 289 f. Vgl. grundlegend zur Ästhetik bei Schleiermacher: THOMAS LEHNERER, Die Kunsttheorie Friedrich Schleiermachers, Stuttgart 1987; ANNE KÄFER, »Die wahre Ausübung der Kunst ist religiös«. Schleiermachers Ästhetik im Kontext der zeitgenössischen Entwürfe Kants, Schillers und Friedrich Schlegels, Tübingen 2006.
[44] Vgl. zur folgenden Troeltsch-Deutung mit einschlägigen Belegen und weiterführender Literatur auch: MALTE DOMINIK KRÜGER, Religion als Ambivalenzmanagement (s. Anm. 10); FRIEDEMANN VOIGT, Die historische Methode der Theologie. Zu Ernst Troeltschs Programm einer theologischen Standortepistemologie, in: FRIEDRICH WILHELM GRAF (Hg.), »Geschichte durch Geschichte überwinden«. Ernst Troeltsch in Berlin, Gütersloh 2006, 155–173.

Troeltsch forciert gegenüber Schleiermacher den Gedanken der historischen Kontingenz.[44] Dies gilt sowohl im Blick auf die Geschichte des Christentums als auch die Person ihres Stifters als auch die Subjektivität der Glaubenden: »[E]s wackelt alles«, soll Troeltsch im Rahmen eines theaterreifen Auftritts in Eisenach 1896 gesagt haben.[45] Wie immer es um die Tatsächlichkeit dieses Auftritts auch bestellt sein mag, gerade durch die programmatische Historisierung kommt bei Troeltsch unter dem Stichwort der »Metaphysik« auch etwas Normatives ins Spiel[46]: Indem das auf den Axiomen des Wahrscheinlichkeitsurteils, des Analogieprinzips und der Wechselseitigkeitsthese beruhende Geschichtsbewusstsein historische Sachverhalte realisiert und vergleicht, gehen damit Bewertungen einher. Ihr regulativer Zusammenhang, ihre indirekte Ordnung führt für Troeltsch zum Gottesgedanken, der dafür einsteht, dass die Geschichte kein unzugängliches Chaos ist.[47] Hierbei erweist sich das Christentum als Persönlichkeitsreligion von relativer Höchstgeltung, insofern sich in ihr der Übergang der menschlichen Natur zur geistigen Person religiös ausspricht: Gott erscheint als naturüberlegener Wille. Dieser religiöse Personalismus ist allerdings an die Relativität des europäisch-nordamerikanischen Kulturkreises gebunden, der von einem immanenten Reduktionismus bedroht ist.[48] Dies wirft die Frage auf: Wie kann unter die-

---

[45] Vgl. zur Anekdote und ihrer historischen Zuverlässigkeit: HANS-GEORG DRESCHER, Ernst Troeltsch. Leben und Werk, Göttingen 1991, 148 f.
[46] Vgl. CLAUSSEN, Jesus-Deutung (s. Anm. 33), 17–27.
[47] Vgl. a. a. O., 203–251; JAN ROHLS, Protestantische Theologie der Neuzeit II. Das 20. Jahrhundert, Tübingen 1997, 128–139; VOIGT, Historische Methode (s. Anm. 44), 155–173; CHRISTINE AXT-PISCALAR, Was ist Theologie? Klassische Entwürfe von Paulus bis zur Gegenwart, Tübingen 2013, 265–280.
[48] Vgl. ebd.

sen Bedingungen der christliche Glaube vermittelt werden? Darauf vermag Troeltsch mit der Verbindung von Individual- und Sozialpsychologie zu antworten, die das kantische Konzept des Ideals mit Schleiermachers Urbildkonzeption aufnimmt und weiterführt[49]: Der christliche Glaube überzeugt Menschen dadurch, dass er die Person Jesu anschaulich werden lässt.[50] Dies geschieht im präreflexiven Kultusleben und seiner Vergemeinschaftung, wenn das »Bild Christi«,[51] wie Troeltsch sagen kann, den Totaleindruck des urbildlichen Menschen Jesus im »Imaginationsvermögen der Gläubigen«[52] vermittelt, wie man in der Troeltsch-Forschung for-

---

49 Vgl. CLAUSSEN, Jesus-Deutung (s. Anm. 33), 252–285.
50 Vgl. ebd.
51 ERNST TROELTSCH, Die Bedeutung der Geschichtlichkeit Jesu für den Glauben, in: Ernst Troeltsch Lesebuch. Ausgewählte Texte, hg. v. Friedemann Voigt, Tübingen 2003, 61–92, bes. 78f. 85. 87. 92.
52 Vgl. CLAUSSEN, Jesus-Deutung (s. Anm. 33), 1. Die Gesamtpassage von Claussen, mit der er seine Troeltsch-Deutung resümiert, kann man m. E. als ausgesprochen bildhermeneutisch bezeichnen: »Eine Religion lebt von ihren Bildern. Ihre ›Überzeugungskraft‹ hängt entscheidend daran, ob es ihr gelingt, ihre spezifische Auffassung des Göttlichen anschaulich werden zu lassen. Das zentrale Bild des Christentums ist die Gestalt Jesu von Nazareth. Christlicher Glaube ist primär keine theologische oder moralische Lehre, sondern eine religiöse Lebensposition, die ihre Kraft und Bestimmtheit durch den Bezug auf die Person und Predigt Jesu gewinnt. Das Bild, das in Erzählungen, Hymnen und bildnerischen Darstellungen von ihm gezeichnet wird, ›visualisiert‹ den Ideengehalt des Christentums in einzigartiger Weise. Im Jesusbild wird eine individuelle Gestalt mit einer konkreten Geschichte vorgestellt, die die Idee des Christentums plastisch werden läßt. Was als Offenbarung Gottes gelten soll, wird hier sichtbar. [...] Das Jesusbild regt Phantasie und Imaginationsvermögen der Gläubigen an, es bietet die Möglichkeit individueller Ausmalungen und immer neuer Färbungen und Akzentuierungen. Jede Zeit entwirft ihr eigenes Jesusbild [...] Zugleich aber ist das Jesusbild ein Einheitsmoment zwischen den Zeiten« (ebd.).

muliert.⁵³ Die Triftigkeit dieses Bildes Jesu erweist sich im Wechselspiel zwischen geschichtlicher Tatsächlichkeit und symbolisierender Einbildungskraft sowie gemeinsamer Bezugnahme und individueller Deutung.⁵⁴

Wird bei Troeltsch das Jesusbild zum Medium eines postdogmatischen Protestantismus unter Bedingungen historischer Kontingenz und Relativität, indem auch ästhetische Dimensionen in den Blick kommen, so wird letzteres von Hermann Timm noch verstärkt.⁵⁵ Er entwirft eine Theorie eines postdogmatischen Christentums evangelischer Provenienz, dessen Überzeugung das vordiskursive Erleben ausdrücklich an das Symbolvermögen bindet. Timm spricht ausdrücklich von einer »Bildtheologie«.⁵⁶ Demnach ist im »Imaginären«⁵⁷, und zwar im Sinn des (Sinn-)Bildlichen, Fiktionalen und Szenischen, nicht nur der Dreh- und Angelpunkt der Kulturwissenschaften, sondern auch der kunstaffinen Religion zu finden.⁵⁸ Dabei gehören alttestamentliches Bilderverbot und griechische Augenlust für Timm paradox zusammen, wenn die Jesusgestalt im aisthetisch-ästhetischen Akt der Bibellektüre in der Einbildungskraft aufersteht und in einem »Augen-Blick« neue Lebensmöglichkeiten entdecken lässt.⁵⁹

---

53   Vgl. a. a. O., 252–293.
54   Vgl. ebd., bes. 286–293.
55   Vgl. zur folgenden Timm-Deutung mit einschlägigen Belegen und weiterführender Literatur auch: KRÜGER, Das andere Bild Christi (s. Anm. 1), 108; CHRISTIAN SENKEL (Hg.), Geistes Gegenwart: Zur religiösen Grundierung der Lebenswelt, Leipzig 2016.
56   HERMANN TIMM, Das ästhetische Jahrzehnt. Zur Postmodernisierung der Religion, Gütersloh 1990, 136.
57   Ebd.
58   Vgl. a. a. O., 45–88. 117–175.
59   Vgl. ebd.

So mutiert der Protestantismus in dieser Lesart »einer imagologischen Weiterbildung des Solo-verbo-Prinzips«[60] im multimedialen Zeitalter zu einem Präsentationsmodus des Religiösen, der bildlich, leibhaft und festlich ist.[61]

Die Offenbarungstheologie widerspricht der Religionstheologie und reagiert auf deren Historisierung, indem sie die normative Bedeutung historischen Fragens in der Theologie einschränkt und Gott strikt aus seinem Gegenstandsbezug heraus verstehen möchte.[62] Dabei spielt der historische Jesus in den klassischen Offenbarungstheologien von Karl Barth und Rudolf Bultmann keine Rolle - und Gott tritt dem neuzeitlichen Menschen souverän entgegen.[63] Um dies zu ge-

---

[60] A. a. O., 150.

[61] Vgl. a. a. O., 45-88. 117-175; DERS., Wahr-Zeichen. Angebote zur Erneuerung religiöser Symbolkultur, Stuttgart/Berlin/Köln 1993, 68-91; DERS., Wie kommen wir ins nächste Jahrtausend? Die Theologie vor dem Millennium des Geistes, Hannover 1998, bes. 45-49. Vgl. zu Timm auch die familienähnlichen Entwürfe: MARKUS BUNTFUSS, Tradition und Innovation. Die Funktion der Metapher in der theologischen Theoriesprache, Berlin/New York 1997; KLAAS HUIZING, Ästhetische Theologie I. Der erlesene Mensch. Eine literarische Anthropologie, Stuttgart 2000.

[62] So wird bei Karl Barth im Rahmen seines Programms, die Theologie aus dem Wort Gottes zu verstehen, die Kirchengeschichte zu einer »Hilfswissenschaft« abgewertet, die zwar unumgänglich ist, aber über keine eigenständige Frage theologischer Art verfügt (vgl. KARL BARTH, Die Kirchliche Dogmatik I/1, Zürich 1964, 1-43. 261-310, bes. 3).

[63] Diesen Sachverhalt kann man sich zugespitzt an der Deutung der Auferstehung verdeutlichen, wenn die Auferstehung bei Rudolf Bultmann und - trotz kleinerer Korrekturen in seiner Spätzeit - auch Karl Barth der kritischen Nachforschung historischen Wissens entzogen wird. Das Motiv dahinter ist es, Gottes im Wortglauben sich ausdrückende Unverfügbarkeit vor dem vergegenständlichenden Zugriff des Menschen zu bewahren, der sich darin verfehlen würde (vgl. ALISTER E. MCGRATH, Der Weg der christlichen Theologie, Gießen ³2013, 443-445; MALTE DOMINIK KRÜGER,

währleisten, verlagert die Offenbarungstheologie – in einem performativ paradoxen Zugriff – die göttliche Gegenständlichkeit in das zuständliche Vermögen des diskursiven Verstehens, nämlich in das sprachliche und allgemeinmenschliche Wort. Um dieses »Wort Gottes« seiner historischen Relativität und sachlichen Infragestellung zu entziehen, fasst die Offenbarungstheologie es – zumindest: tendenziell – eschatologisch-präsentisch auf und verbindet es exklusiv mit dem Glauben. In der Barth und Bultmann zusammenführenden Offenbarungstheologie meldet sich diese paradoxe Einheit von Gottesgegenständlichkeit und Glaubenssprache innerhalb der Glaubenssprache darin wieder, dass es sprachlich einen religiösen Bedeutungsüberschuss gibt, den man als Metapher bzw. Bild auffasst. Da sich der sprachliche Bildbegriff nicht vom inneren und äußeren Bildbegriff isolieren lässt, drängt die Offenbarungstheologie von einer Sprachlehre zu einer Bildlehre des Glaubens.

Holzschnittartig kann man sich das vor Augen führen, wenn man die Entwicklung der Kerygmatheologie beispielhaft von dem Marburger Neutestamentler Ernst Fuchs über den Tübinger Dogmatiker Eberhard Jüngel hin zu dem Hamburger Systematiker Michael Moxter nachvollzieht.

Der eigenwillige und eigenständige Bultmann-Schüler Fuchs[64] spricht im Blick auf die Hermeneutik im Bereich der Theologie von einer bzw. der »Sprachlehre des Glaubens«.

Der Gott vom Holz her? Auferstehung bei Eberhard Jüngel und Wolfhart Pannenberg, in: GUNTHER WENZ [Hg.], Die Christologie Wolfhart Pannenbergs, Göttingen 2020, 237–259).

[64] Vgl. zur folgenden Darstellung der Theologie von Fuchs mit einschlägigen Belegen und weiterführender Literatur: KIRSTEN HUXEL, Theologie als Sprachlehre des Glaubens. Zum hermeneutischen Programm von Ernst Fuchs, ZThK 101 (2004), 292–314; OLIVER PILNEI, Wie entsteht christlicher

Darunter versteht er eine phänomenologische Aufnahme der Sprachbewegungen neutestamentlicher Texte, deren auf Glauben und Verstehen abzielender Zusammenhang immer wieder auf seine Stimmigkeit überprüft werden muss.[66] Dabei kommt nach Fuchs die christliche Theologie nicht um die Ausarbeitung einer eigenen Ontologie herum; dies lässt sich, anders als Bultmann meint, nicht an die Philosophie – und sei es diejenige des frühen Heidegger – delegieren.[67] Das Ziel von Fuchs ist es, den Glauben strikt aus dem Ereignis zu verstehen, dem er sich verdankt, nämlich dem Offenbarungsgeschehen. Dieses Ereignis vollzieht sich nach Fuchs, der sich damit selbst formal in der Nähe zu Heideggers spätem Sprach- und Ereignisdenken bewegt, in der Sprache des neutestamentlichen Glaubens und hat – über Barth und Bultmann hinaus – am historischen Jesus einen Anhalt.[68] In der Mitte des neutestamentlichen Glaubens stehen für Fuchs die analogen Sprachformen von Gleichnis, Parabel und Metapher. In ihnen macht sich Gott selbst bekannt und ermöglicht den Hörenden durch die Zeitansage des Heils einen freiheitsverheißenden Perspektivwechsel und ein neues Leben.[69]

Glaube? Untersuchungen zur Glaubenskonstitution in der hermeneutischen Theologie bei Rudolf Bultmann, Ernst Fuchs und Gerhard Ebeling, Tübingen 2007, 55–202; HARTMUT VON SASS, Gott als Ereignis des Seins. Versuch einer hermeneutischen Onto-Theologie, Tübingen 2013, bes. 168–208.

[65] FUCHS, Hermeneutik, Bad Cannstatt ³1963, III; Vgl. auch: DERS., Hermeneutik. Ergänzungsheft mit Registern, Bad Cannstatt 1963, 6 (Einleitung zur 2. Auflage).
[66] Vgl. ebd.
[67] Vgl. PILNEI, Wie entsteht christlicher Glaube? (s. Anm. 64), 67–71.
[68] Vgl. a. a. O., 59. 79–100; VON SASS, Gott als Ereignis des Seins (s. Anm. 64), 188–195.
[69] Vgl. PILNEI, Wie entsteht christlicher Glaube? (s. Anm. 64), 137–161.

So ist Gott als performatives »Sprachereignis«,[70] wie ein Schlüsselbegriff der Theologie von Fuchs heißt, sakramental präsent und spielt der Wirklichkeit der Welt neue Möglichkeiten zu, die sich nicht aus ihr selbst ergeben.[71] Die damit verbundene Vorordnung der Möglichkeit vor der Wirklichkeit schließt für Fuchs eine Absage an die klassische Metaphysik der Griechen ein, wie für ihn die kerygmatische Sprachlichkeit anstelle der von Bultmann betonten existentiellen Fraglichkeit rückt.[72] Dies erlaubt Fuchs eine Offenheit gegenüber Barths Trinitätstheologie, obgleich Fuchs stets den Einbezug des Menschen betont: Wenn Gott in den neutestamentlichen Sprachbewegungen analog zur Rede kommt, dann erscheint er entsprechend in seinem Wort selbst und ist aufgrund dieser Selbstentsprechung trinitarisch zu fassen.[73] In seinem analogen Wort fallen Gottes Gegebenheit und seine Spracherschließung zusammen, so dass Fuchs unter der Sprache deren Bezug auf ein vorgängiges Phänomen und zugleich dessen Versprachlichung verstehen kann. Zwar wird deutlich, dass Fuchs damit im Anschluss an Heidegger und Barth die vermeintlich ruinöse Subjekt-Objekt-Spaltung des neuzeitlichen Verstehens unterlaufen möchte.[74] Doch es wird daran in der Fuchs-Forschung ebenso deutlich Kritik geübt. Denn wenn Fuchs die unmittelbare Gegebenheit für sprachliche Zeichen selbst als Sprache auffasst, meint er das, was nach der semiotischen Theorie und auch nach der Theologie

---

[70] ERNST FUCHS, Hermeneutik. Ergänzungsheft mit Registern (s. Anm. 65), 6.
[71] PILNEI, Wie entsteht christlicher Glaube? (s. Anm. 64), bes. 75–79. 127–133. 169–193.
[72] Vgl. a. a. O., 65–67. 75. 78. 84–107, bes. 101.
[73] Vgl. a. a. O., 66 mit Anm. 43.
[74] Vgl. a. a. O., 101–127.

Martin Luthers in Bildern erfolgt, die an die Wahrnehmung gekoppelt sind.[75]

In dem »hermeneutischen Barthianismus«[76] des Fuchs-Schülers Jüngel wird die Sprachbildlichkeit des Glaubens, der wie bei Fuchs den Haftpunkt am historischen Jesus einschließt, noch weiter entgrenzt.[77] Denn bevor Jüngels Theologie dogmatisch dazu kommt, Gott als trinitarisches Sprachgeschehen der Liebe zu entfalten, das sich axiomatisch in der österlichen Selbstidentifikation Gottes mit dem toten Jesus zugunsten des gottlosen Menschen zeigt,[78] schaltet sie einen

---

[75] So urteilt Oliver Pilnei in seiner sorgfältigen und abwägenden Untersuchung, dass die performative Kraft der Sprache von Fuchs so stark herausgestrichen wird, »dass der *reflexive* Zug von Sprache auf ein vorgängiges Phänomen, das z. B. in der semiotischen Theoriebildung als Bild angesprochen wird, übergangen zu werden droht« (a. a. O., 120). Pilnei verweist auf die semiotische Theorie und Überlegungen Luthers, um gegen Fuchs an der Einsicht festzuhalten: »Die unmittelbare Gegebenheitsweise von Zeichen und ihrem Objektbezug sind *Bilder*!« (a. a. O., 120, Anm. 245). Unter Berufung auf Hermann Deuser formuliert Pilnei: »Der Gegenstandsbezug von Symbolen (auch religiösen!) ist in ›der primären Kreativität von Wahrnehmungen und ihren Bildern, überlieferten Geschichten und rituellen Vergegenwärtigungen«‹ (ebd.) zu finden.

[76] ROHLS, Theologie II (s. Anm. 47), 805.

[77] Vgl. zur folgenden Darstellung der Theologie Jüngels mit einschlägigen Belegen und weiterführender Literatur auch: TOM KLEFFMANN, Eberhard Jüngel: Gott als Geheimnis der Welt. Zur Begründung der Theologie des Gekreuzigten im Streit zwischen Theismus und Atheismus, in: CHRISTIAN DANZ (Hg.), Kanon der Theologie. 45 Schlüsseltexte im Portrait, Darmstadt 2009, 310–318; KRÜGER, Der Gott vom Holz her? (s. Anm. 63); DERS., Gott ist die Liebe. Eberhard Jüngels kreuzestheologische Trinitätslehre, in: DIRK EVERS/MALTE DOMINIK KRÜGER (Hg.), Die Theologie Eberhard Jüngels. Kontexte, Themen, Perspektiven, Tübingen 2021, 121–133.

[78] Vgl. RAINER DVORAK, Gott ist Liebe. Eine Studie zur Grundlegung der Trinitätslehre bei Eberhard Jüngel, Würzburg 1999, 42–58.311–339.

religionsphilosophischen Schritt vor. Zwar will Jüngels Theologie diesen Schritt nicht als neutrale Voraussetzung der Offenbarung verstanden wissen, vermittelt aber faktisch ihre Anschlussfähigkeit über eine insbesondere vom späten Heidegger inspirierte Neuzeitkritik und Sprachphilosophie.[79] Danach ist Gottes trinitarische Selbstoffenbarung nicht abwegig, sondern trifft auf einen Menschen, dessen Versuch neuzeitlicher Selbstbemächtigung und ihrer theistischen Absicherung scheitert: Der Mensch in der neuzeitlichen Subjekt-Objekt-Spaltung kann sich weder mithilfe seiner menschlichen Subjektivität noch mithilfe einer theistischen Objektivität begründen. Doch der Mensch kann einsehen, dass er das nicht kann und von der ihm zuvorkommenden Wirklichkeit lebt, die sich in der Sprache erschließt. In deren ursprünglichem Ereignis- und Anredecharakter des Metaphorischen wird die Subjekt-Objekt-Spaltung unterlaufen und werden zuvor unverfügbare Möglichkeiten des Lebens erschlossen.[80] Diesen Grundzug von Sprache nimmt Jüngel offenbarungstheologisch auf, wenn der Gleichniserzähler Jesus mit seiner Auferweckung zum Gleichnis Gottes wird und so dem Menschen im Glauben die Möglichkeit schenkt, wahrhaft menschlich zu werden. Auf diese Weise wird das berechtigte Streben des neuzeitlichen Menschen nach sich selbst erfüllt, und zwar auf dem Weg des christlichen Glaubens, der im Sprachereignis Gottes gründet.[81] In der Jüngel-

---

[79] Vgl. CHRISTOPH HERBST, Freiheit aus Glauben. Studien zum Verständnis eines soteriologischen Leitmotivs bei Wilhelm Herrmann, Rudolf Bultmann und Eberhard Jüngel, Berlin/Boston 2012, 311–338, bes. 336–338; DVORAK, Gott ist Liebe (s. Anm. 78), 35 f.
[80] Vgl. HERBST, Freiheit aus Glauben (s. Anm. 79), 311–338.356–367.
[81] Vgl. a. a. O., 367–426.339–355.

Forschung ist dieses methodische Arrangement von allgemein menschlicher Metaphorologie und spezifisch christlicher Gotteslehre ein prominenter Kritikpunkt: Erweist sich bei Jüngel die vermeintlich unhintergehbare Offenbarung als bloße Anwendung einer allgemeinen Metaphorologie, die im Übrigen auch philosophisch nicht alternativlos ist?[82]

Vor diesem Hintergrund leuchtet ein, dass Moxter den offenbarungstheologischen Zug der Kerygmatheologie auf dessen phänomenologischen Charakter reduziert und im Rahmen einer symbolaffinen Theologie der Kultur für Fragen der Wahrnehmung bzw. Ästhetik öffnet.[83] Damit schlägt Moxter eine Brücke zum Kulturprotestantismus, wenn er über Jüngel hinausgehend bei der Thematisierung des Bildbegriffs äußere Bilder für eine grundlegende Hermeneutik einbezieht und diese Hermeneutik anthropologisch vermittelt.[84] Letzteres erschöpft sich nicht in dem sachlich naheliegenden Bezug auf Hans Blumenbergs Metaphorologie,[85] sondern verrät einen eigenständigen Zugriff. So durchkreuzt

---

[82] Vgl. a.a.O., 358–385, bes. 377–385. Jüngel ist an diesem Punkt ambivalent: Einerseits soll barthianisch die Unableitbarkeit der Offenbarung gewahrt bleiben, andererseits kann er im hermeneutischen Sinn der lutherischen Unterscheidung von Gesetz und Evangelium eine Übersetzung jedes theologischen Satzes in einen außertheologisch verständlichen Satz anmahnen. Zwar geht bei diesem Übersetzungsvorgang etwas verloren, aber er ist auch unumgänglich (vgl. zur Sache auch: DVORAK, Gott ist Liebe [s. Anm. 78], 190–197).

[83] Vgl. zur folgenden Moxter-Deutung mit einschlägigen Belegen und weiterführender Literatur auch: KRÜGER, Das andere Bild Christi (s. Anm. 1), 134 f.; DERS., Rez. zu »FRIEDHELM HARTENSTEIN/MICHAEL MOXTER, Hermeneutik des Bilderverbots«, ThLZ 142 (2017), 739–741.

[84] Vgl. FRIEDHELM HARTENSTEIN/MICHAEL MOXTER, Hermeneutik des Bilderverbots. Exegetische und systematisch-theologische Annäherungen, Leipzig 2016, 183–345.

Moxter herkömmliche Gegensätze wie Unsichtbarkeit und Sichtbarkeit oder Geist und Leib, indem er die leibliche Einbildungskraft des Menschen auf das Bilderverbot bezieht.[86] Negative Theologie und alteritätssensible Phänomenologie werden auf diese Weise verbunden; die Heilszeit der Offenbarung kann man nicht ohne ihren präzisen Entzug entdecken.[87] Kants Synopse von Unbedingtheit und Negativität und Luthers Verortung von Gottes Verborgenheit jenseits des Gegensatzes von Unsichtbarkeit und Sichtbarkeit werden bewusst zusammengeführt.[88] Vor diesem Hintergrund votiert Moxter für eine christologische Erneuerung der Bildlichkeit des Bildlosen, deren Darstellung etwa prominent in Kasimir Malewitschs »Schwarzem Quadrat« (1915) deutlich wird, und stellt eine Anthropologie des Szenischen in Aussicht.[89]

3. Zwischenfazit

Ihrem Begriff nach bezieht sich (auch: evangelische) Theologie auf die Tradition griechischer Metaphysik, die in Verbindung mit der Jesusüberlieferung zu demjenigen Denken führt, das man seit dem Mittelalter als (christliche) Theologie

---

[85] Vgl. MICHAEL MOXTER, Einleitung, in: DERS./MARKUS FIRCHOW (Hg.), Die Zeit der Bilder, Tübingen 2018, 1–37, bes. 1, Anm. 2.
[86] Vgl. HARTENSTEIN/MOXTER, Hermeneutik des Bilderverbots (s. Anm. 84), bes. 206–217. 287–292.
[87] Vgl. a. a. O., 218–245.
[88] Vgl. a. a. O., 232–266.
[89] Vgl. a. a. O., 292–341, bes. 309–338; MICHAEL MOXTER, Symbolische Prägnanz und Anthropologie. Ein Werkstattbericht, in: THOMAS ERNE/ MALTE DOMINIK KRÜGER (Hg.), Bild und Text. Beiträge zum 1. Marburger Bildertag 2018, Leipzig 2020, 47–77.

zu bezeichnen pflegt. In der evangelischen Theologie wird hierbei die Bibel zum Prinzip, so dass dessen aufklärerische Erschütterung kraft Historisierung sich zu einer »Grundlagenkrise« (Wolfhart Pannenberg) auswächst. Auf diese geschichtliche Infragestellung ihrer biblischen Botschaft durch das moderne Geschichtsbewusstsein reagiert die neuere evangelische Theologie, indem sie faktisch zunehmend das Bildvermögen und dessen Kontrafaktizität einbezieht. Anders gesagt: Angesichts des Verdachts, mit der biblischen Überlieferung die historische Unwahrheit zu sagen, entdeckt die evangelische Theologie – zunächst eher faktisch und uneingestanden, dann immer bewusster und programmatischer – die Bedeutung der religiösen Einbildungskraft. Letztere wird nun allerdings ihrerseits nicht (un-)geschichtlich verabsolutiert, wenn sie in der liberal-anthropologischen Religionstheologie (beispielhaft bei Friedrich Schleiermacher, Ernst Troeltsch und Hermann Timm) an der Kulturgeschichte und schließlich auch in der bibelzentriert-übernatürlichen Offenbarungstheologie (beispielhaft bei Ernst Fuchs, Eberhard Jüngel und Michael Moxter) wieder am historischen Jesus einen Anhalt findet. Sowohl in der Religionstheologie als auch in der Offenbarungstheologie rückt das Bildliche, das in der realen Begebenheit der Jesusgeschichte verankert ist, mit seinen szenischen Potentialen in den Vordergrund. Insofern kann man m. E. spätmodern die evangelische Theologie – in Anlehnung an die Programmformel von Ernst Fuchs (»Sprachlehre des Glaubens«) – als Bildlehre des Glaubens beschreiben. Dies legt eine hermeneutische Verständigung über Bilder bzw. das Bildvermögen nahe. Genau darum wird in der spätmodernen Hermeneutik innerhalb der Philosophie gerungen, die man als Bildlehre des Verstehens auffassen kann.

III Hermeneutik als Bildlehre des Verstehens

1. Der bildhermeneutische Ansatz des symbolischen Pragmatismus

Hermeneutik ist grundsätzlich die wissenschaftliche Lehre vom Verstehen.[90] Wie ihr Namensgeber, der griechische Götterbote »Hermes«, andeutet, hat sie Wurzeln in der griechischen Philosophie und gilt seit jeher auch als eine Kunst der Deutung, und zwar insbesondere von theologischen, philosophischen und juristischen Texten. Insofern überrascht es wenig, dass die Hermeneutik als Hilfswissenschaft für die Schriftauslegung bei christlichen Theologen wie Origenes und Augustinus eine wichtige Rolle spielen und sich infolge der reformatorischen Hochschätzung der Bibel zu einer immer wichtigeren Disziplin entwickeln kann. Diese Nähe zwischen Hermeneutik und Theologie bleibt auch nach der Auflösung des altprotestantischen Schriftprinzips erhalten. So wird die Hermeneutik bei Friedrich Schleiermacher zu einer allgemeinen Kunstlehre der »Divination« bzw. der Einbildungskraft, wonach Verstehen nur mit nachvollziehender Einfühlung möglich ist. Der Berliner Philosoph Wilhelm Dilthey kommt schließlich dazu, das geisteswissenschaftliche Verstehen vom naturwissenschaftlichen Erklären zu unterscheiden und bindet hierbei das Verstehen an das Erleben und den Ausdruck. Auch

---

[90] Vgl. dazu und zum Folgenden: JEAN GRONDIN, Einführung in die philosophische Hermeneutik, Darmstadt 1991, bes. IX-20; Teil III beruht wesentlich auf überarbeiteten Abschnitten bzw. vertieften Einsichten von: KRÜGER, Das andere Bild Christi (s. Anm. 1), 151-194.213-328.417-421. 455-468. Neu ist insbesondere die Akzentuierung der Hermeneutik.

daran anknüpfend wird bei Martin Heidegger die Hermeneutik zu einer Auslegung der Faktizität. Sein Schüler Hans-Georg Gadamer universalisiert die Hermeneutik endgültig, so dass sie zur Bezeichnung seiner philosophischen Position werden kann. Weil Gadamer die Hermeneutik als Theorie menschlicher Sprachlichkeit begreift, die sich in geschichtlichen Deutungshorizonten bewegt, die man zwar aufdecken, aber nie ganz durchschauen kann, bleibt die Sprache stets hinter sich selbst zurück. Auch insofern geht es in der Hermeneutik für Gadamer um den *logos endiathetos* bzw. das *verbum interius*, nämlich um dasjenige, was in der Sprache danach strebt, ausgedrückt zu werden. Dabei ist diese Differenz zwischen dem inhaltlich Auszusagenden und seiner vollzogenen Aussage für Gadamer eine Unterscheidung, die innerhalb der Sprache – und keineswegs vorsprachlich und damit vermeintlich vormodern – stattfindet. Auf diese Weise kann die verstandene Wirklichkeit mit der Sprache gleichgesetzt werden. Diese Position erlaubt eine Annäherung zwischen hermeneutischer und sprachanalytischer Philosophie. Denn letztere geht ihrerseits von einer sprachlichen Erschließung der Wirklichkeit aus und betont hierbei die soziale Dimension: Was etwas bedeutet, erklärt sich letztlich aus seinem Sprachgebrauch.[91]

Diese Einsicht der sprachanalytischen Philosophie wird mit dem Schlagwort des *linguistic turn* bezeichnet.[92] Damit

---

[91] Vgl. ebd.; ALBERT NEWEN/EIKE VON SAVIGNY, Einführung in de Analytische Philosophie, München 1996, 91–107. Die Überzeugung von der sprachlichen Erschließung der Wirklichkeit führt zur Rede vom *linguistic turn* und dann kritisch zum *imagic turn* mit seinem Programm eines bildhermeneutischen Pragmatismus (vgl. dazu das Folgende).

kann im Jahr 1967 der US-amerikanische Philosoph Richard Rorty, der sich wiederum dem österreichischen Philosophen Gustav Bergmann anschließt, eine geistesgeschichtliche Diagnose verknüpfen[93]: Von der Antike bis zur Neuzeit hat man gemeint, die Wirklichkeit in ihrem Sein erfassen zu können. In der Neuzeit hat man gemeint, die Wirklichkeit nur durch das Bewusstsein erkennen zu können. Und in der Moderne hat man verstanden, dass die öffentliche Kommunikation dasjenige ist, worin sich die Wirklichkeit erschließt. Wichtig ist hierbei: Es geht bei diesen Paradigmenwechseln nicht um eindimensionale Ersetzungen im Sinn von »Sein«, »Bewusstsein« und »Sprache«, sondern um deren relative Umformungen, so dass jeweils Fragen, Dimensionen und Deutungen der vorangegangenen Paradigmen erhalten bleiben.[94]

Dies hat seit den letzten Jahrzehnten dazu geführt, auch den *linguistic turn* weiterzuführen.[95] Leitende Fragen, die man zugespitzt so zusammenfassen könnte, sind insbesondere[96]: Inwiefern ist Sprache selbst performativ? Impliziert ihr Zeichengebrauch nicht wahrnehmungsfundierte Zeicheneigenschaften? Verbürgt die Tatsache, dass wir über alles reden

---

[92] Vgl. z. B. DORIS BACHMANN-MEDICK, Cultural Turns. Neuorientierungen in den Kulturwissenschaften, Reinbek bei Hamburg ⁴2010, 33–36; KARLHEINZ LÜDEKING, Was unterscheidet den *pictorial turn* vom *linguistic turn*?, in: KLAUS SACHS-HOMBACH (Hg.), Bildwissenschaft zwischen Reflexion und Anwendung, Köln 2005, 122–131, bes. 122–124.
[93] Vgl. RICHARD RORTY, Introduction, in: DERS. (Hg.), The Linguistic Turn. Essays in Philosophical Method, Chicago 1967, 1–39; DERS., Der Spiegel der Natur. Eine Kritik der Philosophie, Frankfurt a. M. ⁴1997, 288 f.
[94] Vgl. LÜDEKING, Was unterscheidet den pictorial turn vom linguistic turn? (s. Anm. 92) 125.
[95] Vgl. z. B. BACHMANN-MEDICK, Cultural Turns (s. Anm. 92), 36–48.
[96] Vgl. z. B. a. a. O., 8.

können, dass alles in die Kommunikation einholbar ist?[97] Dies hat zu der Ausrufung einer Vielzahl neuer *turns* geführt, wobei die Konkurrenz um die Ressourcen der Aufmerksamkeit und der Förderung eine Rolle spielen; entsprechend unübersichtlich und parteiisch ist die Bewertung der Lage. Doch eine gewisse Anzahl dieser *turns* hat sich relativ durchgesetzt.[98] Unter diesen relativen Bedingungen ist der letzte *turn* die Wende zum Bild[99], die erstmalig Ferdinand Fellmann, Schüler von Hans Blumenberg und Hans-Robert Jauß, im Jahr 1991 mit dem Begriff des »imagic turn«[100] ausgerufen hat.[101]

Fellmann ist der Ansicht, dass die gegenwärtige Philosophie unter Rückgriff auf Wilhelm Dilthey eine hermeneutische Vertiefung benötigt.[102] So kommt Fellmann zu dem Programm seines »symbolischen Pragmatismus«,[103] den er auch als »Hermeneutik nach Dilthey«[104] beschreibt. Dieses Programm versteht sich als aktualisierende Dilthey-Auslegung und tritt das Erbe einer Ersten Philosophie bzw. Protologik an, wie es beansprucht, den Gegensatz von Idealismus und

---

[97] Vgl. z. B. a. a. O., 36–48.
[98] Vgl. a. a. O., 58–406.
[99] Vgl. a. a. O., 329–380.
[100] FELLMANN, Symbolischer Pragmatismus (s. Anm. 5), 26.
[101] Vgl. zu Fellmanns Vita auch: FERDINAND FELLMANN/KLAUS-SACHS-HOMBACH, Bild, Selbstbild, mentales Bild. Interview mit Ferdinand Fellmann, in: KLAUS SACHS-HOMBACH (Hg.), Wege zur Bildwissenschaft. Interviews, Köln 2005, 45–55. Ihrerseits über akademische Filiationsverhältnisse mit Fellmann verbunden sind die Philosophen Matthias Jung und Lambert Wiesing, die eine pragmatistische Artikulations-Anthropologie und eine phänomenologische Bildtheorie entwerfen.
[102] Vgl. FELLMANN, Symbolischer Pragmatismus (s. Anm. 5), 9–30, bes. 21–26.
[103] A. a. O., 17 (im Original kursiv). Das ist zugleich der Titel der entsprechenden Studie.

Realismus zu unterlaufen.[105] Zentral für dieses Programm ist die Fantasie, die im Bildbegriff zum Ausdruck kommt.[106] Dahinter stehen doxographisch Fellmanns Vorarbeiten für eine Erneuerung von Edmund Husserls Phänomenologie mit der hermeneutischen Pointe, mithilfe des Bildbegriffs den Dualismus von Anschauung und Begriff zu umgehen und den Menschen als Lebewesen zu begreifen, das in bildträchtige Geschichten verstrickt ist.[107]

---

[104] Das ist der Untertitel der Studie. Vgl. zur Erläuterung: a. a. O., 21-26.
[105] Vgl. a. a. O., 18. 21. 204-207. Vgl. zum Diskurs der Protologik bzw. zur Logikbegründung: CARL FRIEDRICH GETHMANN, Protologik. Untersuchungen zur formalen Pragmatik von Begründungsdiskursen, Frankfurt a. M. 1979; GILLES-GASTON GRANGER, Langages et épistémologie, Paris 1979.
[106] Vgl. FELLMANN, Symbolischer Pragmatismus (s. Anm. 5), 18. Dass die Einbildungskraft eine Schlüsselstellung innehat, wenn sie auf sinnlich Gegebenes zurückgeht und zugleich in seiner freie Verfügung darüber hinausgeht, haben auf ihre Weise insbesondere Aristoteles (vgl. z. B. VICTOR CASTON, Why Aristotle needs Imagination, in: Phronesis 41/1 [1995], 20-55) und Immanuel Kant herausgestellt (vgl. dazu z. B. HERMANN MÖRCHEN, Die Einbildungskraft bei Kant, Tübingen 1970), wobei über deren jeweils genaueres Verständnis sich selbstverständlich streiten lässt (vgl. grundsätzlich zur geschichtlichen Dimension auch: DIETMAR KAMPER, Zur Geschichte der Einbildungskraft, München/Wien 1981). Im deutschen Idealismus wird insbesondere bei Johann Gottlieb Fichte und Friedrich Wilhelm Joseph Schelling die Einbildungskraft zentral, wenn über Kant hinausgehend die Einbildungskraft zum Medium zwischen Endlichem und Unendlichem avanciert (vgl. zur Thematik z. B. REINHARD LOOCK, Schwebende Einbildungskraft. Konzeptionen theoretischer Freiheit in der Philosophie Kants, Fichtes und Schellings, Würzburg 2007). Auch bei Arnold Gehlen kann die Fantasie in den Fokus rücken (vgl. HENNING OTTMANN, Der Mensch als Phantasiewesen. Arnold Gehlens Theorie der Phantasie, in: ALFRED SCHÖPF [Hg.], Phantasie als anthropologisches Problem, Würzburg 1981, 158-175).
[107] Vgl. FERDINAND FELLMANN, Phänomenologie als ästhetische Theorie, Freiburg/München 1989, 37-187.189-216, bes. 93-118.214-216.

Sachlich beginnt Fellmann mit der Überzeugung, dass der Gebrauch menschlicher Sprache an leibliche Menschen und ihr situationales Erleben zurückgebunden ist.[108] Damit verbunden ist auch das entsprechende Verhalten von Menschen. Dieses Verhalten geht – aufgrund seiner Verbindung mit der Darstellungsdimension – mit der Zeit in eine leibliche Haltung und orientierende Einstellung über. In diesem Übergang liegt für Fellmann, der damit Helmuth Plessner folgt, die vorgegenständliche bzw. zuständliche Sinnbildung begründet. Symbolische Formen kommen dadurch zustande, dass das dabei entstehende Bewusstsein einen Vorstellungszusammenhang stabilisiert, der als Fantasie nichts anderes als das zuständliche Bewusstsein selbst ist und eine Funktion des Leibes darstellt.[109] Dies führt beim Menschen dazu, dass er nicht in Situationen aufgeht, sondern das tierische Reiz-Reaktionsschema durchbrechen kann.[110] Anders als Dilthey, der in diesem Zusammenhang den Begriff der Struktur gebraucht, votiert Fellmann mit dem Habermas-Lehrer Erich Rothacker für den Bildbegriff.[111] Denn die Rede vom Bild macht klar: Gestalthafte Bedeutungen von Sachverhalten sind unabhängig von ihrer Gegenwart handhabbar.[112] Mit inneren Bildern bezieht sich also das Bewusstsein auf etwas, was sich ihm entzieht und zugleich den Zustand seines Erlebens ausmacht.[113] Bilder halten die Ansicht bzw. das Sosein von etwas unabhängig von dessen Wahrnehmung bzw. Da-

---

[108] Vgl. dazu und zum Folgenden: FELLMANN, Symbolischer Pragmatismus (s. Anm. 5)., 13–20.
[109] Vgl. ebd.
[110] Vgl. a. a. O., 33–62, bes. 51–55.
[111] Vgl. a. a. O., 19 f. 25 f.
[112] Vgl. a. a. O., 33–71.
[113] Vgl. ebd.

sein fest.¹¹⁴ Dies geschieht, so Fellmann, indem bei inneren Bildern – wie letztlich auch bei äußeren Bildern – ihre syntaktische über ihrer semantischen und pragmatischen Dimension steht: Bilder werden letztlich nicht durch ihre natürliche Verursachung oder ihren konventionellen Gebrauch zu Bildern, sondern durch ihre syntaktische Dichte. Bilder sind also nach Fellmann in ihrer internen Struktur – anders als natürliche Spuren oder sprachliche Zeichen – nicht durch natürliche Verursachung oder wohlunterschiedene Buchstaben bestimmbar. Vielmehr bieten Bilder intern einen Zusammenhang unaufhörlich ineinander übergehender Momente und Relationen, die zwar in ihrer konkreten Darstellung differenzierend sind, aber selbst syntaktisch jede Differenz unterlaufen.¹¹⁵

Diese Bildlichkeit des zuständlichen Bewusstseins, das einen durchgängigen Erlebnisraum bildet, darf nicht auf optische Eindrücke reduziert werden, sondern meint bei Fellmann wie bei Rothacker alle gestalthaften Erfahrungen wie

---

[114] Vgl. FERDINAND FELLMANN, Innere Bilder im Licht des imagic turn, in: KLAUS SACHS-HOMBACH (Hg.), Bilder im Geiste. Zur kognitiven und erkenntnistheoretischen Funktion piktorialer Repräsentation, Amsterdam/Atlanta 1995, 21–38; FERDINAND FELLMANN, Von den Bildern der Wirklichkeit zur Wirklichkeit der Bilder, in: KLAUS SACHS-HOMBACH/KLAUS REHKÄMPER (Hg.), Bild – Bildwahrnehmung – Bildverarbeitung. Interdisziplinäre Beiträge zur Bildwissenschaft, Wiesbaden 1998, 187–195; FERDINAND FELLMANN, Bedeutung als Formproblem – Aspekte einer realistischen Bildsemantik, in: KLAUS SACHS-HOMBACH/KLAUS REHKÄMPER (Hg.), Vom Realismus der Bilder. Interdisziplinäre Forschungen zur Semantik bildhafter Darstellungsformen, Magdeburg 2000, 17–40; FERDINAND FELLMANN, Anthropologische Grundlagen der Bildsemantik, in: KLAUS SACHS-HOMBACH (Hg.), Bildwissenschaft zwischen Reflexion und Anwendung, Köln 2005, 45–55.
[115] Vgl. ebd.

etwa auch akustische Wahrnehmungen oder persönliche Stimmungen.[116] Denn insofern sich diese Erlebnisse in der – nicht in der Situation aufgehenden – Fantasie bzw. Einbildungskraft des Menschen realisieren, können sie als Bilder bezeichnet werden, so dass der Vorstellungszusammenhang des Bewusstseins besagt: Menschen leben aus und in Bildern.[117] Dabei reproduzieren Bilder ursprünglich nicht – im Sinn eines vermeintlichen Abbildrealismus – Gegenstände durch die Zurückführung auf reine Empfindungen, wie Bilder umgekehrt auch keine rein logischen Konstruktionen zwingender Verstandesoperationen sind. Vielmehr zeigen Bilder nach Fellmann die Einstellungsweisen des welterschließenden Verhaltens auf, das sich auf das bildhafte Erfassen der Relationen von Wahrnehmungen bezieht: Bildhaft realisiert der Mensch seine Wahrnehmungen, indem er die spezifischen Relationen von Wahrnehmungen bemerkt. So sind Sinneseindrücke der Wahrnehmung vorbegriffliche, interne Zusammenhänge von Relationen und damit Bilder des zuständlichen Bewusstseins, an die sich die Ausformung des gegenständlichen Bewusstseins anschließen kann.[118] Bei dieser vorbegrifflichen Sinngenese in Bildern bleibt der Mensch an das Urbild des eigenen Körpers bzw. Leibes zurückgebunden, mit dessen Hilfe sich der Mensch in der Welt orientiert.[119] Denn ohne den Körper bzw. Leib würde es keine Fantasie bzw. Einbildungskraft geben.[120] Letztere ist für Fellmann als zuständliches Bewusstsein das Zentrum personaler

---

116 Vgl. FELLMANN, Symbolischer Pragmatismus (s. Anm. 5), 19 f.
117 Vgl. a. a. O., 19 f.26.45–62.
118 Vgl. a. a. O., 126–128.133–135.
119 Vgl. a. a. O., 62–71.
120 Vgl. ebd.

Identität und lässt sich aufgrund ihrer präreflexiven Undurchdringlichkeit auch als Wille bestimmen. Dessen Triebhaftigkeit zeigt sich in der Unverfügbarkeit der Bildlichkeit, die von einer Vorstellung zur anderen treibt.[121] Dabei wird aus den inneren Bildern des zuständlichen Bewusstseins auch die hochstufige Bedeutungsbildung sprachlicher Zeichen geboren, die freilich an die basale Bildlichkeit zurückgebunden bleibt, wie die Kategorien des Wahrnehmens, Erkennens und Denkens zeigen.[122]

Zwar kann auf der Ebene des Wahrnehmens mit seinem Verbinden und Trennen in dem Urteil bzw. in der Aussage eine Gegenständlichkeit entstehen, die ihre Bildlichkeit hinter sich lassen zu können meint, doch in Metaphern scheint die Bildlichkeit der Sprache immer wieder durch.[123] Genauer gesagt: In dem Urteil bzw. in der Aussage werden Erfahrung und Denken miteinander verknüpft, wenn die bildhafte Realisierung der relationalen Wahrnehmung mit der Schlüssigkeit des Denkvorgangs verbunden wird. Fellmann spricht hier von der erfahrungsgebundenen Relevanz des Bildhaften und der zwingenden Evidenz des Denkvorgangs als den beiden Merkmalen des wirklichkeitstriftigen Urteils. Dabei ist im Urteil bzw. in der Aussage die Erfahrung primär und das Denken sekundär, ohne dass dadurch wiederum der logische Geltungsanspruch des Urteils bzw. der Aussage übersehen werden darf.[124] Die vorprädikative Genese von Sinn aus dem zuständlichen Bildbewusstsein des Menschen zeigt sich klarer als im Urteil bzw. in der Aussage in der Metapher, deren

---

[121] Vgl. a. a. O., 74–99.
[122] Vgl. a. a. O., 25 f.99–103.
[123] Vgl. a. a. O., 109–143.
[124] Vgl. a. a. O., 126–131.

Abwertung in der (vor-)modernen Logik von Fellmann zurückgewiesen wird. So steht die metaphorische Prädikation der Wahrnehmung nahe, denn in der Metapher bleibt die vorsprachliche Bildlichkeit der Wahrnehmung in der Sprache erhalten. Ist sie hierbei im Kern radikal, verknüpft sie nicht einfach Vorstellungen, sondern stellt auf der Ebene der Anschauung eine Bedeutung fest, die scheinbar keinen Sinn besitzt: So ist die metaphorische Prädikation »Die Wiese lacht«, so Fellmanns Beispiel, begrifflich unsinnig, aber anschaulich sprechend, insofern dieses Beispiel in der Fantasie vorgestellt werden muss und eine situationale Bedeutung bzw. ein Lebensgefühl erschließt; auf diese Weise ist die Metapher – im Unterschied zum Urteil – stärker ansprechend als aussagend.[125]

Anders gesagt: Die Metapher zeichnet sich durch eine wahrnehmungsnahe Anschaulichkeit aus, in der eine semantisch kalkulierte Spannung und produktive Unschärfe plötzlich kreative und imaginative Potentiale freisetzt, indem sie etwas zusammenbringt, was scheinbar nicht zusammengehört.[126] Für Fellmann ist die Metapher, weil in ihr die Bild-

---

[125] Vgl. a. a. O., 131–143. Vgl. zur Sache auch: EBERHARD JÜNGEL, Gott als Geheimnis der Welt. Zur Begründung der Theologie des Gekreuzigten im Streit zwischen Theismus und Atheismus, Tübingen ⁴1982, 396 f.

[126] Diese Charakterisierung erfasst m. E. den relativen Konsens der Metapherntheorien (vgl. dazu: ECKARD ROLF, Metapherntheorien. Typologie, Darstellung, Bibliographie, Berlin/New York 2005, 9–276, bes. 275 f.; CHRISTL M. MAIER, Daughter Zion, Mother Zion. Gender, Space, and the Sacred in Ancient Israel, Minneapolis 2008, 17–21; RUBEN ZIMMERMANN, Paradigmen einer metaphorischen Christologie. Eine Leseanleitung, in: JÖRG FREY/JAN ROHLS/RUBEN ZIMMERMANN [Hg.], Metaphorik und Christologie, Berlin/New York 2003, 1–34, bes. 7–18; GERHARD KURZ, Metapher, Allegorie, Symbol, Göttingen ⁵2004, 7–29; HENNING TEGTMEYER,

lichkeit des zuständlichen Bewusstseins zutage tritt, dasjenige, was in Wahrheit dem Urteil zuvorkommt: Die Proto-Logik als Fundierung der Logik bzw. des logischen Urteils erschließt sich strukturell in der Metapher. Wichtig ist daher für Fellmann im Anschluss an Hans-Georg Gadamer, dass die Bildlichkeit des zuständlichen Bewusstseins – ob nun verdeckt im logischen Urteil oder offenkundig in der metaphorischen Prädikation – durchgehend das Fundament des Diskursiven ist: Alle natürlichen Sprachen – und dann auch künstlichen Logiksprachen – verdanken sich letztlich der bildlichen Verhältniswahrnehmung und der entsprechend bildlichen Struktur des zuständlichen Bewusstseins.[127]

Auf der Ebene des naturwissenschaftlichen Erkennens scheint es zunächst so zu sein, dass das Leben in Raum und Zeit rein rational mithilfe der Kategorien von Substanz und

---

Kunst, Berlin/New York 2008, 63–88; GOTTFRIED BOEHM, Die Wiederkehr der Bilder, in: ders. [Hg.], Was ist ein Bild?, München [4]2006, 11–38, bes. 26–28). Auch die insbesondere von Paul Ricœur und Eberhard Jüngel beeinflusste Metapherndiskussion in der Theologie – von Markus Buntfuß, Jürgen Werbick, Sallie McFague, John Hick, Philipp Stoellger, Johannes Hartl, Mary Gerhart und Allan Russell – steht dieser Einsicht m. E. nicht fern (vgl. inklusive eines ausführlichen Überblicks über den theologischen Metapherndiskurs: BENEDIKT GILICH, Die Verkörperung der Theologie. Gottesrede als Metaphorologie, Stuttgart 2011, bes. 29–142). Hier erscheint letztlich die »Metapher als Prinzip imaginativer Rationalität« (a. a. O., 143). Geistesgeschichtlich stehen hinter dieser Entwicklung der Metapherntheorien, deren Prominenz philosophisch insbesondere mit entsprechenden Ausführungen bei Jacques Derrida und Hans Blumenberg verbunden wird, die Einsichten von Friedrich Wilhelm Josephs Schellings »Weltalter«-Philosophie und Martin Heideggers Spätphilosophie (vgl. so: DIRK MENDE, Metapher – Zwischen Metaphysik und Archäologie. Schelling, Heidegger, Derrida, Blumenberg, München 2013, bes. 9–13.246–250).
[127] Vgl. FELLMANN, Symbolischer Pragmatismus (s. Anm. 5), 137–143.

Kausalität erfasst werden kann, so Fellmann. Doch das antinomische Resultat dieses Versuchs, wie es insbesondere seit Kant prominent ist, verweist darauf: Menschliche Lebenskategorien haben immer auch einen symbolischen Zug, der sich in Narrativen ausspricht, deren besondere Generalisierung nicht begrifflich einholbar ist, sondern immer wieder neu erzählt zu werden verlangt; und diese Geschichten sind nie frei von Bildlichkeit. Vielmehr bieten sie als Geschichten des Lebens dessen Bilder dar. In den erzählten Geschichten des Lebens werden die Substanz als personale Identität und die Kausalität als Wirken sowie Leiden erfahren. Und Raum und Zeit werden in jeder Geschichte neu hervorgebracht. Das stellt für Fellmann, der hier wieder Dilthey folgt, nicht grundsätzlich die naturwissenschaftliche Begriffsbildung in Frage, welche die Erfahrung des Lebens in abstrakte Zeichensysteme überträgt und mit generalisierenden Gesetzen arbeitet. Damit ist aber ein Realitätsdefizit der naturwissenschaftlichen Begriffsbildung verbunden, insofern die ursprünglichen Erlebnisinhalte des menschlichen Bewusstseins zugunsten der praktischen Beherrschbarkeit der Welt in den Hintergrund treten.[128] In Wahrheit verhält es sich nach Fellmann folgendermaßen: Geschehen und Deutung sind letztlich auch in der naturwissenschaftlichen Forschung vorhanden und entkommen nicht der Bildlichkeit des zuständlichen Bewusstseins.[129]

Und auf der Ebene des Denkens mit seinen idealen Kategorien und Idealbildungen kommt es zu Weltbildern bzw. Weltanschauungen, die nie rein rational auflösbar sind, sondern

---

[128] Vgl. a. a. O., 144–174.
[129] Vgl. a. a. O., 151–172.

eine im bildlichen Bewusstsein verankerte Lebenserfahrung darstellen. Die Weltbilder bzw. Weltanschauungen sind andauernde Versuche, so Fellmann, mit Hilfe symbolischer Formen eine Realität zu bewältigen, die nicht konsistent erscheint. Hierbei können sich diese Weltbilder bzw. Weltanschauungen in einem bestimmten (Lebens-)Stil ausdrücken, der eine bestimmte Haltung gegenüber dem Leben verrät.[130] Dieser Stil ist gleichsam der archimedische Punkt eines Lebens, insofern er die unhintergehbare Perspektive des zuständlichen Bewusstseins erfasst, die selbst nie ins Licht tritt, so sehr sie alles andere für dieses Bewusstsein erhellt. Der Stil ist so als symbolische Form eine Struktur, welche die Gänze der objektiven Darstellungsformen zu erschließen hilft. Auf diese Weise können, so Fellmann, Stilgeschichte und Diskursanalyse miteinander ins Gespräch kommen.[131] Letztlich ist und bleibt bei Fellmann die Logik des Bildes die Protologik des Begriffs, wie er in der sprachlichen Kommunikation zum Ausdruck kommt, der wissenschaftlichen Reflexion zugrunde liegt und sich in Weltbildern versuchsweise verdichtet.[132]

2. Die mediengenealogische Verortung der Gegenwart

Dieser bildhermeneutische Ansatz des symbolischen Pragmatismus erlaubt Fellmann auch eine medientheoretische Einordnung der Gegenwart: Die digital präsentierte Bildlichkeit ist die nach außen gekehrte bzw. gestülpte Einbildungskraft, deren Vergegenständlichung nunmehr dazu führt, dass das Imaginäre real und das Reale imaginär werden: Sein

---

[130] Vgl. a. a. O., 175–203.
[131] Vgl. ebd.
[132] Vgl. a. a. O., 204–214.

und Schein lassen sich nicht mehr voneinander trennen.[133] Über Fellmann hinaus kann dieser Medienumbruch mithilfe der Medientheorie von Marshall McLuhan genealogisch eingeordnet werden, wenn man sich am Gedächtnis bzw. der Erinnerung orientiert. Demnach gibt es drei fundamentale Umbrüche im menschlichen Medienverhalten.[134] Dass diese medientheoretischen Einsichten hier im Rahmen einer Bildhermeneutik zu stehen kommen, begrenzt auch ihre Gefahr, einseitig verabsolutiert zu werden: McLuhans Diagnose erscheint annehmbar, wenn man ihre extravaganten und einlinigen Überspitzungen relativiert und auf die drei Medienwechsel konzentriert.[135]

Der erste Umbruch findet in der Antike statt, als man die Schrift und insbesondere unser nachmals Alphabet genanntes phonetisches Schriftsystem erfindet.[136] Damit entfällt die Notwendigkeit für Menschen, sich alles im Gedächtnis merken zu müssen. Dies wird von Platon als Gefahr für die Kultur des dialogischen Austausches eingeordnet.[137] Bei diesem ersten Umbruch entfernt sich die Schrift immer mehr von ihrer

---

[133] Vgl. FERDINAND FELLMANN, Einbildungskraft als virtuelle Bildlichkeit, in: KLAUS PETER DENCKER (Hg.), Weltbilder – Bildwelten. Computergestützte Visionen, Hamburg 1995, 264–272.

[134] Vgl. HORST WENZEL, Vom Anfang und Ende der Gutenberg-Galaxis. Historische Medienumbrüche im Für und Wider der Diskussion, in: LUTZ MUSNER/GOTTHART WUNBERG (Hg.), Kulturwissenschaften. Forschung – Praxis – Positionen, Wien 2002, 339–355, bes. 339–342.

[135] Vgl. ebd.

[136] Vgl. dazu und zum Folgenden: MARSHALL MCLUHAN, Die Gutenberg-Galaxis. Das Ende des Buchzeitalters, Bonn/Paris/Reading/Menlo Park/New York/DonMills/Wokingham/Amsterdam/Milan/Sydney/Tokyo/Singapore/Madrid/San Juan /Seoul / Mexico City/Taipei 1995, 13–35.54.74 f.170.

[137] Vgl. ERNST HEITSCH, Kommentar, in: DERS. (Hg.), Platon. Phaidros. Übersetzung und Kommentar, Göttingen 21997, 188–212; CHRISTOPH POETSCH,

ursprünglichen Bildlichkeit, die gleichwohl immer auch schon abstrakte Momente kennt.¹³⁸ Bis heute ist selbst unserem abstrakten Alphabet noch über die elementare Schriftbildlichkeit hinaus – wie etwa ihrer papierenen Flächigkeit mit räumlicher Ordnung im Horizontalen und Vertikalen (der Schriftsetzung und ihrer Leserichtung) sowie graphischen Abgrenzungen und farblichen Kontrasten (wie etwa schwarzer Schrift auf weißem Untergrund auf Buchseiten) – eine konkrete Bildlichkeit eingeschrieben, wenn etwa der Buchstabe »A« von dem semitischen Wort für Stier (*alpu, aleph*) abzuleiten ist und bei entsprechender Umkehrung noch heute als stilisierter Stierkopf zu erkennen ist. Wissensmäßig ist dieser erste Umbruch, der aus der Gleichzeitigkeit des Mündlichen und Bildlichen in das Nacheinander des schriftlich Fixierbaren führt, mit der Ausbildung von Logik, Philosophie und Mathematik verbunden: Einteilung und Unterteilung sind gefragt und bereiten das vor, was in der Folge als Wissenschaft wahrgenommen wird.¹⁴⁰

Der zweite Umbruch findet im 15. Jahrhundert statt, als man den Buchdruck mittels beweglicher Lettern erfindet.¹⁴¹ Religionsgeschichtlich ist dies insbesondere mit dem Aufkom-

---

Platons Philosophie des Bildes. Systematische Untersuchungen zur platonischen Metaphysik, Frankfurt a. M. 2019, 185-196.
[138] Vgl. HARALD HAARMANN, Geschichte der Schrift, München ³2007, 14-16.23. 35.40-48.55-57.74-109.116 f.; ANDRÉ LEROI-GOURHAN, Hand und Wort. Die Evolution von Technik, Sprache und Kunst, Frankfurt a. M. ²1995, 261.
[139] Vgl. SYBILLE KRÄMER, Operative Bildlichkeit. Von der »Grammatologie« zu einer »Diagrammatologie«? Reflexionen über erkennendes Sehen, in: MARTINA HESSLER/DIETER MERSCH (Hg.), Logik des Bildlichen. Zur Kritik der ikonischen Vernunft, Bielefeld 2009, 94-122.
[140] Vgl. MCLUHAN, Gutenberg-Galaxis (s. Anm. 136), 13-35.54.74 f.170.
[141] Vgl. dazu und zum Folgenden: a. a. O., 105-297.334-336.

men des Protestantismus verknüpft, so dass Martin Luther aus seiner Sicht den Buchdruck als neues Pfingstereignis bewerten kann, also als eine neue Form allgemeinverständlicher Kommunikation der seines Erachtens überzeugenden Wahrheit.[142] Mediengeschichtlich wird das Gedächtnis der Handschriften vom Gedächtnis der Druckschriften abgelöst.[143] So wird es möglich, Überzeugungen und Wissen quantitativ und qualitativ in einem weit stärkeren Umfang als zuvor abzuspeichern und zu verbreiten. Anstelle des Klosters, in dem Handschriften abgeschrieben werden, tritt die Werkstatt, die mechanisiert die Druckseite erzeugt. Wirtschaftsgeschichtlich kann man darin eine Keimzelle der späteren Fließbandproduktion, Industrialisierung und Marktwirtschaft sehen. Wissensmäßig werden durch die Vereinheitlichung des Buchdrucks, dessen Buchstaben sehr präzise und differenziert wiederholt werden können, die Prinzipien der Genauigkeit und Wiederholbarkeit immer wichtiger. Sie werden zu den Kennzeichen zunehmend experimenteller und mathematisierbarer Wissenschaftlichkeit; kausale Erklärungsmodelle und zentralperspektivische Ordnungsvorstellungen gehen damit tendenziell einher. Und: Die uniformierte Differenzierung des Buchdrucks fördert zusammen mit der Rasanz seiner Ausbreitung das Entstehen von Nationalsprachen und einer damit einhergehenden Öffentlichkeit, die machtpolitische Möglichkeiten von Zentralisierungen forciert.[144]

---

[142] Vgl. HOLGER FLACHMANN, Martin Luther und das Buch. Eine historische Studie zur Bedeutung des Buches im Handeln und Denken des Reformators, Tübingen 1996, 2-9.35-45.191-225.326-332.
[143] Vgl. MCLUHAN, Die Gutenberg-Galaxis (s. Anm. 136), 105-297.334-336.
[144] Vgl. ebd.

Der dritte Umbruch ist vielleicht am schwierigsten zu beschreiben, (auch) weil uns dafür die hilfreiche Distanz der Selbstrelativierung fehlt und wir dennoch im Sinn einer notwendigen Selbstorientierung nicht an einer relativen Gegenwartsdeutung vorbeikommen: Es ist der Umbruch von der seriell produzierten Druckseite zum elektronischen Zeitalter,[145] das man inzwischen mit dem nunmehr digital vernetzten Bildschirm identifizieren kann.[146] Damit gehen neue, zuvor nicht erreichbare Möglichkeiten der Speicherkapazität und ihrer durchsuchbaren Verfügbarkeit einher, welche die Manuskript- und Buchdruckkultur übertreffen und dabei in den Rahmen digitaler Erschließung integrieren. Neue und präzisere Formen der Wissenserhebung werden so möglich und erlauben der Wissenschaft neue Zugänge.[147] Verbunden sind hiermit wissensmäßig und gesellschaftspolitisch Formen der Rückkopplung, Kreisläufigkeit und Selbstkorrektur, die es so vorher nicht gab. Doch auch die Bildung von Echokammern, Filterblasen und Selbstabschottung lässt sich beobachten.[148] Dieser Umbruch nimmt im 19. Jahrhundert seinen (Vor-)Lauf mit der Verwendung von Elektrizität für Medien und führt über einen weltumspannenden Datenstrom, der sich wie eine zweite Membran um unseren Plane-

---

[145] Vgl. a. a. O., 39 f.86–92.135–137.175 f.302–304.313–345.

[146] Vgl. zu McLuhan als »Propheten« der Digitalisierung und der Einordnung dieser Sicht: SVEN GRAMPP, Marshall McLuhan. Eine Einführung, Konstanz/München 2011,16 f.

[147] Vgl. MCLUHAN, Gutenberg-Galaxis (s. Anm. 136), 39 f.86–92.135–137.175 f. 302–304.313–345.

[148] Vgl. ebd.; vgl. zu einer Lesart, die auch die problematische Seite der Digitalisierung hervorhebt: BYUNG-CHUL HAN, Transparenzgesellschaft, Berlin ³2013, bes. 5–68; DERS., Im Schwarm. Ansichten des Digitalen, Berlin ⁴2017, 7–101.

ten legt, zu einer immer rasanteren Informationsvermittlung, so dass wir schließlich am Bildschirm nahezu zeitgleich bzw. nur minimal verzögert – also »live« – uns als Bewohner eines »global village«[149] erleben können.[150] Dieser Umbruch wird durch die Digitalisierung befeuert und zeigt sich – neben Innovationsschüben durch bildgebende Verfahren in Technik und Wissenschaft sowie der Relevanz von Bildern im öffentlich-politischen Raum – vor allem in der alltäglichen Lebenswelt: Was als wirklich gelten soll, muss auf dem digital vernetzten Bildschirm irgendwie nachweisbar sein und eine gewisse Evidenz erzeugen.[151] Demgegenüber treten das linear am Modell des Alphabets orientierte Erklärungsmodell kausaler Argumentation und seine schriftsprachliche Medialität zurück.[152] Die damit verknüpfte Bewertung, wonach aktuell die Gesellschaft zu sehr von dem Spektakel, der Inszenierung und der Überwachung bestimmt wird, lässt sich zumindest tendenziell als kulturkritischer Kommentar verstehen, der bisher jeden – siehe Platon und die Erfindung der Schrift – paradigmatischen Medienwechsel begleitet hat.[153] Dabei wird m. E. leicht übersehen, dass das Zeitalter des Bildes bzw. Bildschirmes das Sprachliche der Manuskriptkultur und des Buchdrucks integriert, wenn auf dem Bildschirm vor allem Schriftsprache erscheint und diese bildlich gestaltet wird, so dass Bild und Sprache miteinander verschmelzen.

---

[149] Seit dem Jahr 1955 findet sich bei McLuhan das paradoxe Begriffspaar vom »global village« (vgl. GRAMPP, Marshall McLuhan [s. Anm. 146], 89–95).
[150] Vgl. MCLUHAN, Gutenberg-Galaxis (s. Anm. 136), 39 f.86–92.135–137.175 f. 302–304.313–345.
[151] Vgl. dazu z. B. HANS-JOACHIM HÖHN, Der fremde Gott. Glaube in postsäkularer Kultur, Würzburg 2008, 199–225.
[152] Vgl. ebd.
[153] Vgl. zur Diskussion z. B.: a. a. O., 218–225.

Das Lautsprachliche ist ohnehin mit dem Bildschirm des Fernsehers verknüpft und auch für den digital vernetzten Bildschirm kein Problem.

3. Das Verstehen von Bildern und ihrer Eigenarten

Erlaubt Fellmanns Bildhermeneutik auf diese Weise, die Mediengenealogie des Verstehens miteinzubeziehen, so legt m. E. auch sein Bildbegriff eine Weitung und Vertiefung nahe. Indem Fellmann die Hermeneutik mithilfe des Bildbegriffs bewusst in der Fantasie bzw. Einbildungskraft verankert, vertritt er einen Bildbegriff, der zwar im Erleben wurzelt und in Sprechen und Denken übergeht, aber deutlich imaginationstheoretisch geprägt ist. Man kann den Bildbegriff jedoch auch eher vom erlebnisgebundenen Wahrnehmen oder zeichenhaften Sprechen oder negationshaltigen Denken her bestimmen. So kommt man in der zeitgenössischen Bildtheorie auf vier Theoriefamilien.[154] M. E. kann man diese wahrnehmungs-, imaginations-, zeichen- und negationstheoretischen Theoriefamilien als eine gestufte Anreicherung und limitative Annäherung an die sprachlich ohnehin nur bedingt einlösbare Frage »Was ist ein Bild?« verstehen.[155]

---

[154] Vgl. dazu und zum Folgenden: KRÜGER, Das andere Bild Christi (s. Anm. 1), 313-328.

[155] Vgl. ebd. Das Folgende dieses 3. Abschnitts »Das Verstehen von Bildern und ihren Eigenarten« ist einschließlich der Anmerkungen eine geringfügige Überarbeitung von Absätzen aus: MALTE DOMINIK KRÜGER, Warum heute evangelisch sein? Plädoyer für einen programmatischen Neuansatz, in: CHRISTOF LANDMESSER/DORIS HILLER (Hg.), Wahrheit – Glaube – Geltung. Theologische und philosophische Konkretionen, Leipzig 2019, 102-105. Vgl. dazu auch: MALTE DOMINIK KRÜGER, Evangelische Bildtheologie. Vier Zugänge und ein Vorschlag, in: Una Sancta 75 (2020), 205-216.

Die erste Theoriefamilie ist die zeichentheoretische Bildtheorie, hinter der eine Selbstkorrektur der (sprach-)analytischen Philosophie steht.[156] Ihre Überzeugung lautet: Das Bild ist ein Zeichen, das – wie alle Zeichen – aus der menschlichen Konvention zu begreifen ist. Es ist also nicht die Ähnlichkeit zwischen dem Abgebildeten und seiner Darstellung entscheidend. Vielmehr ist die Pragmatik des bildlichen Zeichens ausschlaggebend. Um darüber hinaus bildliche von anderen Zeichen unterscheiden zu können, gibt man als Differenzkriterien die syntaktische und semantische Dichte bildlicher Zeichen an: Anders als Sprachzeichen bestehen Bilder folglich nicht aus alphabetisch wohldifferenzierten Zeichen, sondern aus ineinander untrennbar übergehenden Formen und Farben, und dies ist bedeutsam. Dieser Ansatz ist als Entwurf von Rang gewürdigt worden und als Fundament der gegenwärtig diskutablen Bildtheorie. Die Kritik an diesem Entwurf bezieht sich darauf, dass Bilder zu nah an die Sprache gerückt werden. Anders als Zeichen, bei denen etwas konventionell *für* etwas steht, sind Bilder Phänomene, bei denen etwas *als* etwas präsent wird, lautet dann die Kritik, so dass die sinnliche Verkörperung des Bildes verfehlt wird. Schlichter formuliert: Vor dem Verstehen der Bilder, wodurch die Bilder wesentlich erst zu Bildern werden, kommt das Sehen von Bildern, die als solche wahrgenommen werden.

---

[156] Vgl. dazu und zum Folgenden: NELSON GOODMAN, Languages of Art. An Approach to a Theory of Symbols, Indianapolis 1968; OLIVER R. SCHOLZ, Bild, Darstellung, Zeichen. Philosophische Theorien bildlicher Darstellung, Frankfurt a. M. ³2009; KLAUS SACHS-HOMBACH, Das Bild als kommunikatives Medium. Elemente einer allgemeinen Bildwissenschaft, Köln ²2006. Vgl. dazu und zu der geschilderten Kritik aus dem Diskurs: KRÜGER, Das andere Bild Christi (s. Anm. 1), 329–361.

Genau an diesem Punkt knüpft der Sache nach die zweite einflussreiche Theoriefamilie des Bildes an. Das ist die wahrnehmungstheoretische bzw. phänomenologische Bildtheorie.[157] Ihre Überzeugung lautet: Bilder sind etwas, was rein sichtbar ist. Man kann etwa einen gemalten Hund nicht hören oder streicheln, man kann ihn nur sehen. Bilder sind also vorrangig zum Sehen da. Sie verkörpern eine eigene Form der Vergegenwärtigung, die sprachlich – und auch sprachanalog – nicht eingeholt werden kann. Das begründet die mitunter eigene Aura von Bildern, dass sie über das Sehen einerseits der Wahrnehmungsordnung angehören und dieselbe als rein Sichtbares zugleich unterbrechen. Darum können Bilder zu einer reflektierten Ursprungserfahrung werden, in der man des Entstehens von Welt, von Gestalt und Fassbarkeit ansichtig wird. Die Kritik an dieser phänomenologischen Theoriefamilie des Bildes entzündet sich an deren animistischen Tendenzen, wenn Bildern ein auratisches Eigenleben zukommt, das rechenschaftsfähig kaum mehr nachvollziehbar sein soll und zugleich den Menschen einseitig zum Objekt macht.

Dagegen richtet sich der Sache nach gewissermaßen die dritte Theoriefamilie des Bildes, welche die Realisierung von äußeren Bildern wesentlich auf die innere Einbildungskraft des Menschen bezogen weiß.[158] Diese Theoriefamilie verbin-

---

[157] Vgl. dazu und zum Folgenden: MAURICE MERLEAU-PONTY, L'Œil et l'esprit, Paris 1961; DERS., Le Visible et l'invisible, Paris 1964; LAMBERT WIESING, Die Sichtbarkeit des Bildes. Geschichte und Perspektiven der formalen Ästhetik, Frankfurt a. M. ²2008; GOTTFRIED BOEHM, Wie Bilder Sinn erzeugen. Die Macht des Zeigens, Berlin ³2010. Vgl. dazu und zu der geschilderten Kritik aus dem Diskurs: KRÜGER, Das andere Bild Christi (s. Anm. 1), 362-397.

[158] Vgl. dazu und zum Folgenden: HANS JONAS, Organismus und Freiheit. Ansätze zu einer philosophischen Anthropologie, Göttingen 1973; DERS.,

det sachlich in bestimmter Hinsicht die analytische und phänomenologische Bildtheorie. Demnach ist ein (äußeres) Bild ein wahrnehmungsnahes Zeichen, das einen sinnlichen Sinn verkörpert, der in und durch die Einbildungskraft zur Präsenz von etwas Abwesendem wird. Es ist vor allem ein Punkt, der an diesen interessanten Konzepten kritisiert wird. So muss das in der Einbildungskraft, im Imaginären präsent Entzogene als solches durchschaut und insofern verneint sein. Andernfalls würden zum Beispiel auf Bildern erscheinende Einhörner für echt gehalten. Das (äußere) Bild bedarf folglich der Negation der Einbildungskraft, also ihrer Selbsteinklammerung. Soll etwas ein Bild sein, dann muss man in seiner Darstellung etwas erkennen können, das fassbar und zugleich entzogen ist.

Dies kann zur vierten, der negationstheoretischen Theoriefamilie überleiten. Diese negationstheoretische Lesart ist zwar die jüngste im gegenwärtigen Diskurs, kann sich aber mit Platon und der Spätphilosophie Fichtes auf die ältesten Traditionen berufen.[159] Diese Theoriefamilie schlägt vor, das Bild als konkrete Verneinung zu bestimmen. Ein Bild stellt ge-

---

Philosophische Untersuchungen und metaphysische Vermutungen, Frankfurt a. M./Leipzig 1992; FELLMANN, Innere Bilder (s. Anm. 114), 21–38; DERS., Wirklichkeit der Bilder (s. Anm. 114), 187–195; HANS BELTING, Bild-Anthropologie. Entwürfe für eine Bildwissenschaft, München 2001. Vgl. dazu und zu der geschilderten Kritik aus dem Diskurs: KRÜGER, Das andere Bild Christi (s. Anm. 1), 398–428.

[159] Vgl. dazu und zum Folgenden: PETER REISINGER, Idealismus als Bildtheorie. Untersuchungen zur Grundlegung einer Zeichenphilosophie, Stuttgart 1979; REINHARD BRANDT, Die Wirklichkeit des Bildes. Sehen und Erkennen – Vom Spiegel zum Kunstbild, München/Wien 1999; CHRISTOPH ASMUTH, Bilder über Bilder, Bilder ohne Bilder. Eine neue Theorie der Bildlichkeit, Darmstadt 2011. Vgl. dazu und zu der geschilderten Kritik aus dem Diskurs: KRÜGER, Das andere Bild Christi (s. Anm. 1), 429–454.

nau dasjenige nicht dar, was es abbildet; zum Beispiel ist das abgebildete Brandenburger Tor nicht das reale Brandenburger Tor. Doch es ist genau das Brandenburger Tor nicht – und nicht etwa der Kölner Dom. Dieses Bildverständnis ist übrigens nicht darauf fixiert, dass das Abgebildete neben dem Bild (tatsächlich) existieren muss. Vielmehr kann sich das Bild auf etwas beziehen, was nur in der Abbildung existiert – wie etwa Einhörner. Da man Negationen selbst nicht sehen kann, schließt das negationstheoretische Bildverständnis die Einsicht ein: Bilder muss man nicht nur sehen können, sondern man muss dabei auch Negationen realisieren können, wenn man sie als Bilder realisieren können soll. Damit wird die Einbildungskraft in ihrer negativen Selbstbezüglichkeit bzw. Selbsteinklammerung zum Dreh- und Angelpunkt des Bildverständnisses. Die Kritik an diesem Bildverständnis lautet, dass es zu kognitiv bzw. abstrakt ist und dabei gerade abstrakte Bilder ausschließt, die nichts Gegenständliches darstellen. Diese Kritik ist zwar nachvollziehbar, lässt sich aber auch relativieren. Denn erstens kann man offenbar abstrakte Bilder nur als Bilder erkennen, wenn man mit der Tradition von gegenständlichen Bildern vertraut ist. Und zweitens ist zu überlegen, ob abstrakte Bilder nicht Abstraktionen konkreter Verneinungen in ihrer Selbstbezüglichkeit sichtbar machen.

Wenn man den skizzierten Diskurs mit seinen vier Theoriefamilien im Sinn einer aufstufenden Sequenzierung versteht, die sich problemgeschichtlich und konstruktiv anreichert, dann kann sich als Fazit ergeben: Das (äußere) Bild ist ein wahrnehmungsnahes Zeichen, das zu seiner Verwirklichung auf die (menschliche) Einbildungskraft angewiesen ist, die sich dabei gleichsam selbst durchstreicht bzw. einklammert. Ein (äußeres) Bild schließt dann erstens wahrnehmungstheoretisch eine relative Unterbrechung ein, insofern es irgendwie von seiner Umgebung unterschieden werden kann; es hat also einen – kulturgeschichtlich variablen – Rahmen, insofern es als Bild gleichsam aus seiner Umwelt herausfällt. Ein Bild schließt zweitens imaginationstheoretisch ein, dass sein Sein im Erscheinen liegt, dass es also eine es rezipierende Einbildungskraft braucht, weil es andernfalls kein Bild wäre. Ein Bild schließt drittens zeichentheoretisch eine relative Ganzheit ein, weil es von ineinander graduell übergehenden Binnendifferenzen farblicher und konturierter Art und Weise geprägt ist, die zusammengehören. Hierbei handelt es sich um die Dichte der Darstellung, die das Bild auszeichnet. Und viertens schließt ein Bild negationstheoretisch eine relative Kontrafaktizität ein, da das, was dargestellt wird, zugleich da und nicht da ist, und zwar in der Weise des präzisen Entzugs.

Diese vier Kennzeichen von relativer Unterbrechung, relativer Einbildung, relativer Ganzheit und relativer Kontrafaktizität treffen nicht nur auf äußere, sondern auch auf innere Bilder zu; bei den letzteren sind das Trägermedium keine äußeren Materialien, sondern neuronale Prozesse.[160] Zieht man die Merkmale zusammen, so kann man sagen: Das Bildvermögen im Sinn der Einbildungskraft ist von einer relativen Ganzheit bzw. Einheit und einer relativen Freiheit bzw. Kontrafaktizität geprägt.[161] Ohnehin kann man bildtheore-

---

[160] Vgl. dazu und zum Folgenden: a. a. O., 455–468, bes. 455–461. Vgl. zur Annahme mentaler Bilder bes.: KLAUS SACHS-HOMBACH, Das Bild als kommunikatives Medium. Elemente einer allgemeinen Bildwissenschaft, Köln ²2006, 244–261; vgl. auch mit einer eher populärwissenschaftlichen Zuspitzung: GERALD HÜTHER, Die Macht der inneren Bilder. Wie Visionen das Gehirn, den Menschen und die Welt verändern, Göttingen ⁷2011, bes. 7–19.43–47.

[161] Vgl. sachlich auch: JÖRG DIERKEN, Ganzheit und Kontrafaktizität. Religion in der Sphäre des Sozialen, Tübingen 2014.

tisch – seit Edmund Husserl – grundsätzlich zwischen Bildträger (wie z. B. dem Fotopapier mit einem Bild von Obama), Bildobjekt (wie z. B. dem fotografierten Obama) und Bildsujet (wie z. B. den gemeinten Obama) unterscheiden.[162]

4. Kulturanthropologische Perspektiven des bildhermeneutischen Ansatzes

Wenn man diese Einsichten einer von Fellmann inspirierten und über ihn hinausgehenden Bildhermeneutik mit kulturanthropologischen Einsichten insbesondere des US-amerikanischen Anthropologen Michael Tomasello und des Marburger Philosophen Reinhard Brandt verknüpft, dann lässt sich – bei aller Vorsicht und berechtigten Relativität – folgendes Szenario entwerfen[163]: Die menschliche Kultur beginnt – zugespitzt gesagt – mit dem Zeigefinger. Denn der Zeigefinger verweist auf etwas Anderes als er selbst. In dieser scheinbar unbedeutenden Geste sind zwei Aspekte verbunden, aus deren sich ausdifferenzierendem Zusammenspiel sich strukturell das ergibt, was als Kern menschlicher Kommunikation gelten kann. Das ist erstens die negationssensible Verschränkung von Anwesenheit und Abwesenheit und zweitens eine Form rudimentärer Öffentlichkeit, die zur Ausbildung von Subjektivität und Intersubjektivität führt.

---

[162] Vgl. dazu: EDMUND HUSSERL, Phantasie und Bildbewusstsein, Hamburg 2006, 21 f.
[163] MICHAEL TOMASELLO, Die Ursprünge der menschlichen Kommunikation, Frankfurt a. M. 2009; REINHARD BRANDT, Können Tiere denken? Ein Beitrag zur Tierphilosophie, Frankfurt a. M. 2009. Ein kulturanthropologischer Ansatz erscheint auch exegetisch perspektivreich (vgl. ALEXANDRA GRUND-WITTENBERG, Kulturanthropologie und Altes Testament. Stand und Perspektiven der Forschung, in: ThLZ 141 [2016], 873–886).

Der erste Aspekt besagt: Wer für andere sichtbar auf etwas mit seinem Zeigefinger zeigt und damit auf etwas verweist, was nicht selbst dieser Zeigefinger ist, benutzt schon eine Art der Selbstnegation, um etwas zu zeigen. Gesteigert kommt dies in pantomimischen Gesten vor, die etwas thematisieren, was selbst nicht anwesend ist. Damit wird durch das Zeigen von etwas, was selbst nicht da ist, dasselbe gegenwärtig gemacht, so dass Abwesendes anwesend wird. Dies geschieht, indem etwas, was präsent bzw. anwesend ist, nämlich die pantomimische Geste, sich selbst so verneint, dass dadurch etwas Anderes erscheint, was in Wirklichkeit raumzeitlich nicht da ist.[164] Diese basale Fähigkeit, etwas gleichsam im Negativ festzuhalten und dadurch zu zeigen, manifestiert sich dann in Bildern: Sie zeigen – jedenfalls vor dem Erscheinen einer modernen Bildkunst, die zwar gerade diese Selbstverständlichkeit hinterfragt, so aber selbst darauf bezogen bleibt – etwas, was sie selbst nicht sind und was gerade dadurch erscheint. Dass so das Bildvermögen etwas verneint und gerade darin konstruktiv vergegenwärtigt, durchbricht nicht nur das gefühlsunmittelbare Reiz-Reaktionsschema anderer Tiere, sondern wird beim Menschen zur Basis des sprachlichen Aussagesatzes bzw. Urteils.[165] Im Einzelnen geschieht dies in komplizierten Schritten, bei deren detaillierter Zuordnung sicher die Akzente unterschiedlich gesetzt werden können.[166] Doch die Grundüberlegung ist klar: Der Aussagesatz drückt in der Regel etwas aus, was jenseits von Hier und Jetzt ist – und was man auch verneinen können muss,

---

[164] Vgl. TOMASELLO, Ursprünge (s. Anm. 163), 24–67.68–120.340.
[165] Vgl. BRANDT, Können Tiere denken? (s. Anm. 163), 28–137, bes. 28–60.99–101.
[166] Vgl. a. a. O., 46–60; TOMASELLO, Ursprünge (s. Anm. 163), 183–259.

d. h. bei dem Sprachvermögen wird die konstruktive Seite der Verneinung in der Dialektik von Anwesenheit und Abwesenheit von ihrer anschaulichen Art bei dem Bildvermögen nochmals gesteigert und erreicht die Stufe des Diskursiven.[167]

Damit hängt der zweite Aspekt zusammen: Spätestens im Fall des Sprechens, bei dem anders als bei der Geste und beim Bildvermögen die Anschaulichkeit des Gemeinten noch weiter sublimiert ist und sich dem zeigenden Zugriff entzieht, muss sich der Sprechende die Rückfrage gefallen lassen, ob das, was er oder sie behauptet, auch tatsächlich zutrifft. Urteilen heißt insofern Denken und sich in dessen Sinn rechenschaftspflichtig zu erweisen.[168] Dies führt zur Ausbildung von (bewusster) Subjektivität, wenn der Sprecher seine Aussage verantworten muss, und von (bewusster) Intersubjektivität, wenn es zu einer Kommunikationssituation mit Rückfragen und Antworten kommt.[169] Der Sache nach ist diese Form basaler Öffentlichkeit schon in der Geste des Zeigefingers angelegt, weil sie nur Sinn macht, wenn man andere – und nicht sich selbst – auf das Gezeigte aufmerksam machen möchte.[170] Doch die menschliche Kulturfähigkeit bleibt

---

[167] Vgl. auch: HANS JONAS, Das Prinzip Leben. Ansätze zu einer philosophischen Biologie, Frankfurt a. M. 1994, 233-301; KLAUS SACHS-HOMBACH/ JÖRG J. R. SCHIRRA, Fähigkeiten zum Bild- und Sprachgebrauch, in: Deutsche Zeitschrift für Philosophie 54 (2006), 887-905; DIES., Anthropologie in der systematischen Bildwissenschaft: Auf der Spur des homo pictor, in: SILKE MEYER/ARMIN OWZAR (Hg.), Disziplinen der Anthropologie, Münster/New York/München/Berlin 2011, 145-177.
[168] Vgl. BRANDT, Können Tiere denken? (s. Anm. 163), 28-60, bes. 28-32.
[169] Vgl. zum kooperativen Wir-Gefühl, zu zielgerichteter Kommunikation und öffentlich geteilter Aufmerksamkeit: TOMASELLO, Ursprünge (s. Anm. 163), 24-67.183-259; BRANDT, Können Tiere denken? (s. Anm. 163), 46-58.
[170] Vgl. ebd.

nicht bei dem Sprachvermögen stehen, sondern hinterfragt sich kritisch selbst. Diese Reflexion geschieht im Vernunftvermögen. Dieses bleibt – trotz aller Sublimierung – im Sprachvermögen verankert, wie das Sprachvermögen seinerseits im Bildvermögen und das Bildvermögen schließlich im Gefühlserlebnis verankert bleibt.[171] Was freilich bei dieser gestuften Sublimierung passiert, ist die Verwandlung eines sich in der Regel ungebrochen im Hier und Zeit vollziehenden Gefühlserlebnisses über die anschauliche Negation des Bildvermögens in die diskursive Negation des Sprachvermögens und in die reflexive Negation des Vernunftvermögens: Die Vernunft vermag – über das Anschauliche des Bildvermögens und Diskursive des Sprachvermögens hinaus – sogar ideell anwesend zu machen, was zwar jenseits der Grenzen des Menschen liegt und womöglich nicht existiert, was aber in einer gewissen Folgerichtigkeit sich aus der Selbstbeschäftigung der Vernunft ergibt. Schlichter gesagt: Im Vernunftvermögen wird sich das Sprachvermögen des Menschen selbst reflexiv und geht über sich selbst hinaus, ohne diese Selbsttranszendierung in eine positive Eindeutigkeit überführen zu können.[172] In dieser Fluchtlinie votiert Ferdinand Fellmann in seinem letzten Beitrag für eine prozessphilosophische Weiterführung der Metaphysik, die Werden und Wirklichkeit in der Negationsfähigkeit des Bildvermögens verortet und den Gottesbegriff einbezieht: Gott ist dann in der werdenden Wirklichkeit – mit einem Begriff Jean-Paul Sartres – die »Neantisation« bzw. die Nichtung.[173]

---

[171] Vgl. KRÜGER, Das andere Bild Christi (s. Anm. 1), 151–194.
[172] Vgl. ebd.
[173] FERDINAND FELLMANN, Die Bilder des Menschen. Woher sie kommen, wozu sie dienen, worauf sie verweisen, in: THOMAS ERNE/MALTE DOMI-

5. Zwischenfazit

Mit dem dezidiert den Titel einer Hermeneutik beanspruchenden Programm von Ferdinand Fellmanns symbolischem Pragmatismus kann man die spätmoderne Hermeneutik als Bildlehre des Verstehens auffassen. Demnach erfolgt das spezifisch menschliche Verstehen – mit seinem sich darin ausbildenden Bewusstsein im Kontext von (öffentlicher) Intersubjektivität – wesentlich in der Einbildungskraft bzw. im Bildvermögen. Dieses Vermögen besteht – auch über Fellmann hinaus und mit kulturanthropologischen Einsichten von Michael Tomasello und Reinhard Brandt – im konstruktiven Umgang mit der Negation, etwas Abwesendes anwesend festhalten und einordnen zu können. Hierbei zeichnet sich das in seinen Bildern manifestierende Bildvermögen neben seiner basalen Dimension, als Einbildungskraft zu wirken, durch eine relative Unterbrechung, relative Kontrafaktizität und relative Ganzheit aus. Dies lässt sich in den beiden Stichworten von Ganzheit bzw. Einheit und Freiheit bzw. Kontrafaktizität konzentrieren. Aus der Kraft der anschaulichen Negation des Bildvermögens wird über Sublimierungsstufen die diskursive Negation der (sprachlichen) Urteilsprädikation und die reflexive Negation der (sich selbst) transzendierenden Vernunft. Hierbei bleiben Bild-, Sprach- und Vernunftvermögen in ihrem unaufhebbaren Wechselspiel aufeinander bezogen. Aufgrund dieser vermögenstheoretischen Einsichten kann man im Anschluss an Marshall McLuhan mediengenealogisch und im Anschluss an Richard Rorty paradigmengeschichtlich die Gegenwart einordnen: Sie ist hochgradig

---

NIK KRÜGER (Hg.), Bild und Text. Beiträge zum 1. Marburger Bildertag 2018, 19–38.

bildlich bestimmt, so dass Reales und Imaginäres sich durchdringen und die Virtualität der Digitalisierung – mit Fellmann – als das nach außen gewendete Bildvermögen erscheint. Interessanterweise wird damit in gewisser Weise auch wieder die Frage nach einer verwandelten Metaphysik aufgeworfen, wenn dem Bildvermögen negationstheoretisch – nach Fellmann – eine Dimension des Unbedingten bzw. Hintergründigen im Blick auf Werden und Wirklichkeit unserer Welt innewohnen soll. Dies lenkt den Blick auf die Metaphysik, die man als Bildlehre des Unbedingten deuten kann.

IV Metaphysik als Bildlehre des Unbedingten

1. Die wahrnehmungstheoretische Verankerung der Metaphysik

Die systematische Grundeinsicht, die sich aus dem Bisherigen ergibt und eine Verbindung zur Metaphysik herstellt, ist m. E. denkbar einfach und darin zugleich basal: Wenn das im Gefühl verankerte Bildvermögen aufgrund seiner Fähigkeit konstruktiver Negation menschheitsspezifisch ist und dabei die Momente der relativen Ganzheit bzw. Einheit und relativen Freiheit bzw. Kontrafaktizität aufweist, so besteht im inneren Bildvermögen und dessen Fähigkeit, über sinnlich Gegebenes verfügen und hinausgehen zu können, die Möglichkeit, diese Struktur (weiter) zu entgrenzen. Aus relativer Ganzheit bzw. Einheit und relativer Freiheit bzw. Kontrafaktizität werden dann deren nicht-relative Formen, und da sie hierbei intern zusammenhängen, kann man von einem Inbegriff von Ganzheit und Freiheit in der negationskonstruktiven Einbildungskraft sprechen, den man daher besser noch als In*bild* – statt als Inbegriff – bezeichnet. Dieses Inbild ist in dieser nicht-relativen, nicht-bedingten Weise nichts anderes als das Unbedingte, das man als Inbild im Sinn der Koinzidenz nicht-relativer Ganzheit bzw. Einheit und nicht-relativer Freiheit bzw. Kontrafaktizität an sich selbst nicht sinnlich sehen kann, das aber in jedweder Form von sinnlicher, sprachlicher und vernünftiger Bildlichkeit durchscheint. Auf diese Weise kommt es zu einer Bildlehre des Unbedingten, welche die Motive nicht-relativer Ganzheit und nicht-relativer Freiheit einschließt und die man m. E. mit gewichtigen Stimmen der Tradition als Metaphysik ansprechen kann. Dieser letztere Nachweis soll zunächst geführt und hinterfragt werden,[174] bevor am Ende dieses IV. Teiles die soeben skizzierte systematische Grundeinsicht (genauer) entfaltet wird.[175]

»Alle Menschen streben von Natur nach Wissen. Dies beweist die Liebe zu den Sinneswahrnehmungen; denn auch

---

[174] Vgl. dazu in diesem Teil den Abschnitt »Doxographische Spurensuche: Metaphysik als Philosophie des Bildes«.

[175] Vgl. dazu in diesem Teil den Abschnitt »Aktuelle Systematisierung: Metaphysik als Philosophie des Bildes«. Vgl. zur gegenwärtigen Diskussion evangelischer Theologie, ob und welche Metaphysik mit dem Gottesverständnis verträglich ist: INGOLF U. DALFERTH/ANDREAS HUNZIKER (Hg.), Gott denken – ohne Metaphysik?, Tübingen 2014. Plausibel ist m. E. grundsätzlich die von den Herausgebern als Motto vorangestellte Einsicht Eberhard Jüngels (vgl. a. a. O., IX), dass die christliche Theologie keineswegs die Fragen der Metaphysik einfach hinter sich lassen kann. Vielmehr ist christliche Theologie gerade dann bei sich selbst, wenn sie die metaphysische Tradition kritisch gebraucht. Allein auf diese Weise, so Jüngel, ist eine relative Verabschiedung der Metaphysik eine legitime Redeweise (vgl. JÜNGEL, Geheimnis [s. Anm. 125], 62 f.). Letzteres überzeugt m. E. jedoch nicht: Wenn die relative Verabschiedung der Metaphysik in ihrem kritischen Gebrauch besteht, dann sollte man dies eher als eine problembewusste Fortschreibung von Metaphysik zu verstehen.

ohne Nutzen werden sie an sich geliebt und vor allen anderen Wahrnehmungen mittels der Augen«,[176] lauten die ersten Sätze der »Metaphysik« des Aristoteles. Sie sind für eine Einordnung der Metaphysik nicht unwichtig. Denn Metaphysik als traditionelle Leitdisziplin der Philosophie, die in der Moderne abgetan und schließlich seit einigen Jahrzehnten von der sprachanalytischen Philosophie wiederentdeckt wird, geht dem Begriff nach auf das gleichnamige Werk des Aristoteles zurück.[177] Dessen Titel stammt nicht von Aristoteles selbst, der vielmehr von der »Ersten Philosophie«[178] (*prote philosophia*) spricht, sondern von dessen Herausgeber Andronikos von Rhodos; letzterer benennt mit dem Ausdruck der Metaphysik dasjenige, was nach den bzw. jenseits der (*meta*) Naturdinge(n) (*physika*) zu stehen kommt.[179] Bis heute prägt dieser Ansatz dasjenige, was man auch seit den 1980er-Jahren wieder verstärkt verhandelt und was man als Metaphysik bezeichnet.[180] Insofern ist der Ausdruck »Metaphysik« nicht nur editionstechnisch, sondern auch sachlich bis heute sprechend: Es geht in der ursprünglichen Metaphysik des Aristoteles nicht um ein geschlossenes und starres System des Seins, das in der ver-

---

[176] Aristoteles' Metaphysik. Neubearbeitung der Übersetzung von Hermann Bonitz. Mit Einleitung und Kommentar hg. v. Horst Seidl. Griechischer Text in der Edition von Wilhelm Christ, Hamburg ³1989/1991 (2 Bde.), Bd. 1, 3 (= Met. 980a21).

[177] Vgl. OTFRIED HÖFFE, Aristoteles, München 1996, 139-183; JOHANNES HÜBNER, Ontologie, Metaphysik, in: CHRISTOF RAPP/KLAUS CORCILIUS (Hg.), Aristoteles-Handbuch. Leben – Werk – Wirkung, Stuttgart/Weimar 2011, 490-496.

[178] Met. 1026a16; 1061b19.

[179] Vgl. HÖFFE, Aristoteles (s. Anm. 177), 140.

[180] Vgl. HÜBNER, Ontologie, Metaphysik (s. Anm. 177), 490-492; BEIERWALTES, Platonismus im Christentum (s. Anm. 17), 10 f.

meintlichen Abwendung von der Erfahrung und im Beweis Gottes seine Pointe hat. Vielmehr geht es in der Metaphysik des Aristoteles um ein Denken, das im Ausgang von der Wahrnehmung (des Sehens) und im Durchgang durch die Erfahrungswelt fundamentalphilosophisch nach dem fragt, was die Wirklichkeit ausmacht. Sie wird in der Schau (*theoria*) enthüllt.[181] Hierbei redet Aristoteles keiner Verdopplung der Wirklichkeit das Wort, wie man in schematischer Absetzung von Platons vermeintlich so zu erfassender Ideenlehre festzustellen meint, sondern entdeckt in den konkreten Dingen ihre allgemeinen Begriffe. Dies führt Aristoteles zur Überlegung, dass man auch von Gott sprechen kann.[182] In dem Fall steht der Begriff »Gott« für die – letztlich nicht an dem Begriff »Gott« hängende – Einsicht: Die unhintergehbare Vergänglichkeit von Bewegung und Zeit verweist auf eine Unvergänglichkeit, die selbst unbewegt, ewig und wirklich ist, aber gerade darum kosmisch alles andere bewegt, weil alles zu ihr strebt.[183]

---

[181] Vgl. HÖFFE, Aristoteles (s. Anm. 177), 139–183, bes. 139–141.148–151.155–161.

[182] Vgl. ebd. Die spätere Schulphilosophie wird die Ontologie als *Metaphysica generalis*, die sich mit dem Seienden als solchem beschäftigt, von der *Metaphysica specialis* der rationalen Theologie, Psychologie und Kosmologie unterscheiden, die jeweils Gott, Seele und Welt thematisieren (vgl. dazu: ERNST VOLLRATH, Die Gliederung der Metaphysik in eine *Metaphysica generalis* und *Metaphysica specialis*, in: Zeitschrift für philosophische Forschung 16 [1962], 258–284).

[183] Das ist eine zusammenfassende Zuspitzung des aristotelischen Gottesbegriffs (vgl. dazu: MICHAEL BORDT, Aristoteles' »Metaphysik XII«, Darmstadt 2006, 87 f.; DERS., Unbewegter Beweger, in: CHRISTOF RAPP/KLAUS CORCILIUS [Hg.], Aristoteles-Handbuch. Leben – Werk – Wirkung, Stuttgart/Weimar 2011, 367–371; vgl. zur Diskussion: WERNER JAEGER, Aristoteles. Grundlegung einer Geschichte seiner Entwicklung, Berlin 1923, bes. 366–392; GÜNTHER PATZIG, Theologie und Ontologie in der »Metaphysik« des Aristoteles, in: Kant-Studien 52 [1960], 185–205; MICHAEL FREDE/

Vor diesem Hintergrund vermag es – bei aller Differenz zur aristotelischen Metaphysik – grundsätzlich einzuleuchten, dass der Philosoph Hans Jonas im Ausgang vom Sehen in der Erfahrungswelt »metaphysische Vermutungen«[184] anstellen kann. Auch Jonas gelangt so zu einem Gottesbegriff, der ein Denkmodell sein soll. Metaphysik und Suchbewegung schließen sich nicht aus.[185] Jonas geht hierbei von der Evolution aus, deren unbeabsichtigtes Produkt der Mensch als vorläufiges Ergebnis der planetarischen Entwicklung der im Weltall unmerklichen Erde ist.[186] Insofern muss für Jonas die Wurzel der typisch menschlichen Freiheit in der Natur zu finden sein. Jonas findet sie im Stoffwechsel der Pflanze, bei dem Dasein und Sosein getrennt werden, wenn der sich ständig erneuernde Stoffwechsel und die organische Formerhaltung relativ auseinandertreten: Obwohl im Rahmen des Stoffwechsels die Materie der Pflanze sich ständig erneuert und auch ersetzt wird, ist ihre Form davon relativ unabhängig.[187] Diese Freiheit der Form gegenüber dem Stoff nimmt beim Tier zu, wenn es sich selbst bewegen kann, und wird

---

DAVID CHARLES, Aristotles' Metaphysics Lambda, New York/Oxford 2000). M. E. besteht eine Pointe darin: Die scheinbar paradoxe Selbsttranszendenz der Erscheinungswelt im Sinn unvergänglicher Vergänglichkeit scheint zu einer Inversion zu führen, wonach das, was göttlich genannt zu werden verdient, gerade dadurch, dass es ganz bei sich bleibt, alles anderes zu sich zieht (vgl. zur Frage der Selbstbezüglichkeit des unbewegten Bewegers insbesondere: KLAUS OEHLER, Der Unbewegte Beweger des Aristoteles, Frankfurt a. M. 1984).

[184] Vgl. den Titel: HANS JONAS, Philosophische Untersuchungen und metaphysische Vermutungen, Frankfurt a. M./Leipzig 1992.
[185] Vgl. a. a. O., 171–255.
[186] Vgl. ebd.
[187] Vgl. HANS JOAS, Das Prinzip Leben. Ansätze zu einer philosophischen Biologie, Frankfurt a. M./Leipzig 1994, 109–178.

beim Menschen auch noch innerlich, wenn er in der Einbildungskraft das Dasein und Sosein einer Sache trennt und dies in dem Bildvermögen zeigt.[188] Für Jonas offenbart sich darum das Spezifische des Menschen nach vorlaufenden Prozessen des Werkzeuggebrauchs in der Fähigkeit, mit Bildern kompetent umgehen zu können.

Auf dieser Erfindungsgabe baut mit den Fragen nach der Herkunft und Zukunft des Menschen die Kultur der Bestattung auf. Dem Werkzeuggebrauch ordnet Jonas den Ursprung von Technik bzw. Physik zu, dem Bildgebrauch den Ursprung von Kunst und der Bestattungskultur den Ursprung von Metaphysik. Den entscheidenden Springpunkt stellt das Bildvermögen dar, das seinerseits im Sehen verankert ist und in dem sich für Jonas schon religionsaffine Einsichten erschließen. So ist der Mensch für Jonas, wie dieser in einem phänomenologischen Abgleich mit dem Tasten, Hören und Riechen zeigt, ein Augentier, das beim Sehen eine Gleichzeitigkeit, eine Neutralisierung und eine Distanz realisiert. Gleichzeitig ist das Sehen, insofern beim Augenaufschlagen die den Menschen umgebende Welt auf einen Schlag und mit augenblicklicher Plötzlichkeit da ist; daraus wird sublimiert die anhaltende Gegenwart und die Idee der Ewigkeit. Neutral ist das Sehen, insofern das sehende Subjekt und das gesehene Objekt phänomenologisch einander so sein lassen, wie sie sind; daraus wird sublimiert die ins Nachdenken ziehende Schau und die Idee der Theorie. Und distanziert ist das Sehen, insofern es einen gewissen Abstand gegenüber den Phänomenen benötigt und durch noch weiteres Zurücktreten einen lebensorientierenden Überblick verschafft; daraus

---

[188] Vgl. dazu und zum Folgenden: a. a. O., 179–310; DERS., Untersuchungen (s. Anm. 184), 9–100.

wird sublimiert das überblickshafte Erweitern und die Idee der Unendlichkeit.[189] In seinen Überlegungen zum Gottesgedanken wendet Jonas diese Einsichten so an, dass der Mensch auf der Basis dieser natürlicherweise in seinem Seh- und Bildvermögen verankerten Idealbildungen bewusst einen Mythos bilden kann. Demnach schafft sich Gott mit dem Urknall in der Evolution selbst zugunsten der Freiheit des Menschen ab, auf dessen Schultern das Schicksal der Erde ruht. Gott selbst lebt nunmehr im religiösen Bewusstsein der Menschheit und ihren auf dem Bildvermögen beruhenden Vorstellungswelten.[190]

2. Doxographische Spurensuche: Metaphysik als Philosophie des Bildes

Sind nach Aristoteles und Hans Jonas die Metaphysik und die Gottesthematik in der Wahrnehmung insbesondere des (Bild-)Sehens verankert, so kann die Metaphysik in der Tradition auch explizit als eine Bildlehre des Unbedingten realisiert werden. Dies ist offenbar bei Platon und Johann Gottlieb Fichte der Fall.[191]

---

[189] Vgl. ebd. Vgl. zur Rede vom Menschen als dem »Augentier« auch: FRANZ M. WUKETITS, Bild und Evolution. Bilder: des Menschen andere Sprache, in: KLAUS SACHS-HOMBACH, Bildtheorien. Anthropologische und kulturelle Grundlagen des Visualistic Turn, Frankfurt a. M. 2009, 17-30, bes. 22; WOLF SINGER, Das Bild in uns. Vom Bild zur Wahrnehmung, a. a. O., 104-126. Vgl. zur Thematik grundsätzlich auch: BÄRBEL BEINHAUER-KÖHLER/ DARIA PEZZOLI-OLGIATI/JOACHIM VALENTIN (Hg.), Religiöse Blicke – Blicke auf das Religiöse. Visualität und Religion, Zürich 2010.

[190] Vgl. JONAS, Untersuchungen (s. Anm. 184), 171-255. Im Grunde wird die christliche Selbstzurücknahme Gottes im Gekreuzigten nunmehr auf die Schöpfung übertragen.

Platon lehnt trotz seiner weithin bekannten Kritik des künstlerischen Bildes nicht grundsätzlich das Konzept des Bildes ab.[192] Vielmehr ist das Gegenteil der Fall. Platon erklärt nämlich mit dem bei ihm im Kern einheitlichen Konzept des Bildes (*eikon*) die Teilhabe (*methexis*) der materiellen, endlichen und relativen Erscheinungswelt an der immateriellen, ewigen und objektiven Ideenwelt.[193] So erweist sich Platons Philosophie systematisch als eine Metaphysik des Bildes. Sie

---

[191] Etwas weniger prominent, aber auch deutlich bildtheoretisch geprägt sind beispielsweise die metaphysischen Entwürfe von Meister Eckhart (vgl. z. B. MAURITIUS WILDE, Das neue Bild vom Gottesbild. Bild und Theologie bei Meister Eckhart, Freiburg 2000; ANTON FRIEDRICH KOCH, Der Logos als Bild des Seins bei Meister Eckhart, in: JOHANNES BRACHTENDORF [Hg.], Prudentia und Contemplatio. Ethik und Metaphysik im Mittelalter, Paderborn / München / Wien / Zürich 2002, 142-159), Nikolaus von Kues (vgl. z. B. RUDOLF HAUBST, Die Christologie des Nikolaus von Kues, Freiburg 1956, bes. 41-58; DERS. [Hg.], Das Sehen Gottes nach Nikolaus von Kues, Trier 1999) und Friedrich Wilhelm Joseph Schelling (vgl. z. B. zu Schellings Frühphilosophie: MOTOKIYO FUKAYA, Anschauung des Absoluten in Schellings früher Philosophie [1794-1800], Würzburg 2006; REINHARD LOOCK, Schwebende Einbildungskraft, a. a. O., 328-476; vgl. zu Schellings Spätphilosophie mit dem Menschen als dem Bild Gottes: CHRISTIAN IBER, Das Andere der Vernunft als ihr Prinzip. Grundzüge der philosophischen Entwicklung Schellings mit einem Ausblick auf die nachidealistischen Philosophiekonzeptionen Heideggers und Adornos, Berlin/New York 1994, 307-322; KRÜGER, Göttliche Freiheit (s. Anm. 11), 134.231-259. 305).

[192] Vgl. dazu und zum Folgenden: POETSCH, Platons Philosophie des Bildes (s. Anm. 137), 11-20. Vgl. zur vielfältigen Forschungsliteratur zu Platons Bildtheorie: a. a. O., 387-406; ASMUTH, Bilder über Bilder (s. Anm. 159), 158 f., Anm. 62.

[193] Vgl. POETSCH, Platons Philosophie des Bildes (s. Anm. 137), 25-157, bes. 25-45 (auch zur vielfältigen und differenzierten »Bild«-Terminologie bei Platon).

versteht grundsätzlich das Bild nicht als Abbild, sondern als Erscheinung. In der Erscheinung manifestiert sich im Bild das Urbild bzw. besser: der Archetyp, der an sich unsichtbar ist.[194]

Dieser Struktur ist eine negationstheoretische Dialektik eingeschrieben: Indem das Bild als Erscheinung präzise nicht der Archetyp ist und zugleich gerade dadurch Anteil am Archetyp hat, wird mit dem Konzept des Bildes ein konstitutives Negationsverhältnis angezeigt, in welchem Sein und Nichtseiendes miteinander verflochten sind.[195] In der Fluchtlinie der Einsicht, dass im Bild sich dessen Archetyp manifestiert, kann das Bild für Platon auch in die Nähe des Körpers rücken, in dem sich die Seele manifestiert. Aufgrund dieser Affinität zum Körper lässt sich wiederum das Bild dem Dreidimensionalen zuordnen.[196] Darum vermag Platon das Bild innerhalb des Bereichs der bildenden Kunst eher an der Skulptur und weniger an der Malerei zu orientieren. Historisch folgt Platons Zuordnung des Bildes zum Dreidimensionalen offenbar dem altägyptischen Bildverständnis, den Bildkörper als Manifestation des Unsichtbaren zu begreifen.[197] Prinzipiell gehört für Platon das Bild als Erscheinung in eine ideenontologisch bestimmte Dimensionsfolge, an deren Ende künstlerische Bilder als Abbilder des Sichtbaren stehen.[198] Werden künstlerische Bilder zum Inbegriff des Bildes erklärt oder sogar an die Spitze der Ontologie gesetzt, müssen sie

---

[194] Vgl. ebd. Die Rede vom Urbild ist missverständlich, weil es gerade kein Bild ist, so dass besser vom Archetyp zu sprechen ist (vgl. a. a. O., 37 f.).
[195] Vgl. dazu: ASMUTH, Bilder über Bilder (s. Anm. 159), 47–55.
[196] Vgl. POETSCH, Platons Philosophie des Bildes (s. Anm. 137), 46–60.
[197] Vgl. a. a. O., 39 f.56–60.
[198] Vgl. a. a. O., 199–253.

nach Platon kritisiert werden.[199] Denn sie bringen nicht das Bild als dialektische Erscheinung des an sich unsichtbaren Archetyps zur Geltung. Als Bild des Archetyps ist die Erscheinung jedoch in Wahrheit eine Verbindung von Sinnlichem und Geistigem, die letztlich auch dazu führt, die Erscheinungswelt relativ einzuordnen und nicht gegen die Ideenwelt auszuspielen.[200] So lehrt Platon – gegen die vermeintliche Annahme einer Trennung zweier Welten – auch die Einheit der Wirklichkeit, die in unterschiedlichen Graden von der Idealität durchdrungen ist.[201] Diese gewissermaßen bildhafte Kaskade des an sich Unsichtbaren, welche die Einheit der in sich differenzierten Wirklichkeit verbürgt, erfolgt im Medium des Logos, der in der »Projektion« (*problema*) des Bildes die Relation zwischen Archetyp und Bild über die Dimensionsgrenzen vollbringt: Die Wirklichkeit ist eine bildhafte Einheit, in welcher der Archetyp mittels Logos erscheint.[202]

Diese Deutung von Platons Philosophie kann nicht nur eine Lesart beinhalten, wonach seine Dialoge selbst so etwas wie Bilder sind und der Mythos in den Logos übergeht,[203] sondern hat auch Folgen für die Sicht des Absoluten[204]: Als Prinzip (*arche*) ist das Unbedingte (*anhypotheton*) bei Platon zwar jenseits des bildhaften Seins (*epekeina tes ousias*) zu verorten,

---

[199] Vgl. a. a. O., 127–157.

[200] Vgl. a. a. O., 199–269.

[201] Vgl. ebd. Damit ist sachlich auch eine Relativierung der schulbuchmäßigen Einteilung des Universalienstreits verbunden (vgl. dazu auch: TIM GOLLASCH, Der Mythos von der Wirklichkeit. Eine Konfrontation des neurowissenschaftlichen Konstruktivismus mit Platons Philosophie, München 2017, 278 m. Anm. 19).

[202] Vgl. POETSCH, Platons Philosophie des Bildes (s. Anm. 137), 199–269.

[203] Vgl. a. a. O., 161–184.308–347.

[204] Vgl. dazu und zum Folgenden: a. a. O., 254–269.

doch die Erscheinungswelt ist sein Bild und ihre Alleinheit erscheint in ihrer wechselseitigen Durchdringung im »logischen« Verstand (*nous*) des Menschen.[205]

Fichte nimmt unter den veränderten Vorzeichen der kantischen und idealistischen Einsichten in der anbrechenden Moderne (neu-)platonische Einsichten Platons auf.[206] Dies geschieht insbesondere in Fichtes Spätphilosophie.[207] Sie kann freilich an Fichtes frühe Philosophie anknüpfen, welche – im Anschluss an bestimmte Überlegungen Kants sowohl zur Subjektivität als auch zur einheitlichen Wurzel der Wirklichkeit[208] – die Einbildungskraft zum Inbegriff der sich manifestierenden Wirklichkeit erklärt: Die Wirklichkeit erweist sich als zunächst nicht durchschautes Produkt der menschlichen Subjektivität, deren Vorstellungen bzw. Bilder nicht eine davon unabhängige Außenwelt repräsentieren, sondern deren wahre Präsenz darstellen.[209] Insofern führt der

---

[205] Vgl. ebd.
[206] Vgl. HANS MICHAEL BAUMGARTEN, Die Bestimmung des Absoluten. Ein Strukturvergleich der Reflexionsformen bei J. G. Fichte und Plotin, Zeitschrift für philosophische Forschung 34 (1980), 321–342.
[207] Vgl. dazu: WOLFGANG JANKE, Johann Gottlieb Fichtes »Wissenschaftslehre 1805«, Darmstadt 1999, 201–206.
[208] Vgl. dazu auch: ULRICH GAIER/RALF SIMON (Hg.), Zwischen Bild und Begriff. Kant und Herder zum Schema, München 2010.
[209] Vgl. zur folgenden Darstellung: CHRISTIAN IBER, Subjektivität, Vernunft und ihre Kritik. Prager Vorlesungen über den Deutschen Idealismus, Frankfurt a. M. 1999, 250–268; ASMUTH, Bilder über Bilder (s. Anm. 159), 72–91; PETER REISINGER, Idealismus als Bildtheorie. Untersuchungen zur Grundlegung einer Zeichenphilosophie, Stuttgart 1979, 146–163; DRECHSLER, Fichtes Lehre vom Bild (s. Anm. 2), 173–420; WOLFGANG JANKE, Die dreifache Vollendung des Deutschen Idealismus. Schelling, Hegel und Fichtes ungeschriebene Lehre, Amsterdam/New York 2009, 229–337; YVONNE ALTAIE, Tropus und Erkenntnis. Sprach- und Bildtheorie der deutschen Frühromantik, Göttingen 2015, 52–99. Vgl. eingehend und akribisch: HANS-

Weg gewissermaßen von der Repräsentation der Vorstellung zur Präsentation der Realität.[210] Angesichts der u. a. von Friedrich Heinrich Jacobi aufgeworfenen Frage, ob damit nichts alles zu einem gewissermaßen substanzlosen Bild wird und sich in einen Nihilismus der bilderzeugenden Subjektivität auflöst, sucht Fichte in seiner Spätphilosophie eine Lösung.[211] Er findet sie, indem er die in ihrer Faktizität sich vorfindende Subjektivität als Bildvermögen deutet. In ihm erscheint nämlich durch die Selbstnegation der Subjektivität das Absolute, so dass die Subjektivität ein Bild des Absoluten ist. Letzteres ist als Einheit des absoluten Seins (un-)dialektisch in der Subjektivität präsent, nämlich in seinem Entzug, das den einzigartigen Für-sich-Bezug des Absoluten nicht erreicht und gerade so eine Freiheitsdifferenz in der Wechselseitigkeit von menschlicher Subjektivität und unverfügbarem Absoluten geltend macht.[212] Dieses Begreifen eines Unbegreiflichen als eines Unbegreiflichen vermag Fichte mithilfe des Bildbegriffs zu artikulieren, der die Einheit und den Unterschied der menschlichen Subjektivität mit dem Absoluten anzeigt, ohne eine der beiden Seiten verdinglichen zu wollen. Ob und inwiefern dieses Programm in Fichtes Spätphilosophie schlüssig ist und genuin als Metaphysik anzusprechen ist, darüber kann und wird es vermutlich immer Streit nicht nur innerhalb der Fichte-Forschung geben.[213]

JÜRGEN MÜLLER, Subjektivität als symbolisches und schematisches Bild des Absoluten. Theorie der Subjektivität und Religionsphilosophie in der Wissenschaftslehre Fichtes, Königstein 1980, bes. 71–90.310–315.340–422.
[210] Vgl. bes. ASMUTH, Bilder über Bilder (s. Anm. 159), 78–80.
[211] Vgl. z. B.: a. a. O., 82–91.
[212] Vgl. z. B.: ebd.
[213] Vgl. zum Diskussionsstand mit weiterführenden Literaturangaben und eigenen Positionierungen: GÜNTER ZÖLLER, Fichte und das Problem der

Entscheidend ist jedoch m. E. der Springpunkt: Nachdem Fichte in seiner Frühphilosophie das Sein und das Wissen in der Subjektivität verorten wollte, werden ihm in seiner Spätphilosophie die Grenzen der Subjektivität klar und er nimmt eine (neu-)platonische Fundierung der Subjektivität in der Ontologie vor. So ordnet Fichte der Subjektivität den unverfügbaren Grund des absoluten Seins vor, der freilich nur durch die Selbstvernichtung der Subjektivität erreicht werden kann, in welcher dieses Absolute erscheint. Insofern ist die Subjektivität wesentlich Bildvermögen, dessen scheinbar paradoxe Selbstdurchstreichung gerade seine Kraft und Eigenheit zeigt, wie es der kantisch-idealistischen Tradition vertraut ist.

Ist in der Tradition der Metaphysik deren Verständnis als Bildlehre des Unbedingten verankert und klingen hierbei motivisch Ganzheit bzw. Einheit und Freiheit bzw. Kontrafaktizität an, so kann man diese Motive auch in zeitgenössischen Entwürfen der Metaphysik finden. Dies ist beispielhaft bei den Münchener Philosophen Dieter Henrich und Werner Beierwaltes der Fall.[214]

Metaphysik, in: JÜRGEN STOLZENBERG/OLIVER-PIERRE RUDOLPH (Hg.), Wissen, Freiheit, Geschichte. Die Philosophie Fichtes im 19. und 20. Jahrhundert, Bd. I, Amsterdam/New York 2010, 13–41; ALEXANDER SCHNELL/ JAN KUNEŠ (Hg.), Bild, Selbstbewusstsein, Einbildung, Leiden 2015; BIRGIT SANDKAULEN, »Bilder sind«. Zur Ontologie des Bildes im Diskurs um 1800, in: JOHANNES GRAVE/ARNO SCHUBBACH (Hg.): Denken mit dem Bild. Philosophische Einsätze des Bildbegriffs von Platon bis Hegel, München 2010, 131–151.

[214] Alternativ könnte man m. E. im deutschsprachigen Bereich z. B. auch in den im Einzelnen recht unterschiedlichen Entwürfen von Wolfgang Cramer, Walter Schulz, Robert Spaemann, Konrad Cramer, Wolfgang Janke, Wolfram Hogrebe, Michael Theunissen, Klaus Düsing, Jens Halfwassen, Anton Friedrich Koch, Lorenz B. Puntel, Thomas Buchheim, Axel Hutter,

Henrich knüpft an eine bzw. die wesentliche Grundeinsicht moderner Philosophie an, wenn er gegen die sprachanalytisch und gegenständlich inspirierte Relativierung menschlicher Subjektivität deren Unumgänglichkeit feststellt: Weder lässt sich Subjektivität genuin aus dem Grammatikgebrauch des »Ich«-Sagens erklären noch als ein Objekt (natur-)wissenschaftlicher Forschung begreifen, sondern vielmehr setzt sich Subjektivität immer schon als erschlossen voraus; der Subjektivität kommt im Vollzug ihre eigene Faktizität zuvor.[215] Damit ist elementar zweierlei ausgesagt. Zum einen ist der Subjektivität im Sinn einer Selbstvertrautheit ein Selbstverhältnis eigen, das sie auszeichnet und in die Nähe des ontologischen Gottesbeweises führt, wenn Inhalt und Vollzug zusammenkommen. Zum anderen ist die Subjektivität bei Henrich gerade endlich. Sie findet sich vor und verfügt über keine Selbstdurchsichtigkeit, die ihr einen Stand in und für sich

---

Sebastian Rödl und Gunnar Hindrichs auf Spurensuche gehen. Sie sind teilweise über akademische Filiationsverhältnisse bzw. fachliche Debatten mit den beiden oben genannten Protagonisten verbunden.

[215] Vgl. dazu und zum Gesamtentwurf insbesondere: DIETER HENRICH, Bewußtes Leben. Untersuchungen zum Verhältnis von Subjektivität und Metaphysik, Stuttgart 1999, bes. 11–138. 194–216; DERS., Denken und Selbstsein. Vorlesungen über Subjektivität, Frankfurt a. M. 2007, bes. 13–81.143–365; DERS. Das Ich, das viel besagt, Frankfurt a. M. 2019, 1–302. Vgl. zu Henrichs Entwurf in der folgenden Darstellung auch: ROHLS, Theologie II (s. Anm. 47), 761-763; GUNNAR HINDRICHS, Metaphysik und Subjektivität, in: Philosophische Rundschau 48 (2001), 1–27; JENS HALFWASSEN, Die Unverwüstlichkeit der Metaphysik, in: Philosophische Rundschau 57 (2010), 97–124, bes. 99–106. Vgl. zur Diskussion: DIETRICH KORSCH/JÖRG DIERKEN, Subjektivität im Kontext. Erkundungen im Gespräch mit Dieter Henrich, Tübingen 2004; FRIEDRICH VOLLHARDT (Hg.), Philosophie und Leben. Erkundungen mit Dieter Henrich, Göttingen 2018.

verbürgen würde.[216] Insofern ist die Subjektivität für Henrich wesentlich undurchdringlich, so dass sie sich von einem Grund getragen weiß, der sie selbst gerade nicht ist und daher auch nicht in ihrem Wissen aufgehen kann. Dieser unausdenkbare Grund der Subjektivität ist für Henrich auch das Motiv, die Tradition der Metaphysik nicht einfach zu verabschieden, sondern aufzunehmen: Die sich selbst erschlossene und darin faktische Subjektivität zehrt gewissermaßen von etwas, was über sie hinausgeht und umgreift. Dieser Grund der Subjektivität darf nicht mit dem lebensweltlichen Ausgriff des Handelns und wissenschaftlichen Ausgriff des Erforschens verwechselt werden. Denn in der Gegenständlichkeit dieser Welten vermag sich die zuständliche Subjektivität nicht zu verorten, sondern fragt vielmehr aufgrund ihrer sich darin zeigenden Ortlosigkeit nach ihrem Sinn.[217] Dies führt die Subjektivität dazu, nach ihrem Grund zu fragen, dessen Ganzheit nicht gegenständlich, sondern so gedacht wird, dass die Subjektivität in ihm einschreibbar ist. Dies ist für Henrich der Abschlussgedanke der All-Einheit, den auch die metaphysische Tradition kennt. Angeregt von Hegel wird diese All-Einheit von Henrich so gedacht, dass sie eine Einheit darstellt, die für die Einschreibung der Subjektivität differenzfähig ist.[218]

Beierwaltes geht stärker historisch orientiert als Henrich vor, tut dies aber mit bzw. aus genuin systematischen Interessen. Seine Hauptbezugspunkte sind hierbei Platon und des-

---

[216] Vgl. HENRICH, Bewußtes Leben (s. Anm. 215), 11–73; DERS., Denken und Selbstsein (s. Anm. 215), 15–82.
[217] Vgl. so auch: HALFWASSEN, Unverwüstlichkeit (s. Anm. 215), 101 f.
[218] Vgl. HENRICH, Bewußtes Leben (s. Anm. 215), 74–138.194–216; ders., Denken und Selbstsein (s. Anm. 215), bes. 15–82.249–366, bes. 265–280.

sen Wirkungsgeschichte im Neuplatonismus und Deutschen Idealismus.[219] Hierbei zeigt sich ein starkes Interesse, griechische Metaphysik und christliche Theologie nicht auseinanderzureißen.[220] Vielmehr gehören sie seines Erachtens zusammen. So ist christliche Theologie nach Beierwaltes auf die begriffliche Reflexion der Philosophie angewiesen, wie umgekehrt die Philosophie nur unter Verleugnung ihrer metaphysischen Tradition und bei systematischer Nachlässigkeit die Frage nach dem Absoluten ignorieren kann. Innerhalb dieses gemeinsamen Horizontes zeichnet sich das Verhältnis von Theologie und Philosophie durch eine fruchtbare Dialektik aus. Dabei ist die Theologie auf die in der Bibel bezeugte Faktizität des erschienenen Gottes verpflichtet, die Philosophie ist auf die sich aus der autonomen Vernunft ergebende Dimension der Transzendenz ausgerichtet.[221] Wesentlich für Beierwaltes ist die (neu-)platonische Denkfigur der Selbstvermittlung des geistigen Seins des Absoluten durch welthafte Ausdifferenzierung und Rückkehr zu sich selbst, deren Struktur sich in der (trinitarischen) Tradition der christlichen Theologie und in der Dialektik des deutschen Idealismus findet.[222] Allerdings wird hierbei unterschiedlich mit dieser

---

[219] Vgl. dazu und zum Gesamtentwurf insbesondere: BEIERWALTES, Platonismus im Christentum (s. Anm. 17), bes. 7-24; DERS., Platonismus und Idealismus, Frankfurt a. M. ²2004, bes. 1-82; DERS., Identität und Differenz, Frankfurt a. M. ²2011, bes. 1-56; DERS., Denken des Einen. Studien zur neuplatonischen Philosophie und ihrer Wirkungsgeschichte, Frankfurt a. M. 1985, 9-113. Vgl. zu dem Entwurf von Beierwaltes in der folgenden Darstellung auch: HALFWASSEN, Unverwüstlichkeit (s. Anm. 215), 110-115.
[220] Vgl. BEIERWALTES, Platonismus im Christentum (s. Anm. 17), 7-24.
[221] Vgl. a. a. O., 7-20.
[222] Vgl. BEIERWALTES, Platonismus und Idealismus (s. Anm. 219), 67-83.100-187; DERS., Denken des Einen (s. Anm. 219), 9-113.337-367.

Denkfigur umgegangen, die im (Neu-)Platonismus nach Beierwaltes berechtigterweise mit der Einsicht in die radikale Transzendenz bzw. Freiheit des Absoluten jenseits des Seins gekoppelt ist. Während nämlich Hegel diese radikale Transzendenz in die Selbstkonstituierung des absoluten Wissens kraft Selbstausdifferenzierung hineinnimmt und damit gleichsam nivelliert, nähert sich Schellings Spätphilosophie wieder dieser Einsicht.[223] Deutlich zu finden ist für Beierwaltes die Einsicht in die Struktur des Absoluten von radikaler Transzendenz und von zugleich wissendem Selbstbezug in der Alleinheit des Seins bei Johannes Scotus Eriugena.[224] Auch Dionysius Areopagita und Nikolaus von Kues gehören neben anderen prominent in diesen sachlichen Kontext.[225] Dass das Absolute jenseits von allem Sein und aller Bestimmtheit ist, obwohl bzw. weil es in allem erscheint, führt so zu einer negationstheoretischen Konzeption des Absoluten, das sich in der erscheinenden Realität und deren diskursiver Thematisierung bildhaft zeigt. Es sind daher nach Beierwaltes die Analogien, die Metaphern und Symbole, welche das Absolute als radikal transzendente Einheit und wissenden Selbstbezug der Welt erschließen.[226] Wie es Platons Metaphysik als Philo-

---

[223] Vgl. ebd.

[224] Vgl. BEIERWALTES, Eriugena. Grundzüge seines Denkens, Frankfurt a. M. 1994, 82-115.180-204; DERS., Platonismus und Idealismus (s. Anm. 219), 188-201.

[225] Vgl. DERS., Identität und Differenz (s. Anm. 219), 105-175; DERS., Platonismus im Christentum (s. Anm. 17), 44-99.130-171; DERS., Denken des Einen (s. Anm. 219) 368-384.

[226] Vgl. DERS., Platonismus im Christentum (s. Anm. 17), 20-24.44-84.130-171. Vgl. zu Dionysius Areopagita nun auch: ADOLF MARTIN RITTER, Dionys vom Areopag. Beiträge zu Werk und Wirkung eines philosophierenden Christen in der Spätantike, Tübingen 2018. Vgl. zur bildtheologischen

sophie des Bildes und Fichtes Spätphilosophie mit ihrer Erscheinungslehre nahelegen, plädiert Beierwaltes für ein negationstheoretisches Denken der All-Einheit, das auf das in seiner Entfaltung unaufhebbare und gleichermaßen bildhaft erscheinende Eine verweist.[227] Anders als bei Henrich werden also bei Beierwaltes die Freiheit bzw. Kontrafaktizität nicht originär und exklusiv der endlichen Subjektivität zugeordnet, die sich – darin vertiefend – schließlich in einer übergreifenden Einheit bzw. Ganzheit vorfindet. Vielmehr verweist bei Beierwaltes das sich selbst denkende Denken auf eine allumfassende Einheit bzw. Ganzheit, zu deren Dynamik es gehört, nochmals als das schlechthin Eine von sich selbst unterschieden zu sein. Insofern gehören hier die Freiheit bzw. Kontrafaktizität zu dem Vorrang des Einen.

Seinem »philosophischen Lehrer«[228] Beierwaltes nicht fern stehend wirft der Marburger Gräzist Arbogast Schmitt die – auch für eine die metaphysischen Traditionen aufnehmende Bildhermeneutik – wichtige Frage auf, wie sich Antike und Moderne zueinander verhalten. Während Beierwaltes dabei die Kontinuität von Platonismus und Idealismus eher unterstreicht, wenn die Geistphilosophie des Deutschen Idealismus aus platonischer Sicht in den Blick kommt,[229] betont Schmitt dagegen grundsätzlich eher die Diskontinuität zwi-

---

Ekklesiologie in der Patristik weiterhin grundlegend: HUGO RAHNER, Symbole der Kirche. Die Ekklesiologie der Väter, Salzburg 1964.

[227] Vgl. zur prägenden Bildsemantik (neu-)platonischen Denkens: BEIERWALTES, Denken des Einen (s. Anm. 219), 73–154.436–455.

[228] ARBOGAST SCHMITT, Die Moderne und Platon. Zwei Grundformen europäischer Rationalität, Stuttgart/Weimar ²2008, vii. Die Studie ist auch Beierwaltes gewidmet.

[229] Vgl. z. B. BEIERWALTES, Platonismus und Idealismus (s. Anm. 219), XXV f.

schen antiker »Unterscheidungsphilosophie« und moderner »Vorstellungsphilosophie«.[230] Für Schmitt stehen diese beiden Philosophien für zwei verschiedene Grundformen der europäischen Vernunft.[231]

Unter Unterscheidungsphilosophie begreift Schmitt die gemeinsame Position von Platon und Aristoteles, wonach Erkennen das unterscheidende und objektbezogene Erfassen von gewissermaßen phänomenologisch mit den Dingen selbst gegebenen Unterschieden bzw. Formen ist. Dass etwas nur zu erkennen ist, insofern es selbst eine unterscheidbare Bestimmtheit aufweist, ist nicht nur eine vernünftige Erklärung des sinnlich wahrgenommenen (Einzel-)Dings, sondern spricht sich auch explizit im Widerspruchsaxiom aus. Dagegen ist Vorstellungsphilosophie nach Schmitt die moderne, im spätantiken Hellenismus antizipierte und in der Renaissance dominant hervortretende Bewusstseinsphilosophie,

---

[230] Vgl. dazu und zum Gesamtentwurf insbesondere: SCHMITT, Die Moderne und Platon (s. Anm. 228), bes. 7–79.524–552; DERS., Wie aufgeklärt ist die Vernunft der Aufklärung? Eine Kritik aus aristotelischer Sicht, Heidelberg 2016, bes. 1–51.371–435; DERS., Gibt es ein Wissen von Gott? Plädoyer für einen rationalen Gottesbegriff, Heidelberg 2019, bes. 167–180. Vgl. DERS., Art. Ursprung der Ontologie: Parmenides, in: JAN URBICH/JÖRG ZIMMER (Hg.), Handbuch Ontologie, Stuttgart 2020, 3–11; ARBOGAST SCHMITT, Art. Klassische griechische Philosophie (I): Platon, in: JAN URBICH/JÖRG ZIMMER (Hg.), Handbuch Ontologie, Stuttgart 2020, 12–26; ARBOGAST SCHMITT, Art. Klassische griechische Philosophie (II): Aristoteles, in: JAN URBICH/JÖRG ZIMMER (Hg.), Handbuch Ontologie, Stuttgart 2020, 27–43. Vgl. zu Schmitts Entwurf in der folgenden Darstellung auch: RÜDIGER BUBNER, Rezension von Arbogast Schmitts »Die Moderne und Platon«, Gnomon 76 (2004), 19–23; JENS HALFWASSEN, Rezension von Arbogast Schmitts »Die Moderne und Platon«, Philosophische Rundschau 52 (2001), 72–78.

[231] Vgl. dazu und zum Folgenden: SCHMITT, Die Moderne und Platon (s. Anm. 228), bes. 7–79.524–552.

welche die Wirklichkeit der Dinge als sinnliche Erfahrungsgegenstände beschreibt, die dem Erkennen gegenüberstehen. Wirklich ist für diese Vorstellungsphilosophie das sinnlich wahrgenommene (Einzel-)Ding, wie es geistesgeschichtlich auch der Nominalismus (als mittelalterlicher Bruch mit der Unterscheidungsphilosophie) herausstellt und wie es sachlich in der vorstellenden Vergegenwärtigung im Bewusstsein realisiert wird. Damit geht eine Konzentration auf das Erkenntnissubjekt, seine Reflexivität und Inhalte einher, während dieselben in der Unterscheidungsphilosophie klar zurücktreten.[232] Schmitt wertet gegen den – spätestens seit Hans Blumenbergs Neuzeitdeutung gegen Heidegger etablierten[233] – »Mainstream« die antike Unterscheidungsphilosophie als das gegenüber der modernen Vorstellungsphilosophie bessere Rationalitätskonzept. Denn die Unterscheidungsphilosophie vermeidet den in der Abtrennung der Außenwelt vom Denken angelegten prinzipiellen Dualismus der Vorstellungsphilosophie, bewährt sich in konkreten Analysen auch von Politik und Ökonomie und wird gerade der Wahrnehmung und Sinnlichkeit besser gerecht.[234] Auch die kulturelle Vermittlungsfähigkeit des platonisch-aristotelischen Denkens spricht nach Schmitt für die Unterscheidungsphilosophie.[235] Daraus folgt eine kritische Relativierung von Selbstzuschreibungen der europäischen Aufklärung[236] und das Plädoyer für einen aus platonisch-aristoteli-

---

[232] Vgl. ebd.
[233] Vgl. BUBNER, Rezension (s. Anm. 230), 19.
[234] Vgl. SCHMITT, Die Moderne und Platon (s. Anm. 228), 524-552.
[235] Vgl. a. a. O., 7-79.524-552.
[236] Vgl. SCHMITT, Wie aufgeklärt ist die Vernunft der Aufklärung? (s. Anm. 230), bes. 1-51.371-435.

scher Sicht allgemein vernünftigen Gottesbegriff. Letzterer zielt negativ-theologisch auf eine reine Einheit vor dem Etwas-Seienden ab und kann zugleich - aufgrund seines Erscheinens in der menschlichen Personalität - nicht unpersönlich sein.[237]

Angesichts dieses Programms von Schmitt, das als Korrektur von Blumenbergs Lesart der Neuzeit diskutiert wird,[238] stellt sich vor dem Hintergrund des bisher Dargelegten die

---

[237] Vgl. SCHMITT, Gibt es ein Wissen von Gott? (s. Anm. 230), 81-127, bes. 110-115.135.172. Interessant ist in diesem Zusammenhang auch die Homer-Deutung von Schmitt. Danach setzen die homerischen Götter die Selbständigkeit von Menschen voraus und beeinflussen Menschen innerlich. Diese Beeinflussung richtet sich nach der Individualität und Aktivität des jeweiligen Menschen; und diese Beeinflussung wird nur dann als göttlich identifiziert, wenn sie ihrerseits etwas hat, was von sich selbst her einleuchtet. Göttlich erscheint dann eine ideelle Überzeugung, die in sich selbst schlüssig ist und auf Menschen wirken kann. Daher sind für Schmitt - gegen die Deutung von Bruno Snell - die homerischen Götter auch nicht mit dem Aufkommen der klassischen griechischen Metaphysik gestorben. Vielmehr entspricht diese Vorstellung des Göttlichen bei Homer der platonischen Ansicht, dass die Ideen selbst lebendig, beseelt und vernünftig sind. Deswegen leuchtet Schmitt das Lob des Aristoteles ein, in den Werken Homers komme gleichsam das Göttliche zur Sprache (vgl. ARBOGAST SCHMITT, Homer und wir, Marburg 2012, bes. 12-29; vgl. zu einer Interpretation der griechischen Dichtung, wonach der Übergang des Menschen zur Gottheit sowohl interner Überstieg als auch äußeres Wirken ist: MICHAEL THEUNISSEN, Protophilosophische Theologie, in: CARMEN KRIEG/THOMAS KURCHARZ/MIROSLAV VOLF [Hg.], Die Theologie auf dem Weg in das dritte Jahrtausend, Gütersloh 1996, 346-362, bes. 346-350; DERS., Pindar. Menschenlos und Wende der Zeit, München 2000, bes. 217-306).

[238] Vgl. BUBNER, Rezension (s. Anm. 230), 19-23. Vgl. zur ausdrücklichen Anerkennung und Würdigung des programmatischen Ansatzes von Schmitt und seiner akribischen Durchführung: HALFWASSEN, Rezension (s. Anm. 230), 72-78; STEPHAN HERZBERG, Rezension von Arbogast Schmitts »Wie aufgeklärt ist die Vernunft der Aufklärung?«, Philosophische Rundschau 65 (2018),

Frage: Sind Antike und Moderne notwendigerweise in diesen scharfen Kontrast zu bringen? Oder könnte man nicht mit einer Hermeneutik und Metaphysik des Bildes den scharfen Kontrast von Unterscheidungsphilosophie und Vorstellungsphilosophie unterlaufen?[239] Eher doxographisch ge-

---

251–254; BRIGITTE KAPPL/SVEN MEIER (Hg.), Gnothi sauton. Festschrift für Arbogast Schmitt zum 75. Geburtstag, Heidelberg 2018.

[239] Dass der Negationsoperator bei dem Bildvermögen, das zwischen vordiskursivem Erleben und diskursiven Denken vermittelt, im Spiel ist, dürfte für ein Gespräch mit Arbogast Schmitt ein wichtiger Punkt sein (vgl. zum antiken Problembewusstsein auch: CHRISTOPH POETSCH, Negative ikonische Dialektik. Der Bildbegriff des Johannes von Damaskos und die Negationstheorie des Proklos, in: LARS NOWAK [Hg.], Bild und Negativität, Würzburg 2019, 209–228, bes. 213). M. E. erwacht daher das mit dem Negationsoperator verbundene *krinein* im Bildvermögen und zeigt sich dann – gleichsam nach einem durch die Sprache vermittelten Sprung – im Denken, das letztlich niemals von der Wahrnehmung abgekoppelt werden kann. Denn praktisch treten Gefühl, Einbildungskraft, Sprache und Vernunft im Wechselspiel auf, so sehr sie in ihrer theoretischen Thematisierung hypothetisch getrennt werden können. Daran kann sich ein anderer und wichtiger Punkt für ein Gespräch mit Arbogast Schmitt anschließen: M. E. leuchtet es – aufgrund des soeben Dargelegten – ein, dass das Bewusstsein nicht der es ermöglichenden Akte in der Wahrnehmung, Einbildungskraft und Sprache abstrakt entgegengesetzt werden darf. Doch: Inwieweit kann das allgemeine Denken von der Instanz eines konkreten Bewusstseins abgetrennt werden (wobei m. e. nichts Entscheidendes am Begriff »Bewusstsein« selbst hängt)? Kommt man an den Strukturen des Bewusstseins vorbei zum Denken? Und ein Letztes: Aus Schmitts Sicht kann sicherlich dasjenige, was in Christus zum Bild des Unbedingten wird, nicht aus einem zuständlichen Bewusstsein gewonnen werden. Das ist m. E. einerseits nachvollziehbar und andererseits problematisch. Denn selbstverständlich ist die historische Jesus-Gestalt zwar keineswegs einfach das als Gott verehrte Innere des Menschen, andererseits aber sieht der christliche Glaube in der Jesus-Gestalt zumindest eine *restitutio in integrum* vollbracht. Und dieser unversehrte Zustand paradiesischer Nicht-Entfremdung, in

fragt: Gibt es nicht grundsätzlich einen roten Faden der Bildtheorie von Platon bis zur Spätphilosophie Fichtes, wenn letztere das Repräsentationsmodell des Bewusstseins verabschiedet und diese Option an ein unzugängliches Unbedingtes bindet? Lässt der Bildbegriff – ähnlich wie bei Beierwaltes, der von Bild und Gegenbild im Blick auf den Neuplatonismus und die Spätmoderne spricht[240] – nicht eine mehr die Kontinuität betonende Deutung des Verhältnisses von Antike und Moderne zu, als Schmitt sie vornehmen zu müssen meint?

---

dem Freiheit und Ganzheit selbstverständlich zusammen und dem Menschen vertraut sind, zeigt sich m. E. in der Einbildungskraft bzw. im inneren Bildvermögen: Die Phantasie ist das Reich, in dem das Ursprüngliche des Kindlichen aufleuchtet, weswegen auch die Metaphorik vom »Kind Gottes« ihre Berechtigung hat. Dagegen verstärken das Sprachvermögen und das Vernunftvermögen die im Bildvermögen angelegten Differenzen so, dass es zu greifbaren Dualismen (von Subjekt und Objekt, Ich und Welt, Natur und Geschichte, Gott und Mensch etc.) kommt, deren Entgegensetzungen im Symbol der »Sünde« bedacht werden. Erlösung ist dann gleichsam die zweite Naivität, in der die Einbildungskraft wieder zu ihrem Recht kommt. (Nur in Klammern: Insofern der Sport nach dem spanischen Gegenwartsschriftsteller Javier Marías die Einkehr in die Kindheit ist und für ein vordiskursives Bewusstsein des Menschen steht [vgl. CHRISTIAN EICHLER, Das Genie des Muskels, in: Frankfurter Allgemeine Zeitung vom 11.07.2020, 32], sind Sport und Religion m. E. so etwas wie Geschwister; von da aus wird dann etwa die religionsaffine Stimmung im Stadion, die Elevation von Siegespokalen, das gleichsam eucharistische Beißen in Medaillen, das Spielerische des Sports etc. erschließbar; im Übrigen dürfte die Zusammenschau von Sport und Geist dem griechischen Denken auch nahe stehen).

[240] Vgl. BEIERWALTES, Denken des Einen (s. Anm. 219), 436–455.

3. Aktuelle Systematisierung: Metaphysik als Philosophie des Bildes

Angesichts der metaphysischen Tradition, die mit Aristoteles und Hans Jonas in der sinnlichen Wahrnehmung des Sehens ihren Ausgangspunkt nimmt, sich bei Platon und Johann Gottlieb Fichte als Bildlehre des Unbedingten darstellt und bei Dieter Henrich sowie Werner Beierwaltes zeitgenössisch die absolutheitstheoretischen Motive der Ganzheit bzw. Einheit und Freiheit bzw. Kontrafaktizität im Absoluten thematisiert, fügt sich die am Anfang dieses IV. Teils vorgestellte systematische Grundeinsicht gut ein. Dies lässt sich folgendermaßen skizzieren.

Die für das Bildvermögen typischen Merkmale der relativen Ganzheit und relativen Freiheit treten nicht erst auf der Ebene der Einbildungskraft, also des inneren Bildvermögens, auf. Vielmehr verweisen sie über die äußere Bildwahrnehmung auf eine gewisse Verankerung in der Sinneswahrnehmung. Im basalen Anschluss an Aristoteles und Hans Jonas kann man hier m. E. das Sehen hervorheben, in dem in einer gewissen Vorform schon eine relative Ganzheit und relative Freiheit anzutreffen sind.[241] Dies geschieht, wenn man die Augen öffnet und mit relativ augenblicklicher Plötzlichkeit (*exaiphnes*) realisiert, dass der Seh-Horizont nicht endet. Wenn anschließend das »Kind in uns«,[242] um eine Wendung

---

[241] Wie Fellmann im Anschluss an Rothacker dargelegt hat, ist das Bildvermögen im Sinn von Wahrnehmungen realisierender Einbildungskraft, d. h. als inneres Bildvermögen, nicht auf die Optik zu reduzieren. Hier bietet sich letztere m. E. allerdings prägnant an, ohne ähnliche Erfahrungen etwa mit dem Tastsinn auszuschließen.

[242] Vgl. zur Sache: TIMO HOYER, Nietzsche und die Pädagogik. Werk, Biografie und Rezeption, Würzburg 2002, 531.

Friedrich Nietzsches aufzugreifen, sich überlegt, was in diskursiver Frageform »Und was kommt nach dem Horizont?« lautet, dann hat man den faktischen Horizont des Himmels kontrafaktisch bzw. somit frei überschritten.[243] Was an dieser Stelle zu der Struktur des Bildvermögens noch fehlt, ist die konstruktive Kraft der Negation.

Letztere manifestiert sich erst in der Fähigkeit, mit äußeren und inneren Bildern kompetent umzugehen, also Bilder als Bilder unter Ausschluss ihrer Verwechslung mit dem Dargestellten zu verstehen, wie grundsätzlich auch Hans Jonas herausstellt. In äußeren Bildern, in denen sich das Sehen selbst ansieht, wird aus der relativ schlüssigen Ganzheit des (Seh-)Horizontes die Begrenzung, also der kulturgeschichtlich hochvariable und relative Rahmen des Bildes, der auch im bloßen Vorhandensein des irgendwo und irgendwie endenden Bildes bestehen kann. Und aus der relativ übersteigenden Kontrafaktizität der hinterfragten Himmelsrealität wird im Bild die relative Kontrafaktizität, wenn das Bild zeigt, was es selbst präzise nicht ist; so ist die konstruktive Kraft der Negation am Werk, etwas in seiner sichtbaren Abwesenheit und damit in der Trennung seines Soseins von seinem Dasein festzuhalten: Bildlich können Wahrnehmungsgehalte auch in Abwesenheit ihrer äußerer Wahrnehmungsgegenstände gegenwärtig sein.

---

[243] Insofern leuchtet es ein, dass für eine religiöse Einbildungskraft der Himmel im Sinn eines nahezu unbegrenzten Horizontes zum Bild göttlicher Transzendenz wird. Der natürliche Himmel (*sky*) – mit seiner Ganzheit und ihrer kontrafaktischen Selbstüberschreitung – ist für den Aufbau der anschaulichen Vorstellung des religiösen Himmels (*heaven*) grundlegend. Dies zeigt sich auch in der Relativierung irdischer Schwerkraft angesichts des natürlichen Himmels, der damit die »bleierne« Alltäglichkeit unterbrechen und zu einer Aufrichtung bzw. Erhebung des Menschen führen

Äußere Bilder müssen – gerade wegen ihrer äußeren Bildlichkeit – innerlich realisiert werden, wenn sie für den Sehenden bildlich dreidimensional sichtbar und nicht nur (nahezu) zweidimensionale Anordnungen von strukturierten Konturen und Relationen sein sollen.[244] Insofern kann es keine äußeren ohne innere Bilder geben. Umgekehrt erscheint inneren Bildern – aufgrund des Hangs der Plastizität bzw. der Anschaulichkeit zur vergewissernden Wahrnehmung – wenigstens faktisch, wenn nicht sogar prinzipiell der Drang zur äußeren Realisierung eingeschrieben zu sein. Wird nun aus dem äußeren ein inneres Bild, dann wird aus der Ganzheit des äußerlichen Rahmes aufgrund der syntaktischen Dichte der relationalen Binnenstruktur des Bildes auch auf dem neuronalen Bildträger eine innerliche Einheit erkennbar. Und aus der äußeren Kontrafaktizität wird eine innere Kontrafaktizität, die es erlaubt, nicht nur gleichsam eingefroren Abwesendes anwesend zu machen, sondern freier über dieses Abwesende zu verfügen und über es hinauszugehen. Mehr noch als äußere sind innere Bilder formgebend und strukturbildend und insofern gerade – wie schon äußere Bilder, welche basal die vorfindliche Realität überschreiten – keine bloße Nachahmung des Sichtbaren, sondern eine Erscheinung von Produktivität bzw. Kreativität.[245]

---

kann (vgl. ISOLDE KARLE, Wie sich der Glaube Geltung verschafft. Ein Blick auf Bespiele aus der religiösen Praxis, in: CHRISTOF LANDMESSER/DORIS HILLER [Hg.], Wahrheit – Glaube – Geltung. Theologische und philosophische Konkretionen, Leipzig 2019, 115–130, bes. 118 f.).

[244] Teilt man mit Platon und Ferdinand Fellmann die Ansicht, dass das Bildvermögen basal an das dreidimensionale Körperbild zurückgebunden ist, so ist auch die über den Bildträger rudimentär erhaltene Dreidimensionalität unserer gewohnten Bilder wenig überraschend.

[245] Dies war auch der Kern des Bildbegriffs bei Platon und in dem von Werner Beierwaltes profilierten Neuplatonismus.

Dass damit negationstheoretisch das Reiz-Reaktionsschema durchbrochen wird, kann als Kern menschheitsspezifischer Freiheit gelten,[246] so dass mit der inneren Bildlichkeit, d. h. der Einbildungskraft, in ihrer Aufspannung zwischen ihren reproduktiven und produktiven Potentialen basal die menschliche Freiheit gegeben ist.

Letztere wird bei dem Übergang von der anschaulichen Negation des Bildvermögens zur diskursiven Negation des Sprachvermögens im Urteilssatz[247] nochmals gesteigert: Die Sprache ist in ihrem Ausgriff so flexibel, dass sie nicht nur von Wahrnehmungsgehalten absehen kann (wie das äußere Bildvermögen) oder diese Wahrnehmungsgehalte fantasievoll überschreiten kann (wie das innere Bildvermögen bzw. die Einbildungskraft). Vielmehr vermag die Sprache die Einbildungskraft bzw. das innere Bildvermögen noch mächtiger einzusetzen, wenn sie symbolische Gegenwelten kreiert, in denen die (auch in ihrer Realitätsüberschreitung immer noch realitätsrelative) Kontrafaktizität anschaulicher, konkreter Bildlichkeit in die (noch weiter ausgreifende und tendenziell fiktionale) Konvention zeichenhafter, arbiträrer Sprachlichkeit übergeht. Dies hängt – wie schon dargelegt – mit dem Unterschied zwischen anschaulicher Bildlichkeit und zeichenhafter Sprachlichkeit zusammen. Auch wenn letztere aus ersterer in gewisser Weise hervorgegangen ist und in der Sprachlichkeit eine sublimierte Bildlichkeit (in der Lautsprache in der vorausgesetzten Zeigedimension und in der Schriftsprache in deren sichtbarem Schriftbild[248]) elementar erhalten bleibt, so zeichnet sich das Sprachvermögen im Ge-

---

[246] Vgl. dazu: II. Teil »Hermeneutik als Bildlehre des Verstehens«.
[247] Vgl. ebd.
[248] Vgl. ebd.

gensatz zum Bildvermögen nicht durch syntaktische und semantische Dichte aus und hat dadurch eine größere Flexibilität: Anders als die Momente des Bildes, deren Feinheiten intern so unaufhörlich relational ineinander übergehen, dass sie nicht klar getrennt werden können und jedes Bild zu einem Original machen, ist die Laut- und Schriftsprache wesentlich durch wohlunterschiedene, typisiert wiederholbare Zeichen (heute in der Regel: des Alphabets) gekennzeichnet, die man zwar auch sinnlich hören und sehen muss, deren konkrete Sinnlichkeit für den Sinn des damit Ausgesagten in der Regel allerdings relativ unwesentlich ist. Solange man z. B. das Wort »Haus« hören oder lesen kann, ist dessen konkrete Sinnlichkeit, die man als Lautbildung hört oder als Schriftzeichen betrachtet, für den Inhalt »Haus« nicht ausschlaggebend. Das in das Sprachvermögen sublimierte Bildvermögen zeigt sich vielmehr hintergründig und verdeckt im Urteil sowie offen und plastisch in der Metapher.[249] Die bildliche (Wirklichkeits-)Relevanz und stimmige (Sprach-)Evidenz finden sich – wenn auch in unterschiedlicher Weise – sowohl im Urteil als auch in der Metapher. Insofern muss man Urteil und Metapher nicht prinzipiell trennen. Entsprechend muss man m. E. auch nicht die auf stimmige Sachlichkeit abzielende Eigenart des Urteils und die auf persönliche Anrede abzielende Eigenart der Metapher gegeneinander ausspielen, sondern kann sie als Polarisierungen bzw. Akzentuierungen innerhalb der vorausgesetzten Gemeinschaft des Sprachlichen auffassen: Auch die Metapher sagt etwas aus, wie das Urteil kommunikative Kontexte hat. Ebenso wird man sowohl Urteil als auch Metapher eine Einheit bzw. Ganzheit und Freiheit

---

[249] Vgl. ebd.

bzw. Kontrafaktizität unterstellen müssen, wenn diese Merkmale sich mit der Sublimierung des Bildvermögens ins Sprachvermögen gleichsam fortpflanzen. Gerade in dem unterschiedlichen Arrangement von Ganzheit bzw. Einheit und Freiheit bzw. Kontrafaktizität könnte man m. E. versuchen, die Differenz von Urteil und Metapher festzumachen: Während bei dem Urteil die Ganzheit bzw. Einheit sich in der logischen Stimmigkeit des Denkvollzugs findet, der als solcher in seiner strukturbildenden und formgebenden Art die vorfindliche Realität sprachlich überschreitet und insofern kontrafaktisch bzw. frei ist, so dass beim Urteil sich die Freiheit bzw. Kontrafaktizität in der Ganzheit bzw. Einheit des Urteils zeigt, ist es bei der Metapher umgekehrt. Denn ist eine Metapher durch eine wahrnehmungsnahe Anschaulichkeit ausgezeichnet, in der eine semantisch kalkulierte Spannung und produktive Unschärfe plötzlich kreative und imaginative Potentiale freisetzen, indem sie etwas zusammenbringen, was scheinbar nicht zusammengehört, so stellt sich hier eine Ganzheit bzw. Einheit in der Kontrafaktizität bzw. Freiheit ein: Die Metapher lässt in ihrer sprachlichen Verfremdung kontrafaktisch und insofern frei etwas in seiner Einheit bzw. Ganzheit sehen; sie enthüllt so gewissermaßen die Ansicht von etwas, indem sie sprachlich paradox etwas aufzeigt. Anders als beim Urteil, in dessen logischer Stimmigkeit des Denkvollzugs sich seine die bloße Realität überschreitende Kontrafaktizität bzw. Freiheit findet, besteht die sprachliche Stimmigkeit der Metapher in einem zwar logisch spannungsreichen, aber anschaulich sprechenden Vollzug, der etwas sehen lässt. M. a. W.: Wie auf der Ebene des Bildvermögens finden sich auch in der sprachlichen Struktur des Urteils und der Metapher die Ganzheit bzw. Einheit und die Freiheit bzw. Kontrafaktizität, so dass in der Sprachlichkeit an sich, wie schon zuvor in der Bildlichkeit an sich, das Unbedingte indirekt durchscheint, auch wenn es in der Sprachlichkeit nicht mehr als In*bild*, sondern als Inbegriff von Ganzheit und Freiheit zutage tritt. Insofern leuchtet die Einschätzung ein, dass der Mensch die Frage nach dem Unbedingten nicht los wird, solange er eine sprachliche Grammatik benutzt.[250]

Dies gilt offenbar noch mehr von dem Vernunftvermögen, in welchem sich das Sprachvermögen selbst reflexiv wird: Ganzheit bzw. Einheit und Freiheit bzw. Kontrafaktizität sind dem Vernunftvermögen so eingeschrieben, dass sich die Frage nach einem Unbedingten strukturell immer wieder meldet, ohne dass sich deswegen in der Vernunft darauf eine definitive Antwort geben ließe. Doch an der Frage kommt das Vernunftvermögen augenscheinlich nicht vorbei. Es ist näm-

---

[250] So befürchtet Friedrich Nietzsche, dass der Mensch solange nicht von Gott loskommt, als der Mensch der subjektorientierten Grammatik verhaftet ist (vgl. DIETER HENKE, Gott und Grammatik. Nietzsches Kritik der Religion, Pfullingen 1981; JOSEF SIMON, Grammatik und Wahrheit. Über das Verhältnis Nietzsches zur spekulativen Satzgrammatik der metaphysischen Tradition, Nietzsche-Studien 1 [1972], 1–26). Robert Spaemann hält dem entgegen, dass gerade die Grammatik einen »letzten Gottesbeweis« anbietet. Denn die Aussage, dass etwas in der Gegenwart ist, schließt ein, dass es in Zukunft gewesen sein wird (*Futurum exactum*). Letzteres wiederum ist, so Spaemann, ohne einen ewigen Träger der Erinnerung, d. h. ein absolutes, göttliches Bewusstsein, nicht denkbar. Deswegen führt die Grammatik unausweichlich zum Postulat eines wirklichen Gottes (vgl. ROBERT SPAEMANN, Der letzte Gottesbeweis, München 2007, bes. 9–32). Ähnlich hatte schon zuvor Hans Jonas argumentiert: Man muss zwischen wahren und falschen Aussagen über die Vergangenheit unterscheiden können. Dies schließt eine Gegenwart der Vergangenheit ein, die ein ewiges Gedächtnis sein muss. Es muss mit einem Subjekt verbunden sein, das als Gott anzusprechen ist (vgl. JONAS, Untersuchungen [s. Anm. 184], 173–189).

lich mit der Überführung der diskursiven in die reflexive Negation, mit welcher der Übergang vom Sprachvermögen zum Vernunftvermögen erfolgt, eine entgrenzende Tendenz mit dem Hang zur Realisierung des Unbedingten verbunden: Im Modus der reflexiven Kraft konstruktiver (Selbst-)Negation, die sich selbst überschreitet und alle Sinnlichkeit abgelegt zu haben meint, scheint dem Vernunftvermögen überhaupt nichts mehr verschlossen zu sein. Das Reich der Ideen bzw. Ideale öffnet sich. So zeigen in der Vernunft das sublimierte Bildvermögen bzw. die Einbildungskraft ihre Kraft darin, Ideen bzw. Ideale zu bilden. Sie gipfeln ihrerseits in einer – ob nun als Ausdruck eigener Stringenz wahrgenommenen oder als Ausdruck ungewollter Selbsttäuschung dargestellten – Dynamik der (Selbst-)Reflexion, deren unbedingter Grenzbegriff eine Idee der Ideen bzw. ein Ideal der Ideale ist. Entsprechend soll dieser Grenzbegriff alles umfassen und gerade darin nochmals – und sei es nur oder erst recht idealiter – davon unterschieden sein. Auf diese Weise wird das Unbedingte nunmehr nicht mehr als unsichtbares Inbild (wie im anschaulichen Bildvermögen) oder als sprachlicher Inbegriff (wie im diskursiven Sprachvermögen), sondern als reflexiver Inbegriff von Ganzheit bzw. Einheit und Freiheit bzw. Kontrafaktizität vorstellig. Damit kann eine gegenüber dem Sprachvermögen nochmals gesteigerte Dynamik der (kontrafaktisch verankerten) Flexibilität bzw. Freiheit einhergehen, die schließlich in die Ansicht umschlägt, die Wirklichkeit gewissermaßen in ihr Gegenteil zu verwandeln. Danach ist es nicht, wie es die bisherige Ordnung nach der Erkenntnis (*ratio cognoscendi*) nahelegt, das im Bildvermögen zutage tretende menschliche Leben, das über das diskursive Sprachvermögen und das reflexive Vernunftvermögen zu einer Idealbildung des Unbedingten kommt, so dass letzteres grundsätzlich nicht von der Kreativität des Menschen zu trennen ist. Vielmehr gilt dann nach dem Umschlag in sein Gegenteil, wie es die angenommene Ordnung der Sache (*ratio essendi*) nahelegt: Allein das Unbedingte ist wirklich, so dass alles andere in es einbegriffen ist und als dessen Erscheinung bzw. Bild verständlich ist.

Dieser Umschlag von dem endlichen Vermögen in die Binnenperspektive des Unbedingten lässt sich allerdings nicht stabilisieren, wie man im grundsätzlichen Anschluss an Dieter Henrich sagen kann, da das Vernunftvermögen in seinem eigenen Vollzug immer auch mit seiner eigenen Faktizität konfrontiert wird: Für das Vernunftvermögen ist der eigene Vollzug eine Grenze, die zwar reflexiv überschritten werden kann, an die es aber auch gebunden bleibt. Mit dieser Ambivalenz muss das Vernunftvermögen aufgrund seiner konstruktiven Negativität im Rahmen einer unumgänglichen Dialektik des Scheins bzw. der Erscheinung umgehen, ohne diese Ambivalenz einseitig auflösen zu können. Genau dafür bietet sich – im grundsätzlichen Anschluss an Platon, Johann Gottlieb Fichte und Werner Beierwaltes – eine Deutung an, welche den Bildbegriff mit seiner Eigenart, aufgrund konstruktiver Negativität das Sein im Erscheinen zu verorten, in den Mittelpunkt rückt. Dass schon Platon in dem Zusammenhang im Rahmen einer grundsätzlich einheitlichen Sicht der Wirklichkeit deren Binnendifferenz eine »Projektion« in Rechnung stellt, ist m. E. wichtig. Vermögenstheoretisch wird es so retrospektiv möglich, diese Ambivalenz auch im Sprachvermögen und im Bildvermögen zu finden und sie als Ausdruck des genuin »dichten« Charakters des Bildvermögens zu deuten: Die Welterschließung des zuständlichen Bewusstseins ist über sein primäres Bildvermögen eine Lichtung, die aus einem diesem Bewusstsein undurchsichtigen

Dunkel kommt; damit kann man wiederum Einsichten von Dieter Henrich und Werner Beierwaltes aufnehmen.

4. Zwischenfazit

Wenn sich das (innere) Bildvermögen, d. h. also die Einbildungskraft, aufgrund seiner konstruktiven Negativität mit seinen Momenten der relativen Ganzheit und relativen Freiheit weiter entgrenzt, wie es in seiner Fähigkeit angelegt ist, das sinnlich Gegebene zu überschreiten, dann kommt eine unbedingte Dimension zum Vorschein, die sich auch sprachlich zeigt und reflexiv selbst vorstellig wird, nämlich als das Unbedingte, das zunächst als Inbild bzw. dann als Inbegriff von Ganzheit und Freiheit erscheint. Dieses Unbedingte wird in der Reflexion der Einbildungskraft so auf dieselbe zurückbezogen, dass es zur Annahme einer Umkehrung kommt. In dem Fall erwägt die Einbildungskraft, nicht bloß selbst (aktiv) in sich eine unbedingte Dimension gefunden und (als an sich unsichtbares Urbild) vorstellig gemacht zu haben, sondern (auch passiv) in Wahrheit selbst das Bild bzw. die Erscheinung des Unbedingten zu sein. Diese Überlegungen in der Perspektive philosophischer Bildhermeneutik verweisen auf die metaphysische Tradition. Sie kennt bei Aristoteles und Hans Jonas die Fundierung in der Wahrnehmung, insbesondere des Sehens, und buchstabiert sich bei Platon sowie Johann Gottlieb Fichte ausdrücklich als Bildlehre des Unbedingten aus. Nach den zeitgenössischen Metaphysikern Dieter Henrich und Werner Beierwaltes lässt sich das Unbedingte offenbar mit Dimensionen der Einheit bzw. Ganzheit und der Freiheit bzw. Kontrafaktizität beschreiben. Insofern gilt nicht nur sachlich, sondern auch doxographisch: Dem symbolischen Pragmatismus als einer Hermeneutik nach

Wilhelm Dilthey wohnt negationstheoretisch eine Dynamik inne, die zu einer nie an sich erreichbaren bzw. sichtbaren Dimension des Unbedingten führt, welche wiederum traditionell in der Metaphysik reflektiert wird. Dass mit dem Unbedingten sachlich eine theologische Dimension berührt ist, kann das Augenmerk auf das Verständnis des (evangelischen) Glaubens lenken.

V Glaube als Bildsprache des Unbedingten

1. Die christliche Grundbotschaft von Jesus als dem Bild Gottes

Die bisherigen Grundeinsichten zum Unbedingten besagen: Das Unbedingte kann ursprünglich und angemessen nicht als ein gegenständliches An-sich-Sein begriffen werden. Denn es gibt keinen archimedischen Punkt außerhalb unserer – wesentlich durch das innere Bildvermögen, d. h. die Einbildungskraft, geprägten – menschlichen (Geist-)Struktur, von dem aus das Unbedingte zugänglich ist. Hierbei befinden sich das basale Bildvermögen und die sich darüber diskursiv und reflexiv erhebenden Vermögen der Sprache und Vernunft in einem unaufhebbaren Wechselspiel, so dass das Unbedingte als Inbild bzw. Inbegriff von Ganzheit bzw. Einheit und Freiheit bzw. Kontrafaktizität sich nicht einseitig und eindeutig in einer lehrhaften Darlegung fixieren oder sogar beweisen lässt.[251] Vielmehr zeigt sich dieses Unbedingte,

---

[251] Mit dieser freiheitstheoretisch fokussierten und im Menschen erscheinenden Form des Unbedingten ist immer auch schon eine Dimension der Personalität impliziert (vgl. zur Diskussion über die Tragfähigkeit des perso-

das an sich unsichtbar und unzugänglich ist, nur indirekt in den Weisen anschaulicher, sprachbildlicher und reflexiver Bildlichkeit, wenn auf der jeweiligen vermögenstheoretischen Stufe eine Koinzidenz von Ganzheit bzw. Einheit und Freiheit bzw. Kontrafaktizität durchscheint. Als dieser ungegenständliche Fluchtpunkt liegt das Unbedingte dem menschlichen Verstehen zugrunde, wie das menschliche Verstehen auch bemerkt, wenn es sich selbst in seinem Vollzug faktisch voraussetzen muss. Doch das Unbedingte kann dabei negativ-theologisch nur in seiner Unbegreiflichkeit als Unbegreifliches begriffen werden, wie gerade seine Beschreibung als Inbild bzw. Inbegriff von Ganzheit bzw. Einheit und Freiheit bzw. Kontrafaktizität im Bildvermögen, Sprachvermögen und Vernunftvermögen anzeigt. In dieser Fluchtlinie erscheint auch der christliche Gott als »geheimnisvolle Unschärfe«,[252] wie sich ein Verständnis von Religion als endlichkeitssensibles »Ambivalenzmanagement«[253] nahelegt: Gott ist nicht direkt anzutreffen, sondern ist eine Dimension der Hintergründigkeit menschlichen Lebens und zeigt sich in diesem Leben als geheimnisvolle Unschärfe, zu deren relativer Handhabung der christliche Glaube anleitet.[254] Dabei insistiert dieser Glaube, insbesondere in seinem evangelischen Verständnis, zwar auf der Bindung an das Sprachvermögen,

---

nalen Gottesgedankens im [nicht-]theistischen »Setting« der Gegenwart: PHILIPP DAVID, Der Tod Gottes als Lebensgefühl der Moderne, Tübingen 2020 [im Erscheinen]; CHRISTIAN POLKE, Expressiver Theismus. Vom Sinn personaler Rede von Gott, Tübingen 2020).

252 Vgl. Anm. 9.
253 Vgl. Anm. 10.
254 Insofern symbolisiert Religion die Unbestimmbarkeit der Wirklichkeit und macht sie – als solche (!) – handhabbar (vgl. auch: KARLE, Praktische Theologie [s. Anm. 10], 61).

nimmt aber die soeben rekapitulierten Grundeinsichten des Unbedingten auf und verknüpft sie unhintergehbar mit der Jesusüberlieferung. Insofern kann man m. E. davon sprechen, dass der (evangelische) Glaube sich als Bildsprache des Unbedingten verstehen lässt. Diese Grundeinsicht wird im Folgenden näher erläutert,[255] sodann religionstheoretisch auf den Projektionsvorwurf bezogen[256] und (religions-)philosophisch in die Realismus-Debatte eingeordnet,[257] bevor ein kurzes Fazit mit möglichen Folgen gezogen wird.[258]

Zwar scheint es spätmodern unschicklich, von einem Wesen, einem Zentrum oder einer Grundeinsicht des christlichen Glaubens zu sprechen, insofern man damit offenbar die Grenzen der »dogmatical correctness« der pluralistischen Gegenwart verletzt. Doch dabei wird übersehen, dass gerade der Pluralismus identifizierbare Positionen impliziert und dass genau dafür wiederum auch Merkmale bzw. Konturen von Positionen notwendig sind.[259] Damit ist ebenfalls gesagt, dass ein Versuch zur Bestimmung der Identität des christli-

---

[255] Vgl. in diesem V. Teil die Abschnitte »1. Die christliche Grundbotschaft von dem Bild Gottes« und »2. Luthers bildhermeneutische Theologie und ihre aktuellen Potentiale«.

[256] Vgl. in diesem V. Teil den Abschnitt »3. Der religionskritische Projektionsverdacht und die theologische Glaubwürdigkeit«.

[257] Vgl. in diesem V. Teil den Abschnitt »4. Die aktuelle Realismus-Debatte und der Realismus des Glaubens«.

[258] Vgl. in diesem V. Teil den Abschnitt »5. Fazit und Folgen«.

[259] Vgl. EILERT HERMS, Systematische Theologie. Das Wesen des Christentums: In Wahrheit und aus Gnade leben, Bd. 1, Tübingen 2017, XX f. Ebenso wenig überzeugend ist der performative Selbstwiderspruch, wenn man meint, man könne christliche Theologie grundsätzlich als vermeintlich theoretisch unschuldige Partikularmeinung präsentieren, um dann – schlecht kaschiert oder selbst unverstanden – mit (in-)direkten Universalansprüchen zu operieren. Angesichts der sich darauf einstellenden Nach-

chen Glaubens ein Deutungsvorschlag ist und bleibt, der im gegenwärtigen »Setting« immer Alternativen hat und Variationen zulässt.²⁶⁰ Ein m. E. plausibler Deutungsvorschlag bezieht sich bibeltheologisch auf die mit dem alttestamentlichen Bilderverbot verbundene Dynamik des biblischen Monotheismus, die sich scheinbar paradox in der neutestamentlichen Auferstehungsbotschaft zeigt, wenn der tote Jesus von Nazareth zum Bild des lebendigen Gottes wird. Schlichter gesagt: In Jesus von Nazareth wird derjenige erkennbar, der nach dem christlichen Glauben wahrhaft Gott genannt zu werden verdient. Dabei ist Ostern bzw. die Auferstehung das für den christlichen Glauben identitätsstiftende Ereignis, mit dem aus Jesus als demjenigen, der in (Sprach-)Bildern über Gott redet (»Gleichnissen«) und sich entsprechend gleichhaft verhält, selbst das (Sprach-)Bild bzw. (anschauliche) Wort Gottes wird. Daher ist allein durch Jesus der christliche Gott zu erkennen. Dies lässt sich hermeneutisch und sachlich entfalten.²⁶¹

---

    frage nach der theoretischen Stimmigkeit wird gern eine rhetorische Strategie gewählt, wonach sachliche Missverständnisse oder zwanghafte Systematisierungen bei der nachfragenden Gegenseite vorliegen würden. In dem Fall stößt die Verständigung an ihre Grenzen: Einer sich offensiv als konsistent behauptende Inkonsistenz, die sich angesichts von Nachfragen schließlich auf die Konsistenz ihrer Inkonsistenz beruft und entsprechend in ihrer relativen Haltlosigkeit ihre berechtigte Behauptbarkeit erblickt, kommt man praktisch bzw. wissenschaftspolitisch nicht bei, so sehr sie sich selbst wissenschaftlich als haltlos überführt.

260 Diese »diagnostische Rationalität« (vgl. Anm. 11) deckt sich nicht mit einer Theologie, welche vorbehaltlos auf religiöse Gewissheitssemantik setzt (vgl. kritisch dazu: KLESSMANN, Ambivalenz und Glaube [s. Anm. 10], bes. 12–62. 253–289).

Die hermeneutische und die sachliche Hinsicht ergeben sich aus Unterscheidungen, die sich im Licht der gegenwärtigen Jesusforschung als Differenzen zwischen dem wirklichen, erinnerten und geglaubten Jesus darstellen.²⁶² Danach ist der wirkliche Jesus ein kritischer Grenzbegriff, der methodologisch die Ambivalenz jedes Grenzbegriffs teilt, immer schon auf das übergegriffen zu haben, was nicht zu ihm gehören soll. Über den wirklichen Jesus lässt sich kaum mehr sagen, als dass er gelebt hat und hinter den – ihn immer schon religiös deutenden – Quellen steht, die über ihn berichten. Dies ist auch kein Wunder. Denn der wirkliche Jesus als irdische Person der Geschichte ist direkt in keiner Weise mehr zugänglich. Von diesem wirklichen Jesus ist der erinnerte Jesus zu unterscheiden, der in der Forschung gewissermaßen die Nachfolge des historischen Jesus angetreten hat – mit der Bedeutungsverschiebung, dass der erinnerte Jesus deutlicher an die Relativität und Pluralität der Quellen gebunden wird. Der erinnerte Jesus ist eine gegenwartsbezogene Konstruktion der Forschung, die aus den Quellen kritisch und korrigierbar die historisch plausiblen Züge des Nazareners herausarbeitet. Dabei ist sich die Forschung ihrer Begrenzung bewusst, mit der historisch-kritischen Untersuchung nie abschließend und fraglos die endgültige Gestalt Jesu erreichen zu können.

---

²⁶¹ Das Folgende dieses (»1. Die christliche Grundbotschaft von dem Bild Gottes«) und des anschließenden Abschnitts (»2. Luthers bildhermeneutische Theologie und ihre aktuellen Potentiale«) ist einschließlich der Anmerkungen eine geringfügige Überarbeitung von Absätzen aus: KRÜGER, Warum heute evangelisch sein (s. Anm. 155), 91–93.108–112; DERS., Das andere Bild Christi (s. Anm. 1), 491–511.

²⁶² Vgl. auch zu der Terminologie und ihrem Sachgehalt, wie er im Folgenden entfaltet wird: CHRISTIAN DANZ, Grundprobleme der Christologie, Tübingen 2013, 39 f.50.205–208.

Der geglaubte Jesus ist schließlich die Vorstellung von Jesus, wie sie sich im Selbstverständnis des österlich geprägten Glaubenszeugnisses der Quellen findet. Dieses Glaubenszeugnis wurde – in einer im Einzelnen intrikaten und detailliert aufzuklärenden Verbindung von Kontinuität und Diskontinuität – dogmengeschichtlich in der Kirche entfaltet. Dieses Glaubenszeugnis prägt auch gegenwärtig noch den Glauben der Kirche. Das Verhältnis dieser drei Bezugsgrößen bedeutet nicht, dass es drei verschiedene Jesus-Personen nebeneinander gibt, sondern dass die Gestalt des Nazareners nur im komplexen Zugang von Differenzierungen erschlossen ist.

Hermeneutisch geht es um das Verhältnis von wirklichem und erinnertem Jesus. Hierbei ist mit dem Bezug auf eine geschichtliche Stiftergestalt, die unmittelbarer Bezugspunkt der religiösen Anschauung wird, die Einbildungskraft schon immer im Spiel, wie man im Anschluss an geschichtstheoretische Überlegungen sagen kann.[263] Denn anders ist das Leben einer vergangenen Person – und deren durch den

---

[263] Vgl. dazu und zum Folgenden: ULRICH BARTH, Hermeneutik der Evangelien als Prolegomena zur Christologie, in: CHRISTIAN DANZ/MICHAEL MURRMANN-KAHL (Hg.), Zwischen historischem Jesus und dogmatischem Christus. Zum Stand der Christologie im 21. Jahrhundert, Tübingen ²2011, 275–305, bes. 280–301; DANIEL FULDA, »Bilder und Geschichten«. Einbildungskraft und Evidenz als Elemente eines »lebendigen« Historismus, in: ERNST OSTERKAMP/THORSTEN VALK (Hg.), Imagination und Evidenz. Transformationen der Antike im ästhetischen Historismus, Berlin/Boston 2011, 21–39, bes. 34–39. Vgl. zu einer negationstheoretisch sensiblen Geschichtstheorie: ACHIM LANDWEHR, Die anwesende Abwesenheit der Vergangenheit. Essay zur Geschichtstheorie, Frankfurt a. M. 2016; vgl. programmatisch zur Einsicht, dass die Vergangenheit durch Geschichtserzählungen stets neu erschaffen wird: JOHANNES FRIED, Der Schleier der Erinnerung. Grundzüge einer historischen Memorik, München 2012.

Zufall der Überlieferung reduzierte Anzahl von Quellen – kaum so vorstellbar, dass es historisch erzählt werden kann: Historische Evidenz und menschliche Einbildungskraft lassen sich in der Geschichtsschreibung im Wechselspiel von wahrgenommenen Erlebnissen und produktivem Erzählen nicht voneinander trennen. Diese hermeneutische Hinsicht ist nicht spezifisch religiös, sondern gilt von jeder vergangenen Person, um deren Erzählung es geht.

Wenn man die sachliche Hinsicht berücksichtigt, kommt das spezifisch Religiöse zum Tragen.[264] Grundsätzlich geht es in der sachlichen Hinsicht um das Verhältnis von erinnertem und geglaubtem Jesus, und dies hat eine spezifisch christliche Pointe: Jesus ist das Bild Gottes, das in der dreifachen Gestalt seines vorösterlichen, österlichen und nachösterlichen Geschicks glaubwürdig sein möchte. Das Verhältnis von wirkli-

---

[264] Vgl. zum Folgenden beispielhaft zur Bedeutung der Gleichnis-Verkündigung Jesu und der Einsicht, dass Jesus mit Ostern für den christlichen Glauben definitiv zum Bild bzw. Gleichnis Gottes wird: EBERHARD JÜNGEL, Paulus und Jesus. Eine Untersuchung zur Präzisierung der Frage nach dem Ursprung der Christologie, Tübingen ⁷2001, 87–215.263–300; DERS., Geheimnis (s. Anm. 125), bes. 203–543; vgl. zur neueren Diskussion: RUBEN ZIMMERMANN (Hg.), Hermeneutik der Gleichnisse Jesu. Methodische Neuansätze zum Verstehen urchristlicher Parabeltexte, Tübingen 2008; CHRISTOF LANDMESSER, Das Bild Christi in den Paulusbriefen – Exegetische und hermeneutische Beobachtungen, in: PETRA BOSSE-HUBER/MARTIN ILLERT (Hg.), Das Bild Christi in der orthodoxen und der evangelischen Frömmigkeit, Leipzig 2017, 19–36; JÜRGEN BECKER, Die Auferstehung Jesu Christi nach dem Neuen Testament. Ostererfahrung und Osterverständnis im Urchristentum, Tübingen 2007; vgl. beispielhaft zum szenischen Charakter der christlichen Kultpraxis und ihres Kanons: EILERT HERMS, Die Sprache der Bilder und die Kirche des Wortes, in: RAINER BECK/RAINER VOLP/GISELA SCHIRBER (Hg.), Die Kunst und die Kirchen. Der Streit um die Bilder heute, München 1984, 242–259.

chem, erinnertem und geglaubtem Jesus ist also gerade *nicht* mit dem Verhältnis von vorösterlichem, österlichem und nachösterlichem Jesus identisch. Vielmehr ergibt sich das zuletzt genannte Verhältnis aus der produktiven Binnenspannung innerhalb des zuerst genannten Verhältnisses zwischen dem erinnerten und dem geglaubten Jesus.[265]

Zeichnet sich der vorösterliche Jesus besonders durch seine Gleichnisse und ein entsprechendes Verhalten aus, so wird er österlich in sichtbaren und mit seiner Sprachlichkeit verknüpften Erscheinungen als Bild Gottes zugänglich; nachösterlich ist er im Kultgedächtnis der entstehenden christlichen Religion in gewisser Hinsicht bildlich präsent. Letzteres zeigt sich im szenischen Charakter – insbesondere vieler Erzählungen – des sich ausbildenden Kanons der christlichen Bibel und im bildträchtigen Charakter der Sakramentspraxis des christlichen Glaubens. Dabei bedeutet diese dreifache Unterscheidung zwischen dem vorösterlichen, österlichen und nachösterlichen Jesus keine Spaltung der Jesus-Gestalt. Vielmehr steht sie für einen differenzierten Zugang, dessen Dreh- und Angelpunkt das österliche Geschehen ist, wenn mit der Auferstehung aus demjenigen, der in gleichnishaften Sprachbildern über Gott redet, selbst das sprachliche bzw. worthafte Bild Gottes wird. Dies geschieht in der Dynamik des biblischen Monotheismus und dessen unmittelbar mit dem biblischen Bilderverbot verwobenen Deutungsmuster, irdische Niederlagen als himmlische Siege wahrzunehmen.[266]

---

[265] Mit dem vorösterlichen Jesus ist daher hier keine vermeintlich von den Quellen trennbare Person des historischen Jesus gemeint, sondern die Gestalt Jesu, insofern sie im Verhältnis von historisch untersuchbarer Erinnerung und quellenmäßig bezeugtem Glauben verständlich ist.

[266] Vgl. zu diesem monotheistischen Deutungsmuster, auch im Folgenden: GERD THEISSEN, Die Religion der ersten Christen. Eine Theorie des

Dieses Deutungsmuster wird in der Krise des babylonischen Exils entdeckt, auch wenn es vielleicht vorlaufend gewisse Entwicklungen gegeben hat.[267] Angesichts der Alternative, JHWH als unterlegenen Gott abzutun oder den Sieg eines fremden Volkes als indirektes Instrument von JHWHs (tendenziell) universal angelegtem (Geschichts-)Handeln zu deuten, entscheidet sich das exilische »Israel« für die letztere Möglichkeit. Auf diese Weise wird die eigene irdische Niederlage nicht zur Niederlage des eigenen Gottes, sondern zum Ausweis von dessen umfassender Gestaltungsmacht, mit der er selbst die Fremdvölker beherrscht und damit faktisch deren in Kultbildern verehrte Götter nichtig aussehen lässt. Dieser Gott handelt also *sub contrario*; religiös kommt also die Kontrafaktizität hier kategorial zum Zug. Sollte dabei auch noch die Ausbildung dieses monotheistischen Deutungsmusters mit dem Verlust eines JHWH-Bildes aus dem vorexilischen Jerusalemer Tempel verknüpft gewesen sein,[268] was allerdings in der alttestamentlichen Wissenschaft strittig

---

Urchristentums, Gütersloh ²2001, 71–75. Interessant wäre es m. E., dieses monotheistische Deutungsmuster mit der Traumforschung und geschichtsträchtiger Narrativität zu verknüpfen (vgl. zur Sache auch: MAIKE SCHULT, »Ein Hauch von Ordnung«. Traumarbeit als Aufgabe der Seelsorge, Leipzig 2020; CHRISTL M. MAIER, Wer schreibt Geschichte? Ein kulturelles Trauma und seine Träger im Jeremiabuch, in: Vetus Testamentum 70 [2020], 67–82).

[267] Vgl. FRIEDHELM HARTENSTEIN/MICHAEL MOXTER, Hermeneutik des Bilderverbots (s. Anm. 84), 115–153, bes. 127 f.; vgl. anders: MATTHIAS KÖCKERT, Vom Kultbild Jahwes zum Bilderverbot. Oder: Vom Nutzen der Religionsgeschichte für die Theologie, Zeitschrift für Theologie und Kirche 106 (2009), 371–406, bes. 405 f.

[268] Vgl. z. B. MATTHIAS KÖCKERT, Vom Kultbild Jahwes zum Bilderverbot (s. Anm. 267), 371–406.

ist,²⁶⁹ hätte dies offenkundig eine bildtheoretische Pointe. Ein bildtheoretisches Verständnis ist allerdings nicht darauf angewiesen. In jedem Fall bleibt die am Exil festzumachende Ausprägung des Bilderverbots als Ausdruck des Monotheismus bestehen.

Die Ausformung des Monotheismus im Bilderverbot wandert dann im Sinn des Kontrafaktischen und der einklammernden Verneinung der Welt in das Jesus-Bild des christlichen Glaubens gewissermaßen selbst ein. Indem der österliche Jesus durch die Auferweckung definitiv zum Bild Gottes wird, entfällt prinzipiell jede Konkurrenz mit Gott, der vielmehr durch Jesus hindurch erkennbar wird. Dadurch dass Jesus am Kreuz ganz sein Geschick dem Unbedingten anheimstellt, kommt die im Bildbegriff sich ausdrückende konkrete (Selbst-)Negation mit ihrer kontrafaktischen Freiheit zur Geltung.²⁷⁰ Als der sich am Kreuz seinem himmlischen Vater hingebende Mensch setzt sich Jesus nicht anstelle des unbedingten Gottes; vielmehr erscheint der unbedingte Gott genau in dieser Hingabe Jesu (»Bild Gottes«) und bestätigt dies in der wiederum bildlich verständlichen Erscheinung des Auferstandenen. Das bedeutet wiederum, dass das Sein des Bildes in seinem Erscheinen besteht.

---

[269] Vgl. z. B. FRIEDHELM HARTENSTEIN/MICHAEL MOXTER, Hermeneutik des Bilderverbots (s. Anm. 84), 58–66.

[270] Darin liegt offenkundig das Potential zu einer bildtheoretischen Reformulierung des Anliegens der Zwei-Naturen-Lehre: Indem Jesus in seinem bis in den Tod reichenden Eingeständnis, bloß Mensch zu sein, das Menschsein in seiner Endlichkeit radikal zugunsten Gottes verwirklicht und dadurch Gott zum Vorschein kommen lässt, kann er zum Bild Gottes werden. Als Mensch ist Jesus das Bild des Gottes, der genau in dieser Bildlichkeit erkennbar wird.

Dieses dem Bild eigentümliche Sein im Erscheinen gilt nicht nur für das (»immanente«) Verhältnis zwischen Gott und Jesus, sondern es gilt auch für das (»ökonomische«) Verhältnis des auferstandenen Jesus zu seinen Jüngern. Demnach lassen sich die Ostererscheinungen des Auferstandenen hermeneutisch mithilfe des Bildbegriffs fassen. Weder war der Auferstandene die Erscheinung eines davon unabhängigen Seins, also das Offenbarwerden einer von den Ostererscheinungen ablösbaren Person, noch war der Auferstandene eine Erscheinung ohne Sein, also die subjektive Vision von Jesus-Anhängern, die dessen Scheitern nicht wahrhaben wollten. Vielmehr sind die Ostererscheinungen ein Sein, das in seinem Erscheinen besteht. Daher ist es sinnig, dass die Ostererscheinungen der Jünger als sichtbare Erscheinungen vorstellig werden und zur Einsicht führen: Jesus ist das Bild Gottes.

Mit dem dargelegten Bildbegriff kann dies noch näher präzisiert werden[271]: Die Ostererscheinungen sind im Sinn eines wahrnehmungsnahen Zeichens zu begreifen, das die physikalische Welt relativ unterbricht, die Einbildungskraft einbezieht und diese Einbildungskraft zugleich in produktiver Wendung so einklammert, dass eine kontrafaktische Freiheit vorstellig und realisierbar wird. Wichtig ist es, die Einsicht hervorzuheben, dass die Ostererscheinungen aufgrund ihrer Bildlichkeit den Charakter nicht-objektiver Objekte teilen: Wenn die Ostererscheinungen im Sinn des Bildes basal ein Sein in seinem Erscheinen sind, dann

---

[271] Vgl. zu den vier Momenten des Bildbegriffs, die mit relativer Berechtigung in den Merkmalen der Ganzheit bzw. Einheit und Freiheit bzw. Kontrafaktizität zusammengezogen werden können, im III. Teil den Abschnitt »Das Verstehen von Bildern und ihren Eigenarten«.

können sie nicht von ihrem Erscheinen und somit von ihrer Realisierung im Glauben getrennt werden: Die Wirkmacht der Auferstehung und der Glaube des Menschen gehören zusammen.[272]

Der nachösterliche Jesus begegnet weder in der irdischen Konkretion des vorösterlichen Jesus noch in der visionären Erscheinung des österlichen Jesus. Vielmehr begegnet der nachösterliche Jesus im Kanon der Bibel, wie ihn die entstehende Kirche versteht. Dieser Kanon steht allerdings erst am Ende eines komplizierten Prozesses, dem der christliche Kult und sein Gedenken Jesu vorausgehen. Insofern die Osterbotschaft zur grundlegenden Erzählung des entstehenden Christentums wird, hat diese bildhermeneutische Lesart von

---

[272] Um es eigens herauszustellen, ist zu betonen: Die Auferweckung ist die Bild*werdung* Jesu, insofern Jesus selbst zum verobjektivierten Bild Gottes wird, das als Bildobjekt nicht-objektiv ist, also sich nur im Glauben und nicht unabhängig vom Glauben manifestiert. Mit der Auferweckung wird für den christlichen Glauben demnach der Übergang dessen thematisch, der vom Subjekt der bildlichen Erschließung (von Gott) zum Objekt der bildlichen Erschließung (durch Gott) wird. Die Auferweckung als dieses Werden von Jesus als des nicht-objektiven Objekts lässt sich nicht eigens fixieren. Erst dann tritt hier Jesus wieder in Erscheinung, wenn seine Bildwerdung an einem Punkt angelangt ist, der für Menschen eine erkennbare Gestalt darstellt. Dies sind die Ostererscheinungen. Sie beinhalten, dass es zu einem Wiedererkennen Jesu in den Erscheinungen kommt, ist doch der Auferweckungsleib Jesu keinesfalls einfach die Verlängerung seiner irdischen Leiblichkeit. Die Rede von der Auferweckung ist dann eine an den alltäglichen Begebenheiten des Menschen orientierte Bildlichkeit, die für die Dynamik des Werdens steht, die wie bei einem Bild beschaffen ist, das gerade ganz aktuell entsteht. Entsprechend leuchtet es ein, warum sich nach dem Neuen Testament die Auferweckung Jesu nicht vor irdischen Augen abspielt, von ihnen nicht festgehalten werden kann und warum in der Kunstgeschichte die Anfertigung von Auferstehungsbildern besondere Schwierigkeiten bereitete und bereitet.

Ostern auch Folgen für das Verständnis des christlichen Gottesdienstes und des Kanons. Denn es ist Ostern, welches das entstehende Christentum inspiriert, die Jesusüberlieferung aus nachösterlicher Sicht festzuhalten und am vorösterlichen Jesus interessiert zu sein. Darum ist der neutestamentliche Kanon in seiner Sprachlichkeit und mit den darin aufbewahrten szenischen Bildern der Jesusüberlieferung gleichsam der Nachfolger der bildtheoretisch erschließbaren Ostererscheinungen. Der Kanon ist insofern eine wegweisende Erinnerungsgestalt.

2. Luthers bildhermeneutische Theologie und ihre aktuellen Potentiale

Der christliche Glaube geht unterschiedlich mit seiner bildhermeneutischen Verfassung um. Während die Orthodoxie und grundsätzlich auch der Katholizismus an einer sich selbst einklammernden äußeren Bildlichkeit (»Ikonentheologie«) festhalten,[273] positioniert sich der Protestantismus etwas anders. Er setzt stark auf die innere Bildlichkeit und betont die Inner-

---

[273] Vgl. dazu beispielhaft für die katholische Seite: PETER HOFMANN, Bildtheologie. Position – Problem – Projekt, Paderborn 2016; zum Dialog mit der orthodoxen Seite: PETRA BOSSE-HUBER/MARTIN ILLERT (Hg.), Das Bild Christi in der orthodoxen und evangelischen Frömmigkeit. XVI. Begegnung im bilateralen Dialog zwischen der EKD und dem Ökumenischen Patriarchat, Leipzig 2017. Das Gespräch zwischen orthodoxer (Ikonen-)Theologie und protestantischer (Wort-)Theologie ist alles andere als selbstverständlich, wie beispielhaft die Begegnung von Georges Florovskij und Karl Barth zeigt (vgl. KARL PINGGÉRA, Alte und neue Wege. Zu den Auswirkungen des Ersten Weltkrieges auf das orthodoxe Christentum und seine Theologie, in: JOACHIM NEGEL/KARL PINGGÉRA, [Hg.], Urkatastrophe. Die Erfahrung des Krieges 1914–1918 im Spiegel zeitgenössischer Theologie, Freiburg/Basel/Wien 2016, 417–448, bes. 438–446).

lichkeit der Aneignung, und zwar mitunter in einer Art, die etwas einseitig erscheint und die sinnesaffinere Modalität eher abzublenden scheint. Doch zumindest Martin Luthers Theologie muss so nicht verstanden werden. Das Verständnis von Luthers vielschichtiger und situationsgebundener Theologie ist stets mit der jeweils zeitgenössischen Theologie und ihren (Eigen-)Perspektiven verbunden gewesen.[274] Nicht anders ist es heute. Dies entlastet freilich keineswegs von der Aufgabe, sich Gedanken über das organisierende Zentrum von Luthers Theologie machen zu müssen, sondern spornt im Horizont vergangener, aktueller und künftiger (Selbst-)Korrekturen gerade dazu an. Hierbei kann auch eine bildhermeneutische Deutung von Luthers Theologie in den Vordergrund treten. Sie wird prominent in unterschiedlichen Lesarten mit unterschiedlichen Akzenten vertreten.[275] Man kann das grundsätzlich folgendermaßen verstehen.

---

[274] Vgl. zum Überblick über die Geschichte der Luther-Deutung: BERNHARD LOHSE, Martin Luther. Leben und Werk, München ²1983, 210-248.

[275] Vgl. JOHANN ANSELM STEIGER, Die communicatio idiomatum als Achse und Motor der Theologie Luthers. Der »fröhliche Wechsel« als hermeneutischer Schlüssel zu Abendmahlslehre, Anthropologie, Seelsorge, Naturtheologie, Rhetorik und Humor, in: Neue Zeitschrift für Systematische Theologie und Religionsphilosophie 38 (1996), 1-28; BARTH, Hermeneutik (s. Anm. 263), 275-305; HARTENSTEIN/MOXTER, Hermeneutik des Bilderverbots (s. Anm. 84), bes. 251-260.287-292.309-315. Vgl. aber auch darüber hinaus noch folgende Interpretationen: JAN ROHLS, »... unser Knie beugen wir doch nicht mehr«. Bilderverbot und bildende Kunst im Zeitalter der Reformation, in: ZThK 81 (1984), 322-351, bes. 325 f.; OSWALD BAYER, Martin Luthers Theologie, Tübingen ²2004, bes. 158 f.; CLAUS BACHMANN, Vom unsichtbaren zum gekreuzigten Gott. Die Karriere des biblischen Bilderverbots im Protestantismus, in: NZSTh 47 (2005), 1-34, bes. 13; THOMAS WABEL, Weisen der Verkörperung in der christlichen Schmerztradition und die Frage der Resilienz, in: CORNELIA RICHTER (Hg.), Ohnmacht und Angst aushalten. Kritik der Resilienz in Theologie und Philosophie, Stuttgart 2017, 91-106, bes. 91 f.97-100.

Zentral für Luthers Theologie ist die Zuspitzung der altkirchlich vermittelten Idiomenkommunikation, die ihrerseits die chalcedonensische Zwei-Naturen-Lehre deutet. Luther radikalisiert demnach die Aussage, dass göttliche und menschliche Natur in Christus differenziert zusammengehören dahingehend, dass zwischen ihren Wesenseigenschaften (*idiomata* bzw. propria) ein Austausch bzw. eine Durchdringung (»Perichorese«) stattfindet.[276] Damit grenzt sich Luther faktisch von altkirchlichen, scholastischen und reformierten Relativierungen ab.[277] Die Idiomenkommunikation bestimmt bei Luther auch die Soteriologie, so dass es zwischen Gott und Menschen zu einem »fröhlichen Wechsel« kommt. Dabei liegt die Pointe darin, dass der Glaube sich den Zuspruch Gottes aneignet und so selbst zum Ort desselben wird. Dieser Zuspruch erfolgt in dem gepredigten Gotteswort, das in der Aneignung des Glaubens an sein Ziel kommt. Und diese Aneignung ist nichts anderes als dasjenige, was Luther als »Sich-Einbilden«[278] bezeichnet und nicht nur ein sprachliches, sondern immer auch visuelles Geschehen ist. Hierbei betont Luther das Szenische des Wortes, dessen Einbildung das menschliche Herz erreicht.[279] Anders gesagt: Luther kann die visuelle Bildlichkeit des »Sich-Einbildens« des Glaubens in den Mittelpunkt rücken. Demnach zielt das gepredigte

---

[276] Vgl. STEIGER, communicatio idiomatum (s. Anm. 275), bes. 1–5.
[277] Vgl. a. a. O., 2–4.27 f.
[278] Vgl. WA 29,650; WA 32,251; StA 1,236; WA 6,131. Neben diesen von Steiger genannten Stellen kann man noch andere Stellen bei Luther nennen (vgl. dazu auch: BARTH, Hermeneutik (s. Anm. 263), 294–298; WABEL, Weisen der Verkörperung (s. Anm. 275), 91 f.97-100; vgl. zur umfassenden Zusammenstellung von einschlägigen Luther-Stellen: HERMANN STEINLEIN, Luthers Anlage zur Bildhaftigkeit, in: Luther-Jahrbuch 22 [1940], 9–45).
[279] Vgl. STEIGER, communicatio idiomatum (s. Anm. 275), 5–11.

Gotteswort über das Hören auf die – an die visuelle und affektive Wahrnehmung verwiesene – Einbildungskraft des menschlichen Herzens ab. In ihr kommt durch die Aneignung der evangelische Glaube in seine Wahrheit, die an der Anschaulichkeit und Plastizität des auf Jesus Christus beruhenden Gottesbildes hängt.[280] Hier ist Gott in seiner Verborgenheit präsent. Diese Dialektik von Verbergung und Offenbarung darf nicht mit der Alternative von Unsichtbarkeit und Sichtbarkeit verwechselt werden. Es ist ein Clou von Luthers Theologie, das menschliche Herz heilsam auszurichten und die Alternative von Geistigem und Leiblichem zu unterlaufen.[281]

Möchte man dies vor dem Hintergrund des skizzierten bildhermeneutischen Entwurfes für die Gegenwart möglichst konstruktiv wenden, kann man dies m. E. folgendermaßen fassen: Im evangelischen Glauben lebt das in der Bibel gleichsam eingespeicherte Bild Christi weiter bzw. wieder auf, wenn sich an seinem szenischen, plastischen und sinnesaffinen Charakter eine ihm entsprechende Deutung entzündet. Letztere vollzieht sich, wenn der Mensch sich im Medium seiner Einbildungskraft in den Horizont des Unbedingten so eingewiesen weiß, dass formal jede intellektuelle Werkgerechtigkeit ausgeschlossen ist und material eine kontrafaktische Selbstannahme im Licht österlicher Freiheit erfolgt. Das Formale und Materiale ist damit bildhermeneutisch verbürgt. Denn epistemisch lässt sich das Bildvermögen (religiös: im Horizont des Unbedingten) nicht vollständig in Sprache und Vernunft aufheben. Und dogmatisch leuchtet das Licht österlicher Freiheit nur aufgrund der Herr-

---

[280] Vgl. BARTH, Hermeneutik (s. Anm. 263), 290–305.
[281] Vgl. HARTENSTEIN/MOXTER, Hermeneutik des Bilderverbots (s. Anm. 84), 183–345, bes. 246–260.287–292.309–315.

lichkeit (*doxa*) des auferstandenen Kyrios ein. Die Schriftlehre entspricht diesem Sachverhalt. Denn die christliche Bibel basiert auf Ostern und vergegenwärtigt als das mediale Gedächtnis die mit Ostern verbundene Freiheitserfahrung. Sie wird schriftsprachlich in szenischer, plastischer und sinnesaffiner Weise erinnert. In dem Sinn wurzelt der Kanon nicht nur in der Kultpraxis, sondern drängt auch zur Inszenierung im Gottesdienst, der aufgrund der Kontrafaktizität von Ostern immer auch eine »Gegen-Inszenierung« zur gewohnten Welterfahrung darstellt.[282] Und weil der Gottesdienst am Feiertag auch im Gottesdienst im Alltag gelebt werden möchte, führt evangelisch die Bildlichkeit dorthin, woraus sie entspringt, nämlich zu dem spezifisch menschlichen Leben, das sich aufgrund seines Bildvermögens in transanimalischer Freiheit darstellt.[283] Insofern dient der christliche Gottesdienst in protestantischer Perspektive der Menschwerdung des Menschen, die im Horizont des Unbedingten erfolgt.[284]

---

[282] Vgl. zu einem bildhermeneutischen Zugang auch zur Seelsorge beispielhaft: ANNE M. STEINMEIER, Kunst der Seelsorge. Religion, Kunst und Psychoanalyse im Diskurs, Göttingen 2011, 119–186.

[283] Darin ist auch das Wahrheitsmoment der Rede von der »Sünde« aufgehoben (vgl. Anm. 239): Ostern restituiert bildhermeneutisch den Zustand des Menschen, den dieser immer schon in der notwendigen und berechtigten Vergegenständlichung des Sprachvermögens und Vernunftvermögens verspielt hat, nämlich die selbstverständliche Erfahrung von Ganzheit und Freiheit (des Kindes Gottes in der Einbildungskraft bzw. Phantasie). Insofern diese Wiederherstellung durch Ostern nicht einfach eine Einkehr in den alten Zustand darstellt, kommt es auch zu einer Überbietung durch Jesus Christus.

[284] Letzteres könnte plausibel machen, warum neben Ostern auch Weihnachten zu den Höhepunkten christlicher Symbolkultur avanciert. An Weihnachten wird nicht nur bildlich die Inkarnationsdynamik greifbar, dass im

Dieses bildhermeneutische Verständnis erlaubt nicht nur eine Aufnahme der Trinitätslehre, sondern drängt geradezu zu ihr. Denn aufgrund der dreistelligen Struktur des Bildes – als Bilderträger, Bildobjekt und Bildsujet[285] – kann die Trinitätslehre zum Ausdruck der Grundstruktur christlichen Bewusstseins werden: Bildträger (der Leinwand beim gewöhnlichen Bild vergleichbar) sind die Menschen im Glauben (»Geist«, Kirche), die auf das Bildobjekt (der dargestellten Person beim gewöhnlichen Bild vergleichbar) Jesus bezogen sind (»Sohn«, Christus) und darin das Bildsujet (der gemeinten Person beim gewöhnlichen Bild vergleichbar) des Unbedingten erkennen (»Vater«, Gott). Dass dieses Verständnis der Trinitätslehre (von Gott aus gesehen) sich als Vollzug des Vaters durch den Sohn im Geist darstellt und nicht nur – hegelisch inspiriert – mit einer reinen, geistzentrierten Symmetrie in Gott rechnet, nimmt mit Friedrich Wilhelm Joseph Schelling die Tradition des Trinitätsdogmas in einer strengen, »orthodoxen« Lesart auf, welche die vorrangig in der Hypostase des Vaters verkörperte Einheit der Gottheit betont.[286]

Christentum (aus dessen Binnenperspektive) die Religion selbst religiös wird, indem die bildhermeneutische Verfasstheit von Religion im Bild Christi selbst gegenständlich wird. Vielmehr wird an Weihnachten die Menschwerdung des Menschen im Horizont des Unbedingten gefeiert. Dies geschieht an Weihnachten existentiell und individuell unter Einbeziehung einer jedem Menschen zugänglichen Lebenserfahrung.

285 Vgl. dazu im III. Teil den Abschnitt »3. Das Verstehen von Bildern und ihren Eigenarten«.

286 Vgl. KRÜGER, Göttliche Freiheit (s. Anm. 11), 275–312.

3. Der religionskritische Projektionsverdacht und die theologische Glaubwürdigkeit

Dieser bildhermeneutische Ansatz in der Theologie ermöglicht einen zugleich entspannten wie ernsthaften Umgang mit dem Projektionsverdacht der neuzeitlichen Religionskritik, wie er insbesondere mit Ludwig Feuerbach verknüpft wird[287]: Jedes Gottesbild verdankt sich endlichen Menschen; doch deren darin zum Ausdruck kommendes Bildvermögen hat selbst eine Dimension des Unbedingten, die zur Vergegenständlichung drängt.[288] Provokativ formuliert: Der Projektionsvorwurf der neuzeitlichen Religionskritik erkennt zu Recht, dass Gott eine Einbildung ist und verkennt zugleich, dass Gott als solche eine angemessene Vergegenständlichung

---

[287] Karl Barth bezieht den mit Feuerbach verbundenen Projektionsverdacht auf Martin Luthers Subjektivierung des Glaubens (vgl. EBERHARD JÜNGEL, Zur Freiheit eines Christenmenschen. Eine Erinnerung an Luthers Schrift, München 1978, 86 f.); UDO KERN, Der andere Feuerbach. Sinnlichkeit, Konkretheit und Praxis als Qualität der »neuen Religion« Ludwig Feuerbachs, Münster 1998, 1-168, bes. 63-91.156-168). Entscheidend dürfte sein, dass gegenüber Feuerbachs Kritik die Theologie nur dann plausibel ist, wenn sie geltend macht, dass Gottesvorstellungen letztlich »Bildzeichen« für das »göttliche Geheimnis« sind (vgl. EMANUEL HIRSCH, Geschichte der neuern evangelischen Theologie im Zusammenhang mit den allgemeinen Bedingungen des europäischen Denkens, Bd. V, Gütersloh ²1960, 575-583, bes. 582). Vgl. dazu: MALTE DOMINIK KRÜGER, Theologische Bildhermeneutik als konsequenter Protestantismus, in: MICHAEL MOXTER (Hg.), Konstellationen und Transformationen reformatorischer Theologie, Leipzig 2018, 179-207, 186 f., Anm. 23.

[288] Vgl. sachlich Paul Tillichs Konzept von »Gott über Gott«: PETR GALLUS, Der Mensch zwischen Himmel und Erde. Der Glaubensbegriff bei Paul Tillich und Karl Barth, Leipzig 2007, 90-97. Vgl. grundlegend zu Tillichs Theologie: GUNTHER WENZ, Subjekt und Sein. Die Entwicklung der Theologie Paul Tillichs, München 1979.

der der Einbildungskraft eingeschriebenen Dimension des Unbedingten darstellt. In dem Sinn ist Gott eine Erfindung der menschlichen Einbildungskraft und erweist sich gerade darin – für die atheistische Religionskritik wie für die theistische Doktrin gleichermaßen überraschend – als Wirklichkeit: Gottes Werden und Wirklichkeit, seine Funktion und Unbedingtheit gehören zusammen.[289]

Umso drängender stellt sich die Frage, ob diese als Gott projizierte Unbedingtheitsdimension in ihrer christlichen Fassung plausibel ist oder nicht. Die »Gretchenfrage« nach der Triftigkeit der Religion lautet entsprechend: Wenn der christliche Glaube sich in der Einbildungskraft vollzieht und so die vermeintlich klare Unterscheidung zwischen Wirklichkeit und Fiktion, zwischen Faktum und Fiktionalität durchkreuzt, inwiefern kann man sein Gottesbild von anderen unterscheiden? Oder anders gefragt: Sind nicht (zuständlich) alle Religionen und (gegenständlich) alle Gottesbilder in gewisser Hinsicht gleich-gültig, weil sie sich als Projektionen bzw. Idealbildungen menschlicher Vollzüge verstehen lassen?

Darauf kann und muss man im Rahmen einer »diagnostischen Rationalität«,[290] die auf relative Binnenstimmigkeit und relative Anschlussfähigkeit abzielt, m. E. historisch und normativ reagieren können. Als relative Kriterien *eher* deskriptiv-historischer Art lassen sich material das Referenzkriterium, das Kommunikationskriterium und das Behauptbarkeitskriterium nennen; als relatives Kriterium *eher* normativ-aktueller Art lässt sich formal das Kriterium der Selbstreflexivität nennen. Diese Kriterien lassen sich in ihrem Zusammenspiel immer nur unter Vorbehalt trennen und

---

[289] Vgl. ausführlicher: KRÜGER, Das andere Bild Christi (s. Anm. 1), 471–488.
[290] Vgl. Anm. 11.

spielen ineinander.

Die drei relativen Kriterien *eher* deskriptiv-historischer Art heben auf drei Aspekte der Referenz, Erkennbarkeit und Behauptbarkeit ab.[291] So ist mit dem Referenzkriterium der Aspekt der Wirklichkeitsverankerung bzw. Realitätserdung gemeint: Etwas kann nicht an den Quellen vorbei erzählt werden, die darüber berichten, so sehr ihre Befragung und ihre Zusammenschau sich der Kreativität und auch Einbildungskraft historischer Arbeit und deren narrativer Struktur verdanken. Man kann hier von einem »Vetorecht der Quellen«[292] sprechen und auf die »Figur des Zeugen«[293] hinweisen, der seinerseits als relativ glaubwürdig anerkannt sein muss. Christlich ist m. E. diese Referenz die Bezugnahme auf die Person Jesu, bei der die Bezeugung eine wichtige Rolle spielt. Hierbei scheint es historisch plausibel, davon ausgehen zu können, dass Jesus gelebt hat, gleichnishaft gepredigt und gehandelt hat, gekreuzigt wurde und danach sich nach etwas Unfassbarem (»Auferstehung«) eine religionsgeschichtlich

---

[291] Vgl. schon dazu im Gespräch mit aktuellen Einsichten kulturwissenschaftlicher Gedächtnistheorien: MALTE DOMINIK KRÜGER, Pannenberg als Gedächtnistheoretiker. Ein Interpretationsvorschlag (auch) zu seiner Ekklesiologie, in: Kirche und Reich Gottes. Zur Ekklesiologie Wolfhart Pannenbergs, hg. v. Gunter Wenz, Göttingen 2017, 181-202.

[292] Vgl. zur Sache: REINHART KOSELLECK, Standortbindung und Zeitlichkeit. Ein Beitrag zur historiographischen Erschließung der geschichtlichen Welt, in: REINHART KOSELLECK/WOLFGANG J. MOMMSEN/JÖRN RÜSEN (Hg.), Objektivität und Parteilichkeit in der Geschichtswissenschaft, München 1977, 17-46; STEFAN JORDAN, Art. Objektivität, historische, in: FRIEDRICH JAEGER (Hg.), Enzyklopädie der Neuzeit 9, Stuttgart 2009, 291-293; GOTTFRIED GABRIEL, Präzision und Prägnanz. Logische, rhetorische, ästhetische und literarische Erkenntnisformen, Paderborn 2019, 131-160.

[293] Vgl. dazu: SIBYLLE SCHMIDT/SYBILLE KRÄMER/RAMON VOGES (Hg.), Politik der Zeugenschaft. Zur Kritik einer Wissenspraxis, Bielefeld 2011.

beeindruckende Ausbreitung des christlichen Glaubens ergeben hat.[294] Mit dem Kommunikationskriterium ist der Aspekt der Erkennbarkeit bzw. Weitergabe (*traditio*) gemeint: Es reicht nicht aus, dass etwas passiert ist, sondern es muss auch weitererzählt werden.[295] Hierbei ist wichtig, dass Geschichte keine objektive Tatsachenkette ist, zu der ihre Erzählung nachgängig hinzukommt,[296] sondern eine aktuelle Konstruktion der Vergangenheit, deren Evidenz und Imagination an poetische Strukturen von Erzählungen bzw. Narrativität gebunden ist.[297] Christlich ist m. E. diese Weitergabe mit der in Wort und Sakrament stattfindenden Verkündigung gegeben, in der die Jesusüberlieferung die jeweilige Gegenwart erreicht. Mit dem Behauptbarkeitskriterium ist der Aspekt der Bewährung bzw. Anerkennung gemeint: Was quellenmäßig bezeugt und kommunikativ tradiert ist, muss sich im rechenschaftsfähigen Diskurs mit seinen unabschließbaren Kämpfen um Deutung pragmatisch bewähren. Es muss sich nämlich als plausibel imponieren. Christlich ist dies m. E. die Ausbildung des akademischen Diskurses der Theologie (insbesondere mit ihren historischen Fächern in

---

[294] Vgl. mit einschlägigen, umfassenden Literaturhinweisen historischer und aktueller Forschung: JENS SCHRÖTER/CHRISTINE JACOBI (Hg.), Jesus Handbuch, Tübingen 2017.

[295] Vgl. beispielhaft zur Kirche als Erzählgemeinschaft: THOMAS ERNE, Rhetorik und Religion. Studien zur praktischen Theologie des Alltags, Gütersloh 2002, 259–263.

[296] Beispielsweise Wolfhart Pannenberg betont, dass Geschichte wesentlich Überlieferungsgeschichte ist (vgl. dazu: KRÜGER, Pannenberg als Gedächtnistheoretiker [s. Anm. 291], bes. 190–194).

[297] Vgl. – sicher recht zugespitzt – zu dieser Einsicht: HAYDEN WHITE, Metahistory. Die historische Einbildungskraft im 19. Jahrhundert in Europa, Frankfurt am Main 1991.

den Bibelwissenschaften und der Kirchengeschichte) als einer kritischen Selbstevaluierung der christlichen Botschaft. Das führt zum offenen Aspekt der Normativität und zum Kriterium *eher* normativ-aktueller Art: Es mag zwar sein, dass die Überlieferung Jesu quellenmäßig relativ plausibel bezeugt ist, kommunikativ relativ erfolgreich tradiert wurde und wissenschaftlich relativ greifbar ist, aber warum sollte das mit ihm verbundene Gottesbild überzeugend sein? Die beste Antwort darauf hält m. E. eine Überlegung bereit, die sich in der Zeit des Deutschen Idealismus findet,[298] nämlich die normative Auszeichnung einer mit der Person Jesu verbundenen Selbstreflexivität: Indem der christliche Glaube in Jesus das Bild Gottes erkennt, vergegenständlicht er als zuständlicher Vollzug von Religion deren basale Dimension des Bildvermögens, so dass im christlichen Glauben die Religion selbst religiös wird. Dies mag es selbstverständlich auch in anderen Religionen geben, die an dieser Stelle m. E. jedoch für sich selbst sprechen sollten, wenn sie einen solchen Zugang als ihren eigenen identifizieren können sollten. Eine mögliche Anschlussfrage mag freilich lauten: Wie ist es bei einer solchen Konzeption um den Realismus des Glaubens bestellt? Darum soll es im Folgenden gehen.

---

[298] Vgl. etwa bei SCHELLING, Schleiermacher und Hegel: KRÜGER, Göttliche Freiheit (s. Anm. 11), 163 f. (gekoppelt mit dem Begriff der Geschichte); FRIEDRICH SCHLEIERMACHER, Über die Religion. Reden an die Gebildeten unter ihren Verächtern (1799), hg. v. Günter Meckenstock, Berlin/New York 2001, 161–194 (5. Rede, gekoppelt mit dem Begriff der Anschauung); MARTIN WENDTE, Gottmenschliche Einheit bei Hegel. Eine logische und theologische Untersuchung, Berlin/New York 2007, 159–186.220–288 (gekoppelt mit dem Begriff der Vorstellung).

4. Die aktuelle Realismus-Debatte und der Realismus des Glaubens

Mit dem relativen Recht der Einseitigkeit kann man in der aktuellen Realismus-Debatte vier Positionen identifizieren.[299] Die erste Position ist der metaphysische Realismus, dem die zweite Position des Antirealismus entgegengesetzt ist. Auf diese Entgegensetzung bezogen möchte der Relativismus als dritte Position eine Alternative darstellen. Tatsächlich verweist er aber in gewisser Weise auf die vierte Position des internen Realismus, der m. E. plausibel ist und dem eine bildhermeneutische Theologie zuzuordnen ist.[300]

Der metaphysische Realismus betont und verabsolutiert den Aspekt der Referenz, wenn er meint, dass die Wirklichkeit unabhängig von unserem Verstehen existiert. Daran ist der Versuch nachvollziehbar, die Wirklichkeitsverankerung bzw. Realitätserdung menschlichen Verstehens ernst zu nehmen.

---

[299] Das Folgende dieses Abschnitts ist einschließlich der Anmerkungen eine geringfügige Überarbeitung von Absätzen aus: GABRIEL/KRÜGER, Was ist Wirklichkeit? (s. Anm. 1), 26-39.

[300] Vgl. zu den folgenden Positionen, die in der obigen Darstellung idealtypisch zugespitzt sind: J. J. C. SMART, Metaphysischer Realismus, in: MARCUS WILLASCHEK (Hg.), Realismus, Paderborn/München/Wien/Zürich 2000, 107-111; HUBERT DREYFUS/CHARLES TAYLOR, Die Wiedergewinnung des Realismus, Berlin 2016; NELSON GOODMAN, Languages of Art; NELSON GOODMAN/CATHERINE Z. ELGIN, Revisionen. Philosophie und andere Künste und Wissenschaften, Frankfurt a. M. 1993; RICHARD RORTY, Der Spiegel der Natur. Eine Kritik der Philosophie, Frankfurt a. M. ⁴1997; HILARY PUTNAM, Repräsentation und Realität, Frankfurt a. M. 1991. Vgl. ebenfalls hilfreich: MICHAEL ESFELD, Wie direkt soll ein Realismus sein?, in: CHRISTOPH HALBIG/CHRISTIAN SUHM (Hg.), Was ist wirklich? Neuere Beiträge zu Realismusdebatten in der Philosophie, Frankfurt a. M. 2004, 81-96; MARIA E. REICHER, Fiktion, Wahrheit, Wirklichkeit. Philosophische Grundlagen der Literaturtheorie, Paderborn ²2010.

Das Problem besteht darin, dass die Wirklichkeit und ihr Verstehen so voneinander getrennt werden, dass ein prinzipientheoretischer Dualismus zum Tragen kommt. Dieser widerspricht sich selbst, insofern er seine normative Eigenart verspielt. Denn wenn die Wirklichkeit vollständig vom Verstehen getrennt ist, dann kann auch das beste Verständnis der Wirklichkeit in die Irre gehen. Zwar bietet sich hier als Lösung auf den ersten Blick die »Korrespondenztheorie« der Wahrheit an, wonach eine Überzeugung dann wahr sein soll, wenn sie einer bestimmten »Portion« der Wirklichkeit entspricht, doch das prinzipientheoretische Problem kehrt wieder, weil es keine neutrale und zusätzliche Perspektive gibt, von der aus man dies entscheiden könnte.

In der Theologie besagt der metaphysische Realismus, dass die Wirklichkeit Gottes unabhängig vom Glauben besteht. Damit ist sicher ein traditional der Religion – insbesondere in einem bestimmten Binnenmilieu und auch aus der Außenperspektive – zugeschriebenes Merkmal erfasst. Es wird allerdings überzogen. Denn wenn die Wirklichkeit Gottes vollständig unabhängig von ihrem Verstehen sein soll, dann kann auch das beste Verstehen der Wirklichkeit Gottes falsch sein. So verspielt der metaphysische Realismus religiös die normative Eigenart der Wirklichkeit, um die es ihm eigentlich geht.

Dem metaphysischen Realismus widerspricht der Antirealismus, der die Wirklichkeit zu einer erkenntnistheoretischen Größe macht und damit den an sich relativ berechtigten Aspekt der Behauptbarkeit verabsolutiert. So lässt der Antirealismus aufgrund der prinzipiellen Untrennbarkeit von der Wirklichkeit und ihrem Verstehen die Wirklichkeit und ihr Verstehen zusammenfallen: Weil der Mensch die Wirklichkeit nicht an sich vorbei verstehen kann, wird sie zu einer

Frage des menschlichen Verständnisses. Entsprechend sind die Wirklichkeit und ihr Verständnis von einem bestimmten Verfahren des Menschen abhängig. Im Sinn der »Kohärenztheorie« gilt dann als wahr, was stimmig zusammenpasst. Im Sinn der »Konsenstheorie« gilt dann als wahr, worauf man sich unter den Bedingungen eines idealen Diskurses verständigt. Oder es soll der Grenzwert wahr sein, auf den die wissenschaftliche Theoriebildung zustrebt. Das Problem besteht darin, dass die Wirklichkeit und ihr Verständnis nicht faktisch zusammenfallen dürfen, da man andernfalls nicht mehr zwischen der Form und dem Objekt des Verstehens unterscheiden und daher letztlich nichts Bestimmtes mehr thematisieren kann. Denn wenn die referentielle Bestimmtheit ausschließlich zur Frage epistemischer Behauptbarkeit wird, geht erstere in letzterer auf.

Wenn man den Antirealismus in der Theologie vertritt, fällt Gottes Wirklichkeit mit ihrem Verstehen nahtlos zusammen. Gottes Wirklichkeit erscheint dann in der Regel als ein funktionales und notwendiges Deutungsmoment des menschlichen Selbstverständnisses. Das ist nach dem bisher Dargelegten einerseits gut nachvollziehbar. Andererseits greift es religionstheoretisch zu kurz, weil damit die produktive Ambivalenz des Religiösen verspielt zu werden droht. Die Religion muss zumindest eine Funktion sein, die *auch* funktionslos ist. Zwar ist kein Gott ohne Gottesbild zugänglich. Doch das Gottesbild steht gerade für den gleichsam blinden Fleck des Lebens, der sich immer wieder entzieht. Geht diese Abgründigkeit unseres Ich zu glatt in demselben Ich auf, wird das »kontrafaktische«, also freie und widerständige Potential von Religion verfehlt.

Den Streit zwischen metaphysischem Realismus und Antirealismus versucht der Relativismus zu seinen eigenen

Gunsten zu wenden, indem er den Aspekt stark macht, dass die Frage nach der Wirklichkeit und ihrer Thematisierung sich nicht definitiv klären lässt. Anstelle von nachvollziehbarer Rechenschaft tritt folgerichtig ein parteiisches Behaupten, das sich in der Praxis machtpolitisch durchsetzen will. Die Rationalität von Aussagen ist damit auf nicht weiter rechtfertigbare Bedingtheiten hin relativiert. In der Regel führt man hier Bedingtheiten des erkennenden Subjektes bzw. Kollektivs, seiner geschichtlichen Situation und gesellschaftlichen Eingebundenheit, seiner biologisch-evolutionären Beschaffenheit oder auch seiner psychischen Disposition an. Doch der Relativismus hat ein Problem, wenn er prinzipiell wird. Denn dann widerspricht der Relativismus sich selbst, weil die Aussage »Alles ist relativ« die Relativität verabsolutiert – und so in ihrem Vollzug zeigt, was sie an Inhalt widerlegen möchte: Es ist nicht alles scheinbar bloß relativ, wenn die Relativität absolut ist. Doch muss der Relativismus so prinzipiell genommen werden? Beansprucht er, etwas universal Gültiges ausdrücken zu wollen, wie es die Aussage »Alles ist relativ« beinhaltet? Nun, wenn der Relativismus nicht prinzipiell sein soll, sondern an sich selbst relativ ist, dann kann man ihn freundlich relativieren und ignorieren. Vermutlich ist das nicht in seinem Interesse.

Wenn man diese relativistische Position in der Theologie vertritt, dann votiert man idealtypisch für die Position, dass letztlich alle unsere Meinungen bedingt sind und man daher bei den kirchenpolitisch bewährten Sprachkonventionen über die Wirklichkeit Gottes bleiben sollte. Insofern sind Erfahrungsnähe und Konvention die Stärke dieser Position, die man in einer bestimmten protestantischen Lesart noch mit dem Verweis auf die angeblich der menschlichen Tradition enthobene Bibel koppelt. Oder man vertritt einen religionstheologischen Pluralismus, demzufolge die Wirklichkeit Gottes sich in keiner einzelnen Religion vollkommen zeigt. Dafür soll aber diese Einsicht wiederum, die nun den göttlichen Standpunkt einnimmt, nunmehr von der pluralistischen Religionstheologie ausgesagt werden können. Ob das ein performativer Selbstwiderspruch ist, darüber kann man streiten.

Die vierte Position unterscheidet sich wie der Relativismus vom metaphysischen Realismus und vom Antirealismus und betont wie der Relativismus auch die Bindung unseres Wirklichkeitsverständnisses an die Praxis, ohne allerdings zu einem prinzipiellen Relativismus zu mutieren. Diese vierte Position ist der interne Realismus. Er versucht, den realistischen Aspekt, dass die Wirklichkeit nicht bloß unser Konstrukt ist, und den epistemischen Aspekt zusammenzuhalten, dass wir es sind, die Wirklichkeit verstehen. Der interne Realismus besagt: Die Aussage über Wirkliches bezieht sich auf Wirkliches, das von dieser Aussage unterschieden ist. Doch unabhängig von seiner Aussage ist Wirkliches nicht zu erfassen. Daher ist in der Aussage selbst zwischen der Wirklichkeit und ihrer Aussage zu unterscheiden. Damit will der interne Realismus verhindern, dass – wie im metaphysischen Realismus – die Wirklichkeit gleichsam in ein unbegreifliches Jenseits abwandert oder – wie im Antirealismus – mit ihrer Thematisierung differenzlos zusammenfällt. Allerdings stellt sich die Frage nach der Konsistenz: Ist der interne Realismus nicht bloß eine Wunschposition? Denn die Aussage »In meinem Verstehen beziehe ich mich auf etwas Wirkliches, das nicht in diesem Verstehen aufgeht« ist selbst wieder meinem Verstehen geschuldet bzw. nur durch mein Verstehen für mich zugänglich. M. a. W.: Der interne Realismus ist auf der Theorieebene positionell hochattraktiv, doch er kann dafür keinen definitiven Beweis liefern, sondern nur eine relative Rechenschaftsfähigkeit bieten. In dem Fall ist man m. E. bei dem Konzept der »diagnostischen Rationalität«[301] angelangt.

In der Theologie besagt der interne Realismus, dass Gott und Glaube so zusammengehören, dass sich der Glaube von Gott unterschieden weiß. Doch das ist selbst wiederum unaufhebbar eine Selbstaussage des Glaubens. Er ist es, der in sich zwischen seinem eigenen (Glaubens-)Vollzug und Gottes Wirklichkeit unterscheidet. Und dass dies nicht anders möglich ist, versteht man gern so, dass keine intellektuelle Werkgerechtigkeit zu Gott führt. Anders gesagt: Der Glaube kann Rechenschaft ablegen, aber nicht Gottes Wirklichkeit beweisen – und gerade darin zeigt sich indirekt, dass der Glaube eben nicht nur mit sich zu tun hat. Was dann nachweisbar bleibt, ist ein neues Selbstverständnis des Menschen. In der Regel verweist man protestantisch dabei gern auch auf die Sprache der Bibel, die ein solches neues Selbstverständnis ermöglichen soll. Genau hier kommt die Position der sogenannten hermeneutischen Theologie ins Spiel: Glaube ist immer auch Verstehen. Dieses Verstehen ist genuin sprachlich, so die (bild-)hermeneutische Theologie, und führt zu einem neuen Selbstverständnis, in dem sich Gott indirekt erschließt. Gott ist kein an-sich-feststehendes Objekt für unser Verstehen, das sich beweisen lässt, sondern eine lebensorientierende Perspektive, die sich in der (Sprach-)Bildlichkeit religiöser Rede als relativ rechenschaftsfähig erweist, indem sie dem Menschen in seiner Einbildungskraft eine Unbedingtheitsdimension erschließt.[302]

---

[301] Vgl. Anm. 11.
[302] Will man dies auf die Eschatologie übertragen, so entspricht dem vermutlich am ehesten eine präsentische Eschatologie, die den »Himmel« nicht in einer von dem Menschen angeblich gänzlich getrennten und futurisch

5. Fazit und Folgen

Christlicher Glaube in einem evangelischen Verständnis ist im Sinn einer bildhermeneutischen Theologie als Bildsprache des Unbedingten begreiflich. Ist nämlich das Unbedingte als an sich unzugängliches Inbild von Ganzheit bzw. Einheit und Freiheit bzw. Kontrafaktizität die hintergründige Dimension

---

vergegenständlichten Zweitwelt lokalisiert. Vielmehr handelt es sich bei der Eschatologie dann um die Bildlichkeit des Glaubens angesichts der eigenen Endlichkeit, als deren Kern sich – mit der nicht-fixierbaren Kippfigur, die im Bildvermögen verankerte Unbedingtheit als Archetyp des Bildvermögens zu begreifen – kontrafaktisch die Ewigkeit erweist. Letztere ist dann nicht einfach das Gegenteil der Zeit, sondern deren hintergründige Tiefendimension, so dass die Auferstehung des Menschen als Auferstehung im Tod zu begreifen ist. Auferstehung ist keine Aufhebung oder Verlängerung des irdischen Lebens, sondern dessen Verewigung im Angesicht Gottes (vgl. zur Orientierung: PHILIP C. ALMOND, Jenseits. Eine Geschichte des Lebens nach dem Tode, Darmstadt 2017; JOHANNA RAHNER, Einführung in die christliche Eschatologie, Freiburg/Basel/Wien ²2016; GERHARD LOHFINK, Am Ende das Nichts? Über Auferstehung und Ewiges Leben, Freiburg 2017; ULRICH H. J. KÖRTNER [Hg.], Die Gegenwart der Zukunft. Geschichte und Eschatologie, Neukirchen-Vluyn 2008). Darin besteht m. E. auch das Wahrheitsmoment von Rudolf Bultmanns präsentisch fokussierter und anthropologisch anschlussfähiger Eschatologie, die allerdings darin bzw. dafür zu kritisieren ist, dass sie meint, die Offenheit der Eschatologie gegen deren Artikulation in Hoffnungsbildern stellen zu können; denn auch Ungegenständliches bzw. Unverfügbares kann nur indirekt in einer selbstkritischen Dialektik des Gegenständlichen bzw. Verfügbaren erscheinen; andernfalls droht das Ungegenständliche bzw. Unverfügbare selbst zu verschwinden (vgl. zur Sache und insgesamt zur Einordnung auch: KONRAD HAMMANN, Rudolf Bultmann. Eine Biographie, Tübingen ³2012, 329f.; MICHAEL DORHS, Über den Tod hinaus. Grundzüge einer Individualeschatologie in der Theologie Rudolf Bultmanns, Frankfurt a. M. 1999; ANGELA STANDHARTINGER, Modernisierte Theologie? Zeitgeschichtliche Reflexionen in Rudolf Bultmanns Theologie des Neuen Testaments, in: ThR 79 [2014], 161–189]. Die biblischen Aussagen

menschlichen Lebens, die in diesem als dessen geheimnisvolle Unschärfe indirekt in anschaulicher, sprachlicher und reflexiver Bildlichkeit erscheint, so wird dies vom christlichen Glauben unaufhebbar mit der Jesusüberlieferung verbunden. Diese Verbindung ist zwar nicht zwingend, wie nichtchristliche Religionen oder auch nicht-religiöse Wirklich-

---

über die Auferstehung, die im Fall Jesu in einer definitiven Bildwerdung Gottes besteht, sind keine Ankündigungen chronologisch verrechenbarer Zukunftstatsachen, sondern – immer auch kritisch zu hinterfragende – Bilder einer nicht direkt zu beschreibenden Zukunft, auf die sich die Hoffnung des endlichen Menschen richtet. Wird hierbei der Mensch in die Bildwerdung Gottes in Jesus hineingenommen, bedeutet dies m. E. aufgrund der trinitarischen Selbstdifferenz Gottes, dass der Mensch im Tod mit der Auferstehung so in die Gottheit eingeht, dass er in ihr von ihr noch zu unterscheiden ist. M. W. steht eine bildhermeneutische Aufarbeitung der Eschatologie – einschließlich der gern alternativ präsentierten Konzepte »Auferstehung im Tod« und »Auferstehung nach dem Tod« – noch aus. Eschatologie in dieser bildhermeneutischen Fluchtlinie kann auf die Frage »Gibt es ein Leben nach dem Tod?« m. E. antworten: Ja und Nein. Nein, insofern die an den Leib gebundene Einbildungskraft mit ihren eschatologischen Bildern endlich ist und stirbt. Ja, insofern der Mensch mit diesen Bildern an dem Gott teilhat, der im Sinn des internen Realismus zwar nur für Menschen erscheint, aber gerade darin für eine den Menschen übertreffende Wirklichkeit steht. Wenn man die verkörperte Einbildungskraft bzw. das vordiskursive Bewusstsein des Menschen als »Seele« bezeichnet (vgl. zur Thematik: FERDINAND FELLMANN, »Der menschliche Körper ist das beste Bild der menschlichen Seele«. Der phänomenologische Bildbegriff und die Gottebenbildlichkeit des Menschen, in: JÖRG DIERKEN/ MALTE DOMINIK KRÜGER [Hg.], Leibbezogene Seele? Interdisziplinäre Erkundungen eines kaum noch fassbaren Begriffs, Tübingen 2015, 259-270; MALTE DOMINIK KRÜGER, Von der Seele reden ... Wozu Seelsorge da ist. Bildhermeneutische Überlegungen, in: Wege zum Menschen 71 [2019], 109-120), könnte man auch mit einer relativen Berechtigung von der Unsterblichkeit der Seele reden (vgl. zur Sache auch die Seele als bildloses Bild Gottes bei Meister Eckhart: WILDE, Das neue Bild vom Gottesbild [s. Anm. 191], 171-195).

keitsverständnisse verdeutlichen, sie ist aber auch mehr als purer Zufall. Denn diese Verbindung des indirekt in der Bildlichkeit erscheinenden Unbedingten und der Jesusüberlieferung hat hermeneutisch und sachlich einen Anhalt. Hierbei wird auch klar, dass die Jesusüberlieferung nicht einfach den relativ abstrakten Begriff des Unbedingten stehenlässt, sondern zu einem plastischen Gottesbild menschlicher Frömmigkeit umformt, die sich direkt auf die Gestalt Jesu richtet: Jesus wird zum Bild des Unbedingten, das dadurch eine zuvor in dieser Form nicht erkannte Personalität verrät; das Unbedingte bekommt – jedenfalls für den christlichen Glauben – in Jesus ein menschliches Gesicht.

Dass Jesus so zu dem Bild (Gottes) wird, ist hermeneutisch darin verankert, dass das exemplarische Erzählen über geschichtliche Personen nicht ohne die Einbildungskraft auskommt. Spezifisch religiös wird die Perspektive allerdings erst dann, wenn man berücksichtigt, dass mit Ostern – in der Fluchtlinie des monotheistischen Deutungsschemas des alttestamentlichen Bilderverbots, irdische Niederlagen als himmlische Siege wahrzunehmen – das Zentrum der christlichen Religion bildhermeneutisch erschließbar ist: Mit der Auferstehung wird aus Jesus als demjenigen, der vorösterlich in (Sprach-)Bildern über Gott redet (»Gleichnissen«) und entsprechend gleichnishaft handelt, das anschauliche (Sprach-)Bild Gottes. Als solches ist Jesus das Wort Gottes, in dem sich der christliche Gott unwiderruflich ausgesprochen hat. Im Licht von Ostern wird theologisch sogar erkennbar, dass es sich dabei um ein Geschehen handelt, das grundsätzlich dem Bereich Gottes zuzuschreiben ist und von ihm seinen Ausgang nimmt (Inkarnation). Nachösterlich begegnet der auferstandene Jesus im sich ausbildenden Kanon der christlichen Bibel und der sinnbildlichen Praxis sakramentaler Vergegenwärtigung: Hier ist der christliche Glaube mit demjenigen in Kontakt, der in sichtbarer und hörbarer Weise sich nach dem Tod den Seinen gezeigt hat und dessen Geist zur Ausbildung der Kirche führt. Dieses bildhermeneutische Verständnis legt grundsätzlich die Trinitätslehre nahe, die dann aufgrund der dreistelligen Struktur des Bildes – als Bildträger, Bildobjekt und Bildsujet – zum Ausdruck der Grundstruktur christlichen Glaubens wird: Bildträger sind die Menschen im Glauben (»Geist«, Kirche), die auf das Bildobjekt Jesus bezogen sind (»Sohn«, Christus) und darin das Bildsujet des Unbedingten erkennen (»Vater«, Gott).

Religionsphilosophisch wird mit dieser bildhermeneutischen Idealbildung auch ein m. E. gleichermaßen ernst nehmender wie gelassen erscheinender Umgang mit dem Projektionsvorwurf der neuzeitlichen Religionskritik möglich: Er ist im Recht und übersieht zugleich, dass die Projektion Gottes in der Unbedingtheitsdimension des Bildvermögens eingeschrieben und insofern berechtigt ist. Nicht nur für den christlichen Glauben stellt sich daran anschließend die Frage, ob dann alle religiösen Projektionen (Gottes) gleichermaßen gültig sind. Darauf sollte m. E. jede Religion in Eigenverantwortung reagieren. Die christliche Religion kann mit Kriterien des geschichtstheoretischen Diskurses darauf verweisen, dass das Referenzkriterium, Kommunikationskriterium und Behauptbarkeitskriterium in der christlichen Überlieferung zum Zug kommen. Gegenwartsreligiös ist der Anspruch auf normative Überzeugungskraft damit nicht abgegolten. Er kommt erst ins Spiel, wenn man beachtet, dass die bildhermeneutische Verfassung von Religion in der Jesus-Gestalt sich selbst Bild geworden ist. Allerdings muss diese Selbstreflexivität des Religiösen im christlichen Glauben im Angesicht Jesu nicht einleuchten; sie markiert die Differenz zwischen der Binnensicht und der Außenperspektive des christlichen Glaubens. So ist für die Binnensicht der christliche Glaube die Religion der Religionen, während er für die Außenperspektive lediglich eine Religion der Religionen darstellt.

Entsprechend kann der christliche Glaube seine Triftigkeit nicht beweisen, sondern nur in der Form einer plausiblen Rechenschaft darlegen, so dass er im Kontext der (religions-) philosophischen Realismus-Debatte als interner Realismus einzustufen ist. Damit distanziert er sich sowohl von einem theologischen Realismus, der Gottes An-sich dualistisch unabhängig vom Menschen konzipiert, als auch von einem theologischen Antirealismus, der Gottes An-sich im menschlichen Glauben auflöst, als auch von einem theologischen Relativismus, der auf das Funktionieren tradierter Konventionen setzt, ohne darüber ernsthaft theologische Rechenschaft abzulegen. Vielmehr besagt der interne Realismus für eine christliche Theologie, dass der Gott, der in Jesus als anschauliches Wort bzw. sprachliches Bild vernehmbar ist, nur im Glauben erscheint, der sich aber gerade dadurch präzise von diesem Gott unterschieden weiß.

Aus dieser Lesart bildhermeneutischer Theologie können sich verschiedene Folgen ergeben. M. E. stechen vier besonders hervor.[303]

Erstens ist der christliche Glaube in dem skizzierten evangelischen Verständnis nicht als Notwendigkeit hinzustellen, die der Mensch zwingend annehmen müsste; vielmehr ist er eine Option. Sie ist allerdings eine plausible und nicht irrationale Möglichkeit. Entsprechend kann der christliche Glaube in einer scheinbar durchweg funktionalisierten Spät-

---

[303] Vgl. dazu schon: KRÜGER, Das andere Bild Christi (s. Anm. 1), 538–541; DERS., Warum heute evangelisch sein (s. Anm. 155), 111–114; DERS., Evangelische Bildtheologie (s. Anm. 155), 222.

moderne freiheitstheoretisch interessant sein. Denn indem der christliche Glaube die Funktion der Funktionslosigkeit darstellt, vermag er neue, sich nicht aus der Welt der Zwänge ergebende Perspektiven zu erschließen und damit den gewohnten Zusammenhang kontrafaktisch zu unterbrechen. Genau in der Fokussierung auf seinen spezifischen Inhalt, mit dem die Funktion der Funktionslosigkeit einhergeht, ist daher m. E. der christliche Glaube ein öffentliches Phänomen – und nicht, weil er sich vorrangig als theistischer Verstärker eines ohnehin vorhandenen und politisch einflussreichen »Mainstreams« präsentiert.

Zweitens ist der christliche Glaube – zumal in seiner evangelischen Spielart – ein Anwalt der mit der Sprache verbundenen Einbildungskraft. In einer bildlich dominierten Welt, die auch hochgradig konstruktiv mit der – insbesondere digitalen[304] – Vergegenständlichung des Bildvermögens und der Sprache der Gegenstände verflochten ist, hat er dann ein besonderes Amt: Er darf, soll und muss m. E. vital die Prozesse der Vergegenständlichung, Fixierung und Musealisierung hinterfragen und durchkreuzen, die sich alternativlos geben. Denn die in der Einbildungskraft des Glaubens erschlossene Lebendigkeit des Unbedingten entzieht sich immer wieder und hält zu einer entsprechenden Sicht der Wirklichkeit an.

Drittens hängt die Überzeugungskraft des christlichen Glaubens nicht an seiner theoretischen Beweisbarkeit, die erreichen zu wollen schon ein Missverständnis seiner plausi-

---

[304] Vgl. zur Sache auch: MARCELL SASS, Neue Welten entdecken: Digitalisierung – Theologie – Kirche, in: EZW-Texte 264/2019, 67–76; RALPH CHARBONNIER/JÖRG DIERKEN/MALTE DOMINIK KRÜGER (Hg.), Eindeutigkeit und Ambivalenzen. Theologie und Digitalisierungsdiskurs (in Vorbereitung).

blen Fähigkeit zur theoretischen Rechenschaft ist. Vielmehr erweist sich – im Einklang mit seinem Charakter als interner Realismus – die Überzeugungskraft des christlichen Glaubens in der Performanz seiner imaginativen Potentiale, deren neue Perspektiven im Vollzug ihrer Annahme und Umsetzung selbst wirklich werden. In dem Sinn kann man m. E. auch den Begriff des (Lebens-)Zeugnisses neu erwägen, das andere Menschen anregt, die Erschließungskraft des christlichen Glaubens zu erproben.

Viertens könnte der Bildbegriff – im Sinn der dargelegten bildhermeneutischen Theologie evangelischer Lesart – auch ökumenisch und interreligiös interessant sein. Denn zum einen scheint es faktisch ein Grundzug praktizierter Religion zu sein, einen Hang zu einer anschaulichen Bildlichkeit, einer sprachlichen Metaphorik und einem nachdenklichen Lebensstil zu haben, die sich selbstkritisch zurücknehmen und auf etwas verweisen, was in ihrer Bildlichkeit, ihrer Metaphorik und ihrem Lebensstil nicht aufgeht. Und zum anderen bietet sich der Bildbegriff offenbar prinzipiell für eine ökumenische und interreligiöse Verständigung an, weil er sowohl zuständlich das Mediale religiöser Artikulation als auch gegenständlich das Inhaltliche religiöser Praxis betrifft.

Arbogast Schmitt

Die Darstellung des Göttlichen im Bild[1]

Zwei Bildbegriffe der Antike und ihre Bedeutung für die Präsenz der Wirklichkeit des Dargestellten im Bild

I Einführende Charakteristik der beiden Bildbegriffe

Die Frage, ob Gott oder Göttliches bildlich dargestellt werden kann, und ob eine solche Darstellung überhaupt angemessen sein kann, war und ist Gegenstand vieler Diskussionen in vielen Religionen, aber auch in der Philosophie und der Literatur. Gegenstand der folgenden kleinen Abhandlung soll ein Beitrag der Philosophie und Literatur der Antike zu dieser Thematik sein, genauer: die Herausarbeitung zweier Grundformen des Bildverständnisses aus dem breiten Spektrum un-

---

[1] Über Fragen der Anschaulichkeit in der griechischen Kunst und ihrer Theorie habe ich schon mehrere Untersuchungen gemacht, auf die ich im Folgenden teilweise zurückgreifen muss, damit das Thema ohne ständige Hinweise auf schon Publiziertes aus sich heraus verständlich behandelt werden kann. Vgl. v. a.: ARBOGAST SCHMITT, Anschauung und Anschaulichkeit in der Erkenntnis- und Literaturtheorie bei Aristoteles; in: GYBURG RADKE UHLMANN, ARBOGAST SCHMITT (Hg.), Anschaulichkeit in Kunst und Literatur. Wege bildlicher Visualisierung in der europäischen Geschichte, Berlin/Boston 2011, 91–151; s. auch DERS., Vom Gliedergefüge zum handelnden Menschen. Snells entwicklungsgeschichtliche Homerdeutung und ein mögliches Homerbild heute, in: MICHAEL MEIER BRÜGGER (Hg.), Homer, gedeutet durch ein großes Lexikon, Berlin/New York 2012, 263–317. Auf andere Vorarbeiten weise ich jeweils hin.

terschiedlicher Ansätze, die auch die Antike schon entwickelt hat. Diesen beiden Grundformen lassen sich trotz innersystematischer Differenzen viele Bildbegriffe oder Weisen der Bilddarstellung in der griechisch-römischen Antike zuordnen. Sie haben aber nicht in gleicher Weise eine Wiederaufnahme in Neuzeit und Moderne gefunden. Im Gegenteil, während eine Tradition in Theorie und Praxis bis in die Gegenwart vielfach neu rezipiert und weiter diskutiert wurde, ist die zweite Grundform, die im Folgenden im Zentrum stehen soll, in der Theorie fast ganz unbeachtet geblieben, wenn sie auch in der künstlerischen Praxis vielfach verwirklicht ist.

Die wirkungsgeschichtlich erfolgreichere Tradition verfolgt das von vielen Theoretikern wie Praktikern der Antike geteilte Anliegen, die Differenz zwischen dem im Bild Präsenten und der Wirklichkeit möglichst vollständig aufzuheben.[2] Das, was das Bild nur darstellt, soll so sein, dass der Charakter einer bloßen Darstellung verschwindet. Der Betrachter oder Leser soll den Eindruck gewinnen, er erfahre und erlebe selbst unmittelbar das Wirkliche mit. Das Mittel der Kunst, dieses Darstellungsziel zu verwirklichen, wird im Griechischen mit *enárgeia* (sinnliche Deutlichkeit) bezeichnet, im Lateinischen *evidentia*. Die vollkommene, sinnlich erfahrbare Präsenz der dargestellten Wirklichkeit im Bild soll nicht nur eine vollkommene Erkenntnis möglich machen, d. h. unmittelbar sichtbar machen, wie etwas wirklich ist, sie soll auch eben die Gefühle erregen, ja sogar in gesteigerter Form, die die Begegnung mit dem Wirklichen selbst erregen würde. Diese Aufgabenstellung gilt für Maler, bildende Künstler und Dichter in

---

[2] Vgl. dazu v. a. GREGOR VOGT-SPIRA, Prae sensibus. Das Ideal der Lebensechtheit in römischer Rhetorik und Dichtungstheorie, in: Anschaulichkeit in Kunst und Literatur (s. Anm. 1), 13-34.

gleicher Weise. Sie ergibt sich aus einer bestimmten Auffassung von Nachahmung (*mímesis*).[3] Das im gemalten Bild gleichzeitig, in der Dichtung im Nacheinander der Zeit Nachgeahmte soll lebendige Wirklichkeit ausstrahlen. Das Mittel dazu sind Appelle an die Sinne des Betrachters, neben dem Auge auch an Gehör, Geruch, Tastsinn, er soll Stimmen und Töne hören, den Duft von Äpfeln riechen. Plinius[4] berichtet von einem Maler, Aristeides, der einen Flehenden so gemalt habe, dass man seine Stimme zu hören meinte.[5] Sehr viele der Einwände und Vorbehalte gegen die Darstellung des Göttlichen im Bild beziehen sich – wenn auch oft, ohne sich den besonderen Charakter dieses Bildverständnisses bewusst zu machen – auf die beiden genannten Aspekte: auf den Anspruch, das Dargestellte präsentiere unmittelbar das Wirkliche, und habe auch die Wirkung, die von dem Dargestellten selbst ausgeht. Denn abgesehen davon, dass Gott, wenn es ihn gibt, nur als geistiges Wesen gedacht werden kann – die begrenzte Endlichkeit allein, die mit jeder sinnlichen Repräsentation verbunden ist, muss zu einer verfälschten Erkenntnis Gottes führen. Einem sinnlichen Abbild auch noch Wirkungen zuzuschreiben, wie sie von Gott selbst ausgehen, macht

---

[3] Den Bildcharakter schreiben auch Platon und Aristoteles in gleicher Weise der Malerei, der bildenden Kunst und der Dichtung zu mit der Begründung, »ein Bild (*eikōn*) ist das, was durch Nachahmung entsteht.« (ARISTOTELES, *Topik*, 140a14 f.). Und Nachahmung ist: Wenn in etwas Verschiedenem etwas (davon) Verschiedenes auf verschiedene Weise entsteht (Aristoteles, *Poetik* 1447a16–18: *en hetérō héteron hetérōs*), z. B. Sokrates auf einer Leinwand in Farbe.

[4] Vgl. PLINIUS, Naturalis historia (ed. Ludwig von Jan, Karl Mayhoff) Stuttgart 1967–2002, 35, 99.

[5] Vgl. dazu PHILOSTRATOS. Die Bilder, griechisch-deutsch, hg., übers. u. erl. von Otto Schönberger, München 1968, 48–56.

ein solches Abbild zu einem *eídolon,* einem Scheinbild. Luther hat es bekanntlich mit »Götze« übersetzt.

Zur Rechtfertigung bildlicher Gottesdarstellungen wurde oft und oft mit guten Gründen erwogen, nur Bilder, die einen Verweischarakter haben, also symbolisch oder allegorisch oder in einem anderen intentionalen Sinn zu verstehen sind, anzuerkennen.[6] Es gibt aber in der klassischen griechischen Literatur auch Bilder oder bildliche Darstellungen, die keinen Hinweischarakter haben, sondern in unmittelbarer Präsenz etwas verstehbar machen, was die reine Phänomenalität gar nicht zeigt und deshalb in ihr auch nicht präsent ist oder präsent gemacht werden kann. Wenn z. B. Homer von Achill berichtet, dass er nach dem Weggang seiner Freunde, die ihn flehentlich bedrängt hatten, ihnen im Kampf gegen übermächtige Trojaner wieder beizustehen (*Ilias* 9, 185-667), nicht mehr in seinem Zelt sitzt und sich auf der »Laute« mit Gesängen von großen Kämpfen zu erfreuen sucht, sondern auf dem Deck seines Schiffes steht und aufmerksam das verlustreiche Kampfgeschehen beobachtet (13, 599-615), dann bietet Homer nicht das in deutlicher Sinnlichkeit ausgeführte Bild seiner Gestalt (und auch nicht von dem bestimmten Schiff, auf dem er steht), sondern er konzentriert die Erzählung ausschließlich auf die »Sichtbarmachung« einer bestimmten inneren Aktivität Achills, auf den intensiven Anteil, den Achill wieder am Leid seiner Kameraden nimmt.

Dass es bei dieser Darstellung auf die Kleider, die Achill anhat, auf sein Aussehen usw. gar nicht ankommt, zeigt, dass von diesen sinnlichen Erscheinungsweisen auch keine Erkenntnis der inneren Aktivität, die Achills Handeln und Re-

---

[6] Vgl. z. B. REINHARD HOEPS (Hg), Zwischen Zeichen und Präsenz, Handbuch der Bildtheologie Bd.3, Paderborn 2014.

Die Darstellung des Göttlichen im Bild

den gerade bestimmt, ausgehen kann. Da Homer aber auch nicht den äußeren Ausdruck des Gefühlszustands Achills beschreibt und auch nicht die Gefühle benennt, von denen er gerade bewegt ist, sondern einfach den Akt zeigt, in dem sich die neue Anteilnahme Achills vollzieht, haben ihm die meisten neueren Interpreten ein Wissen um das Innere des Menschen und daher auch die Fähigkeit, Gefühle angemessen darzustellen, abgesprochen.[7] Aristoteles lobt im Unterschied dazu Homer nachdrücklich. Er allein habe gewusst, was Aufgabe eines Dichters sei. Deshalb habe er keine langen (»auktorialen«) Reden über seine Personen gehalten, sondern habe sie mit solchen Worten und Handlungen auftreten lassen, in denen sich das vollzieht, was diese Personen gerade innerlich bewegt (*Poetik* 24, 1460a5-13). Ein ähnliches Lob spendet Aristoteles bestimmten Malern, wie z. B. Polygnot, der ein guter *ethográphos*, ein guter Charakterdarsteller gewesen sei (sc. weil auf seinen Bilder erkennbar gemacht ist, was jemand vorzieht oder meidet, *Poetik* 1454a16-18), und grenzt ihn gegen Zeuxis' »Naturtreue« ab, weil dessen Bilder gar nichts über das Innere seiner Personen zu erkennen gäben (*Poetik* 1450a26-29). Ähnlich wie man für das Verfahren, die Differenz zwischen Bild und Wirklichkeit zum Verschwinden zu bringen, den Begriff der *enárgeia* (*evidentia*) geprägt hat, die die vollkommene sinnliche Verdeutlichung bezeichnen soll, hat Aristoteles auch einen Begriff für die Darstellung der Aktivität, die man an einer sinnlichen Erscheinung als ihr eigentliches Movens (nicht wahrnehmen kann, sondern) begreifen

---

[7] Vgl. z. B. BERND EFFE, der Vergils Fähigkeit zu empathetischer Darstellung gegen Homers »olympische« Kälte abgrenzt: Epische Objektivität und auktoriales Erzählen. Zur Entfaltung emotionaler Subjektivität in Vergils Aeneis, in: Gymnasium 90 (1983), 171-186.

muss, gebildet. Er unterscheidet sich in nur einem Buchstaben von der *enárgeia* und lautet: *enérgeia* (*actus*, Akt oder Aktivität) (*Rhetorik* 1411b22-1412a10). Man könnte die Unterscheidung, die Aristoteles an Zeuxis und Polygnot exemplifiziert, für selbstverständlich und allgemein anerkannt halten. Selbst ein heutiger Photograph, dessen Bilder grundsätzlich die Wirklichkeit wiedergeben, wie sie ist – jedenfalls wenn die Technik und die Lichtverhältnisse perfekt sind – ist mit einer solchen bloßen Wiedergabe nicht zufrieden, sondern sucht den charakteristischen Augenblick, der im Sichtbaren etwas Verstehbares, das man begreifen muss (und das deshalb auch nicht immer von allen »gesehen« wird), zum Ausdruck bringt. Dass dieses Begreifen des Charakteristischen im Bild von vielen heute als Aufgabe einer sorgfältigen Wahrnehmung und Beobachtung ausgelegt wird und auch vom Betrachter erwartet wird, dass er es unmittelbar »sieht«, ist allerdings ein Hinweis darauf, dass – zumindest in der Theorie – der Unterschied zwischen einer sinnlichen *enárgeia* und einer nur begreifbaren *enérgeia* nicht oder nicht hinreichend beachtet ist.[8] Berücksichtigt man zudem, dass die meisten modernen Interpreten Homer einen psychologisch aufgeklärten Einblick in das Innere des Menschen und deshalb die Fähigkeit, Gefühle und Gefühlsentwicklungen darzustellen, abgesprochen haben, wird klar, dass das, was Homer zu zeigen versucht, und was Aristoteles lobt, noch genauer und differenzierter verstanden werden kann. Da Platon wie Aristoteles die

---

[8] Diese Vermischung beginnt schon in der Antike. Quintilian z. B. versteht die von Aristoteles befürwortete *enérgeia* als Verlebendigung. Man soll das sinnlich Deutliche nicht nur statisch, sondern gleichsam belebt darstellen. Vgl. Ausbildung des Redners VIII, 6,8-13. Dass das eine grundlegende Verkürzung der aristotelischen Konzeption ist, vgl. das Folgende.

zu ihrer Zeit neue Malerei gut kennen, die durch Licht- und Schattenwirkung und durch die Berücksichtigung der Perspektive des Betrachters die Unterscheidung zwischen Bild und Wirklichkeit aufheben wollte,[9] und sie gegen eine Darstellung abgrenzen, die eine im Sichtbaren nur begreifbare Aktivität »vor Augen stellen« möchte, sollen die Argumente, mit denen sie die Differenz begründen, genauer verfolgt werden. Dabei soll auch deutlich werden, dass die von ihnen bevorzugte Darstellung eines Bildakts keinen (nur) symbolischen Charakter hat. Der im Sichtbaren nur begreifbare Akt (enérgeia) ist in der Erklärung durch Platon und Aristoteles vielmehr auch etwas im Sichtbaren Präsentes, d. h. etwas, was wirklich in ihm da ist. Aber er wird nicht durch das sinnlich Erfahrbare ausgedrückt, sondern muss durch einen begreifenden Akt erschlossen werden, der dem sinnlichen Bild erst seine gemeinte Bedeutung gibt. Dabei geht es nicht nur darum, dass viele, vor allem traditionelle Bilder ein Wissen um das, was auf ihnen dargestellt ist, erfordern, sondern darum, dass man das im Bild Ausgedrückte auch begreifen muss. Wer etwa das Bild eines gekreuzigten Christus aus dem 12. Jahrhundert sieht und weiß, dass es sich um eine Darstellung des Christus triumphans handelt, muss in den sichtbaren Zügen dieses Christus die Art seines Triumphes, die nicht eine überhebliche Souveränität meint, sondern den Sieg über Leiden und Tod und die mild-hilfreiche Zuwendung zur Welt, als deren Retter er gezeigt ist, begreifen. Sonst bleibt das Bild trotz des Wissens des Betrachters und trotz seiner Fähig-

---

[9] Zur antiken »Schattenmalerei« vgl. die kommentierte Quellensammlung von JEROME J. POLITT, The Ancient View of Greek Art.Criticism, History, and Terminology, New Haven 1974, v. a. 230 ff; s. z. B. auch EVA KEULS, Plato and Greek Painting, Leiden 1978.

Christus triumphans – Ausdruck des Siegs über Leiden und Tod durch Zuwendung zu den Menschen. Holzkreuz, Giunta Pisano, um 1250, Museo Nazionale die San Matteo, Pisa.

keit, zu sehen, was dargestellt ist, blind. Diese Auslegung dessen, was ein Bild alles Bild leisten kann – »wie Phidias Zeus nach keinem sinnlichen Bild geschaffen hat, sondern ihn so genommen hat, wie er wirklich werden müsste, wenn Zeus uns für unsere Augen erkennbar erscheinen wollte« (Plotin V,8,1,38–40)[10] – diese Auslegung kann viel zum Verständnis

---

10 In einem verdienstvollen Forschungsprojekt: SABINE FÖLLINGER/THERESE FUHRER/JAN STENGER/MARTIN VÖHLER/KATHARINA VOLK (Hg.), Bilder von dem Einen Gott. Die Rhetorik des Bildes in monotheistischen Gottesdarstellungen der Spätantike, Berlin/Boston 2016, wird das Problem, wie man Göttliches veranschaulichen kann und wie spätantike Autoren dieses Problem zu lösen versucht haben, in mehreren Beiträgen behandelt. Dabei ergibt sich mehrfach, dass auch der Gegensatz zwischen einer polytheistischen und einer monotheistischen Gottesauffassung nicht so absolut ist,

beitragen, auf wie verschiedene Weise man Gott oder Götter bildlich darstellen kann, sie kann sogar die Unterscheidung zwischen Polytheismus und Monotheismus in einem neuen Licht erscheinen lassen. Der Weg zu diesem Verständnis kann freilich nicht unmittelbar mit der Frage, wie Gott oder Göttliches im Bild dargestellt werden kann, beginnen. Ausgangspunkt muss die Erarbeitung der Kriterien sein, die die Unterscheidung möglich machen zwischen einer Präsenz des Dargestellten, die dessen wirkliches Sein erkennbar und auch in seiner eigentümlichen Wirklichkeit erfahrbar macht, und Darstellungsweisen, die eine Scheinwirklichkeit suggerieren und durch ein falsches Bild des Dargestellten auch ein falsches Gottesbild erzeugen.

---

wie er meist verstanden wird. In der Regel schreibt man diese Annäherung an monotheistische Auslegungen des Göttlichen erst der Spätantike zu. Im Folgenden versuche ich zu begründen und zu belegen, dass diese Annäherung schon bei Homer grundgelegt ist. Der Hauptunterschied zwischen der Behandlung der – philosophisch, religiös, rhetorisch oder literarisch gesuchten – Veranschaulichung des Göttlichen, die in dem genannten Tagungsband v. a. durch eine Analyse der rhetorischen Mittel, mit denen sie gelingen kann, behandelt wird, zur Darstellung, die im Folgenden versucht werden soll, ist die viel zu geringe Beachtung der oft fast kategorial verschiedenen Weisen, wie man Anschauung zu erreichen versucht hat, die hier v. a. im Blick auf den Grundunterschied zwischen einer Darstellung, die in sinnlicher Evidenz Wirklichkeit nachzuahmen versucht, von einer Darstellung, die auf die eigentümlichen Aktivitäten, in denen etwas nicht Sichtbares im Sichtbaren verwirklicht werden kann, untersucht werden soll. Keine Beachtung hat bei der Behandlung der »Bilder von dem Einen Gott« leider die historisch-systematisch angelegte Behandlung in der Tagung zu: GYBURG RADKE-UHLMANN/ARBOGAST SCHMITT, Anschaulichkeit in Kunst und Literatur. Wege bildlicher Visualisierung in der Europäischen Geschichte, Berlin/Boston 2011 gefunden.

II Platons Kritik am Erscheinenlassen des Erscheinenden, wie es erscheint

Zu Beginn des 10. Buches seiner *Politeia* setzt sich Platon mit der auf größte Natur- oder Wirklichkeitstreue bedachten sog. Schattenmalerei (*skiagraphía*, perspektivische Licht-und Schattenmalerei) seiner Zeit und mit ihrem Nachahmungsverständnis auseinander, das er nicht nur in der Malerei, sondern genauso in der Dichtung angestrebt sieht. Diese Partie ist und war Gegenstand vieler Kritik an Platon, von der man aber mit guten Textbelegen zeigen kann, dass sie sich auf ein zwar naheliegendes Missverständnis stützt, dass sie aber von außen, d. h. von Vorerwartungen, die der Text gar nicht erfüllen wollte, an den Text herangetragen wird.[11]

Platon lässt Sokrates mit einer Erinnerung an die Unterscheidung verschiedener Seelen-»Arten« (*eíde*) beginnen. Die Seele, das war das Ergebnis, erkennt, fühlt und will, nicht immer mit einem und demselben Vermögen.[12] Bei Formen des Begehrens stützt sie sich meistens auf die Erkenntnisfähigkeiten der Sinne und die mit ihnen verbundenen Gefühle der Lust und Unlust. Wenn man sich aber über etwas ereifert, spielen die Sinne oft keine Rolle mehr oder nur eine untergeordnete. Dieses sich Ereifernde in uns nennt Platon das

---

[11] Eine gründliche und differenzierte Behandlung dieser viel umstrittenen Partie, in der auch die Forschung umfassend diskutiert wird, bietet STEFAN BÜTTNER, Die Literaturtheorie bei Platon und ihre anthropologische Begründung, Tübingen und Basel 2000, v. a. 170–214.

[12] Zur Platonischen Seelen-»Teilungs«-Lehre s. ARBOGAST SCHMITT, Gerechtigkeit bei Platon. Zur anthropologischen Grundlegung der Moral in der Platonischen Politeia, in: DIEGO DE BRASI, SABINE FÖLLINGER (Hg), Anthropologie in Antike und Gegenwart, München 2015, 279–328, v. a. 300–319.

thymoeidés, das Thymosartige. Unter Thymos verstehen die Griechen eine heftige Gemütsbewegung, die Platon als ein Sich-Ereifern deutet.

Achill, der (fast) 10 Jahre lang die Griechen vor den Angriffen der Trojaner geschützt hat, kann von Agamemnon, der ihm diese Leistung überhaupt nicht gedankt hatte, auch nicht durch die größten materiellen Geschenke (und auch nicht durch die schönsten Frauen) wieder umgestimmt werden, weil er sich über diesen Undank so ereifert, dass alle diese sinnlichen Verlockungen gar keine Bedeutung für ihn haben (*Ilias* 1, 171–220; 9, 115–161). Er ist auf seine Selbstverwirklichung als bester Krieger vor Troja bedacht. Fragt man mit Platon etwas genauer, worauf jemand wie Achill bei diesem Streben achtet, kann man ausschließen, dass er sich auf etwas Wahrnehmbares und eine damit verbundene Lust richtet. Seine ganze Aufmerksamkeit geht auf die Verwirklichung (s-)eines Könnens. Das Vermögen, mit dem man ein Können (das sich in etwas Sinnlichem verwirklicht) erkennt, nennt Platon *dóxa*, Meinung. Mit dieser Erkenntnisfähigkeit überschreitet der Mensch also bereits die Ebene der Wahrnehmung und richtet sich auf etwas, von dem Platon und Aristoteles zeigen, dass es der Anfang eines begrifflichen Denkens ist. Mit dieser Erkenntnisdimension werden wir uns noch genauer befassen. Von dieser Art zu erkennen, zu fühlen und zu wollen unterscheidet Platon noch eine auf die Vernunft gestützte seelische Dimension, die sich dadurch auszeichnet, dass sie sich nicht auf Einzelnes fixiert – wie Achill auf den Undank Agamemnons – sondern auf etwas, was für die Verwirklichung eines Vermögens oder Könnens insgesamt wichtig ist. So empört sich Odysseus, der als Bettler verkleidet in seinem eigenen Palast sitzt, zwar heftig über seine Dienerinnen, die sich buhlerisch mit den Freiern seiner Frau zusammentun, er hat aber ein Ziel vor Augen, das für sein ganzes weiteres Leben relevant ist: er möchte wieder König in seinem Reich sein und mit seiner Frau Penelope zusammen leben können. Die Lust, die mit dieser Vorstellung verbunden ist, macht es ihm leicht, sich nicht wie Achill auf einen augenblicklichen Ärger zu fixieren, sondern das wirklich für ihn Gute im Auge zu haben und auf eine Bestrafung der Dienerinnen zu verzichten (*Odysee* 20, 1-30).

An diese Dreiteilung erinnert Sokrates, um zu begründen, weshalb man die Dichtung, »sofern sie nachahmend ist«, in eine Stadt, die sich ihren möglichst besten Zustand zum Vorbild nehmen möchte, nicht aufnehmen dürfe:

> »Ja, wirklich, sagte ich [Sokrates[13]], an vielem, was die Stadt angeht, erkenne ich, dass wir sie überaus richtig angelegt haben, ganz besonders sage ich das, wenn ich an die Dichtung denke.[14]
> [»An was genau?«, fragte er.]
> Dass wir sie auf keinen Fall aufnehmen, sofern sie nachahmend ist. Dass sie auf keinen Fall aufgenommen werden soll, das zeigt sich, wie ich meine, jetzt noch deutlicher, seit wir die Arten (*eíde*) der Seele – eine jede für sich – unterschieden haben« (595a1-b1).

---

[13] Ich unterscheide im Folgenden nicht ständig zwischen Platon als Autor und Sokrates als Gesprächspartner im Dialog. Platon lässt Sokrates sich oft auf das Gesprächsniveau seiner Partner einstellen. Dabei vertritt dieser dann öfter Positionen, die nicht die »reine Lehre« Platons enthalten. Beim Gespräch ganz am Ende der Politeia, in dem Sokrates mit Glaukon, Platons älterem Bruder, die Ergebnisse ihrer langen Überlegungen zusammenfasst, kann man mit einiger Sicherheit davon ausgehen, dass Sokrates im Sinn Platons spricht. Dort jedenfalls, wo dies auch eine philologische Interpretation nahelegt, benenne ich Sokrates selbst nur, wenn dies bei einem Textzitat erforderlich ist.

[14] Die Übersetzungen sind jeweils vom Verf.

Schon diese ersten Sätze machen ganz unmissverständlich klar, dass Platon nicht die Dichtung überhaupt aus seiner Stadt ausgeschlossen wissen möchte, sondern nur die Art von Dichtung, die »nachahmend« ist.[15] Der Hinweis darauf, dass die Unterscheidung verschiedener Seelen-»Arten« (*eíde*) diesen Ausschluss noch klarer begründe, lenkt die Aufmerksamkeit zugleich auf die Frage, welche Rolle die verschiedenen Seelen- »Arten« für die Art von Dichtung (»was für eine?«) haben, die Platon kritisch beurteilt.

Der nächste Schritt der Argumentation ist konsequent die Bestimmung dessen, was hier mit Nachahmung (*mímesis*) gemeint ist. »Die Nachahmung, kannst Du mir vielleicht sagen, was sie überhaupt ist?« (595c8 f.) Für den Weg zur Klärung dieser Frage schlägt Sokrates vor, sich an »das gewohnte methodische Vorgehen« zu halten, d. h. alles Einzelne von dem *eídos* her, an dem es teilhat und von dem her es bezeichnet wird, zu beurteilen.[16] Ausdrücklich begründet hatte Platon diese Methode in seinem Dialog *Phaidon* (100a-102a). Es ist die sogenannte »Hypothesis-Methode«. Da diese »Methode« in der Forschung sehr unterschiedlich und meistens verbun-

---

[15] Da Platon häufig jede Dichtung als Nachahmung charakterisiert, glauben manche Interpreten, dass er auch an dieser Stelle die ganze Dichtung aus seinem Staat ausgeschlossen wissen möchte. Da Sokrates aber gleich im Anschluss an diese Stelle erklärt, was er hier unter Nachahmung *(mímesis)* versteht, muss man dieses Nachahmungsverständnis zu Grunde legen, und dieses Nachahmungsverständnis ist die möglichst vollkommene Repräsentation der sinnlichen Phänomene. Vgl. das Folgende.

[16] Die folgende Interpretation entspricht nicht den Haupttendenzen der Forschung, die das *Eidos*, an dem das Einzelne teilhat und auf das z. B. der Handwerker hinblicken kann, als etwas Ideales, einen idealen Gegenstand, z. B. ein Modell, oder als ein allgemeines Form- Bau oder Proportionenprinzip versteht. Trotz ihrer breiten Akzeptanz widerspricht diese Interpretation klaren und konsistenten Textaussagen. Vgl. das Folgende.

den mit einer grundlegenden Kritik an Platon interpretiert wird, stelle ich wenigstens einige der wichtigsten Belege, aus denen man das Gemeinte mit einiger Sicherheit erschließen kann, zusammen[17]:

In dieser »Methode« wird »vorausgesetzt« (*hypóthesis*), dass man nur dann widerspruchsfrei über etwas reden kann, wenn man sich mit seiner Bezeichnung auf genau ein bestimmtes Etwas richtet, das von sich her ist, was es ist: »Ich setze voraus«, so formuliert Sokrates, »›schön‹ sei selbst für sich selbst etwas Bestimmtes (*eínaí ti autó kath' hautó*) und (ebenso) ›gut‹ und ›groß‹ und alles andere.« (*Phaidon* 100b5 f.) Auf dieses für sich selbst Bestimmte müsse sich jede Argumentation beziehen, nur was mit ihm übereinstimme, könne überhaupt wahr sein (sc. ohne Gefahr, ständig widerlegt zu werden) (ebd. 100a3–7). Was dieser Bezug erfordert, demonstriert Platon an sehr vielen Beispielen in vielen seiner Dialoge. Groß etwa ist etwas nicht, weil es eine bestimmte Größe hat. Wer 1960 als groß galt, gilt 2020 schon als klein. An der Größe von 1,80 m kann man sich also nicht orientieren, wenn man wissen will, wann man jemanden als groß beurteilen und groß nennen kann. Unter »groß« verstehen wir aber immer noch ein und dasselbe, etwa, dass Großsein meint, etwas anderes (der Quantität oder Qualität nach) zu überragen. Nur wenn man zugrunde legt, dass Großsein selbst für sich selbst etwas Bestimmtes ist und wenn man sich an ihm orientiert, wenn man etwas groß nennt, erscheint nicht immer wieder etwas anderes als groß. Der Blick auf das immer selbe *eídos* des Großseins bewahrt vor diesem Fluss der Erscheinungen und macht es möglich, alles, was die Bedingungen des Groß-

---

[17] S. dazu genauer ARBOGAST SCHMITT, Denken und Sein bei Platon und Descartes, Heidelberg 2011, 99–125.

seins erfüllt – dass etwas etwas anderes überragt – korrekt groß zu nennen. Genauso ist etwas nicht ein »Doppeltes«,[18] weil es das Doppelte von Eins oder von Hundert ist, sondern weil es um dasselbe mehr ist als etwas anderes. Würde man das Doppeltsein an einem bestimmten Doppelten abzulesen versuchen, etwa an der Zahl Zwei, dann wäre dieses Doppelte zugleich ein Halbes, nämlich von Vier. Denn die Zwei »hat« am Doppeltsein nur »teil«, es ist ein Aspekt an ihr – sofern sie um dasselbe mehr ist als die Eins – aber sie ist nicht das, was genau und nur unter dem Doppeltsein verstanden werden muss. Deshalb, weil die Zwei an der Sachmöglichkeit, um dasselbe mehr sein zu können als etwas anderes, teilhat, kann sie auch als ein Doppeltes bezeichnet werden. Sie hat diesen »Bei-Namen« (*eponymía*) vom *eídos* des Doppeltseins, sie ist aber nicht selbst ein rein und nur Doppelseiendes. Dieses Doppeltsein »selbst«, d. h. die Seinsmöglichkeit, um dasselbe mehr sein zu können als etwas anderes, muss man aus dem Gesamtkomplex der Zwei herauslösen (*analysis*) und rein für sich zu ermitteln zu suchen. Und an diesem Doppeltsein

---

[18] Von der platonischen Behauptung, jedes Doppelte sei ebenso ein Halbes (*Politeía* 479b3-4), wussten viele Interpreten nicht, was damit überhaupt gemeint sein konnte. Zum Glück bietet Aristoteles an zwei Stellen eine Erklärung. S. *Metaphysik* 987a20-26; *Sophistici elenchi* 167 a29 f. Dieser Erklärung folgt die oben gegebene Deutung. Bei den Beispielen von jedem Großen, dass es auch klein, jedem Gleichen, dass es auch ungleich ist (u. ä.), scheint es vielen, dass Platon noch nicht zwischen Eigenschaften und Relationen habe unterscheiden können. Dass das nicht das Problem ist, zeigen die oben diskutierten weiteren Beispiele. Zu Platons Umgang mit Relativem s. EBERHARD SCHEIBE, Über Relativbegriffe in der Philosophie Platons, Phronesis 12, 1967, 28-49, der gut begründet, dass Platon eine durchdachte und keine naiv unkritische Konzeption von Relativa (so deutet er Relationen) hatte.

selbst muss man sich orientieren, wenn man die Zwei als ein Doppeltes erkennen will. Wer meint, er könne das direkt an der Zwei (als Zwei) ablesen, gerät in viele Widersprüche, denn die Zwei ist noch vieles andere als ein Doppeltes. Sie ist sogar die Hälfte von Vier, also ein Halbes. Aber nicht das Doppeltsein an ihr ist zugleich ein Halbes, sondern die Zwei als Zwei hat auch am Ein-Halbes-Sein teil, wenn man sie in Bezug auf die Vier betrachtet.

Da Platon oft sehr einfache Beispiele wählt, um ein Problem besonders leicht erklärbar zu machen, wird ihre Sachrelevanz oft nicht beachtet. Eine Diskussion, in der Platon einsichtig zu machen versucht, dass man sich nicht an Einzelfällen und deren Verallgemeinerung ausrichten darf, wenn man etwas richtig beurteilen will, lässt er Sokrates am Anfang der *Politeia* mit einem alten reichen Mann führen. Diese Diskussion kann fast schon als Grundwerte-Diskussion gelten. Er fragt dort den alten Kephalos, was er für das größte Gut halte (heute würde man fragen, was der höchste Wert sei), das er in seinem Leben auf Grund seines Reichtums habe genießen können (330a d2 f.). Er antwortet: niemals habe er jemanden täuschen oder belügen müssen und sei niemals jemandem etwas schuldig geblieben, weder einem Gott noch einem Menschen (330b). Diese Antwort greift Sokrates auf und bezieht sie auf das Thema des Dialogs, auf die Gerechtigkeit. Könne man einfach sagen, die Gerechtigkeit bestehe im Sagen der Wahrheit und darin, fremdes Eigentum zu achten? Oder sei nicht eben das manchmal ein gerechtes, manchmal ein ungerechtes Handeln? Wenn man z. B. von einem befreundeten Menschen, der bei klarem Verstand war, Waffen angenommen hat, und dieser verlangt sie, wahnsinnig geworden, zurück, würde dann nicht jeder sagen, dass man ihm so etwas nicht zurückgeben dürfe, und dass, wer sie ihm zurückgibt, nicht gerecht ist, und auch der nicht, der zu jemandem, der in diesem Zustand ist, die volle Wahrheit sagen wollte (331c)? Kephalos stimmt dem uneingeschränkt zu, obwohl er gerade den Schutz des Eigentums und die Wahrheitspflicht als höchste Werte bezeichnet hatte.

Für die Ermittlung der Antwort auf diese Frage benötigt Platon den ganzen Dialog *Politeia*, dessen Schluss die Einsicht bringt, dass gerecht sein heißt, jedem das Seine zuteil werden zu lassen, und dass dieses Seine für jeden das ist, was zu einer vollendeten Verwirklichung seiner ihm eigenen Fähigkeiten so beiträgt, dass er dadurch ein glückliches Leben führen kann. Die Methode der Erschließung dessen, was gerecht sein rein für sich selbst, also das *eídos* des Gerechtseins ist, ist auch hier die Hypothesis-Methode. Man darf nicht Einzelfälle gerechten Handelns durchgehen und das in ihnen Gemeinsame suchen, sondern muss »analytisch« das ermitteln, was das Gerecht-Sein rein für sich selbst ist, d. h. was sich in jedem Fall, den man für gerecht hält, als das kritisch herauslösen lässt, was von ihm zur Erfüllung des *Ergons*, des Werks des Menschen beiträgt.

Auf diese »gewohnte Methode« beruft sich Sokrates an der eben zitierten *Politeia*-Stelle zur Bestimmung dessen, was unter Mimesis zu verstehen ist, und zwar auf das Zugeständnis und die Übereinstimmung darüber, »dass jedes *eídos* etwas Bestimmtes ist [*eínaí ti*] und alles andere an ihm nur teilhat und deshalb nach ihm (nur) benannt ist ...« (*Phaidon* 102a10–b3). Eben dieses Teilhabeverhältnis exemplifiziert Sokrates in der *Politeia* an den vielen Sofas und Tischen, denen er das eine *eídos* oder die eine *idéa* gegenüberstellt (596a10–b1). Weil wir (die Ideenfreunde?), so fährt er fort, gewohnt sind, diesen vielen Dingen die eine Idee gegenüberzustellen, sind wir doch auch gewohnt zu sagen, »dass ein Handwerker, wenn er eines von diesen (Möbel-)Stücken herstellt, im Blick auf die Idee entweder Sofas oder Tische macht, die wir gebrauchen, und dass er auch alles andere auf dieselbe Weise herstellt« (596b6–10).

Man wird nicht bestreiten können, dass man diese Behauptung nur mit Verwunderung lesen kann. Wie kommen die platonischen Theoretiker zu der gewohnten Ansicht, dass ausgerechnet Handwerker bei der Herstellung ihrer Stücke auf eine Idee eben dieser Stücke hinblicken und so ihre Arbeit daran organisieren?[19]

Diese Verwunderung hat allerdings in der Forschung kaum dazu geführt, Zweifel an dieser Deutung zu erzeugen. Im Gegenteil, in Einführungen in die Philosophie Platons findet man sogar Bilder von idealen Gegenständen, sozusagen das ideale Sofa, das ein Handwerker sich vorstellt, um dann viele einzelne Sofas zu machen, die diesem Vorbild nahekommen. Aber auch wissenschaftliche Erklärer halten in der Regel die Begriffe *eídos* und *idéa* für »visuelle Metaphern«, die für ein »gemeinsames Aussehen«, für »eine Form von etwas stehen« und kommen deshalb zu dem Schluss, Platon sei noch einem »vorstellungshaften Modell verhaftet« und habe sich verleiten lassen, »die Allgemeinheit der Ideen zu

---

[19] BERNHARD HUB, Platon und die Bildende Kunst. Eine Revision, The electronic Journal of the International Plato Society, n.9, 2009, 4, Anm. 3 bespricht die Merkwürdigkeit, dass Platon in der *Politeía* den Handwerkern etwas zuzugestehen scheint, was er sonst ausdrücklich den Philosophen vorbehält, beschränkt sich aber darauf, diese »für die Ideenlehre sich ergebenden Probleme« nur »anzudeuten«. Es dürfte aber klar sein, dass man diesen Problemen nur ausweichen kann, wenn man Platon unterstellt, er wisse selbst nicht, weshalb er den Handwerkern den Vorzug, sich nach der Idee zu richten, ausdrücklich und in ausführlicher Erklärung eingeräumt hat.

verkennen.«[20] In einem neueren Bild-Handbuch kann man lesen:

> »Exemplarisch kann [...] Platons im Kontext seiner Ideenlehre entwickelte Vorstellung geltend gemacht werden, dass jedes als singulär erfahrbare Einzelne das ›Abbild‹ (griech. Eikon) eines ›Urbildes‹ (griech. Paradeigma) sei, das auf ein allgemeines ›Aussehen‹ (griech. Eidos) verweist; beide – Urbild und Abbild – stehen dabei in einem Verhältnis der ›Teilhabe‹ (griech. Methexis).«[21]

Obwohl die Meinung, Ideen hätten für Platon irgendwie ein »allgemeines Aussehen«, von vielen geteilt wird, ist dieser Gedanke schwer nachvollziehbar. Was soll ein »allgemeines Aussehen« oder ein »Allgemeingegenstand« bzw. ein »vergegenständlichtes Prädikat«[22] sein? Man könnte vielleicht an etwas Ähnliches wie den Schematismus bei Kant denken.[23] Ein Schematismus hat aber eine vermittelnde Funktion zwischen einem allgemeinen Begriff und den Einzeldingen. Kant denkt beim Schematismus eines Hundes z. B. an »eine Regel, nach welcher meine Einbildungskraft die Gestalt eines vierfüßigen Tieres allgemein verzeichnen kann, ohne auf irgendeine einzige besondere Gestalt, die die Erfahrung darbietet [...] eingeschränkt zu sein« (*KrV* B 181). Es dürfte leider nicht abwegig sein, zu vermuten, dass viele Interpreten Platons überzeugt sind, sein Ideebegriff sei gewissermaßen über eine solche

---

[20] Vgl. PETER STEMMER, Platons Dialektik. Die frühen und die mittleren Dialoge, Berlin 1992, 167.
[21] Vgl. STEPHAN GÜNZEL/DIETER MERSCH (Hg.), Bild. Ein interdisziplinäres Handbuch, unter Mitarbeit von Franziska Kümmerling, Stuttgart/ Weimar 2014, 4.
[22] Vgl. WOLFGANG KERSTING, Platons Staat, Darmstadt 1999, 306.
[23] Vgl. IMMANUEL KANT, Kritik der reinen Vernunft, A141 (im Folgenden zitiert als KrV).

halbbildliche Vermittlungsstufe nicht hinausgekommen. Im Unterschied zu dieser verbreiteten Deutung soll das Folgende den Nachweis erbringen, dass die Idee für Platon überhaupt keinen Bildcharakter mehr hat. Zum Bild wird für ihn etwas durch die nachahmende Verwirklichung einer ideellen Möglichkeit.

Hauptgrund für die weite Verbreitung der Auslegung der platonischen Idee als einer Art geistiger Anschauung ist die Überzeugung, erst die Moderne habe die Trennung zwischen Denken und Sein konsequent und kritisch aufgedeckt. Dass das Gedachte immer nur ein Gedachtes meines Bewusstseins ist und nicht zugleich ein vom Denken unabhängiges Sein hat, schien dem antiken »Kosmos«-Denken noch nicht denkbar gewesen zu sein.[24] Man geht deshalb von der »sinnlichen Grundbedeutung von Denken selbst« in der antiken Philosophie aus und konstatiert einen Zusammenhang von »wahr« und »Wahrnehmung«. »Die Wahrnehmung bezieht sich auf das Wahre und das Wahre auf die Wahrnehmung.«[25] Für die Griechen ist, so kann man auch lesen, das wahrhaft Seiende durch Präsenz und Offenbarkeit charakterisiert. Was eine Sache ist, ist nicht ein verborgenes Wesen, sondern das, als was sie sich zeigt.[26] »Phänomene« sind für Platon wie für die Antike insgesamt nach Hans Blumenberg nicht nur Erscheinungen, sie »zeigen sich, stellen sich von sich her dar.« »Phänomen« ist, »was sich von selbst darbietet. Was wirklich ist,

---

[24] Vgl. v. a. KLAUS OEHLER, Die Lehre vom noetischen und dianoetischen Denken bei Platon und Aristoteles. Ein Beitrag zur Erforschung des Bewusstseinsproblems in der Antike, München ²1984.
[25] Vgl. KAREN GLOY, Wahrheit und Lüge in der griechischen Antike, Würzburg 2019, 93 f.
[26] Vgl. GERNOT BÖHME, Theorie des Bildes, München 1999, 17.

liegt offen vor und ist der unmittelbaren Schau prinzipiell gegeben.«[27]

Diese Platon-Deutung kennt die ständig wiederholte Betonung Platons, dass die Idee nur geistig erkannt werden könne, und sie kennt auch die eben besprochene Kritik an der Phänomenalität der Phänomene; die Überzeugung aber, die strikte Trennung von Denken und Sein sei eine intime Errungenschaft erst der Moderne, führt zu der Unterstellung, die Inhalte des Denkens seien immer zugleich etwas Seiendes gewesen und seien deshalb selbst von Platon »immer noch« gegenständlich, d. h. als geistige Gegenstände vorgestellt worden.

Die Erinnerung an die »gewohnte Methode« durch Sokrates kann aber daran erinnern, dass im Sinn dieser Methode das Doppelte nicht irgendein exaktes Doppeltes (wie z. B. die Zahl Zwei) meint, und das Große nicht ein absolut Großes – den höchsten Berg, den Himmel, das Universum –, sondern dasjenige nur begreifbare Sein, das ausmacht, dass ein einzelnes Großes als groß und ein bestimmtes Doppeltes als doppelt begriffen werden kann. Analog müsste man auch beim Sofa des Handwerkers fragen, was an ihm ausmacht, dass es ein (Sitz-)Sofa ist, und was nur Eigenschaften einzelner Verwirklichungsformen sind. Was das im Sinn Platons ist, auf das der Handwerker bei der Herstellung eines Werkstückes hinblickt, muss man aber nicht erschließen, denn genau das erklärt Sokrates im Dialog *Krátylos* selbst. Auch die von einem Sprachschöpfer geforderte Leistung illustriert Sokrates an einem Handwerkerbeispiel:

---

[27] Vgl. HANS BLUMENBERG, Die Genesis der kopernikanischen Welt, Frankfurt a. M. 1975, 511–526, v. a. 512.

»Worauf blickt ein Tischler hin, wenn er ein Weberschiffchen (*kerkís*) macht?« Die Antwort gibt Sokrates selbst: »Wohl auf etwas, das die Beschaffenheit hat, von sich her zum Gleiten durch das Webfach zwischen den Kettfäden (*kerkízein*) geeignet zu sein« (*Kratylos* 389a). Auch wenn man eine *Kerkis* repariere oder eine neue entwerfe, blicke man auf eben jenes *eídos*, auf das auch der Hersteller geachtet hatte. Das sei also das, »das wir mit vollem Recht das, was das Sein selbst der *Kerkis* ist, genannt haben« (389b).

Es dürfte klar sein, dass dieser Blick auf die Idee oder das *Eidos* nicht den Blick auf ein ideal gebautes Weberschiffchen meint, sondern auf das, was ein Weberschiffchen können muss, damit es seine Aufgabe erfüllen kann: »Das, wofür ein Weberschiffchen die beste Eignung hat, diese ihre Natur muss man zu ihrem Werk (*érgon*) machen« (389b/c). Das »Werk« des Weberschiffchens ist also die korrekte Verwirklichung der Leistung, die man von einer solchen Kerkís fordern muss. Und dieses »Werk« (*érgon*) ist »das Sein selbst der *Kerkís*.« Platon schließt diese Erklärung, worin das Sein selbst der Weberlade besteht, mit einer Verallgemeinerung ab. Das, was für sie gelte, gelte für alle Werkzeuge. Das, wofür ein Werkzeug von seiner Natur her geeignet sei, das müsse man herausfinden und in das hineinarbeiten, aus dem das Werk gemacht werden soll, nicht so, wie es einer gerade will, sondern so, wie es seiner Natur nach ist. Denn darauf müsse man sich verstehen, wie man die Eignung zum Bohren ins Eisen hineinbringt (389c).

Da Platon hier von Werkzeugen spricht, ist es verfehlt, seine mehrfache Rede von der Natur eines Werkzeugs von einem heutigen Naturbegriff her zu verstehen. Natürlich wachsen auch nach Platon Bohrer und Messer und Weberschiffchen nicht wie Bäume und entwickeln sich auch nicht in evolutionären Prozessen. Unter Natur begreift Platon an diesen Stellen aber dennoch etwas Allgemeines, das jeweilige Können oder Vermögen zu einem bestimmten »Werk«. Dass dieses Können nicht an die jeweilige Einzelform gebunden ist (nur das wäre das, was sich irgendwie entwickelt haben kann), geht klar aus dem Hinweis darauf hervor, dass ein Handwerker, wenn ein Werkzeug neu gemacht werden soll, nicht einfach ein altes Exemplar kopiert, sondern, jedenfalls wenn er es gut machen will, sich immer wieder an der Aufgabe, an der Leistung orientiert, zu deren Erfüllung das Werkzeug geeignet sein soll.

Analoges gilt nach Platon auch für natürliche Organe. Auch sie werden nicht dadurch korrekt erkannt, dass man prüft, wie sie sich zu einem bestimmten Organ, etwa dem Linsenauge eines Menschen, entwickelt haben und welche beobachtbare Strukturform sie haben. Auch ob etwas ein Auge ist, erkennt man an seinem *eídos*, d. h. an dem Vermögen, das es verwirklicht. Etwas wird dann ein Auge sein, wenn es hell und dunkel und Farben unterscheiden kann. Nur weil auch heutige Naturwissenschaftler sich an dieser »Funktion« des Auges orientieren, können sie feststellen, dass es auch Augen ohne eine Linsenform gibt, z. B. bei Muscheln oder manchen Fischen, die mit einem Spiegel sehen.

Man kann also festhalten: Der Blick auf das *eídos* ist bei Platon kein Blick auf einen idealen Gegenstand mit einem irgendwie gearteten »allgemeinen Aussehen«, das angeblich nur im Geist erschaubar ist. Das *eídos* ist überhaupt kein Gegenstand, auch kein abstrakter (wie z. B. ein Schema), sondern eine Summe ganz bestimmter Möglichkeiten oder Fähigkeiten. Zum Bild werden diese Möglichkeiten erst durch ihre Verwirklichung. So bietet das menschliche Auge mit seiner Linsenform ein sichtbares Bild davon, wie etwas »in Erscheinung treten müsste«, wenn es die Fähigkeit, Farben unterscheiden zu können, auf eine einzelne, bestimmte Weise verwirklicht zeigen soll.

Um diesen Bildcharakter an einem besonders klar erkennbaren Beispiel zu erklären, kann man auf das Kreis-Sein hinweisen. Ein Kreis ist etwas nach Platon dann, wenn sich in ein und demselben (*en too autō*) alle seine Teile in Bezug auf dasselbe (*katá tautá*), auf dieselbe Weise (*hoosaútōs*), auf dasselbe hin (*pros tautá*), nach ein und derselben rationalen Ordnung (*kath héna lógon kai táxin*) verhalten (*Nómoi*, 898a8–b1). Der Kreis ist also eine besonders präzise bestimmbare und erkennbare Bewegungsmöglichkeit, teils im örtlichen Sinn, aber auch im Sinn anderer Aktivitätsmöglichkeiten, in ihrer begrifflichen Bestimmung. Ein Kreis im Sand oder auf einer Tafel, bei dem alle Punkte vom Mittelpunkt denselben Abstand haben und die Kreislinie deshalb gleichförmig auf immer dieselbe Weise verläuft, ist ein mögliches sinnlich wahrnehmbares und vorstellbares Bild dieses Kreisseins.

Von sich her kann man, was ein Kreis ist, auch ohne dieses einzelne Bild verstehen, sonst könnte man gar nicht z. B. von einem Freundeskreis oder einem Liederkreis usw. sprechen. Bei einem Freundeskreis stehen die Freunde nicht um einen Freund herum, sondern sie verhalten sich alle zu ihm oder zu einem gemeinsamen Anliegen in der gleichen Weise, nach gleichen Grundsätzen usw. Auch der Freundeskreis bietet dadurch aber ein Bild des Kreisseins. Dieses einzelne, besondere Bild des Kreisseins kann aber nicht die alleinige Instanz sein, an der man zu erkennen sucht, was ein Kreis ist. Denn der Freundeskreis wird nur dadurch als Bild des Kreisseins erkannt, dass man den Begriff des Kreises – alle Teile eines Selben verhalten sich zu ein und demselben in derselben Weise

– anwenden kann. Hat jemand aber dieses Verhältnis z. B. mehrerer Personen in Bezug auf ein Anliegen und auf die Weise seiner Verwirklichung erkannt, dann steht ihm in dieser Gruppe von Menschen das Bild eines Freundeskreises gleichsam vor Augen.

1. Die immanente Präsenz des eídos im Einzelnen, das dadurch zum Bild des eídos wird

Die Unterscheidung zwischen demjenigen *eídos,* das Platon meint, wenn er vom *eídos* oder dem Sein selbst der Weberlade, des Bohrers, des Großen, des Gerechten, des Kreises im Sand usw. spricht, und der reinen Sache selbst des Großseins, Gerechtseins usw., ist für die Frage, wie und ob auch Gott, Götter oder Göttliches in Bildern dargestellt werden können, zentral. Sie kann aber erst beantwortet werden, wenn man sich über diese immanente Präsenz eines *eídos* in Einzelnem Klarheit verschafft hat. Einige grundlegende Bestimmungsstücke eines immanenten *eídos* kann man aber schon benennen. Das, was z. B. an einem Bohrer zu seiner aktuellen Einzelheit gehört, ist z. B. das Eisen, aus dem er hergestellt ist, und die Form, in die man genau dieses Eisen gebracht hat. Man muss die Spitze dieses Eisens nur abschlagen, dann ist die vorliegende Materie kein Bohrer mehr. Dass eine bestimmten Materie in einer bestimmten Form aber die »Natur hat« zum Bohren geeignet zu sein, ist zwar nicht so einfach zu erkennen, wie man die analoge Frage beim Kreis beantworten könnte, weil beim Kreis Form und Funktion zum Teil zusammenfallen, aber man kann und muss, bevor man auch nur daran gehen kann, einen Bohrer neu zu erfinden oder wieder herzustellen, wissen, dass man ein hartes Material, also etwa mit einer dichten Ordnung seiner Teile, benötigt, und dass man dieses harte Material so formen muss, dass es etwas anderes durchdringen kann. Diese Bedingungen ändern sich nicht, sondern müssen – auf welche Weise auch immer – erfüllt werden, wenn etwas überhaupt die Fähigkeit zu bohren besitzen oder bekommen soll.

Mit Bezug auf diese immanenten *eíde* wählt Sokrates zu Beginn des 10. Buches der *Politeia* exemplarisch Tische und Sofas und lässt sich von seinem Gesprächspartner bestätigen, dass es von ihnen nur je eine Idee gebe, auf die hinblickend der eine Handwerker Sofas, der andere Tische verfertige. Das gelte auch für »alles Übrige« (*tálla pánta*). Die Idee selbst stelle aber keiner der Handwerker her (596b6-10).

Die fast allgemein verbreitete Auslegung, für Platon sei der Blick auf die Idee eine Art intellektueller Anschauung, die ein von aller Veränderlichkeit und allen Defekten »irdischer« Tische und Sofas freie Schau auf ein vollkommenes Exemplar sei, kann man, wenn man Platons eigene Erklärung aus dem *Kratylos* berücksichtigt, nicht vertreten. Einige neuere Interpreten, die beachtet haben, dass Platon im *Kratylos* ausdrücklich eine Erklärung für das gibt, was er unter dem »Blick auf die Idee« verstanden wissen will, haben allerdings versucht, an der Gegenständlichkeit der Idee als »Vorbild« (*parádeigma*) festzuhalten, diese Gegenständlichkeit aber als eine Art Modell auszulegen. In einer neuen, klugen Deutung findet man den Vorschlag, zwischen der transzendenten Idee des Stuhls (wie manche Übersetzer *klíne* wiedergeben) und einem aus einer Art Designer-Idee hervorgegangenen Modell zu differenzieren, bei einem Stuhl etwa zwischen einem Chippendale- oder einem Thonet-Stuhl. Ein solcher Stuhl sei zwar einerseits ein konkreter Einzelstuhl, er sei aber durch seinen Modell-Charakter zugleich »allen seinen einzelnen Realisierungen (gegenüber) transzendent.«[28] Denn der Blick auf dieses Modell zwingt nicht zu einer exakten Kopie, sondern regt lediglich dazu an, bestimmte Merkmale, etwa durch die Anwendung von »Bugholz« und die dadurch gegebene Möglichkeit, eine durch Elastizität bestimmte Formschönheit zu erreichen, beim Bau jedes einzelnen Stuhls zu berücksichtigen und ihnen dadurch eine gut erkennbare Gemeinsamkeit zu verleihen.

Dass dieser Vorschlag die Lösung nicht bringen kann, geht aber ziemlich klar daraus hervor, dass Sokrates im *Kratylos* gerade die Herstellung einer Kopie durch den Handwerker als nicht der Handwerkskunst gemäß beschreibt. Denn ein Handwerker, dem etwa ein Weberschiffchen bei der Arbeit zerbricht, der wird, wie Sokrates betont, ein neues Weberschiffchen gerade nicht im Blick auf ein Modell herstellen, sondern »im Blick auf jenes *eídos,* nach dem er auch das zerbrochene gemacht hatte« (389b1-3). Und dieser Blick auf das zuerst hergestellte Weberschiffchen war der Blick auf das, was ein Weber-

---

28 Vgl. CHRISTOPH POETSCH, Platons Philosophie des Bildes, Frankfurt a. M. 2019, 130-132, der sich auf einen ähnlichen Deutungsvorschlag MALCOM SCHOFIELDS, Likeness and Likenesses in the Parmenides, in: CHRISTOPHER GILL, M. MCGABE (Hgg.), Form and Argument in Late Plato, Oxford 1966, 73-74, beruft, der Chippendale-Stühle zum Exempel genommen hatte. In Anlehnung und Weiterführung des Bild-Verständnisses, wie es GERNOT BÖHME, Theorie des Bildes, München ²2004, 23 f. Platon zuschreibt, möchte Benjamin Jörissen die Unterscheidung zwischen *eíkon* als »Ebenbild« und *eídolon* als Schein-oder Trugbild des Sophistes auf die exakte Beibehaltung der Proportionen der dargestellten Gegenstände selbst gründen und sie gegen die vom jeweiligen Beobachtungsstandpunkt aus erscheinende Perspektive abgrenzen. Das ist die Rückkehr zu einer üblichen Deutung, sie kann aber nicht zutreffen, denn das *eídos* ist für Platon kein Formprinzip der Dinge, sondern die Summe ganz bestimmter verwirklichbarer Möglichkeiten. S. BENJAMIN JÖRISSEN, Bild - Medium - Realität. Die Wirklichkeit des Sozialen und die Neuen Medien, Diss. Berlin 2004, 30-32.

schiffchen können muss, wenn es seine Aufgabe gut erfüllen können soll.

Sokrates präzisiert allerdings diese Aufgabe – darauf stützt Christoph Poetsch seine Modell-Deutung – auch noch in Bezug auf die Art von Stoff, der gewebt werden soll, »etwa für feines und grobes Zeug, für leinenes oder für wollenes oder wofür sonst ein Weberschiffchen zu machen ist.« Er setzt aber eigens noch einmal hinzu, dass sich diese Unterschiede aus der Eignung eines Weberschiffchens, sein »Werk am schönsten« zu vollbringen, ergeben (389b7-c1). Verschiedene Modelle für verschiedene Stoffe könnten bestenfalls mithilfe der Erfahrung, welches Schiffchen diese Aufgabe am effektivsten erfüllt, gebildet werden, d. h. diese Erfahrung ist auch die notwendige Voraussetzung dafür, dass etwas überhaupt ein Modell sein kann. Es wäre schwer verständlich, weshalb Platon nur Stühle mit bestimmten Modell-Eigenschaften – etwa der Holzbiegetechnik – als Stühle anerkannt haben sollte. Andere, z. B. Chippendale-Stühle, dürften dann konsequenterweise gar nicht als Stühle erkannt werden und vom Handwerker realisiert werden können. Nicht das Modell, die je bestimmte Fähigkeit zu etwas Bestimmtem ist das Primäre.

Dass dieses Können oder dieses Vermögen (*dynamis*) nicht wahrnehmbar ist, sondern nur an etwas Wahrnehmbarem begriffen werden kann, betont Platon bei der Unterscheidung von Meinung und Wissen im 5. Buch der *Politeía* und erklärt dabei auch, dass die Bestimmtheit eines Vermögens sich auch nach dem richten muss, auf das es seine Wirkung (dünne, feste Wolle bei dem Können der *Kerkís*, usw.) ausüben soll:

> »Von einem Vermögen sehe ich weder Farbe noch Form noch etwas Derartiges wie bei manchem anderen, das ich nur beobachten muss, um bei mir zu unterscheiden, dass das eine dies, das andere etwas anderes ist. Bei einem Vermögen achte ich ausschließlich auf das, worauf es

sich richtet und was es leistet. Und auf diese Weise gebe ich jedem einzelnen Vermögen eine bestimmte Bezeichnung. Das Vermögen, das auf dasselbe gerichtet ist und dasselbe leistet (*apergázetai*), nenne ich auch dasselbe, was aber auf etwas anderes gerichtet ist und etwas anderes leistet, von dem sage ich, dass es nicht dasselbe ist.«[29]

Nimmt man alle diese Bestimmungen zusammen, ist die Deutung ziemlich sicher, dass das *eídos* oder die *idéa*, von der Sokrates behauptet, dass die Handwerker auf sie hinblicken, wenn sie ihre Werkstücke herstellen, auf keinen Fall ein irgendwie geistig anschaubarer Gegenstand ist, auch nicht von modellhaftem Charakter, sondern das, was die »Natur« eines bestimmten Könnens ausmacht, die der Handwerker daher auch nicht mit einem Blick zum Himmel, sondern mit einem vom Verstand geleiteten Blick auf das, was er in einem bestimmten Material herstellen möchte, erkennt. Wenn Sokrates dennoch die Idee, von der der Handwerker nur einen Hinblick erfasst, die eine Idee im Geist Gottes nennt (*Politeía* 595b–c;597a–c), kann man das als einen Hinweis darauf verstehen, dass diese Idee nicht nur einen Aspekt einer bestimmten Sache

---

[29] Vgl. POLITEIA V, 477c6–d5. Wenn man für den aktiven Vollzug eines Vermögens oder einer Fähigkeit den Begriff »Funktion« verwendet, ist dies im Sinn des antiken Sprachgebrauchs richtig. Der heute in sehr unterschiedlichen Auslegungen gebrauchte Sinn von »Funktion«, der auch auf Platon und Aristoteles von vielen angewendet wird, ist allerdings fast immer irreführend. Zu Aristoteles vgl. v. a. CHRISTOPHER SHIELDS, The First Functionalist, in: JOHN-CHRISTIAN SMITH (Hg.), Historical Foundations of Cognitive Science, Dordrecht (u. a.) 1990, 19–34. Vgl. auch S. MARC COHEN, Hylemorphism and Functionalism, in: MARTHA C. NUSSBAUM/AMÉLIE OKSENBERG-RORTY (Hg.), Essays on Aristotle's »De anima«, Oxford 1992, 57–74; vgl. bei Shields und Cohen auch weitere Literatur. Zur Herkunft und zur heutigen Verwendung des Funktionsbegriffs vgl. ARBOGAST SCHMITT, Die Moderne und Platon, Stuttgart/Weimar ²2008, 309–329.

umfasst, sondern alle ihre Sachaspekte, die von denen, die auf sie nur hinblicken, immer nur partiell erfasst werden können. Das wäre zugleich ein Hinweis darauf, was Kreativität im platonischen Sinn sein kann: Indem man immer mehr von der Vielzahl der Möglichkeiten einer Sache erfasst, findet man auch immer neue Realisationsweisen von etwas.

An der eben besprochenen Stelle in der *Politeía* dient der Hinweis auf die eine Idee und ihre vielen (immer nur partiellen) Verwirklichungen Sokrates aber nur dazu, die Konzentration auf die reine Phänomenalität von etwas aus ihrem Gegensatz zu einer Ausrichtung auf die Idee von etwas zu erklären. Denn so hatte er das, was er unter der besonderen Art von Nachahmung, die er aus seiner Stadt ausgeschlossen wissen möchte, charakterisiert: Sie setze ihre ganze Kunstfertigkeit dahinein, das Erscheinende so erscheinen zu lassen, wie es erscheint:

> »Dieses eben prüfe also: Auf was von den beiden Möglichkeiten ist das Schaffen der Malerei bei jedem Gegenstand gerichtet? Darauf, das, was etwas ist, wie es ist, nachzuahmen, oder auf das Erscheinende, wie es erscheint, als eine Nachahmung des Erscheinungsbildes (*phantásmatos*) oder der Wahrheit? Des Erscheinungsbildes, sagte er [Glaukon]« (598b1-4).

Wie man sieht, macht Platon selbst hier unausdrücklich einen Unterschied zwischen zwei Formen der Mimesis: Man kann das, was etwas ist, nachahmen, wie es ist, und so ein Nachahmer der Wahrheit sein, oder man ahmt das Erscheinende nach, wie es erscheint, und ist dann ein Nachahmer des bloßen Erscheinungsbildes. Da er auf das genau passende Wort keinen besonderen Wert legt, sondern – hier folgt ihm später auch Aristoteles – auf die genau gemeinte Sache, wird man auch als Interpret sich nicht auf das gleiche Wort »Nachahmung« fixieren, sondern den Sachunterschied herausheben: Es gibt nach Platon eine Nachahmung, die das, was etwas ist, so wie es ist, zum Ausdruck oder ins Bild bringen will, und diese Nachahmung allein ist es, die mit der Wirklichkeit und Wahrheit übereinstimmt. Diejenige dagegen, die meint, die Differenz zwischen Bild und Wirklichkeit völlig zum Verschwinden bringen zu können, indem sie das »Erscheinende, wie es erscheint« kunstgemäß ins Bild bringt, trifft damit gerade nicht etwas Wirkliches, sondern verfehlt es auf doppelte Weise.

Diese doppelte Verfehlung der nur nachahmenden Malerei versucht Sokrates mit einer ziemlich unfreundlichen (und auf das Kunstverfahren dieser Maler auch nicht anwendbaren) Unterscheidung zwischen den Produkten der Handwerker und denen der Maler aufzudecken. Während die Handwerker ihre Produkte durch den Blick auf die Idee ihrer Kunst oder Technik gemäß herstellten, könne man die Kunst der Maler auf ganz unmethodische Weise selbst leicht erfüllen. Man müsse nur mit einem Spiegel herumlaufen, dann könne man Sonne, Himmel, Erde, sich selbst, alle Lebewesen, Pflanzen usw. selbst herstellen.[30]

Auf das Kunstverfahren der »Schattenmaler« triff diese Unterstellung natürlich nicht zu. Wenn Parrhasius einen Vorhang so malt, dass ihn selbst sein Malerkollege Zeuxis nicht von einem wirklichen unterscheiden kann, ist das

---

[30] Vgl. die ähnliche Kritik *Sophistes* 234b–d. Dass sich die Kritik Platons zu Anfang des 10. Buchs der *Politeía* nicht gegen alle Kunst und gegen alle Formen der Nachahmung, sondern auf diese Spiegelkopien bezieht, wird in der Forschung durchaus gesehen. Vgl. z. B. WILLIAM A. P. CHILDS, Platon, les images et l'art grec du IVe siècle avant J.-C., in: Revue Archéologique, 1 (1994), 33–56; JOHN HYMAN, The Imitation of Nature, Oxford 1989, 84 ff.

höchstes künstlerisches Können. Es wäre allerdings auch gegen Platon ungerecht, ihm zu unterstellen, er kritisiere diese Kunstfertigkeit und wisse sie nicht zu schätzen. Denn es kommt ihm offenbar auf etwas anderes an: auf den Anspruch, durch die völlige Übereistimmung des Bildes mit den wirklich sichtbaren Dingen tatsächlich das wirkliche Sein dieser Dinge zur Darstellung zu bringen. Dieser Anspruch wird im Urteil Platons von den »Schattenmalern« unkritisch und ohne die dazu erforderliche Kunst erfüllt – und zwar gerade deshalb, weil sie ihre ganze Kunst in die Erzeugung eines der wirklichen Erscheinung gleichenden Bildes gesetzt haben. Das ist der eine Aspekt der Verfehlung der Wirklichkeit durch die Schattenmaler: sie arbeiten gerade nicht kunstgemäß, wenn es um die Darstellung der Wirklichkeit geht. Der zweite Aspekt betrifft die Weise der Erkenntnis des Wirklichen und die sich aus ihr ergebenden Wirkungen auf die Gefühle und Strebungen der Menschen. Auch sie ist nach Platon unmethodisch.

Da er am Ende des Entwurfes eines Vorbildes für eine mögliche Staatskonstruktion, die für alle Bürger optimale Bedingungen zur Selbstverwirklichung bieten würde, vor allem didaktisch-moralische Anliegen verfolgt, beurteilt er die nachahmenden Künste auch zuerst unter der Fragestellung, wie sie ein glückliches Leben für alle fördern oder behindern. Darauf bezog sich auch die Erinnerung am Anfang des 10. Buches, dass die Unterscheidung verschiedener Seelenvermögen rechtfertige, diese Künste aus dem Staat auszuschließen. Denn die Konzentration auf Lusterfahrungen und Willensbildungen, die von rein sinnlichen Erkenntnissen herrühren, bringt die beiden Seelen-Arten des *Thymós* (mit dem man sich »ereifert«) und des *Logistikón* um die Möglichkeit, alle seelischen Aktivitäten des Menschen in eine *homodoxía*, in

Die Darstellung des Göttlichen im Bild

eine »Meinungsgemeischaft« miteinander zu bringen und so das für den ganzen Menschen Gute und Angenehme zu realisieren.

Alle Seelen-Arten haben aber für Platon ihren Ursprung in verschiedenen Erkenntnisarten. Die sinnlichen Lüste und Begierden in der Wahrnehmung, die Lüste und Strebungen, die mit einem Sich-Ereifern verbunden sind, in Meinungen über das, was etwas kann und leistet, und die umfassenden Lust- und Willensakte, die den ganzen Menschen zu seiner optimalen Verwirklichung führen, in Verstand und Vernunft.[31] Diese verschiedenen Erkenntnisformen sind daher bestimmend dafür, ob man sich in der Kunst an der reinen Phänomenalität von etwas orientiert oder an dem, was für das wirkliche Sein von etwas verantwortlich ist.

Das genau ist das Ergebnis der Unterscheidung der Herstellung nur nachahmender Bilder von der Herstellung von Werkstücken, die im Blick auf die Idee geschaffen sind, dass die ersteren sich mit Hilfe der Wahrnehmung nur auf die Wirklichkeit, wie sie den Sinnen schon fertig vorliegt, beziehen und deshalb nur den Status von Kopien erreichen können, während die mit Blick auf die Idee geschaffenen Werke in Bezug auf die erkennbaren Möglichkeiten, die den »Seins-Akt« von etwas ausmachen, verfertigt werden. Das Vermögen, mit dem man, wenn auch noch ungeprüft und ohne rationale Kontrolle, zuerst die Verwirklichung von etwas Möglichem in einer Materie – der Fähigkeit zu bohren im Eisen – erkennt, ist das Meinen, die für Platon wie Aristoteles erste, aber noch anfängliche Form rationalen Denkens. Denn beim Meinen versucht man nicht, sich das Ganze einer Erscheinung zu ver-

---

[31] Vgl. oben S. 170–172.

gegenwärtigen, das ist die Leistung des Vorstellens, sondern man wählt aus und richtet sich nur auf das, was an etwas ausmacht, dass es wirklich etwas Bestimmtes, Weberschiffchen, Bohrer, ein Doppeltes, Schönes, aber auch ein gerechtes Handeln usw. ist.

Die mit den Sinneswahrnehmungen verbundenen Lüste und Willensregungen lehnt Platon nicht grundsätzlich ab – ihre Unterdrückung haben erst später die Stoiker gefordert – aber er fordert eine *homodoxía*, eine »Meinungsgemeinschaft« zwischen den verschiedenen Seelenaktivitäten.[32] Nur dann wenn sich die sinnlichen Aktivitäten nicht verselbständigen und nicht allein das gesamte Leben eines Menschen bestimmen wollen, sondern auf die rationalen Vermögen hören, können sie dem für den ganzen Menschen Guten dienen. Platon betont sogar, dass auch sinnliche Genüsse ihre Höchstform erreichen, wenn die Sinnlichkeit die bereits in ihr liegende Rationalität vervollkommnet und dadurch zur Übereinstimmung mit den »höheren« Seelenteilen fähig wird. Wer etwa nicht einfach einer Gier nach Alkohol frönt, sondern mit den Unterscheidungsfähigkeiten von Nase und Zunge einen guten Wein genießt, ist nicht gefährdet zum Säufer zu werden und kann dem folgen, was ihm wirklich guttut:

---

[32] Die antiken Platon-Kommentatoren, die sich von der Stoa wenig beeinflussen ließen, haben betont, dass Platon die sinnlichen Lüste nicht abgelehnt habe, weil sie Lust bereiten – unter diesem Aspekt seien sie gut – sondern nur, wenn sie sich gegenüber dem für den ganzen Menschen Lustvollen verabsolutieren wollten – wie jemand, der bittere Arznei einzunehmen verweigere, weil er die höhere Lust der Gesundheit nicht sieht. Vgl. z. B. Olympiodorus in Platonis Gorgiam Commentaria, ed. L.G.Westerink, Leipzig 1970, 31-33.

»Wenn die ganze Seele der Liebe zur Vernunft folgt und nicht einzelne Teile sich gegen sie verselbständigen, dann gelingt es jedem Teil, das Seine zu tun und [dadurch] gerecht zu sein, und ganz offenbar erntet so auch ein jeder [Teil] die ihm eigentümlichen Lüste in ihrer vollendeten Form, die, soweit dies möglich ist, auch die wahrhaftesten sind.«[33]

2. Übt Platon Kritik an der Täuschung über den fiktionalen Charakter sinnlich perfekter Bilder?

Wie die Berufung auf die Seelenteilungslehre zeigt, ist es vor allem das Zusammenwirken von Sinn, Eifer und Verstand, das Platon in Gefahr sieht, wenn Künstler, Maler wie Dichter, sich ganz auf die Darstellung, wie etwas in sinnlich wahrnehmbarer Erscheinung erscheint, konzentrieren, in der Überzeugung, durch diese Art der Darstellung die Dinge und Menschen, wie sie wirklich sind, künstlerisch präsent machen und dabei auch noch die von dieser sinnlichen Präsenz ausgehenden Gefühlswirkungen erzielen zu können. Die Gefahren dieses Erscheinenlassens des Erscheinenden durch die Kunst versucht er durch den Vergleich mit der Orientierung der Handwerker am »Sein selbst von etwas« in ihrem ganzen Gewicht erkennbar zu machen. Denn wie die Erfahrung sinnlicher Lüste viele dazu bewegt, sie für das, was Lust überhaupt ist, zu halten, so halten viele auch die Erkenntnisse, die man durch die Sinne gewinnt, für den Inbegriff von Erkenntnis überhaupt. Das genau ist ja der Anspruch, den die von Platon kritisierten »nachahmenden« Künstler erheben. Wenn Parrhasius einen Vorhang so malt, dass ihn nicht einmal ein berühmter Malerkollege, Zeuxis, von einem wirklichen unterscheiden kann, dann scheint es ihm gelungen zu sein, das

---

[33] Vgl. *Politeia* 586e3–587a1.

wirkliche Sein eines Vorhangs ins Bild gebracht zu haben. Jeder, der dieses Bild sieht, erkennt ganz deutlich, dass er einen Vorhang vor sich hat.

Man kann sich allerdings fragen – und diese Frage haben viele gestellt – weshalb Platon dieser offenbar leicht durchschaubaren Täuschung über die Nichtwirklichkeit des Dargestellten eine so große Bedeutung zumisst, dass er deshalb diese Kunst ganz aus seinem Staat verbannt wissen wollte.[34] Für diese Täuschung erwies der von Parrhasius getäuschte Zeuxis diesem größte Bewunderung, als er feststellte, dass man den gemalten Vorhang gar nicht aufziehen konnte. Der Unterschied zwischen der Erscheinung und der zum »Sein selbst« des Vorhangs gehörenden Möglichkeit, dass man ihn öffnen und schließen kann, war ihm – wie sicher den meisten Betrachtern des Bildes – vollkommen klar und kein Anlass, sich durch das Bild über die Wirklichkeit getäuscht zu fühlen.

Durch Plutarch ist eine vom Sophisten Gorgias stammende Verteidigung der Tragödie gegen den Vorwurf überliefert, sie stelle alte Mythen wie etwas tatsächlich Geschehenes dar und versetze die Zuschauer in Leidenschaften wie bei wirklich Erlebtem. Gorgias sagt, der »Täuschende sei gerechter als der nicht Täuschende« und »der, der sich täuschen« lasse, sei »klüger als der nicht Getäuschte.« Denn mit dieser Täuschung löse der Dichter genau das Versprechen ein, unter

---

[34] Vgl. besonders kritisch z. B. FRIEDRICH NIETZSCHE, Zur Genealogie der Moral, in: Werke. Kritische Gesamtausgabe hg. v. G. COLLI und M. MONTANARI, VI, 2, Berlin 1968, 420; die Interpretation, Platons Kritik an der Schattenmalerei beziehe sich darauf, dass sie die Betrachter über den bloßen Bildcharakter ihrer Produkte täuschen würden, ist fast ein Gemeingut auch der neueren Forschung. Vgl. z. B. P. PRITCHARD, Plato's Philosophy of Mathematics, St. Augustin 1995, bes. 100.

dem er sein Werk geschaffen habe, und »leicht einzufangen (*euháloton*) sei das, was man wegen des ästhetischen Vergnügens an den Reden gar nicht nicht wahrnehmen kann.«[35] Nur deshalb gibt es ein »Vergnügen an tragischen Gegenständen«, weil man weiß, dass das Leid, das man im Bild oder auf der Bühne miterlebt, von den handelnden Personen nicht wirklich erlebt wird.

Gorgias' Verteidigung der Dichtung gegen den Vorwurf, sie täusche eine Wirklichkeit nur vor, kann man fast wie eine Kritik an Platon vor Platon lesen. Es dürfte aber ziemlich sicher sein, dass er sie – zumindest dem Gehalt nach – gekannt hat. Ein wenig erstaunlich ist, dass es so viele Zustimmung zu dieser Kritik auch unter neueren Platon-Interpreten gibt. Allein die Annahme, Platon habe seine Zeitgenossen, die die Bilder der Schattenmaler bewunderten, für so naiv gehalten, dass sie den Bildcharakter dieser Bilder nicht erkannt, sondern sie für die wahre Wirklichkeit gehalten haben könnten, widerspricht aller Wahrscheinlichkeit. Dass jeder, der den Vorhang des Parrhasius sieht, überhaupt nur deshalb in Bewunderung ausbricht, weil er erkennt, dass dieser täuschend echt erscheinende Vorhang nur gemalt ist, ist evident; oder eben, wie Gorgias sagt: das ist »leicht einzufangen«.

Platons Kritik am »Erscheinenlassen des Erscheinenden, wie es erscheint« ist nicht darauf bezogen, dass ein Künstler in der Lage ist, etwas Dargestelltes so aussehen zu lassen, wie es auch in wirklicher Wahrnehmung aussieht. Allein der Aus-

---

[35] Vgl. HERMANN DIELS/WALTER KRANZ (Hg), Die Fragmente der Vorsokratiker, griech.-deutsch, 3 Bde., Zürich (u. a.) ¹¹1964 (u. öfter). Nach dieser Ausgabe richten sich auch alle folgenden Vorsokratiker-Zitate, unter: DK (mit B für die wörtlichen Fragmente). Hier: GORGIAS, DK 82, B 23 (Übers. v. Verf.).

gangspunkt, den Platon bei der Unterscheidung von drei Seelendimensionen nimmt, die durch jeweils ganz verschiedene psychische Aktmöglichkeiten charakterisiert sind, spricht dagegen, dass er sich mit dem Versuch, die Differenz zwischen Wahrnehmung und ihrer sinnlich deutlichen Darstellung aufzuheben, beschäftigen wollte. Das ist auch das zentrale Ergebnis seiner Unterscheidung eines Werks des Handwerkers von der Erscheinungsnachahmung des Künstlers.

Damit ein Weberschiffchen tatsächlich ein Weberschiffchen ist, muss der Handwerker begreifen, welche Aufgabe es im Webstuhl erfüllt. Die bloße, beobachtende Wahrnehmung, wie ein schon fertiges Weberschiffchen aussieht, führt nicht nur dazu, dass er das technische Können der Herstellung eines Weberschiffchens nicht erlernt, sie hindert ihn geradezu daran und macht ihn blind dafür, das überhaupt in den »Blick« zu nehmen, was man begreifen muss, um ein passendes Verfahren der Herstellung zu finden.

3. Zur Überlastung der Anschauung in der »Schattenmalerei«

Ein Erscheinungsbild verführt dazu, den Blick auf das, was etwas wirklich ist, allein in der jeweiligen äußeren Phänomenalität zu suchen. Diese Phänomenalität wird dadurch überlastet. Man erwartet mehr von ihr, als sie leisten kann.

Diese Überlastung der Wahrnehmung des sinnlichen Äußeren findet man sogar in den Berichten über das Selbstverständnis, das diese »Schattenmaler« von sich selbst hatten. Zeuxis z. B. soll nach dem Bild mit den Trauben, an denen sogar Vögel zu picken versuchten, noch einmal ein solches

Traubenbild gemalt haben, und wieder mit so großem Erfolg, dass Vögel auf das Bild zuflogen. Er hatte dieses Mal aber die Trauben von einem Buben tragen lassen. Deshalb empörte er sich selbst über sein Werk und sagte: *uvas melius pinxi quam puerum, nam si et hoc consummassem, aves timere debuerant* (»die Trauben habe ich besser gemalt als den Buben, denn wenn ich auch das vollkommen dargestellt hätte, hätten sich die Vögel – vor ihm – fürchten müssen«).[36]

Ob etwas Furcht einflößend ist, sieht man bekanntlich nicht. Viele sehen eine Gefahr deutlich auf sich zukommen, entwickeln aber keine Furcht, weil sie ihre Gefährlichkeit (für sie, jetzt) nicht begreifen. Im Alltagsdenken meint man und in der Alltagssprache sagt man zwar: »ich sehe die Gefahr«. Das ist aber nur metaphorisch richtig, wenn man das gesehene Äußere auf seine Gefährlichkeit hin »durchschaut«, d. h. wenn man sie begreift.

Diesen Unterschied gibt es auch bei Tieren. Auch sie können lernen, ein Äußeres auf seine Gefährlichkeit hin zu durchschauen, auch wenn sie zwischen dem wahrnehmbaren Phänomen und der Gefährlichkeit selbst nicht unterscheiden können. So geraten Pferde heute kaum mehr in Unruhe, wenn an ihnen an laute PKWs oder LKWs vorbeifahren, während früher schon ein entgegenkommendes Fahrzeug genügte, um sie scheu zu machen. Die völlige Bindung dessen, was man von einem Phänomen begreift, an genau dieses Phänomen ist es aber, die Platon kritisiert. Es ist nicht immer ein und derselbe Anblick, der Angst einjagt, nicht alles ist gefährlich, was laut ist, aus der Lautheit kann man auch nicht immer entnehmen, dass jemand zornig ist,

---

[36] Vgl. PLINIUS, Naturalis historia (s. Anm. 4), 66.

es ist auch nicht nur ein richtiger Mensch, wer eine weiße Haut hat, usw.

Aufschlussreiche Beispiele über die Konfusionen, die die Meinung mit sich bringt, durch möglichst genaue Beobachtung des Äußeren könne man auch dessen wesentliches Sein erkennen und darstellen, bieten auch einander entgegengesetzte antike Anekdoten über berühmte Physiognomen.

Von Apelles z. B., der aus einer Malerschule stammte, die besonderen Wert auf Mathematik und Geometrie (zur Konstruktion der richtigen Perspektive[37]) legte, gibt es einen Bericht, er habe Bilder von so ununterscheidbarer Ähnlichkeit (*similitudinis indiscretae*) mit der Wirklichkeit gemalt, dass ein Physiognom aus den Gesichtern der von ihm gemalten Menschen genau erschließen konnte, wie viele Jahre jemand noch bis zu seinem Tod leben werde, und auch, wie lange er schon gelebt habe.[38] Die Bewunderung für Apelles hat ihren Grund also darin, dass seine Gemälde so wirklichkeitsgetreu waren, dass sogar ein wissenschaftlicher Beobachter sie zur Grundlage zutreffender Urteile machen konnte.

---

37 Dass die Antike schon eine mathematisch begründete Theorie der Perspektive hatte, begründet schon CLAUDE L'ABBE SALLIER, Discours sur la perspective de l'ancienne peinture ou sculpture, in: Memoires de Lettérature de l'Academie Royale des Inscriptions et Belles Lettres, 8, 1753, 97–107 gegen Perrault, der dies als Vertreter der »Modernes« in der »Querelle des Anciens et des Modernes« nachdrücklich bestritten hatte (gerade unter Berufung auf Apelles). Zur Querelle vgl. ARBOGAST SCHMITT., Art. »Querelle des anciens et des modernes«, in: HUBERT CANCIK U. A. (Hg.), Der Neue Pauly, Bd. 15,2, Stuttgart 2002, 607-622.
38 Vgl. PLINIUS, Naturalis historia (s. Anm. 4), 35,88: *Imagines adeo similitudinis indiscretae pinxit, ut – incredibile dictu – Apio grammaticus scriptum reliquerit, quendam ex facie hominum divinantem, quos metoposcopos vocant, ex iis dixisse aut futurae mortis annos aut praeteritae vitae.* Plinius

Diese Urteile bezogen sich nach dem Bericht des Grammatikers Apius allerdings nur auf die Lebensjahre eines Menschen. Im Allgemeinen erhoben die antiken Physiognomen viel weitergehende Ansprüche. Nach Cicero warben sie für ihre Kunst mit dem Versprechen, den Charakter und das Wesen eines Menschen aus seinem Körperbau, seinen Augen, seinen Mienen und seiner Stirn ganz genau erkennen (*pernoscere*) zu können.[39] Mit einem solchen Anspruch, vom Äußeren auch auf das Innere eines Menschen schließen zu können, konnte man aber auch scheitern. Besonders markant war dieses Scheitern bei einem Pysiognomen, Zopyros, der seine Kunst an Sokrates erprobte und dabei mit dem Problem konfrontiert wurde, dass solche Schlüsse vom Äußeren auf das Innere nicht nur ungenau und fehleranfällig sein konnten, sondern dass sie auch zu einer völligen Verkennung von Charakter und Natur (*mores naturaeque*) eines Menschen führen konnten. Zur Demonstration seiner Kunst hatte er sich von Schülern des Sokrates verleiten lassen, sie auch an diesem zu demonstrieren. Mit wissenschaftlich akribischer Beobachtung, z. B. weil Sokrates kein gebogenes Schlüsselbein habe, begründete er, weshalb dieser dumm, stumpfsinnig (*stupidus et bardus*) und frauentoll (*mulierosus*, »Weiberheld«) sei und schrieb ihm noch viele weitere Fehler (*multa vitia*) zu. Die Schüler lachten deshalb über ihn, Alkibiades sei sogar in ein schallendes Gelächter (*cachinnus*) ausgebrochen, Sokrates selbst aber habe ihn in Schutz genommen und gesagt, diese

---

    nennt den Physiognomen hier mit einem griechischen Fremdwort einen *metoposcopus*, einen Stirnschauer. Cicero nennt den Physiognomen Zopyros mit dem geläufigeren Begriff *physiognómon* (*De fato* 5, 10).

[39] Vgl. CICERO, De fato 5, 10. Von dem Physiognomen Zopyros sagt er: *profitebatur hominum mores naturasque ex corpore, oculis, vultu, fronte pernoscere.*

Fehler gehörten zu seiner Natur, er habe sie aber durch etwas Stärkeres, durch die Vernunft in ihm, überwunden.[40]

Dass Alkibiades in ein schallendes Gelächter ausgebrochen sei, kann eine gut erfundene Anekdote sein. Denn er war es, der nach dem Bericht im platonischen *Symposion* Sokrates mit bestimmten plastischen Silen- oder Satyrfiguren verglich, die in ihrem Inneren Götterbilder enthielten. Die Besonderheit dieser Figuren war, dass man sie aufklappen konnte und dann anstatt des satyrhaften Äußeren Standbilder von Göttern (*agálmata theōn*) fand (215a-d). Von dieser Art sei auch Sokrates. Von außen gleiche er ganz dem Satyr Marsyas,[41] sein inneres Wesen aber sei ganz und gar göttlich.

Die Differenz zwischen Schein und Sein ist bei Sokrates extrem. Alkibiades dehnt sie auch auf den Unterschied zwischen dem satyrhaften äußeren Schein seiner Worte, mit de-

---

[40] Vgl. CICERO, Tusculanen, IV, 80 und De fato, 5,10. Der Bericht oben kombiniert die beiden Stellen. Zu diesen Stellen, zu ihren Quellen (vermutlich bei *Phaidon*) und weiteren ähnlichen Berichten vgl. ARISTOTELES, Physiognomonica, übers. u. komm. v. SABINE VOGT, Berlin 1999 (Aristoteles. Werke in deutscher Übersetzung 18). Zur Zopyros-Anekdote vgl. 114-116. Zur kritischen Analyse der Leistungsfähigkeit der Physiognomie durch Aristoteles vgl. a a. O., 120-133. Vogt weist auch auf den Unterschied zwischen *tekmérion* (Zeugnis, Beweis) und *semeíon*, Zeichen, hin, den Aristoteles benutzt, um zu erklären, dass Schlüsse aus äußeren körperlichen Eigenheiten nur Zeichen sind, die zu ungenauen oder falschen Schlüssen führen können. S. *Analytica Posteriora* II, Kap. 27.

[41] Tatsächlich gibt es eine »Athene-Marsyas«-Gruppe des berühmten Bildhauers Myron, bei der – soweit wir sie rekonstruieren können – Marsyas große Ähnlichkeit mit etlichen (noch klassischen, d. h. nicht sublimierten) Sokrates-Darstellungen hat. Vor dem Liebieghaus in Frankfurt kann man eine Rekonstruktion der Gruppe sehen. Vgl. VINZENZ BRINKMANN, Die Athena-Marsyas-Gruppe des Myron, in: DERS. (Hg.), Die Launen des Olymp. Der Mythos von Athena, Marsyas und Apoll, Frankfurt a. M. 2008, 73-85.

nen er immer nur von Schmieden, Schustern und Gerbern und immer nur von demselben zu reden scheine (*phaínetai*), und den schönsten Götterbildern von Tugend (*theiótatoi lógoi – pleísta agálmata aretés échonta*), denen der begegnet, der in das Innere blickt und die Vernunft aller dieser Reden erkennt (221e).

Ohne Frage bietet Sokrates damit das Beispiel par excellence dafür, dass selbst eine wissenschaftlich optimierte Beobachtung und Vergegenwärtigung des Äußeren die Differenz zwischen der sichtbaren Erscheinung und dem, was jemand oder etwas wirklich ist, nicht aufheben kann. Nichts von dem, was Sokrates wirklich ist, ist in seiner wahrnehmbaren Gestalt und seinem wahrnehmbaren Verhalten präsent. Daran kann man sich auf keine Weise orientieren, wenn man etwas von Sokrates verstehen können will. Alkibiades' Rede von den Götterbildern, die er in sich trägt, ist deshalb auch für die Darstellung des Göttlichen im Allgemeinen wichtig. Die Frage ist: wie könnte man Sokrates so ins Bild bringen, dass nicht seine äußere Erscheinung anzeigt, wer er ist, sondern dass in ihr sein wirkliches Wesen erkennbar wird? Über diese Frage werden wir im Folgenden noch ausführlich handeln müssen.

Zunächst soll noch ein weiterer Aspekt mit berücksichtigt werden. Man könnte Sokrates für einen philosophischen Sonderfall halten. Bei ihm gibt es eine so vervollkommnete Vernunft, dass seine Verkörperung in einem natürlichen Menschsein bedeutungslos geworden ist. Das scheint aber für die meisten Menschen und auch für andere Lebewesen oder gar Gegenstände nicht zu gelten, auch wenn man allein aus Sokrates' Hinweis auf das, worauf man achten muss, wenn man ein Weberschiffchen machen will, das wirklich ein Weberschiffchen ist, schon entnehmen kann, dass das Problem weiter und nicht auf einige herausragende Figuren beschränkt ist.

Für diese Erweiterung über den Sonderfall eines weisen Philosophen hinaus bietet bereits Homer signifikante und aufschlussreiche Beispiele, von denen einige sogar die gleiche paradoxe Differenz zwischen der äußeren Erscheinung und dem tatsächlichen Wesen wie bei Sokrates aufweisen. In einer Situation, in der die Trojaner auf ihrer Stadtmauer sitzen, weil sie das zum ersten Mal offen gegen sie antretende griechische Heer bei seiner Aufstellung beobachten wollen, sieht König Priamos einen Mann, der wie ein Widder das Heer durchstreift (3, 196) und fragt die neben ihm stehende Helena, wer das wohl sei. Helenas Antwort, das sei Odysseus, ein Mann von klugem Verstand, greift ein älterer Trojaner namens Antenor auf und bestätigt Helenas Urteil. Damals (d. h. vor mehr als neun Jahren), als die Griechen angekommen seien, seien Menelaos und dieser Odysseus bei ihm zu Gast gewesen. Da habe er Odysseus kennen gelernt. Vor der Versammlung der Troer habe Menelaos dann eine beeindruckende Gestalt gezeigt, Odysseus dagegen sei vor den Trojanern mit nach unten geheftetem Blick gestanden und habe ausgesehen wie ein einfältiger Mensch (*áidris*). Ähnlich wie Zopyros von Sokrates sagt Antenor von Odysseus, man hätte ihn verbissenen und ohne Verstand nennen können (*zakotós, áphrōn*, 3, 219 f.):

> »Doch sobald er die Stimme, die gewaltige, aus der Brust entströmen ließ und Worte wie Schneeflocken im Winter, dann hätte es mit Odysseus kein anderer Sterblicher aufgenommen. Da wunderten wir uns nicht mehr so sehr über Odysseus, wenn wir seine Gestalt (*eídos*[42]) sahen« (3, 219–224).

---

42 Bei Homer hat *eídos* noch öfter die Bedeutung »Aussehen«, »Erscheinung«, aus der auch öfter auf das »Wesen« geschlossen wird, etwa auf Stärke, Tapferkeit, gute Herkunft, Verständigkeit (Belege im Lexikon des Frühgriechischen Epos, Bd. 2, Göttingen 1991, B. MADER, Art. *eídos*, 423 f., unter B). Nicht nur an der eben zitierten Stelle kann *eídos* aber auch als Gegensatz

Auch bei Odysseus passen äußere Erscheinung und Wesen nicht zusammen, ja es gibt bei ihm fast wie bei einem Vorläufer von Sokrates den Widerspruch zwischen einem scheinbar Blödigkeit demonstrierenden Äußeren und der tatsächlichen, überragenden Klugheit. Auch hier führt die Annahme, das Äußere enthalte zugleich eine Aussage über das Innere, zu einer Täuschung. Daraus folgt, dass man die Aussagekraft des wahrnehmbaren Äußeren überschätzt, wenn man in ihm über das tatsächlich Sichtbare oder sonstwie Wahrnehmbare hinausgehende Gehalte vermutet, die in Wahrheit begriffen werden müssen und nicht gesehen werden können. Dieses nur Begreifbare wird bei Odysseus erst erkennbar, wenn man das, was er sagt, versteht und dessen Qualität richtig einschätzt. Sie wird also, wie Platon theoretisch allgemein deutet, an dem Können, das er verwirklicht, erkannt.

Bei Odysseus passt das unschöne Äußere nicht zur inneren Größe. Es gibt bei Homer auch das Umgekehrte: den Glanz äußerer Schönheit, dem keine gleiche innere Schönheit und Gutheit entspricht. Die Hauptfiguren für diese Diskrepanz sind Paris, bei dem der herausragenden Schönheit keine herausragende Tapferkeit entspricht (*Ilias* 3, 39–57), und in gewissem Sinn auch Helena, die sich selbst für ihr »hündisches Wesen« anklagt, während sie z. B. der alte König Priamos, bezaubert von ihrer Schönheit, entlastet und alle Schuld für ihr ehebrecherisches Verhalten auf die Götter schiebt

---

zum inneren Wesen eines Menschen verstanden werden und steht dann für das bloße Äußere (vgl. a. a. O., 424, G 4). Auf den Gebrauch von *eídos* durch Platon kann, wie die besprochenen Stellen gezeigt haben, aus der homerischen Wortverwendung nicht geschlossen werden. Immerhin gibt es »schon« bei Homer ein klares Wissen um die mögliche Differenz von Erscheinung und Wesen. Als Beleg für deren Einheit kann Homer auf keinen Fall angeführt werden.

(*Ilias* 6, 344-358). Diese Beispiele reichen schon für die Feststellung hin, dass es bei Homer ein Wissen um die Differenz von Innen und Außen gibt und dass er sie auch deutlich zu machen versteht. Das griechische Ideal des Zusammenfalls des Schönen und Guten, die *kalolagathía*, auf das auch Platon und Aristoteles hinweisen, ist ein Ideal, das man anstreben kann und soll, es ist kein Ergebnis einer noch ursprünglichen Einheit von Innen und Außen, in der das Sinnliche noch unmittelbar geistig und das Geistige unmittelbar sinnlich gewesen sei.[43]

4. Zur besonderen Form der Anschaulichkeit bei Homer

Wenn man sein Kunstverständnis an den mit höchster künstlerischer Perfektion gemalten Bildern der »Schattenmaler«, die auf genauesten mathematisch-geometrischen Kenntnissen über die Herstellung einer wirklichkeitsgetreuen Darstellung beruhen, ausgebildet hat, und sich von ihm her Homer zuwendet, wird man mit einer erstaunlichen Kargheit in der Darstellung bildlich-anschaulicher Details konfrontiert. Homer beschreibt keine Person, keinen Gegenstand, keine Stadt, keine Landschaft so, dass man sich ein mit konkreter Anschauung gefülltes Bild davon machen könnte. Frauen haben schöne Wangen, haben weiße Arme, sind schön gegürtet, tragen ein schönes Obergewand, das schön gewoben ist, Häuser oder Schiffe sind fest oder kunstfertig gebaut, Wagen wohl geglättet, Troja hat breite Straßen, usw.[44]

---

[43] So z. B. WOLFGANG SCHADEWALDt, Von Homers Welt und Werk, Stuttgart ³1959, 85.
[44] Die Beobachtung als solche, dass Homer nicht anschaulich in dem uns

Diese Kargheit in der Darstellung der dem Auge sich bietenden Details pflegt Homer auch dort, wo er ausdrücklich eine Bildbeschreibung macht, z. B. von dem Schild, den Hephaistos für Achill gefertigt hat.[45] Auf diesem Schild sind u.a. zwei Städte zu sehen. Homer aber lenkt die Aufmerksamkeit des Betrachters nur auf das, was die Menschen in diesen Städten tun. Wie diese Städte aussehen, ihre Mauern, Straßen, Häuser, Plätze, Menschen, davon erfährt man beinahe nichts. Stattdessen berichtet er von Hochzeitfeiern mit Tanz, Gesang und Phorminxspiel und den Frauen, die in den Türen ihrer Häuser stehen, vom Streit zweier Männer auf dem Markt, von den Parteiungen unter den Leuten, die sie unterstützen, von den ordnungsstiftenden Herolden und den Ältesten, die auf geglätteten Steinen in heiligem Kreis ihr Urteil sprechen (*Ilias* 18, 490–508), usw.

Wenn man angesichts einer so unanschaulichen, jede konkrete Bildhaftigkeit vermeidenden Darstellungsweise fragt,

---

geläufigen Sinn ist, ist in der Forschung gemacht worden, s. z. B. S. RICHARDSON, The Homeric Narrator, Nashville 1990, 50–69; TH. M. ANDERSON, The Epic Scenery: Homer, Virgil, and the Medieval Legacy, Ithaca/London 1976; die Gründe, die Homer eine andere Art der Anschaulichkeit suchen ließen als die einer direkten Sinnlichkeit, sind allerdings kaum Gegenstand der Forschung.

[45] Vgl. neben den grundlegenden Arbeiten von SCHADEWALDT, Die homerische Gleichniswelt und die kretisch-mykenische Kunst. Zur homerischen Naturanschauung, in: DERS., Von Homers Welt und Werk, Stuttgart ⁴1965, 130–154 und W. MARG, Homer über die Dichtung. Der Schild des Achilleus, Münster 1971; T. K. HUBBARD, Nature and Art in the Shield of Achilles, Arion 3, 1992, 16–41; A. S. BECKER, The Shield of Achilles and the Poetics of Ekphrasis, Lanham 1995; O. PRIMAVESI, Bild und Zeit. Lessings Poetik des natürlichen Zeichens und die Homerische Ekphrasis, in: J. P. SCHWINDT (Hg.), Klassische Philologie *inter disciplinas.* Aktuelle Konzepte zu Gegenstand und Methode eines Grundlagenfaches, Heidelberg 2002, 187–211.

weshalb dennoch so viele Leser Homers und unter ihnen Aristoteles (wohl zu recht) von der Anschaulichkeit seiner Darstellung beeindruckt sind, kann man eine besonders aufschlussreiche Erklärung aus den durch Homer kunstvoll ausgeführten »Naturbildern« in seinen Gleichnissen gewinnen. Alle diese Gleichnisse sind, wie Wolfgang Schadewaldt in überzeugender und differenzierter Interpretation ausgeführt hat, kleine Handlungen.[46] Alles ist bei Homer, wie er zutreffend feststellt, »am Werk«: *energei* (ist aktiv, tätig wirkend): der Sturm gegen die Wolke, die Brandung gegen den Strand, der Gießbach bricht ins Ackerland ein. Der Fels »steht fest«, die Eiche »stürzt«, der Wurm »krümmt sich«, der Löwe ist mutig, wild, erbarmungslos, blutgierig. So ist auch der Wolf, aber er handelt im Rudel, ist weniger edel, weniger mächtig, doch gieriger. Und selbst von der Lanze hört man, sie sei gierig, und vom Stein, er sei unverschämt.

Offenbar findet man in diesen homerischen Gleichnissen eine bewundernswerte Verbindung von charakteristischem Handeln und Anschaulichkeit. Schadewaldt ist deshalb überzeugt, dass bei Homer »das sicher und rein erfasste Erscheinungsbild zugleich den inneren Wesensgrundriss hergibt.«[47] Man muss aber, um diese Verbindung zu verstehen, keine »Bildontologie« bei Homer voraussetzen und annehmen, bei Homer offenbare sich die Natur als »lebendiger, gesetzmäßiger, innerer Bau«, »andeutend in den Erscheinungen«, denen sie »zugrunde liegt«.

---

[46] Vgl. SCHADEWALDT, Von Homers Welt und Werk (s. Anm. 43), v. a. 130–133; 144–154. Grundlage auch für Schadewaldts Interpretationen ist die überaus sorgfältige und umfassende Aufarbeitung und Deutung fast aller homerischen Gleichnisse durch Hermann Fränkel, Die homerischen Gleichnisse, Göttingen 1921.

[47] Vgl. SCHADEWALDT, Die homerische Gleichniswelt (s. Anm. 45), 150 f.

Die Darstellung des Göttlichen im Bild

Die Lösung ist einfacher und komplexer zugleich. Der schnell begreifbare Aspekt ist: Homer schildert immer genau so viel, wie nötig ist, damit sich der Leser selbst eine Vorstellung von der dargestellten Handlung bilden kann. Man muss nicht wissen, wie der Stein aussieht, der immer wieder nach unten rollt, wenn Sisyphos ihn zum Gipfel hoch gewälzt hat, es kommt nur darauf an, dass er dessen Mühe und Arbeit immer wieder zunichte macht – wie jemand, der unverschämt oder schamlos ist. (*Odyssee* 11,593–600, v. a. 597)

Als Paris, der sich dem Zweikampf mit Menelaos entzogen und bei Helena erholt hatte, sich wieder aufmacht, um mitzukämpfen, vergleicht ihn Homer mit einem

> »Pferd, das lange Zeit im Stall stand und sich an der Krippe gemästet hat, den Halfter abriss und stampfend durchs Feld läuft, gewohnt im schönfließenden Fluss zu baden, von Stolz geschwellt: hoch hält es das Haupt und seine Mähne flattert ihm um die Schultern [...]« (*Ilias* 6, 506-509, Übersetzung Schadewaldt).

Wer das liest, muss nicht wissen, ob das Pferd ein Schimmel oder ein Rappe ist, und er benötigt auch keine anderen Details, »um sich ein sinnliches Bild zu malen« (Lessing). Denn für das Bild, das er sich von diesem Pferd machen soll, kommt es auf diese Details nicht an. Die Auswahl an Verhaltensweisen des Pferdes, die Homer sinnfällig machen möchte, kann zwar sicher nicht von jedem Pferd, aber eben auch nicht nur von einem bestimmten Pferd gezeigt werden. Nur auf diese Auswahl wird der (innere) Blick des Lesers gerichtet, und zwar in klar gezielter Lenkung, den Rest des Anschauungsganzen kann sich jeder, der ein wenig von Pferden weiß, leicht dazu denken. Es kommt allein darauf an, ein Bild von einem Paris zu zeichnen, den es jetzt leidenschaftlich zum Mitkämpfen drängt.

Analoges gilt von der Anschaulichkeit, die Homer in der Handlungsdarstellung selbst, auch ohne »Gleichnisbilder«, erzeugt, z. B. in der durch Lessing berühmt gewordenen Ankleidungsszene des Agamemnon, von der das zweite Buch der *Ilias* erzählt. Lessing demonstriert an ihr den Unterschied zwischen der Darstellungsweise der Malerei und der Dichtung.[48] Das Auge hat seine Gegenstände im Nebeneinander (des Raums) zugleich vor sich, so zeigt auch die Malerei im Bild die sichtbaren Eigenschaften der Gegenstände als ein koexistierendes (reiches) Ganzes[49] Der Dichter muss mit den Symbolen der Sprache eben diese Gegenstände im Nacheinander darstellen, deshalb sind sein eigentlicher Gegenstand Handlungen. Bei einer solchen Handlungsdarstellung kann man im Nacheinander der Erzählung immer nur einzelne Eigenschaften eines Körpers darstellen. So folgt, dass die Dichtung anders als die Malerei in der Schilderung körperlicher Gegenstände die Regel der Sparsamkeit befolgen müsse (ebd.). Das am Ende erreichte Darstellungsziel ist aber in der Malerei wie in der Dichtung dasselbe: Auch der Dichter »will die Ideen, die er in uns erwecket, so lebhaft machen, dass wir in der Geschwindigkeit die wahren sinnlichen Eindrücke ihrer Gegenstände zu empfinden glauben und in diesem Augenblick der Täuschung uns der Mittel, die er dazu anwendet, seiner Worte, bewusst zu sein aufhören.«[50]

Obwohl Lessing sich mit diesen Äußerungen als ein Anhänger der »Schattenmalerei« kundgibt, für die die Aufhebung der Differenz zwischen den »wahren sinnlichen Ein-

---

[48] Vgl. dazu G. RADKE-UHLMANN, Bewegte Bilder – Über eine vergessene Form der Anschaulichkeit in der griechischen Dichtung, in: Antike und Abendland 55, 2009, 1–22; und PRIMAVESI, Bild und Zeit (s. Anm. 45).

[49] Vgl. LESSING, Laokoon, XVI, in: Gotthold Ephraim Lessing, Werke 1766–1769, hg. WILFRIED BARNER, Frankfurt a. M. 1990, 116 f.

[50] Vgl. a. a. O., XVII, 124. In gewissem Sinn nimmt Lessing dadurch, dass er Malerei und Dichtung auf verschiedenen Wegen und mit verschiedenen Mitteln ein gleiches Resultat, die gleiche bildliche Anschaulichkeit errei-

drücken« und den Mitteln, die diese Wahrheit vortäuschen, die künstlerische Aufgabenstellung ausmacht, sagt er, auf diese Regel habe ihn die Praxis des Homer selbst gebracht. Beispiel eben dafür ist ihm die Art, wie Homer die Kleidung Agamemnons schildert: »Will uns Homer zeigen, wie Agamemnon bekleidet gewesen, so muss sich der König vor unseren Augen seine völlige Kleidung Stück vor Stück umtun [...] Wir sehen die Kleider, indem der Dichter die Handlung des Bekleidens malet.«[51] Wie immer bei Lessing ruht seine Deutung auf guter Beobachtung. Dazu passt auch seine lobende Bemerkung, dass Homer es nicht für nötig hielt, »die Kleider bis auf die geringste Franse zu malen.« Er habe sich darauf konzentriert, dass man die Handlung zu sehen bekomme (ebd.). Weil Lessing aber unter Handlung nur die Sukzessivität der Darstellungsweise versteht, während er das Darstellungsziel, die lebendig reiche Anschauung des Ganzen, auch in einer poetischen Handlungsdarstellung »gemalet« sehen möchte, entgeht ihm, dass Homer nicht nur eine sparsame, sondern gar keine Beschreibung der »sichtbaren Eigenschaften« der Kleidung des Agamemnon gegeben hat. Agamemnon

---

chen lässt, das vorweg, was Gottfried Böhm als »ikonische Differenz« ins Bild selbst hineinverlegt hat: »Bildwerke eröffnen ihren Bedeutungsraum, indem sie dem Auge ein komplexes Hin- und Her ermöglichen, es ihm gestatten, zwischen simultanem Ausgriff und sukzedierender Bewegung einzuschwingen.« GOTTFRIED BOEHM, Ikonische Differenz, in: Rheinsprung 11, Zeitschrift für Bildkritik, 1, 2011, 170–178, hier: 175.

[51] Vgl. *Laokoon* XVI, 119. Dass Homer der beste Maler sei, ist schon eine in der Antike geprägte Formulierung (vgl. LUKIAN, Eikones 8; vgl. auch CICERO, Tusculanen 5, 114; vgl. G. VOGT-SPIRA, Visualität und Sprache, in: J. P. SCHWINDT (Hg.), Klassische Philologie inter disciplinas, Heidelberg 2002, 25–40, hier 28; s. auch C. D. ROLFE, Saint-Amant and the Theory of ut pictura poesis, London 1972, 7 mit weiteren Beispielen aus der Neuzeit.

zieht ein Unterkleid (*chitōn*) an, wirft einen Mantel (*pháros*) darüber, zieht Sandalen (*pédila*) an und nimmt Schwert und Zepter in die Hand. Die »sinnlichen Eigenschaften«, die Homer benennt, sind: »weich«, »neu gewebt«, »groß«, »schön«, »glänzend«, »mit silbernen Nägeln«, »vom Vater geerbt«, »unvergänglich für immer« (*Ilias* 2, 42-46). Kein Maler wäre in der Lage, aus diesen Angaben ein Bild mit konkreter Füllung zu malen.

Bevor man allerdings Homer wegen solcher vermeintlichen Schwächen in der Veranschaulichung seiner Gegenstände eine »narrative Unbestimmtheit« zuschreibt, muss man die eigenen Vorerwartungen prüfen. Ist die homerische Erzählweise grundsätzlich »unbestimmt«, oder entsteht dieser Eindruck deshalb, weil wir gerade dort, wo Homer die genaue, konturierte Bestimmtheit sucht, unaufmerksam sind und die Bestimmtheit dort suchen, wo sie Homer – und vielleicht aus guten Gründen – für unwichtig hielt? Lessing jedenfalls erwartet, seinem Kunstverständnis folgend, von Homer eine sukzessiv entstehende anschauliche Deutlichkeit – und findet sie auch bei ihm. Würde man die Qualität der Homerischen Erzählweise von dieser Perspektive her kritisch beurteilen, müsste man sie fast in die Nähe einer bloßen Stimmungserzeugung bringen. Statt darzustellen, wie die Kleider aussehen, die Agamemnon anzieht, teilt er uns mit, wie großartig sie seien: schön, glänzend, silbern, neu, ehrwürdig ...

Geht man einmal davon aus, dass Homer gar nicht zeigen wollte, wie Agamemnon in seinen neuen Kleidern aussieht, sondern etwas über dessen inneren Zustand »anschaulich« machen wollte, muss man etwas weiter ausholen und sich mit dem Kontext befassen und prüfen, was man dort über Agamemnon schon erfahren hat.[52]

Agamemnon hatte eine Geliebte, von der er sagte, sie sei ihm lieber als seine eigene Frau Klytemnästra. Diese Geliebte war aber Tochter eines Apollonpriesters, Agamemnon hätte sie also eigentlich ihrem Vater zurückgeben müssen. Das wollte er nicht – obwohl Apollon schon das ganze Heer mit einer Pest bestrafte – und kam deshalb mit Achill in Streit, der zur Rettung der ganzen Unternehmung gegen Troja darauf drängte, dass Agamemnon die junge Frau zurückgab. Auf dem Höhepunkt dieses Streits sagte Agamemnon zu Achill, er könne ruhig nach Hause fahren, er brauche ihn nicht. An seiner Seite habe er viele andere, die ihn ehrten, und vor allem seinen Ratgeber Zeus (1,173-175.). Das war verblendeter Hochmut, *Hybris*. Denn allein Achill war es, der die Griechen seit neun Jahren vor dem überlegenen Heer der Trojaner mit ihrem klugen Anführer Hektor geschützt hatte. Daraufhin schickt Zeus dem Agamemnon einen Traum und lässt ihm ausrichten: »Von Zeus bin ich dir ein Bote, der, auch wenn er weit von dir weg ist, sich große Sorgen um dich macht und mit dir mitfühlt« (*mega kédetai ed eleaírei*, 2, 26). Nach dieser Einleitung fordert er ihn auf, jetzt gleich mit dem ganzen Heer gegen die Trojaner auszurücken, er werde sicher die Stadt erobern. »Umflossen von der göttlichen Stimme« wacht Agamemnon auf und stattet sich mit allen Insignien seiner Macht aus. Das bringen die vielen steigernden Adjektive zum Ausdruck. Sie beschreiben nicht, wie Agamemnons Kleider ausgesehen haben, sondern wie er zur Demonstration seiner von Zeus gewährten Unterstützung das Beste,

---

52 Zur Bedeutung des Kontextes für die Bildbeschreibung vgl. PETRA LÖFFLER, Semiologie und Rhetorik des Bildes, in: CLAUDIA BENTHIEN, BRIGITTE WEINGART, Handbuch Literatur und Visuelle Kunst, Berlin/München/Boston 2014, 121–138.

Wertvollste und Bewährteste angelegt hat, um sich seinem Ältestenrat, vor den er mit der großartigen Botschaft tritt, als der von Zeus selbst begünstigte Heerführer zu präsentieren.

Das eben zur Interpretation Gesagte steht allerdings nicht bei Homer. Homer kommentiert seine Handlungsdarstellungen fast nie mit einem auktorialen Kommentar, jedenfalls nicht in ausführlichen, psychologisierenden Beschreibungen. Er überlässt das dem mitdenkenden Leser, dem er aber das in konkreter Prägnanz mitteilt, worauf auch er als Dichter seinen erklärenden Kommentar hätte stützen müssen. Deshalb sucht er nicht nach Prädikaten für den Gefühlszustand Agamemnons, sondern beschreibt genau das, was ein Mann wie Agamemnon in diesem Zustand tut. Von dem – so unterrichteten – Leser kann man aber sagen: er hat Agamemnon in seiner ganzen Verblendung vor Augen. Man kann sogar noch weiter gehen und sagen, dass das, was der mitdenkende Leser vor Augen hat, der wirkliche Agamemnon ist oder Agamemnon so, wie er (in dieser Situation) wirklich ist. Auch bei dieser Darstellungsweise gibt es offenbar das Bestreben, die Differenz zwischen Darstellung und Wirklichkeit aufzuheben. Ähnlich wie der Beobachter eines Webstuhls begreift, was ein Weberschiffchen wirklich ist, wenn er die in seiner »Natur« begründete Fähigkeit, Kette und Einschlag zu trennen, begreift, und so, wie dieses Begreifen von einer Erfassung der Funktion des Schiffchens im Gesamtverfahren des Webens im Webstuhl abhängt, so ist es bei Agamemnon: Man muss den Ankleidevorgang als Ausdruck seiner Verblendung, von Zeus persönlich in seiner egoistischen Vernachlässigung des Gesamtwohls seines Heers unterstützt zu sein, begreifen, und man kann dies nur, wenn man die Einzelhandlung in ihren Kontext einordnet und aus ihm heraus versteht.

Unter dem Aspekt der Beurteilung des Kunstcharakters einer Darstellung oder Verbildlichung muss man wohl auch die Kritik, Platons Ausweisung der (nur) nachahmenden Maler und Dichter aus seinem Staat weise ihn als einen Kunstfeind aus, korrigieren. Auch das Urteil über Homers Erzählweise als Kunst wird verfälscht, wenn man meint, er müsse ein möglichst anschauliches Bild des Ankleidevorgangs Agamamnons malen, damit »das sicher und rein erfasste Erscheinungsbild zugleich den inneren Wesensgrundriss hergibt.«[53] Der Wesensgrundriss gerät durch die Konzentration auf die Anschauung sogar leicht aus den Augen, wenn der »Blick« des Lesers dadurch von der in diesem Äußeren sich verwirklichenden inneren Aktivität abgelenkt wird. Deshalb versucht Homer offenbar, den Leser dadurch, dass er in der Nachzeichnung des Äußeren eher »karg« ist, wie Lessing richtig festgestellt hat, nicht zu verwirren, sondern sein Augenmerk auf das, was er wirklich zeigen möchte, zu konzentrieren.

5. Anschaulichkeit als Verdeutlichung des Bildakts in Gemälden und Zeichnungen der Neuzeit

Obwohl das Anliegen dieser kleinen Abhandlung auf das Bildverständnis der Antike im Allgemeinen und auf die Frage, was man aus ihr für eine Darstellung des Göttlichen lernen kann, konzentriert ist, sollen doch, damit nicht der Eindruck entsteht, die eben beschriebene Darstellungs- oder Nachahmungsweise sei eine Besonderheit Homers, wenigstens einige signifikante Beispiele aus der Kunst der Neuzeit

---

[53] Vgl. SCHADEWALDT, Die homerische Gleichniswelt (s. Anm. 45), 150 f.

belegen, dass diese Besonderheit zwar charakteristisch für eine eigentümliche und von anderen zu unterscheidende Kunstauffassung ist, aber keine Besonderheit, die geschichtlich an die Antike oder gar an Homer gebunden ist.

Einen Aufsatz über Rembrandts späte Zeichnungen mit der Rohrfeder hat Werner Busch mit der Frage verbunden: »ein für die Veranschaulichung ungeeignetes Mittel?«[54] tatsächlich sind diese mit grober Feder ausgeführten Zeichnungen weit von jeder anschaulichen Detailgenauigkeit der Darstellung entfernt und sind dennoch »erstaunlich bildmäßig angelegt« (287). Von der Zeichnung *Petrus am Totenbett der Tabea* sagt Busch:

> »Keine Linie, nicht eine, ist schönheitlich und doch ist die Würde des Geschehens eingefangen. Ein wahres Wunderwerk ist der Kopf des Petrus, er macht ihn als Petrus unmittelbar erkennbar und das, obwohl die groben Striche für sich nichts bezeichnen« (288).

Ähnlich wie bei der »Zeichnung« Agamemnons durch Homer sieht allerdings nicht jeder Betrachter der Zeichnung diesen Petrus und noch weniger sieht er die charakteristischen Züge, die ihm Rembrandt gegeben hat. Das setzt auch hier die Kenntnis des Kontextes voraus, teils des Augenblicks, in dem Petrus mit strenger, sich der Heiligkeit seines Handelns bewusster Geste die Klagefrauen aus dem Zimmer treibt, teils und mehr noch, der langen Überlieferungsgeschichte, die mit

---

54 Vgl. WERNER BUSCH, Rembrandts Zeichnungen mit der Rohrfeder – ein für die Veranschaulichung ungeeignetes Mittel?, in: GYBURG RADKE-UHLMANN, ARBOGAST SCHMITT (Hg), Anschaulichkeit in Kunst und Literatur, Berlin/Boston 2011, 273-300 (Seitenzahlen aus diesem Aufsatz im Folgenden im Text); vgl. dazu auch M. DIEKERT, Ausstellungskatalog Rembrandt, Alte Pinakothek, Bayerische Staatsgemäldesammlungen, München 2004.

van Rijn, Rembrandt, Petrus am Totenbett der Tabea, um 1662, Rohrfeder-Zeichnung.

Petrus ganz bestimmte, fast zu einem Typus gewordene Eigenheiten verbindet. Das, was man auf der Zeichnung sehen kann, ist genau der Ausdruck dieser Züge, auf eine Darstellung fast aller weiteren Details, die zu einer anschaubaren Vorstellung des Gesichts einer bestimmten Person gehören, hat Rembrandt verzichtet.

Es wäre allerdings ein Missverständnis, zu meinen, die Reduktion der Anschaulichkeit sei ein notwendiger und am Ende auch schon ein zureichender Grund für eine Darstellung, die zeigt, wie etwas »wirklich« ist. Die Probleme mit der Anschaulichkeit kommen nicht daher, dass ein Maler die Kunst beherrscht, einen gemalten Vorhang wie einen wirklichen aussehen zu lassen, sondern daher, dass mit der Vollendung der Anschaulichkeit einer Darstellung der Anspruch verbunden wird, eben dadurch bringe sie das wirkliche Sein von etwas zum Ausdruck. Das ist bei einem Vorhang kaum Anlass für Täuschungen, wohl aber, wenn z. B. Petrus als ein Mensch mit weißer

Haut und blondem Haar dargestellt würde, oder auch wenn bestimmte Handlungen so dargestellt werden, als ob sie z. B. das Gerechte schlechthin verkörpern würden, d. h. allgemeingültig seien, etwa wenn man die Anerkennung von Eigentum für ein immer und überall gültiges Naturrecht hält.

Wie der Verzicht auf eine zu lebendige Anschaulichkeit noch kein Garant dafür ist, dass man das wirkliche Sein von etwas dargestellt hat, so ist umgekehrt auch eine klar und deutlich ausgeführte Anschaulichkeit kein zwingendes Hindernis, dass in ihr der Blick auf das wirkliche Sein von etwas gesucht ist und dass er auch für den – mitdenkenden – Betrachter darauf gelenkt wird. Wenn wir noch einmal bei Rembrandt bleiben: Ein in der christlichen Kunst beliebtes Bildmotiv ist der Augenblick, in dem Abraham dabei ist, sei-

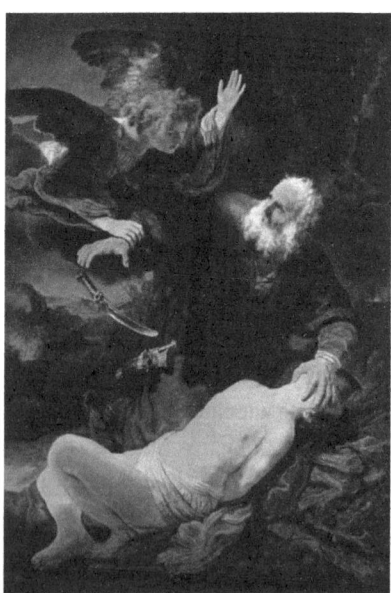

van Rijn, Rembrandt, Die Opferung Isaaks, 1635, Öl auf Leinwand, 193x133cm, Eremitage St. Petersburg.

nen Sohn Isaak zu opfern, aber von einem Engel davon abgehalten wird. Mit diesem Motiv hat sich Rembrandt mehrfach beschäftigt, einzelne Bildkonzeptionen hat er variiert, er hat ein und dasselbe Geschehen aber auch in verschiedenen Bildern verschieden dargestellt. Diese Verschiedenheit hat ihren Grund aber nicht darin, dass der Engel einmal ein dunkles, ein anderes Mal ein helles Gewand trägt (wie in den Abrahamsopferbildern von 1635 und 1636), sondern ist Ergebnis unterschiedlicher Deutungen dieses Geschehens: Kommt der Engel so, dass er in plötzlicher Erscheinung Abraham in einen solchen Schrecken versetzt, dass ihm das Messer, mit dem er gerade seinen Sohn töten wollte, aus der Hand fällt, oder kommt er mit einem verständnisvoll milden Blick auf Abraham und mit einer besänftigenden Berührung seines Kopfes, um ihn, »der mit zittrigen Beinen nur mit Mühe in der Lage scheint, Gottes Gebot zu folgen« (Busch 279), von seinem Vorhaben zu erlösen (so in einer Zeichnung von 1652–54), oder wenden sich beide, Abraham und der Engel, den Kopf auf fast gleicher Höhe zu, um im Gespräch sozusagen von Gleich zu Gleich Abrahams Problem zu lösen? (1655)

Da die Bildkonzeptionen in allen diesen Bildern auf die erstrebte Aussage hin zentriert sind, werden die sichtbaren Details und sogar die Benutzung oder der Verzicht auf Farben zu bloßen Akzidenzien, auf die es nur sekundär ankommt, damit man überhaupt weiß, dass man es mit einem Engel, zwei Menschen, einem Holzstoß usw. zu tun hat; sie erheben aber nicht den Anspruch das, worauf es bei diesem Opfer ankommt, präsent zu machen. Allerdings brauchen diese Bilder den mitdenkenden Betrachter wie Homer den mitdenkenden Leser, denn natürlich kennen viele heutige Museumsbesucher die Geschichte aus dem Alten Testament überhaupt

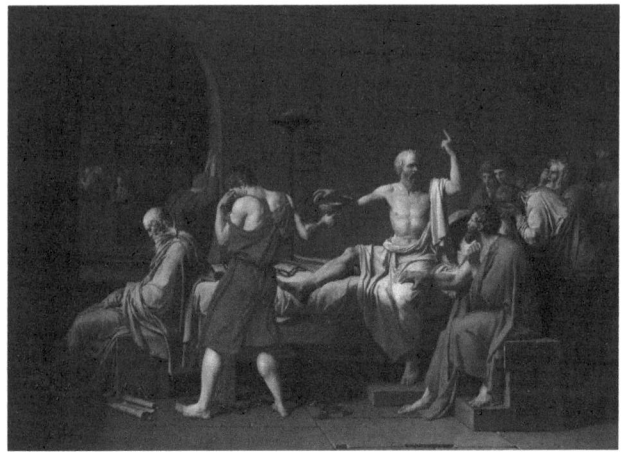

David, Jacques-Louis, Der Tod des Sokrates, 1787, Öl auf Leinwand, 130 x 196 cm, Metropolitan Museum of Art.

nicht und können deshalb auch gar nicht begreifen, um welche Deutung Rembrandt gerungen hat.

Dass Bilder nicht selbsterklärend sind, sondern genauso wie literarische Darstellungen zu ihrem Verständnis den Kontext brauchen, soll wenigstens noch an einem weiteren Beispiel, in dem sich Antike und Neuzeit begegnen, belegt und erklärt werden. Auf dem Gemälde *Der Tod des Sokrates* von Jacques-Louis David sieht man einen Mann auf einem Bett sitzen, der einen Arm mit dem Zeigefinger nach oben hebt und mit der Hand des anderen Arms zu einem Kelch greift, den ihm ein junger Mann reicht. Um diesen herum sieht man mehrere Männer mit deutlich klagenden Gesten. Das alles spielt sich in einem Gefängnis ab, jedenfalls liegen abgenommene Ketten vor dem Bett mit dem Mann in einem dunklen Raum mit Steinmauern.

Das ist ungefähr das, was jemand, der nicht weiß, was auf dem Bild dargestellt ist, »sieht«. Streng genommen sieht er nicht einmal das, denn das Auge kann Farben unterscheiden und aus Farben zusammengesetzte Formen – ob etwas ein Mensch, ein Gefängnis usw. ist, muss man bereits begreifen. Ein gebildeter Betrachter kann – selbst, wenn er den Titel des Gemäldes nicht sieht – erkennen, dass es sich um eine Darstellung des Todes des Sokrates handeln könnte. Der Kelch könnte der Schierlingsbecher sein, den Sokrates trinken muss, der vielleicht dozierende Arm passt zu Sokrates, ebenso wie die Schar klagender Jünger, die um sein Bett herumstehen.

Das ist die Auslegung, die das Bild auch in vielen kunsthistorischen Beschreibungen erhält. Eine etwas genauere Betrachtung kann aber feststellen, dass dieser Sokrates kein meditierender Philosoph ist, der eine Mahn- und Trostrede an seine Jünger hält. »Er wird als Rhetor dargestellt, der seinen Worten mit der passenden Geste Nachdruck verleiht. Das Bild setzt dieses Motiv von Rede und Geste fort; es wendet sich mit seiner eigenen Überzeugungskraft an den Betrachter und sucht ihn zur Tugend zu bewegen. Pictura ut rhetorica, sie will den Betrachter fortreißen zur Änderung seines Lebens, er soll sich der ›vertue‹ und dem Patriotismus weihen. Die Worte, die Geste, das Bild: de propaganda virtute.« Das ist die überzeugende, wenn auch von der üblichen abweichende Deutung dieses Bildes durch Reinhard Brandt.[55] Um diese Deutung zu gewinnen, genügt eine genaue Bildbeschreibung mit allen ihren Details nur partiell, sie gelingt nur durch die Ermittlung »des« Kontextes, aus dem David seine Darstellungs-»Intention« gebildet hat.

---

[55] Vgl. REINHARD BRANDT, Philosophie in Bildern. Von Giorgione bis Magritte, Köln 2000, 346–363, hier 360.

Das setzt voraus, dass man die Zugehörigkeit der philosophischen Haltung, die der auf seinem Bett fast thronende Sokrates zeigt, zum Kontext der Stoa erkennt. Er demonstriert einen markanten Gegensatz zum klagenden und jammernden Verhalten seiner Umgebung, deren Verfallenheit an den Affekt er tadelt. Er selbst demonstriert die durch kein Unglück anfechtbare Autarkie des Weisen, z. B. durch die verächtlich nachlässige Geste, mit der er zum Schierlingsbecher, der ihm den Tod bringen wird, greift. Zu diesen stoischen Voraussetzungen kommt deren besondere Rezeption in der geschichtlichen Situation vor der Französischen Revolution, insbesondere deren Losung: »Freiheit von den Ketten des Despotismus!« Dieses Freiheitskonzept, wie es v. a. durch Locke und Rousseau (und später auch Kant) mit breiter Wirkung formuliert war, verbindet v. a. Rousseau[56] mit der *virtus* der *anciens* (d. h. der Antike Roms), die gegen den morbiden Verfall der Gegenwart gefeit machen soll. *Rome et la vertu* ist das Schlagwort, dessen moralischen Tugendfundamentalismus David ins Bild zu bringen versucht und in seinem Sokrates, der eher ein römischer Cato in sokratischer Gestalt ist, verkörpert hat (Brand 359).

Obwohl dieses Bild mit großer Kunst anschaulich gemalt ist, vermittelt es dem Betrachter bestenfalls beiläufig den Eindruck, unmittelbar bei dem damaligen Geschehen dabei zu sein und es mit allen Sinnen mitzuerleben. Denn das, woran man Anteil nimmt und bei dem man wirklich »dabei ist«, ist, jedenfalls wenn man die Bildaussage begreift, der in diesem Sokrates verkörperte Triumph der auf die Vernunft gegründeten Tugend.

---

[56] V. a. in seinem *Emile*, der *Confessions* und dem *Discours* von 1749/55.

III Aristoteles über die Bedingungen, wie man »etwas vor Augen stellt«

Aristoteles steht wie Platon einer die bloße Erscheinung repräsentierenden Darstellung in Malerei und Dichtung kritisch gegenüber. Auch er schreibt diesen Formen der Kunst eine ungünstige Wirkung auf die Erziehung junger Menschen zu, beurteilt aber auch die Qualität dieser Art von »Nachahmung« negativ, sie verfehle das Niveau einer »kunstgemäßen« (*katá ten téchnen*) Produktion (*Poetik* 1450a26–29). Beachtenswert ist, dass er trotz dieser Kritik ein scheinbar gleiches Darstellungsziel für die von ihm bevorzugte Art der Nachahmung formuliert. Denn auch er sieht einen Vorzug einer guten Kunstdarstellung darin, dass sie anschaulich ist, in seinen Worten, dass sie »etwas vor Augen stellt«.

> »Es muss noch gesagt werden, was wir unter ›etwas vor Augen stellen‹ meinen, und was man tun muss, um es zu erreichen. Ich sage ja, dass alles das etwas von Augen führt, was etwas in seiner (eigentümlichen) Aktivität (*oikeía enérgeia*) zeigt. Nennt man z. B. den guten Mann ein Quadrat, ist das eine Metapher (denn beides – der gute Mann und das Quadrat – ist etwas Vollkommenes), aber es zeigt keine Aktivität. [...] Eine Aktivität aber zeigt, [...] wie es Homer oft macht, das Unbelebte [...] belebt darzustellen. Dafür, dass er alles in seiner Aktivität darstellt, wird er hoch geschätzt, wie etwa bei folgenden Beispielen: ›und wieder in die Ebene zurück rollte der Stein, der unverschämte‹ oder ›es stürmte der Pfeil‹ oder ›voller Begierde herbeizufliegen‹ oder [...] ›die Lanze stürmte durch die Brust voller Eifer‹. In allen diesen Fällen erscheint etwas dadurch, dass es belebt ist, aktiv zu sein. Denn das Schamlos-Sein und das Begierig-Sein und das andere sind Aktivitäten« (*Rhetorik* 3, 11, 1411b22–1412a8).

Liest man diese Erklärung des »vor Augen Stellens« in der Perspektive einer auf sinnliche Verdeutlichung bedachten Kunst, scheint Aristoteles den Rat zu geben, alles möglichst lebendig und dramatisch darzustellen, v. a. dadurch, dass man selbst leblosen Dingen Leben einhaucht. So hat Aristoteles bereits Quintilian verstanden und mit ihm tun das fast alle Ausleger bis heute. Und natürlich haben viele auch auf den Widerspruch zu seiner *Poetik* hingewiesen, in der er der *opsis*, der Veranschaulichung, einen schon gar nicht mehr zur Kunst des Dichtens gehörenden unteren Rang zuweist:

> »Man muss die Handlung so konstruieren, dass auch der, der sie nicht vor Augen hat, sondern nur hört, wie sie verläuft, sowohl Entsetzen als auch Mitleid empfindet, allein aufgrund der Abfolge der Ereignisse. Genau das ist es, was man empfindet, wenn man die Ödipus-Handlung hört. Diese Wirkung durch die Anschauung herbeizuführen, hat weniger mit dichterischem Handwerk zu tun und benötigt die Unterstützung durch die Inszenierung« (1453b4-8).

Bei der Konstruktion von Widersprüchen verlangt Aristoteles immer, dass man sehr genau auf die Hinsichten achten müsse. Tut man dies auch im vorliegenden Fall, kann man die scheinbaren Widersprüche klar entkräften. (1) Aristoteles lehnt die rein sinnliche Deutlichkeit der Anschauung ab, nicht aber eine Anschaulichkeit, die dadurch entsteht, dass im sinnlichen Äußeren eine charakteristische Aktivität zum Ausdruck kommt. (2) Von eben diesem Ziel - d. h. in dieser Hinsicht - behauptet er, dass es Homer durch das Mittel, sogar Unbelebtes belebt darzustellen, besonders eindrücklich erreiche. Dieses Mittel ist nicht selbst das Ziel, es dient dem Ziel, das Aristoteles gleich mehrfach in diesem kurzen Text wiederholt (zwischen 1411b22–a1412a10 acht mal in der *Rhetorik*), etwas in seiner eigentümlichen *enérgeia*, in seinem ihm gemäßen »Seins«-Akt darzustellen. (3) Dass Aristoteles die Inszenierung für weniger relevant hält, wenn es um die Beurteilung der Qualität einer (tragischen) Dichtung geht, ist eigentlich selbstverständlich und berührt die Frage, wie wichtig ihm eine richtig verstandene Anschaulichkeit war, nicht.

1. Aristoteles' erkenntnistheoretische Erklärung der Entstehung von Anschaulichkeit

Aristoteles folgt Platon in der Überzeugung, dass man das wirkliche Sein von etwas an dem Können, das etwas verwirklicht, erkennt: *Pánta de too érgō hōristai kai te dynámei* (»alles wird durch sein ›Werk‹ und die Fähigkeit [dazu] bestimmt.« *Politik* 1253a23). Dadurch, dass er diese Theorie, zu deren Begründung er eigene gute Erklärungen liefert, auch auf die verschiedenen Erkenntnisformen des Menschen anwendet, kann er auch erkenntnistheoretisch erklären, weshalb das, was man mit den Sinnen unterscheiden und zusammensetzen kann, nicht ausreicht, das wirkliche Sein von Gegenständen oder lebendigen Wesen zu erkennen, und worin die Problematik besteht, wenn man unkritisch den Sinnen eine solche Leistung zuschreibt.

Fragt man mit Aristoteles, welche besondere Fähigkeiten wir mit Hilfe der sinnlichen Wahrnehmung ausführen können, werden durch eine solche Reflexion auf das, was man durch einzelne Wahrnehmungen tatsächlich erfassen kann, ihre Grenzen gut erkennbar.[57] Das Ohr kann Töne und Geräusche unterscheiden, weiß aber allein durch diesen Unterscheidungsakt nicht, »was das ist, das den Ton erzeugt, und

---

[57] Vgl. dazu ausführlicher SCHMITT, Die Moderne und Platon (s. Anm. 29), 309–324; BÜTTNER, Die Literaturtheorie bei Platon (s. Anm. 11), 66–88. Grundlegend für eine angemessene Interpretation der aristotelischen Wahrnehmungslehre ist: WOLFGANG BERNARD, Rezeptivität und Spontaneität der Wahrnehmung bei Aristoteles, Baden-Baden 1988.

auch nicht, wo es ist« (*de anima* 2,6, 418a 15–17). Man kann mit dem Auge auch Farben zusammensetzen und hat dann schon ein durch Farben umgrenztes Phänomen, eine Gestalt, vor Augen. Man kann im Nacheinander der Wahrnehmungen auch sehen oder in Verbindung mit dem Hören oder Fühlen auch feststellen, ob das Phänomen sich bewegt oder ruht. Möglich ist auch, dass man mehrere Wahrnehmungen miteinander kombiniert, so dass man auf diese Weise nicht nur mit dem Auge feststellt, dass etwas gelb ist, und mit dem Geschmack, dass etwas süß ist, man kann auch das Gelbe als süß wahrnehmen, d. h. beides als etwas Eines.

Alle diese Wahrnehmungen reichen aber offenkundig nicht dazu hin, etwas als einen Gegenstand (im weitesten Sinn) zu erkennen. Wie Platon am Beispiel des Weberschiffchens gezeigt hat, erkennt man es nur an seinem bestimmten Können in einem bestimmten Ganzen. Besonders bei der Sehwahrnehmung führt das dazu, dass man alles, was man wahrnimmt, nur wie ein Bild vor sich hat, von dem man nicht weiß, was auf ihm dargestellt ist. Die aristotelische Wahrnehmungsanalyse bestätigt aber aus ihrer Sicht noch einmal, dass das Problem, vor das man durch diesen Bildcharakter der sinnlichen Phänomene gestellt ist, nicht die Unsicherheit über ihre Übereinstimmung mit der wahrnehmbaren Wirklichkeit ist, – die hat man ja gerade erfasst – sondern über den wirklichen Sachgehalt, der auf dem Bild re-präsentiert ist. Wenn Magritte ein Bild einer Pfeife mit dem Untertitel (im Bild selbst) versieht: »Ceci n'est pas une pipe.«,[58] ist das Verwirrspiel, wie es z. B. Foucault in ihm findet, nicht, ob die Pfeife im Bild tatsächlich eine

---

58 Eine subtile und aufschlussreiche Deutung dieses Bildes gibt: ANDREAS LINDEMANN, René Magritte und die Entmythologisierung, in diesem Band.

Pfeife ist, oder auch ob das Wort »Pfeife« eine Pfeife ist.⁵⁹ Man wird nicht leicht übersehen können, dass diese Einsicht *euháloton*, »leicht einzufangen«⁶⁰ ist.

An die platonische Diskussion über die Seinsweise des Bildes, wie er sie in seinem Dialog *Sophistés* führen lässt, kann man mit dieser »Befreiung« von dem »als ob« des Spiels mit den Ähnlichkeiten im Bild nicht anknüpfen. Dass jede »Nachahmung« in etwas Verschiedenem etwas (davon) Verschiedenes darstellt, diese aristotelische Definition der Nachahmung stammt schon von Platon (*Sophistés* 240a). Sokrates im Bild ist nicht Sokrates selbst, sondern Sokrates im Medium von Farbe und Form auf einer Leinwand. Um diese Selbstverständlichkeit, mit der Aristoteles deshalb auch ohne Begründung seine *Poetik* beginnt, geht es auch im *Sophistés* nicht.⁶¹ Das würden auch wir sofort »sehen«, wenn man ein Bild mit einem

---

⁵⁹ Vgl. MICHEL FOUCAULT, Ceci n'est pas une pipe, Montpellier 1973, Ch. 1. In gewissem Sinn hat Magritte dieser »trivialen« Interpretation selbst Vorschub geleistet. In einem Interview sagte er: »Die berühmte Pfeife ... Man hat sie mir zur Genüge vorgehalten! Und trotzdem ... können Sie sie stopfen, meine Pfeife? Nein, nicht wahr, sie ist nur eine Darstellung. Hätte ich unter mein Bild ›Dies ist eine Pfeife‹ geschrieben, hätte ich gelogen!« Vgl. RENÉ MAGRITTE, Sämtliche Schriften, hg. v. André Blavier, Berlin 1985, 536 f. Gegen diese »triviale« Deutung nimmt Gernot Böhme Magritte in Schutz und sieht in dem Untertitel eher den Hinweis auf den »Verrat an den Bildern« durch das Verschwinden der Gegenstände in einer ökonomisierten Werbewelt. Vgl. BÖHME, Theorie des Bildes (s. Anm. 28), München ²2004, 47–75. Auch die platonisch-aristotelische Kritik an der Malerei ihrer Zeit hat nichts mit einer solchen trivialen Deutung zu tun. Der Ausweg, den sie suchen, führt allerdings zur Ermittlung von Kriterien für die Qualität von Kunst.
⁶⁰ S. oben S. 196 f. mit Anm. 35.
⁶¹ Die vielbehandelte Sophistés-Stelle 240a–b, in der man Platons Bild-Konzeption vermutet (vgl. jetzt v. a. die skrupulöse Textbehandlung durch POETSCH, Platons Philosophie des Bildes [s. Anm. 28], 25–30), bildet im Ver-

Weberschiffchen malen und darunter schreiben würde: »Das ist kein Weberschiffchen«. Vermutlich würden dieser Feststellung heute die meisten, die gar nicht mehr wissen, was ein Weberschiffchen ist, zustimmen und vielleicht vermuten, es handle sich um ein irgendwie verformtes Stopfei oder Ähnliches. Diese Vermutung hat mit dem Problem, ob das gemalte dem wirklichen Weberschiffchen auch wirklich gleicht, gar keinen Zusammenhang, denn sie zielt von Anfang an darauf, herauszufinden, was das überhaupt für ein Gegenstand ist,

---

lauf der Argumentation des Dialogs einen Teil des Versuchs, gegen Parmenides' scharfe Antithese von Sein und Nichtsein nachzuweisen, dass es auch ein partielles Nichtsein gibt. Was etwas nicht ist, ist kein absolut Nicht-Seiendes, sondern ist etwas von einem bestimmten Seienden Verschiedenes. Ein Nicht-Mensch-Seiendes ist nicht nichts, sondern etwas vom Mensch-Seienden Verschiedenes. Diesem Nachweis dient auch die Diskussion um die Seinsweise des Bildes. Mit seinem Gesprächspartner Theaitetos kommt der eleatische Fremde überein, dass ein Bild zwar nicht wirklich das auf ihm Dargestellte selbst ist, aber dennoch wirklich etwas ist, das diesem gleicht, also eine Verbindung von dem, was etwas ist, mit dem, was es nicht ist. Die Problematik, dass das auf einem Bild nur fiktiv Präsente vortäuscht, mit dem Wirklichen identisch zu sein, ist an dieser Stelle des Dialogs nicht zentral. Zuerst soll geklärt werden, ob und in welchem Sinn ein Nicht-Seiendes überhaupt ein Seiendes sein kann. Der moderne Wort-und Begriffsgebrauch von Sein ist für das Verständnis der platonischen Argumentation irreführend. Gerade in der Gesprächsphase, in der es auch um das Sein des Bildes geht, erläutert Platon wiederholt, dass man dann, wenn man von einem Seienden (*on*) spricht, immer auch von einem Etwas (*ti*) und einem Einen (*hen*) spricht. Ein Seiendes, das nicht irgendwie etwas ist, kann es nicht geben. Auch die Chimäre hat ein Sein, eben das Sein eines Phantasiegebildes. Die Frage ist nicht: »Ist sie ein wirklich Seiendes?«, sondern: »was für eine Art von Etwas-Sein kommt der Chimäre zu?«. »Sein« hat bei Platon nicht die Bedeutung, Existenzaussage oder Kopula zu sein, sondern dass etwas ein Sein von sich selbst her hat. Das Doppelte selbst ist wirklich ein Doppelt-Seiendes, die Zahl Zwei dagegen

der auf dem Bild (nur) gemalt da ist. Von der Sache her ist mit der Unterschrift »Das ist keine Pfeife« das Problem einer bildlichen Darstellung schon unterlaufen, denn sie unterstellt dem Betrachter schon, was er beim Sehen des gemalten Phänomens begreifen soll. Man müsste ja nur ein – der äußeren Erscheinung wirklich ähnliches – Bild von Sokrates oder Odysseus malen, dann würde die Unterschrift: »Das ist nicht Sokrates oder Odysseus« einen grundlegend anderen Sinn haben als bei der Feststellung, dass eine gemalte Pfeife keine wirkliche Pfeife ist. Denn das, was Sokrates' Erscheinung, wie sie das Bild korrekt wiedergibt, zeigt, zeigt nicht, was Sokrates ist.

Von Aristoteles kann man lernen, dass dieses Auseinanderfallen von Wahrnehmung und wirklichem Sein kein Sonderfall wie bei Sokrates oder Odysseus ist, sondern dass die Wahrnehmung grundsätzlich nicht in der Lage ist, das, was etwas zu einem bestimmten Gegenstand oder Lebewesen macht, zu erkennen. Vom Wortlaut her kann man schon bei Aristoteles finden, was Kant von der Anschauung sagt: »Anschauungen ohne Begriffe sind blind« (KrV A51; B75/130). Bei Kant besteht die Blindheit der Anschauung aber lediglich darin, dass sie die Gegenstände, die ihr, wie Kant formuliert, »gegeben« sind, noch nicht »gedacht« hat. Wir werden von ihnen noch unverdeutlicht und unbewusst »gerührt«; erst wenn sie das Denken differenziert und zu einer Vorstellungs-

---

ist eine Verbindung zwischen Doppeltsein und vielem anderen (Zahl-Sein, Gerade-Sein usw.) und ist daher nur mehr oder weniger genau und umfassend ein Doppeltseiendes (sie ist kein *óntōs on* Doppeltes, sondern ein *mállon kai héttōn on*, ein mehr oder weniger Doppelt-Seiendes). Vgl. zu dieser ganzen Problematik jetzt die grundlegende und in klarer Logik erklärende Sophistes-Interpretation durch SANDRA ERKER, Platons Sophistes. Bild und Wissen im Dialog, Wiesbaden 2020.

einheit wieder verbindet, hat sie einen bewussten, d. h. klaren und deutlichen Begriff von ihnen. Aristoteles ist radikaler, denn er bleibt strikt bei dem, was die Wahrnehmungen von sich aus erkennen können, und das sind nur Wahrnehmungseigenschaften und deren Verbindungen. Bei dem, was wir Wahrnehmung zu nennen gewohnt sind, wenn wir sagen »ich sehe einen Tisch«, »höre eine Laute«, »schmecke den Honig«, »rieche eine Blume«, »fühle eine Kugel«, überschreitet man bereits die Erkenntniskompetenzen der Wahrnehmungen. Da die begreifenden Akte, die zur Wahrnehmung hinzukommen müssen, damit man einen Gegenstand erkennt, oft sehr leicht zur Hand sind, entsteht der Eindruck, sie seien ein Teil des Wahrnehmungsaktes selbst.

Dass man beim Wahrnehmen oft nicht darauf achtet, dass das, von dem man meint, man erkenne es durch die Wahrnehmung, bereits von einer Mitwirkung des Denkens abhängt, das hat schon Platon, wie wir gesehen haben[62] an den Widersprüchen, in die man sich verwickeln würde, wenn man sich tatsächlich allein nach dem Wahrgenommenen richtet, aufgewiesen. Die Größe eines Menschen gegenüber einem anderen stellt man nicht an einer ganz bestimmten, sichtbaren Größe fest, sonst würde durch die erste Blickwendung diese sichtbare Größe durch eine andere als klein ausgewiesen. Da man sich das aber im Alltagsdenken nicht klar macht, entstehen leicht viele Fehlurteile. Genau auf die Erklärung der Entstehung dieser Fehlurteile richtet sich die aristotelische Analyse. Wer eine aufrecht gehende weiße Gestalt sieht, sieht nicht dadurch auch schon einen Menschen. Dafür, dass das Sehen und auch das methodisch betriebene Beobach-

---

[62] S. oben S. 174–177.

ten nicht ausreicht, uns diese Erkenntnis zu verschaffen, bietet die heutige weltweite Verhaltensforschung reiches Belegmaterial. Denn trotz sorgfältigster und umfassender »Studien« konnte keine Einigung darüber erzielt werden, was denn von dem, was man an der beobachtbaren Gestalt »Mensch« feststellen kann, tatsächlich zu ihrem Menschsein gehört. Von fast allen beobachtbaren Eigenschaften konnte man nachweisen, dass sie ebenso dem Menschen wie vielen anderen Lebewesen und zum Teil sogar Pflanzen zukommen.

Offenbar führt ein im Beobachten scheinbar mitvollzogenes Begreifen leicht zu Verwechslungen, z. B. eben von Mensch und Tier. Wenn der Mensch das Wesen ist, das Bewusstsein hat, dann verschwindet die Unterscheidung von Mensch und Tier, wenn man bei Tieren auch ein bewusstes Handeln beobachten kann. Ist der Mensch dann ein Tier, oder sind Tiere Menschen?[63] Solche Fragen werden, wie man immer wieder lesen kann, tatsächlich gestellt, und sie werden notwendigerweise gestellt, solange man keine anderen Kriterien hat als die, die man aus zufälliger und auch aus methodischer Beobachtung ermitteln kann.

In seiner Analyse, die Aristoteles von dem, was wir eine Gegenstandswahrnehmung nennen, gibt, nennt er diese Wahrnehmung eine akzidentelle Wahrnehmung (*aísthesis katá symbebekós*), einmal, weil bei ihr die Wahrnehmung nur noch Akzidenzien von etwas erfasst, dann aber auch, weil die Sacherkenntnis von einem noch unkontrolliert (also nur bei-

---

[63] Vgl. ARBOGAST SCHMITT, Gibt es ein Rechtsverhältnis des Menschen gegenüber dem Tier? Zwei gegensätzliche Grundauffassungen der Antike, in: PETER JANICH (Hg.), Der Mensch und seine Tiere. Mensch-Tier-Verhältnisse im Spiegel der Wissenschaften, Frankfurt a. M. 2014.

läufig, akzidentell) mitwirkenden Verstand geleistet wird. Die Erkenntnis, die man durch eine solche Gegenstandswahrnehmung oder Anschauung gewinnen kann, gilt ihm als konfus und abstrakt (*synkechyménon* und *kathólou*) (*Physik* 184a16 ff.).

Diese Charakterisierung hat viele, auch sehr große Gelehrte, wie etwa Duns Scotus, bereits im Mittelalter irritiert. Bezieht sich die Wahrnehmung nicht auf einen bestimmten, konkreten Einzelgegenstand? Der Baum, den man sieht, ist ein konkreter einzelner Baum, kein Abstraktum. Man verwechselt ihn auch nicht mit etwas anderem, es sei denn die Wahrnehmungsbedingungen sind schlecht, etwa durch Dunkelheit oder zu große Entfernung.[64]

Aristoteles aber spricht, wie wir schon gesehen haben, nicht von den Gegenständen, auf die sich die Wahrnehmung bezieht und die sie vor sich hat, sondern von den Gegenständen, die sie in eigener Kompetenz herstellt. Da sie von den Gegenständen, auf die sie sich bezieht, nur deren äußere Erscheinung wahrnimmt, wird sie eben dadurch verführt, diese Erscheinung für etwas zu halten, was den Gegenstand als einen bestimmten Gegenstand erkennbar macht, was also wesentlich für ihn ist. »Dieser Mensch, den ich wahrnehme, ist weiß, und viele Menschen, die ich wahrnehme, sind weiß, also sind Menschen weiß«. Das wäre ein typischer Schluss, den man zieht, wenn man etwas aus dem, was von ihm wahrnehmbar ist, erkennen zu können glaubt. Ein solcher Schluss erzeugt fast zwingend Konfusionen. Denn es gibt auch aufrecht sich bewegende Gestalten mit brauner Haut, die Men-

---

[64] Vgl. dazu mit Textbelegen ARBOGAST SCHMITT, Anschauung und Denken bei Duns Scotus, in: DERS., Die Moderne und die Antike, Heidelberg 2019, 77–124.

schen sind, und es kann natürlich auch eine von Zeuxis gemalte aufrecht stehende Figur wie ein Mensch aussehen. Es gibt auch einzelne Menschen, die schon ganz zum Tier geworden sind, aber ihr menschliches Aussehen beibehalten haben. Die Abstraktheit der Wahrnehmung, die entsteht, wenn man sich bei der Gegenstandserkenntnis auf sie verlässt, erläutert Aristoteles am Sprechenlernen der Kinder. Sie nennen zuerst alle Männer Vater und alle Frauen Mutter und lernen erst durch die Erfahrung, dass bestimmte »Väter« nicht ihr Vater sind, langsam den eigenen Vater korrekt zu unterscheiden (*Physik* 184b3–5). Fragt man, wie dieser Lernvorgang entsteht, kann man an dem Phänomen, dass Kinder bei fortschreitender Erkenntnisfähigkeit anfangen zu »fremdeln«, feststellen, dass sie sich unvermerkt am Widerspruchsaxiom orientieren. Der Schluss, den sie nicht ausformulieren, den sie aber sehr wohl vollziehen müssen, wenn sie überhaupt zum »Fremdeln« kommen sollen, hat als erste Prämisse, dass sie gewohnt sind, an der tiefen Stimme ihren Vater zu erkennen. Begegnen sie einer tiefen Stimme, die nicht ihr Vater ist, erkennen sie, dass tiefe Stimme und »mein Vater« nicht dasselbe sind. Das ist der Anfang für weitere Erfahrungen, die das Besondere an gerade ihrem Vater weiter eingrenzen.

2. Quintilian als Beispiel: wie die sinnliche Deutlichkeit (enárgeia) scheinbar unmittelbar ihre geistige Bedeutung (enérgeia) mitenthält

Vielleicht war es klug von Aristoteles, die Konfusionen, zu denen die Gegenstandsanschauung verleitet, an einem Anfangsproblem des Erkennens überhaupt zu erläutern. Denn tatsächlich liegt darin die allgemeine Problematik der Gegenstandsanschauung, dass sie in der Überzeugung, allein auf die Wahrnehmung gestützt zu urteilen, die Art, wie sie den Verstand bei diesem »bloßen« Wahrnehmen mitbenutzt, nicht kritisch kontrolliert. Der Unterschied zwischen dem, was man durch Wahrnehmungen und dem, was man nur mit dem Verstand begreifen kann, wird dadurch häufig verwischt. Das führt dazu, dass auch die künstlerische Aufgabe, Mittel und Wege zu suchen, wie man das über die bloße Phänomenalität Hinausgehende darstellen kann, gar nicht reflektiert wird.

Wenn z. B. Quintilian schildert, wie die künstlerische *evidentia* (als Übersetzung von *enárgeia*) über die nur sachliche Feststellung, dass eine Stadt erobert worden sei, hinaus eine lebendige und damit zugleich eine auf das Gefühl wirkende Darstellung erzielt, beginnt er zwar mit konkret anschaulichen Phänomenbeschreibungen, geht aber unvermerkt zur Darstellung von Verhaltensweisen, die man gar nicht sehen kann, weil sie innere Aktivitäten sind, über:

> »Wenn du dagegen das entfaltest, was alles das eine Wort enthielt, dann wird das Flammenmeer erscheinen, das sich über die Häuser und Tempel ergossen hat, das Krachen der einstürzenden Dächer und das aus den so verschiedenen Geräuschen entstehende eine Getöse, das ungewisse Fliehen der einen, die letzte Umarmung, in der andere an den Ihren hängen, das Weinen der Kinder und Frauen und die unseligerweise bis zu diesem Tag vom Schicksal bewahrten Greise; [...] die Mutter, die versucht, wenigstens ihr eigenes Kind festzuhalten, und wo es sich um größeren Beuteanteil handelt, der Wettstreit unter den Siegern. Mag auch das Wort ›Zerstörung‹ all das, wie gesagt, umfassen, so ist es doch weniger, das Ganze zu benennen als alles (darzustellen).«[65]

---

[65] Vgl. QUINTILIAN, Institutio oratoria (Ausbildung des Redners) 8,3,68–69.

Die Folge einer solchen Darstellung ist: »Es stellt sich *enárgeia* ein, [...] die nicht mehr in erster Linie zu sprechen, vielmehr das Gesehene anschaulich vorzuführen scheint, und ihr folgen die Gefühlswirkungen so, als wären wir bei den Vorgängen selbst zugegen.«[66] Vieles von dem, was Quintilian als Beleg für eine *enárgeia* erzeugende Kunst anführt, gehört tatsächlich in den Bereich des Anschaulichen und allgemein des Wahrnehmbaren: Das Flammenmeer, das sich ergießt, das Krachen der Dächer, das Getöse, usw. Wenn er aber z. B. von der letzten Umarmung spricht, wird die Schwäche der Anschauung schon sichtbar. Was sieht man, wenn man zwei oder mehrere Figuren, die sich umarmen sieht (wenn man einmal zugesteht, dass das noch reine Wahrnehmungserkenntnisse sind)? Ist das eine letzte Umarmung vor dem Abschied, oder haben sie sich gerade glücklich wiedergefunden, trösten sie sich, bejammern sie sich? Es sind, wie man »sehen« kann, gerade die mit der sinnlichen Deutlichkeit miterzeugten Gefühle, die sich kaum als Ergebnis von *enárgeia* erklären lassen.

Aus den zwei Vergilzitaten, mit denen Quintilian die Wirkung der *evidentia* untermauern möchte, geht sehr gut hervor, dass diese Wirkung der sinnlichen Klarheit (*claritas*) von dem ihr unvermerkt zugeschriebenen Zeichencharakter, durch den sie auf etwas anderes verweist, abhängt. Aeneas sagt in einem Bericht über das viele Schlimme, das er hatte erleben müssen: *mihi frigidus horror/membra quatit gelidusque coit formidine sanguis* (»eiskalter Schauder schüttelt mir die Glieder und eisig stockt mir vor Grausen das Blut«) (*Aeneis* 3,29 f.).

---

[66] Vgl. a. a. O., 6,2,32.

Der »eiskalte Schauder« und das »eisig stockende Blut« sind ohne Frage sehr bewegende sinnliche Bilder der Gefühle von Aeneas, aber er hat sie deshalb, weil er etwas, was er sah, für ein »unheilvolles Zeichen« (*monstrum*, 3,26) hielt, nach dessen Erklärung er deshalb dringend suchte. Er hatte Zweige für einen Altarschmuck brechen wollen, dabei war aus ihnen Blut hervorgequollen. Das Wissen um die Unnatürlichkeit dieses Vorgangs, den er deshalb als Zeichen für ein Unheil deutete, war es, was ihm das Blut erstarren ließ.

Im zweiten Vergilzitat berichtet der Erzähler von der höllischen Stimme der Furie Alecto, die das ganze Land erbeben ließ. Eine der Wirkungen dieses Schreis war: *et trepidae matres pressere ad pectora natos* (»und voller Angst drückten die Mütter an die Brust ihre Kinder« [7, 518]). Auch in dieser Szene ist die Voraussetzung für die Angst der Mütter, dass sie den Schrei der Alecto als eine Unheilsankündigung begreifen. Natürlich kann man bei der Beobachtung – etwa des Verhaltens dieser Mütter – den Eindruck gewinnen, dass sie direkt auf den Schrei hin in Angst geraten, genauso wie Aeneas beim Anblick des aus den Zweigen fließenden Blutes die Glieder vor Angst zitterten. Diese Art der direkt aus der Beobachtung abgeleiteten Wirkung hat aber zur Folge, dass der Zeichencharakter dieser »anschaulichen Klarheit« nicht beachtet wird. Er scheint im Phänomen mitenthalten zu sein. Dass sein Begreifen einen Schluss vom Zeichen auf das von ihm Bezeichnete erfordert, bleibt unbeachtet und vor allem in seinen Konsequenzen nicht bedacht (Aristoteles weist ausdrücklich auf den bloßen Zeichencharakter des Sichtbaren hin. Ein Bild sagt nicht jedem etwas. Das soll noch ausführlicher besprochen werden).

3. Die »reine Sinneserkenntnis« (cognitio sensitiva qua talis) und das Verschwinden des Gegenstands in der »Ästhetik« des 18. und 19. Jahrhunderts

Da es Beispiele für Vermischungen von Wahrnehmbarem und Begreifbarem in beinahe unendlich vielen Fällen gibt, – diese Art konfusen Erkennens ist das Charakteristikum eines sich an die Anschauung bindenden Denkens – soll sich der folgende Abschnitt genauer mit Extremfällen befassen, in denen man diesen Unterschied mit systematischer Konsequenz zu beachten versucht hat. Ich wähle eine Phase der Kunsttheorie aus dem 18. Jahrhundert: die Entstehung eines Verständnisses von Kunst als »Ästhetik«. In noch direkter Abhängigkeit von den antiken *enárgeia*-Konzepten hat Alexander G. Baumgarten die Aufgabe der Kunst in einer rein sinnlichen Erkenntnisweise, *cognitio sensitiva qua talis*, gesucht, die er deshalb als eine *aisthetiké epistéme*, als eine auf reiner Wahrnehmung (*aísthesis*) gründende Erkenntnis bezeichnete.[67] Zur Begründung dieser »Ästhetik« stützte sich Baumgarten v. a. auf den Sensualismus, wie ihn Lukrez in Nachfolge Epikurs beschrieben hatte,[68] und berief sich zugleich auf die Forderung des Horaz, man solle in der Kunst die Dinge in ihrer je eigenen natürlichen Ordnung und nicht in willkürlich fiktiven Zusammensetzungen darstellen.[69] Das sagt etwas über die große und lange anhaltende Wirkung aus, die die Rezep-

---

[67] Vgl. dazu Arbogast Schmitt, Die Entgrenzung der Künste durch ihre Ästhetisierung bei Baumgarten, in: Gert Matteklott (Hg.), Ästhetische Erfahrung im Zeichen der Entgrenzung der Künste, Hamburg 2004, 55–70.
[68] Vgl. Alexander G. Baumgarten, Ästhetik, übers., hg. v. Dagmar Mirbach, Hamburg 2007, Bd.1, § 17.
[69] Vgl. Horaz, Ars poetica, vv 1–9.

tion der hellenistisch-römischen Kunsttheorie seit dem 14. Jahrhundert zur Folge hatte. Baumgarten geht aber scheinbar von einer sehr modernen, nachcartesianischen Problemstellung aus, von der Kluft zwischen der abstrakten Begrifflichkeit des Verstandes und der unmittelbaren Ganzheitserfahrung durch Sinne und Gefühl. Den Sinnen sind die Dinge, so war auch Baumgarten überzeugt, in ihrem ganzen konkreten Reichtum und in ihrer natürlichen Ordnung der Teile untereinander und zum Ganzen gegeben. Der zergliedernde, vereinzelnde und auf abstrakte Gemeinsamkeiten reduzierende Verstand verliert durch seine Suche nach strikter Genauigkeit der Einzelerfassung (wie durch eine Lupe[70]) diesen Reichtum aus dem Blick. Der Kunst wies er deshalb die wichtige Aufgabe zu, sich nicht als ein »unteres Erkenntnisvermögen« dem Verstand einfach unterzuordnen, sondern dessen Leere durch die Fülle der sinnlichen Erfahrung zu ergänzen. Das wirklich Neue bei Baumgarten ist allerdings nicht diese Entgegensetzung von leerem Verstand und reicher Sinnlichkeit – diese Entgegensetzung ist zu seiner Zeit ein Gemeinplatz. Schon zu Beginn des 17. Jahrhunderts ging z. B. Augus-

---

70 Vgl. z. B. die verzweifelte Kritik, die HUGO VON HOFMANNSTHAL, Das erzählerische Werk, Frankfurt a. M. 1969, 107, in seinem »Brief« des Lord Chandos an Francis Bacon äußern lässt. Diese negative Auslegung des Vergleichs des Aktes des Denkens mit dem Sehen mit der Lupe unterscheidet Hofmannsthal von der Aufklärung, die dieser Analogie noch einen positiven Sinn abgewonnen hatte. S. CHRISTIAN WOLFF, Deutsche Metaphysik, § 772; ALEXANDER GOTTLIEB BAUMGARTEN, Philosophische Briefe von Aletheophilus, Frankfurt a. M./Leipzig 1741, Zweites Schreiben, in: A. G. BAUMGARTEN, Texte zur Grundlegung der Ästhetik, hg. von Hans-Rudolph Schweizer, Hamburg 1983, 72, wo Baumgarten die »Vergrößerungsgläser« als »Waffen« und »Werkzeuge« beschreibt, durch die der Mensch »in Stand gesetzt wird, klar zu empfinden, was sonst [...] nur dunkel geblieben wäre«.

tus Buchner in seinen Wittenberger Vorlesungen zur Poetik von diesem Gemeinplatz wie von etwas keiner Begründung mehr Bedürftigem aus: »Der Poet muss nicht zerlegen [...] er stellt das Allgemeine dar, als es sein äußerliches Wesen und der Augenschein mit sich bringet.«[71] Neu ist aber die radikale Konzentration auf die reine Sinnlichkeit, die *cognitio sensitiva qua talis*, die in dieser Formulierung den Schluss erforderlich zu machen schien,[72] dass man den Verstand aus der Produktion und Rezeption von Kunst ganz eliminieren müsse.

Tatsächlich gibt es viele Berichte von Theoretikern wie einzelnen Künstlern des 19. Jahrhunderts, die sich die Aufgabe, Kunst aus einer reinen Sinnlichkeit heraus zu produzieren, gestellt haben und dabei feststellen mussten, dass bei diesem Vorgehen nicht nur der konkrete Reichtum der Gegenstände verschwand; die Kunst konnte (und wollte) überhaupt nicht mehr gegenständlich sein. Genau der konkrete Reichtum der sinnlich erfahrbaren Dinge der Welt, dessen Verlust durch die Abstraktionen des Verstandes Baumgarten vermeiden wollte, indem er der Kunst die Aufgabe stellte, sich rein auf das sinnliche Erkennen zu stützen, eben dieser konkrete Reichtum verschwand aus einer rein aus der Sinneserkenntnis schaffenden Kunst.

Ganz im Sinn der Betonung der reinen Sinnlichkeit, wie sie Baumgarten gefordert hatte, verteidigt z. B. John Ruskin

---

[71] Vgl. AUGUSTUS BUCHNER, Anleitung zur deutschen Poeterey, hg. v. Otto Prätorius, Wittenberg 1665, 25 f.

[72] Trotz der Betonung der *cognitio sensiva qua talis* durch Baumgarten verstand und behandelte sie (noch) als ein *analogon rationis*. An dieses »Relikt« aus der ihm vorhergehenden Geschmacksdiskussion hielten sich die Künstler des 19. Jahrhunderts nicht mehr.

die Malerei Turners, die zunehmend mehr auf detailgetreue Gegenständlichkeit zugunsten von atmosphärischen Farb- und Helligkeitsabstufungen verzichtet. Das ganze technische Vermögen des Malens hänge, wie er in seinen *Elements of Drawing* schreibt, von einem unschuldigen Auge ab. Wie die kindliche Wahrnehmung müsse auch der Maler keine fest umrissenen und konturierten Gegenstände malen, sondern das, was er tatsächlich sieht – und das sind nach Ruskin bloße Farbeindrücke, »flat stains of colour, merely as such, without consciousness of what they signify«, wie auch ein blinder Mensch sehen würde, wenn er plötzlich mit der Gabe zu sehen, ausgestattet würde.[73] Jules Laforgue, einer der frühesten Wortführer des französischen Impressionismus, formuliert als Ideal eines ästhetischen Denkens ein Sehen, das das Auge in ein Organ des unreflektierten Sehens zurückverwandelt.[74] Monets berühmtes Bild *Sonnenaufgang* fängt die Wirkung eines solchen Sehens ein: Die Gegenstände verschwimmen, das Bild wird abstrakt.

Der Versuch, den Verstand ganz aus seiner Mitwirkung bei der Erkenntnis von sinnlich vorliegenden Gegenständen herauszuhalten, führt zu genau dem auch erkenntnistheoretisch erklärbaren Befund, dass die Sinneswahrnehmungen noch keine Erkenntnis der Gegenständlichkeit von Gegenständen liefern. In einer erkenntnistheoretischen Perspektive würde man von einem Verlust des Gegenstands sprechen. Das

---

[73] Vgl. JOHN RUSKIN, The Elements of Drawing, Mineola 1973, Letter 1, S. 6 (Anm.); vgl. dazu ERNST GOMBRICH, Art and Illusion. A study in the Psychology of Pictoral Representation, New York ⁶2004, 296.

[74] Vgl. JULES LAFORGUE: L'Origine physiologique de l'impressionisme, zitiert nach Max Imdahl, Die Rolle der Farbe in der neueren französischen Malerei. Abstraktion und Konkretion, in: Poetik und Hermeneutik II, München 1966, 195–225, hier: 195.

gibt aber nicht die Intention wieder, die zu einer Abwendung vom Gegenstand als Ziel und als möglicher Aufgabe einer künstlerischen Produktion geführt hat. Die tatsächliche Problemlage ist – zumindest auf den ersten Blick – verwickelt und fast widersprüchlich.

Die ästhetische Wende versteht sich ja als eine Abwendung von der Tradition, die die Aufgabe der Kunst in einer Nachahmung der Natur sah. In Bezug auf die Literatur formulierte diesen Umbruch Manfred Fuhrmann mit der Feststellung, mit ihm hatte »der dichtungstheoretische Aristotelismus für immer ausgedient«.[75] Gemeint ist mit »dichtungstheoretischer Aristotelismus« nicht nur die Vorstellung, Kunst solle auf eine kopierende Wiedergabe der Natur beschränkt werden, sondern auch, ja vor allem eine metaphysische Überzeugung, die Überzeugung, es gebe eine von Gott geschaffene Ordnung der Natur, deren Erkenntnis die wahre Grundlage künstlerischen Schaffens sei. »Nachahmung« meint dann nicht mehr bloße Wiedergabe, sondern ein freies Erschaffen konkreter Handlungen oder Bilder, die aber bei der Erfindung oder nachahmenden Wiedergabe dem Grundprinzip der göttlichen Schöpfung folgen, d. h. darstellen, wie etwas dieser Ordnung gemäß sein müsste. Diese Aufgabenstellung, ein Künstler solle darstellen, wie etwas der allgemeinen Ordnung der Welt oder wenigstens ihrer wahrscheinlichen Verfasstheit Folgendes sein müsste, gibt es dem Wortlaut nach schon bei Platon und Aristoteles und etwa auch bei Plotin (s. o.). In der historischen Situation um 1750 hat sie eine besondere Zuspitzung. Bei Gottsched etwa konnte man noch lesen:

---

[75] Vgl. MANFRED FUHRMANN, Einführung in die antike Dichtungstheorie, Darmstadt 1973, 302.

»Die Schönheit eines künstlichen Werks beruht nicht auf leerem Dünkel; sondern sie hat ihren festen und notwendigen Grund in der Natur der Dinge. Gott hat alles nach Maß, Zahl und Gewicht geschaffen. Die natürlichen Dinge sind an sich selber schön [...]. Das genaue Verhältnis, die Ordnung und richtige Abmessung aller Teile, daraus ein Ding besteht, ist die Quelle aller Schönheit. Die Nachahmung der vollkommenen Natur kann also einem künstlichen Werke Vollkommenheit geben [...], und die Abweichung von ihrem Muster wird allemal etwas Ungestaltes und Abgeschmacktes zuwege bringen.«[76]

Das ist eine Formulierung der Position, die in der genieästhetischen Wende als eine rationalistisch und zugleich theologisch motivierte Metaphysik galt, auf die man von einem kritisch aufgeklärten Standpunkt nicht mehr zurück fallen wollte. Baumgarten setzt in seiner »Ästhetik« grundsätzlich Verstand und Metaphysik gleich und fordert gegenüber diesem metaphysischen Denken, das auf das Allgemeine fixiert ist, den Reichtum der Sinneserfahrung ein.

Geht man der Frage nach, weshalb Baumgarten gerade von der *aisthetiké epistéme*, der *cognitio sensitiva qua talis* die Erkenntnis des Reichtums und der vollkommenen Schönheit der Dinge erwartet, wird man erstaunlicher Weise auch auf eine, ja auf dieselbe metaphysische Tradition geführt, die er bekämpft, unter einem anderen Aspekt aber aufgreift und fortführt.

Denn die Aufwertung der Sinnlichkeit, die bei Descartes noch *mater erroris*, die Mutter aller Täuschungen heißen

---

[76] Vgl. JOHANN CHRISTOPH GOTTSCHED, Versuch einer critischen Dichtkunst, in: Ausgewählte Werke, Bd. 6, Teil 1, hg. von Phillip Marshall Mitchell, Berlin/New York 1973, 183 f. (^{3}1742); zum Zitat aus dem Weisheitsbuchs des Alten Testaments, dass Gott alles nach Maß, Zahl und Gewicht geschaffen habe, vgl. WERNER BEIERWALTES, Augustins Interpretation von Sapientia 11,21, Revue des Études Augustiniennes 15, 51–61.

konnte, übernahm Baumgarten zuerst aus der Leibniz-Wolff-Schule. Leibniz hatte, unterstützt von dem eindrucksvollen Bild des Betrachters des Meeres, dem die Unendlichkeit der Wellenbewegung sinnlich in ihrer ganzen Fülle präsent ist, während er sich reflexiv immer nur Ausschnitte ins Bewusstsein bringen könne, der Sinnlichkeit die große Aufgabe zugewiesen, mit der ganzen Vollständigkeit der Gegenstände bekannt zu machen.[77] Christian Wolff hat die von Leibniz neu eingeführte Unterscheidung zwischen notwendigen und zureichenden Gründen mit besonderer Klarheit auf die Verschiedenheit der Vermögen von Verstand und Sinnlichkeit zurückgeführt.

Der Verstand orientiert sich (noch »aristotelisch«) am Widerspruchsaxiom, das die allgemeine Möglichkeit von etwas erkennen kann. Sie muss gegeben sein, d. h. sie liefert die notwendigen Gründe, damit etwas überhaupt etwas Bestimmtes, genau Unterschiedenes sein kann. Die Sinne aber erfassen die Dinge in ihrer Raum-Zeitstelle im Gesamt der Weltenlaufs, d. h. mit allen zureichenden Gründen, die nötig sind, damit etwas gerade das werden konnte, was es hier und jetzt geworden ist. Die Sinne treten dadurch schon bei Wolff in gewisser Weise an die Stelle des anschauenden Verstandes Gottes, dem allein das Ganze der Welt in allen seinen Facetten und Vollkommenheiten unmittelbar präsent ist. Diese das Ganze repräsentierende Erkenntnis ist Gott vorbehalten, die Sinne aber haben an dieser Ganzheitserkenntnis teil in der direkten Bekanntschaft mit dem Einzelnen.[78]

---

[77] S. GOTTFRIED WILHELM LEIBNIZ, Discours de Métaphysique, § 33, hg. v. Herbert Herring, Hamburg 1958, 85.
[78] Vgl. dazu die genauere Erklärung in: ARBOGAST SCHMITT, Wie aufgeklärt ist die Vernunft der Aufklärung?, Heidelberg 2016, 167–178.

Gerade dieser Gedanke, dass die künstlerisch direkte, noch nicht in philosophische Allgemeinheiten überführte Erkenntnis ein ausgezeichneter Zugang zur Welterkenntnis im Ganzen ist, ist allerdings trotz der neuen Berufung auf das *principium rationis sufficientis* keine ganz neue Überzeugung. Baumgarten selbst stellt sich – historisch gesehen zu Recht – in eine bis auf Horaz zurückgehende Tradition. Horaz hatte den Dichtern zwar verordnet, die *Socraticae chartae* – das meint bei ihm allgemein das philosophische Weltwissen – zu studieren. Den Dichtern weist er aber die »schwierige« Aufgabe zu, das Allgemeine auf eine je besondere, eigentümliche Weise darzustellen (*difficile est communia propria dicere, Ars poetica v.* 128). Über diese Kunst verfügen die Dichter nach Horaz, weil Dichter-Sein vom Ursprung her bedeute, ein *vates divinus*, ein göttlicher Seher und Priester, *sacerdos*, zu sein, der als ein Interpret der Götter, *interpres deorum*, über eine ursprüngliche Weisheit verfügt (*sapientia quondam, Ars poetica vv.* 394–401).

Dieses Künstlerverständnis haben die Renaissance-Theoretiker mit Platons »enthusiastischem« Dichtungsverständnis gleichgesetzt und haben deshalb die »Verfahrensweise des poetischen Geistes« von der nachträglich zerlegenden und verdeutlichenden Arbeit des Verstandes unterschieden. Was dem Verstand hinterher und nur in fragmentierter Weise zugänglich wird, das ist dem Dichter in einer ganzheitlichen Schau der Welt unmittelbar zugänglich.[79]

---

[79] Zur Geschichte dieser Deutungstendenz, s. ARBOGAST SCHMITT, Klassische und Platonische Schönheit. Anmerkungen zu Ausgangsform und wirkungsgeschichtlichem Wandel des Kanons klassischer Schönheit, in: WILHELM VOSSKAMP (Hg.), Klassik im Vergleich. Normativität und Historizität europäischer Klassiken, Stuttgart/Weimar 1993, 403–428.

So wurde es üblich, in Anschluss an Quintilian der Kunst und der Dichtung den Bereich des *ingeniums*, der genialen Begabung, zuzuordnen, im Unterschied zu Philosophie und Wissenschaft, für die das *iudicium*, das rationale Urteilsvermögen, stand.[80]

An die Stelle des »platonischen« Enthusiasmus trat daher bald eine empirisch leichter beglaubigbare Einschätzung. Mit Begriffen wie Geschmack, »bon goût«, »common sense«, »bon sens«, Urteilskraft und Gefühl[81] versuchte man, eine Fähigkeit zu identifizieren, die vorreflexiv, schon vor dem Eingreifen des Verstandes in der Lage war, eben das, was der Verstand nur nachträglich beglaubigen konnte, noch unmittelbar ganz, ohne die Zerstückelung durch die ratio, zu erfassen. Fest in dieser Tradition stehend, schreibt etwa Jean Pierre de Crousaz um 1715: »Le bon goût nous fait d'abord d'estimer par sentiment ce que la raison aurait appruve apres, qu'elle se serait donnee le temps de l'examiner assez pour en juger sur des justes idees.«[82]

Wichtig an dieser Hochschätzung einer unmittelbaren Erfahrung durch den guten Geschmack ist auch die Verbindung mit dem Gefühl. Die unmittelbare Ganzheitserfahrung unter-

---

[80] Vgl. QUINTILIAN, Ausbildung des Redners, Zwölf Bücher, hg. u. übers. von Helmut Rahn, Teil 2, Darmstadt 1975, 484 (X,1.130), wo Quintilian zwischen *ingenium* als Talent, Begabung, und *iudicium* als Urteilsvermögen unterscheidet. Zur Bedeutung dieser Unterscheidung für die sog. *Querelle des anciens et des modernes* vgl. SCHMITT, Die Moderne und die Antike (s. Anm 64), 271–280.

[81] Vgl. dazu grundlegend RENE BRAY, La Formation de la Doctrine Classique en France, Paris 1963, 28 ff. 191 ff.

[82] Vgl. JEAN PIERRE DE CROUSAZ, Traité du beau, Genf 1970 (= Amsterdam 1715), ch. 7, 68. Siehe ähnlich 63: »La beauté prévient nos réflexions; notre coeur lui rend hommage sens consulter les idées de notre esprit.«

scheidet sich auch durch ihre Gefühlsrelevanz von der nachträglichen und distanzierten Klarheit eines kalten Verstandes. Geschmack, »common sense«, Gefühl scheinen in der Lage zu sein, (z. B.) die Schönheit eines Bildes, den charakterlichen Zustand eines Menschen (usw.) schon in einem ersten Hinblick richtig einzuschätzen und kommen dadurch dem Verstand zuvor, der nach langer Abwägung und nach dem Durchgehen vieler Einzelheiten – bestenfalls – zu demselben Ergebnis kommt. Diese vom 16. bis ins 18. Jahrhundert sehr häufig benutzte Denkfigur hat allerdings eine Besonderheit, die selten beachtet wird: Sie setzt den Geschmack oder die Urteilskraft grundsätzlich mit dem Urteil des erfahrenen Kenners gleich. La Rochefoucauld (um 1670) z. B. unterscheidet noch ausdrücklich zwischen dem Geschmack der meisten, der nur »unsicher«, »subjektiv« und eher »instinktiv« sei, von dem guten Geschmack, dem »bon goût«, der eben nicht allgemein ist, weil er den meisten gemeinsam ist, sondern weil er mit der »raison« und dem »jugement« übereinstimmt.[83] Diese Unterscheidung hat noch eine direkt auf die Kunst bezogene Relevanz. Denn das, was der Kenner des Schönen durch seinen guten Geschmack erkennt, ist die Übereinstimmung der Teile untereinander und zum Ganzen, d. h. das, was die Definition des Schönen verlangt, die seit Platons *Phaidros* Allgemeingut der Kunsttheorie war.[84]

Dieses Konzept bildet mit bestimmten Ausnahmen die Grundlage für die Theorie der »doctrine classique«. Auch etwa

---

[83] Vgl. FRANCOIS DUC DE LA ROCHEFOUCAULD, Reflexions ou Sentences et Maximes morales, Paris 1961, 74, 194.

[84] Vgl. PLATON, Phaidros, 264b3-c5; 268a5-6; Gorgias 503e4-504a1. Zur Bedeutung dieser vermeintlich platonischen Proportionstheorie für die Neuzeit vgl. ERWIN PANOFSKY, Die Entwicklung der Proportionslehre als Abbild

bei Boileau, Dubos, Batteux ist die »raison« nicht nur Quelle eines Systems fixierter Regeln, sondern sie ist vor allem Prinzip des guten Geschmacks.

Was bei La Rochefoucauld allein Sache des Kenners ist, verlegt aber schon Dominique Bouhours bereits in eine »instinktive« Sicherheit des Geschmacks, die schneller und sicherer als der Verstand erkennt: »une espèce d'instinct de la droite raison qui l'entraisne avec rapidité e qui la conduit plus seûrement que tous le raisonnements qu'elle pouvoir faire«.[85]

Und wenn Bouhours aus Madame Daciers Vorwort zu Aristophanes (1684) zitiert: »Le goût est une harmonie, un accord de l'esprit et de la raison«, dann ist hier bereits der richtig urteilende Geschmack das Resultat einer, wie Kant das später nennen wird, »Einhelligkeit im Spiele der Gemütskräfte«.[86]

Diese Urteilskraft des Geschmacks hat aus sich selbst das Vermögen, die Übereinstimmung, Harmonie, Einhelligkeit der von sich her diffusen Vielfalt von Sinnes- oder Gefühlseindrücken zu einer Einheit zu erfassen, in der alle Momente zur Einheit eines bestimmten und nicht willkürlich diffusen Sachverhalts zusammenstimmen. Die Rede von der Einheit in der Mannigfaltigkeit, der »unité« oder »simplicité« in der »diversité«, ist tatsächlich die in allem Streit der Schulen übergreifende Standarddefinition des Schönen und Vollkommenen.

Die Annahme, es gebe eine besondere Fähigkeit im Menschen, die Einheit einer Vielfalt unmittelbar zu erfassen, hat

---

der Stilentwicklung, in: DERS., Sinn und Deutung in der bildenden Kunst, Köln 1975 (= New York 1957).

[85] Vgl. DOMINIQUE BOUHOURS, La manière de bien penser dans les ouvrages d'esprit, Paris 1687, 381.
[86] Vgl. IMMANUEL KANT, Kritik der Urteilskraft, B 47.

aber den Effekt, dass die Vermögen wie Geschmack, Urteilskraft, common sense nicht mehr danach beurteilt werden, ob sie durch Kenntnis der Regeln von Zweckmäßigkeit, Ordnung, Proportion, Symmetrie ausgebildet sind, und ob die Forderungen der »raison« nach »clarté«, »pureté«, »netteté« (usw.) hinreichend berücksichtigt sind; diese Vermögen werden jetzt vielmehr aus einer Reflexion auf das Verhältnis vorreflexiver Erfahrungen zu ihrer begrifflichen Erfassung beurteilt. So wird aus einer Theorie des Schönen Erkenntnistheorie.

Die Verlegung der Erkenntnis und Produktion von Kunst und Schönheit (das gehört bei Baumgarten noch zusammen) in die reine Sinnlichkeit und deren eigentümliche Kompetenz ist eine konsequente Fortführung der Entrationalisierung der Kunsterfahrung auf der einen Seite und dem Aufgehen einer Kunsttheorie in der Erkenntnistheorie auf der anderen. Denn Baumgarten macht die Erfüllung der alten Proportions- und Symmetrieforderungen, von denen bei ihm noch oft die Rede ist, ganz von dem Rekurs auf die reine Sinneserkenntnis abhängig. Sie übernimmt seinem Urteil nach allein alle die Aufgaben, die man früher dem Enthusiasmus, dem Geschmack, dem bon sens, der Urteilskraft usw. zugewiesen hatte. Gedankengeber ist ihm, wie gesagt, Lukrez, genauer: dessen »sensualistische« Lehre, alles was der Verstand wissen könne, wisse er nur, weil er es von den Sinnen empfangen habe.

»Frage den Lukrez«, so beginnt Baumgarten und fährt mit einem Zitat aus dem 4. Buch von *de rerum natura* fort: »was uns mit dem Wahren und Falschen bekannt macht, und was den Beweis liefert, der den Zweifel von der Gewissheit scheidet.«[87] Die Antwort ist nach Baumgarten: »das ästhetisch Wahre« (§ 445). Zur Beglaubigung zitiert er weiter:

»Du wirst finden, dass zuerst von den Sinnen die Kenntnis des Wahren hervorgebracht wird und dass die Sinne nicht widerlegt werden können (Lukrez 4, 478-479). [...] Kann etwa ein Denken, das einer falschen Wahrnehmung entspringt, gegen die Sinne zeugen, es, das ganz von den Sinnen abstammt? Wenn diese nicht wahr sind, wird auch jedes Denken falsch sein.« (a. a. O. 4, 483-485)
(*Quaere ex Lucretio,*
notitiam veri quae res falsique crearit
et dubium certo quae res differre probarit
respondebit: aesthetice verum (Baumgarten §445):
Invenies primis a sensibus esse creatam
notitiam veri neque sensus posse refelli...
an ab sensu falso ratio orta valebit
dicere eos contra, quae tota a sensibus orta est?
Qui nisi sint veri, ratio quoque falsa sit omnis.[88])

Mit dem Epikureismus ist Baumgarten überzeugt, dass wir durch unsere sinnlichen Empfindungen die Welt erfahren, wie sie wirklich ist, und dass alle Täuschungen ihren Grund nicht in den Sinnen, sondern in unseren Urteilen und in den Schlüssen, die wir daraus ziehen, haben. Dadurch, dass er diese Überzeugung vermittelt durch Leibniz übernimmt, bekommt sie zugleich eine theologische Komponente, denn Leibniz führt die Wahrheit unserer »perceptions« auf Gott zurück: »Et comme le veue de Dieu est toujours veritable, nos perceptions le sont aussi, mais ce sont nos jugements qui sont de nous et qui nous trompent.«[89]

Dass dieses von den Sinnen Erkannte zugleich schön ist, d. h. über die Eigenschaften des Reichtums (*ubertas*), der Ordnung (*ordo*), der Disposition (*dispositio*), der Größe (*magni-*

---

[87] Vgl. LUKREZ, Über die Natur der Dinge, de rerum natura, lat.-deutsch, v. Klaus Binder, Darmstadt 2016, 4, 475-477.
[88] Vgl. BAUMGARTEN, Ästhetik (s. Anm. 68), § 449.
[89] Vgl. LEIBNIZ, Discours de Métaphysique (s. Anm. 77), § 14 (S.33 f.).

tudo), der Klarheit (*claritas*) usw. verfügt, liegt daran, dass (auch) für Baumgarten in dieser Sinneserkenntnis alle vorgestellten Merkmale zusammenstimmen (*consentiunt*) und dadurch Vollkommenheit und Schönheit erzeugen – der Dinge wie der Vorstellungen (*rerum et cogitationum*).[90]

Mit dieser Verlagerung des Rationalen in ein unmittelbares Fühlen hat die Ästhetik bis heute Erfolg. Für Martin Seel etwa ist die Besonderheit des »ästhetischen Bewusstseins« dadurch ausgezeichnet, dass es jedes »Wirkliche in der Besonderheit seines sensitiven Sichdarbietens wahr(nimmt)«.[91] Ästhetische Erfahrung besteht daher im »Erscheinenlassen des Erscheinenden in seinem Erscheinen, im bloßen Hinnehmen umfasst es die momentane und simultane Fülle des Erscheinens«.[92]

4. Der Sinnüberschuss im Bild: über zwei Grundformen möglicher Intuition

Die Erinnerung daran, dass Leibniz dem menschlichen Wahrnehmen (»perceptions«) eine gleich wahre Erkenntnis zugesteht wie der intellektuellen Anschauung Gottes[93] und alle Irrtümer auf das Urteil des Verstandes über das Wahrgenommene zurückführt, gibt einen nachdrücklichen Hinweis auf die theologische Überfrachtung der Anschauung, die die

---

[90] Vgl. BAUMGARTEN, Ästhetik (s. Anm 68), § 22; Zu Disposition und Größe als Grundbedingungen des Schönen vgl. die v. a. im Mittelalter vielzitierte Stelle aus der aristotelischen Poetik, 1450b36-37.

[91] MARTIN SEEL, Ein Schritt in die Ästhetik, in: Falsche Gegensätze – Zeitgenössische Positionen zur philosophischen Ästhetik, hg. von ANDREA KERN und Ruth Sonderegger, Frankfurt a. M. 2002, 332.

[92] Vgl. ebd. Ausführlicher: DERS., Ästhetik des Erscheinens, Frankfurt a. M. 2003.

[93] Vgl. LEIBNIZ, Discours de Métaphysique (s. Anm. 77), § 14 (S. 33 f.).

Rückführung auf die reine Sinnlichkeit als Quelle alles Wissens mit sich bringt. Auch wenn die Auszeichnung der Sinnlichkeit bei Lukrez (und Epikur) einen religionskritischen Impetus hat, die Möglichkeit, dass ihr Leibniz (mit vielen anderen in der Neuzeit) eine theologische Valenz geben kann, zeigt, dass die Systemstelle bei Lukrez eben die ist, die in einer religiösen Perspektive mit Gott besetzt ist.

Die Kritik durch Platon wie Aristoteles an dem Erscheinenlassen des Erscheinenden in seinem Erscheinen in der Kunst erweist sich, wenn man diese theologische Überhöhung der Anschauung beachtet, im Unterschied zu einem verbreiteten Vorurteil gegenüber der dogmatisch naiven Antike gerade nicht als Resultat einer metaphysischen Überhöhung der Wirklichkeit, sondern als eine erkenntnisanalytisch begründete Kritik an einer theologisch-metaphysischen Überlastung der Leistungsfähigkeit der Wahrnehmung.

Auch wenn eine Stellungnahme zu den gegenwärtigen Bildbegriffen nicht Gegenstand dieser Abhandlung ist, möchte ich wenigstens knapp einige Gründe anführen, die belegen, dass der von der reinen, rational noch nicht »reduzierten« Bildbetrachtung erwartete Sinnüberschuss über das, was der kontextualisierende Verstand nicht zu erfassen vermag, eine säkularisierte Variante dieser Anschauungsmetaphysik des 18. Jahrhunderts ist. Die in ihren Varianten nicht leicht zu verstehende »ikonische Differenz« etwa, von der Gottfried Böhm in Anlehnung an Heideggers »ontologische Differenz« spricht, sucht in dem Spiel zwischen »somatischer und ikonischer Ordnung einen Logos des Bildes« zu ermitteln, der sich sprachlich nicht einholen lässt.[94] Darauf dass der Wechsel

---

[94] Vgl. GOTTFRIED BOEHM, Das Zeigen der Bilder, in: G. BOEHM/S. EGENHO-

zwischen einer simultan ganzheitlichen und einer sukzessiven Bildanschauung der einzelnen Teile wesentlich auf einer Assimilierung von Bild und Sprache beruht, habe ich bei der Behandlung von Lessings Unterscheidung von Malerei und Dichtung schon hingewiesen. Wenn alle Bilder »mit dem Wechselspiel eines Kontrastes zwischen kontinuierenden Momenten und diskreten Elementen [...] arbeiten«,[95] dann ist dies die »Aktivierung von Strukturmomenten, wie Boehm korrekt feststellt. Solche formale Differenzen, die »dem Auge ein komplexes Hin und Her ermöglichen [...], auf das es sich einschwingen kann,[96] um zwischen ›der‹ sichtbaren Totalität und dem Reichtum ›der‹ dargestellten Vielfalt« von Bildern deren Sinn zu entfalten,[97] kann man nach Böhm von der Höhlenmalerei bis zu bildgebenden Medien der Gegenwart beobachten. Die »Zugänge zur Welt«, ja der »Logos des Bildes«, den man aus dieser »ikonischen Differenz« generieren kann, sind hoch abstrakte Perspektiven, deren Sinnüberschuss über das rational Festlegbare allein in ihrer Unbestimmtheit liegt.

Nicht nur die Produktion von Kunst aus einer vorreflexiven Sinnlichkeit heraus, auch die theoretische Konzentration einer »Bildwissenschaft«, die das Bild aus seinem ihm – im Unterschied zu Sprache und rationalem Urteil – eigentümlichen Zeigecharakter erklären möchte, führt zu einer Abstraktheit der Kunstauslegung. Davids Bild vom sterbenden Sokrates etwa kann man aus dem Kontrast des in der »Bilddif-

---

FER/CH. SPIES (Hg.), Die Rhetorik des Sichtbaren, München 2010, 19–53, hier: 44.
[95] A.a.O., 171.
[96] Vgl. BOEHM, Ikonische Differenz (s. Anm. 50), 175.
[97] Vgl. BOEHM, Die Wiederkehr der Bilder, in: DERS., Was ist ein Bild?, München 1994, 11–38, hier: 30.

ferenz« angelegten Hin und Her zwischen der sichtbaren Totalität und dem Reichtum der dargestellten Vielfalt (der Teile) erklären. Diese Erklärung wäre aber dieselbe, wenn man auf dem Bild nur Farbphänomene »sehen« würde, »without consciousness of what they signify«, und es gäbe keine weiteren konkreten Kriterien bei einer Erklärung, die einen Zeichenbezug auf den platonischen oder einen stoisch-revolutionären Sokrates nimmt. Diese Unterschiede kommen nicht aus dem Bildkontrast zwischen dem Ganzen und seinen Teilen, sondern gerade aus einer inhaltlichen Deutung der Funktion der einzelnen Teile für das Ganze. Diese Deutung scheint, wenn man sie allein aus der Bildbetrachtung zu gewinnen meint, einfach intuitiv zu geschehen. Der Unterschied zwischen einem erfahrenen, gebildeten Geschmack, den La Rochefoucauld forderte, und dem Geschmack, der dem Verstand vorausläuft und schon vor ihm ganz erkennt, was dieser sich danach nur mühsam und unvollständig zusammensetzen kann, wird vernachlässigt. Eine naheliegende Erklärung dürfte sein, dass es oft schon Kenner sind, die die Überzeugung vertreten, es sei kein sprachlich-diskursiv urteilender Vorgang, der eine Bilddeutung erst möglich mache, es komme allein auf »das Zeigen der Bilder« an. Würde man den laienhaften Museumsbesucher mitberücksichtigen, ließe sich kaum vermeiden, ihm in Sprache vermittelte Erklärungen zu geben, wenn er wenigstens ungefähr begreifen soll, was die Bilder zeigen. Ein einem französischen Maler zugeschriebenes, nicht ganz freundliches Bonmot sagt: Niemand auf der Welt müsse sich so viel Unsinn anhören wie Bilder im Museum.

Was immer die Bilder dem Ungeübten »zeigen« – dass es für eine Bildwissenschaft wichtig ist, zu ermitteln, wie Bilder dem Betrachter »im Wechselspiel eines Kontrastes zwischen kontinuierenden Momenten und diskreten Elementen« möglichst viel und möglichst Richtiges zeigen, dürfte nicht fraglich sein. Auch für diese Problemstellung könnte der für seine sorgfältigen Differenzierungen in der Antike viel bewunderte Aristoteles eine nützliche Hilfestellung bieten. Denn er behandelt unmittelbare, nicht mit dem rational diskursiven Denken identische Erkenntnisformen nicht pauschal, sondern achtet auf eine ganze Reihe von Differenzen, dabei vor allem auf den Unterschied zwischen intuitiven Ganzheitserfahrungen, die dem Denken vorhergehen, und einer einheitlichen Ganzheitserkenntnis, die erst nach einer rationalen Beurteilung möglich wird. Nur bei besonders begabten Menschen (»Genie«) hält er auch eine Intuition für möglich, die den Verstand übersteigt, ohne zuvor einen rationalen Prozess durchlaufen zu haben.

Dass Aristoteles das hohe Vertrauen in unmittelbare Bekanntschaften, die, ohne vom Verstand zergliedert zu sein, das Ganze eines Gegenstands, einer Person oder eben auch eines Bildes erfassen, nicht teilt, haben wir schon gesehen. Da die Anschauung, auch im Zusammenspiel mit den anderen Wahrnehmungen, nicht in der Lage ist, mehr als die in ihrer Kompetenz liegenden Unterschiede zu erkennen, führt der Versuch, im Anschauen des Erscheinenden direkt zu erfassen, als was sich dieses Erscheinende zeigt, notwendig zu einem unkritischen Gebrauch des unvermerkt mitbenutzten Verstandes.

Die Reflexionen darauf, wie man etwas in seinem wesentlichen Sein erkennt, wie sie Platon und Aristoleles durchgeführt haben, haben gezeigt, dass dieses Erkennen mit dem Begreifen von dem, was etwas kann und aktiv vollzieht, beginnt. Ein solcher Beginn kann aber, wenn man dieses begreifende Erkennen gar nicht in seiner Besonderheit beachtet, nur bei besonders leichten Fällen oder zufällig zu einer richtigen Erkenntnis führen, die aber dennoch konfus bleiben muss, weil sie ja das in etwas verwirklichte Mögliche an einer bestimmten Erscheinung festgestellt zu haben meint. Deshalb hatte Platon dem Handwerker einen Vorzug im Erkennen des Richtigen gegenüber den »Anschauungsfreunden« (*philotheámones, Politeia* 476b) zugestanden. Denn sie richten ihr Augenmerk nicht zuerst darauf, wie etwas sich anschaulich zeigt, sondern fragen, was das, was sie herstellen wollen, können muss. Sie richten sich also auf das an dem Erscheinenden, was ausmacht, dass es eine bestimmte Aktivität auszuführen in der Lage ist. Allgemeiner formuliert: welche bestimmten Möglichkeiten etwas verwirklicht. Das Lehrstück, dass es Sache des Verstandes ist, zu erkennen, dass und warum etwas ein mögliches Sein hat, lebt noch bis Christian Wolff weiter (bei Kant gibt es nur noch Spuren davon). Dass etwas ein Baum sein kann, das erkennt der Verstand mit Hilfe des Widerspruchssatzes, der nach dem genauen Etwas-Sein von etwas fragt. Ob dieses hier in Raum und Zeit Erscheinende wirklich ein Baum ist, das sagt, wie Wolff meint, die Anschauung. Es ist deshalb kein Widerspruch, wenn Wolff das erkennbar Mögliche eine notwendige Voraussetzung nennt. Nur was möglich ist, kann wirklich werden.[98]

Wenn Platon von der Idee von Sofas und Tischen und vom »Sein selbst« eines Weberschiffchens spricht, ist klar, dass er einen Ausschnitt aus den ideellen Möglichkeiten zu etwas Be-

---

[98] Vgl. CHRISTIAN WOLFF, Philosophia prima seu Ontologia, in: Ges. Werke II. Abt. Bd. 3, hg. von J. École, Hildesheim 1962 (= 1762), § 243: *Quidquid est vel esse posse concipitur, dicitur res, quatenus est aliquid: ut adeo Res definiri possit per id, quod est aliquid. Unde realitas et quidditas apud scholasticos synonyma sunt.*

stimmtem meint, auf das ein Handwerker »hinblickt«, wenn er ein Sofa oder einen Bohrer macht. Aristoteles hat in seinen sog. *Zweiten Analytiken* am Beispiel des Dreiecks den Weg nachgezeichnet, wie man von der Wahrnehmung eines konkreten Gegenstands bis zum reinen Begriff der Sache »selbst« methodisch fortschreiten kann und hat dabei auch das Verhältnis der diskursiven Urteilsakte zu der am Ende einheitlichen Ganzheitserfahrung durch die Vernunft (*nous*) geklärt.[99] Diese Ganzheits- oder besser: Einheitserfahrung ist also eine grundlegend andere Art der Intuition als die, die sich schnell und wie unmittelbar direkt durch die Anschauung oder andere Erlebnisformen einstellen kann. An der Art und Weise, wie man das »Dreieck selbst« erkennt, erläutert er das Ergebnis seiner Analyse und macht gut nachvollziehbar, dass die noetisch einheitliche Sacherkenntnis (Intuition) nur als Abschluss einer rational-diskursiven Erschließung möglich ist. Da das, was für Aristoteles das »Dreieck selbst« definiert, nicht etwa die abstrakte Feststellung ist, es sei jede von drei Geraden in der Ebene umgebene Figur oder jede ebene, von Geraden umgebene Figur, die drei Winkel hat (ein »Triangel« ist, wie Kant sagt), sondern jede von Geraden in der Ebene umgebene Figur, die die Innenwinkelsumme von zwei rechten Winkeln bildet, ist die methodische Ermittlung des Dreieckseins also davon abhängig, wie man die Innenwinkelsumme des Dreiecks erkennt.

Wenn man diese Innenwinkelsumme herausfinden will, kann man das, so sagt Aristoteles, in einem einzigen noetischen Auffassungsakt erkennen, wenn man eine zu einer Seite parallele Linie ziehe. Dann sei dies unmittelbar deutlich

---

[99] Vgl. zum Folgenden ausführlich: SCHMITT, Wie aufgeklärt ist die Vernunft der Aufklärung? (s. Anm. 78), 213-302.

(*euthys dēlon*, Metaphysik IX, 9, 1051a24-26). Denn man finde ein Wissen, über das man nur potentiell verfüge, wenn man es in Aktualität (*enérgeia*) überführe. Diese Überführung aber leiste der Nous (Vernunft), denn er sei *enérgeia* – verwirklichtes, wirklich vollzogenes Denken (*Metaphysik* 1051a29-31).

Trägt man dieses Beispiel jemandem vor, der sich nicht mehr genau an das im Geometrieunterricht Gelernte erinnert, wird er die aristotelische Behauptung nicht verstehen, auf jeden Fall nicht unmittelbar. Grund dafür ist, dass das noetische Erkennen den Abschluss eines (erfolgreichen) diskursiven Erkenntnisvorgangs bildet und deshalb auch nur für den möglich ist, der die diskursiven Bedingungen der Sache durchgegangen ist und dem sie daher – potentiell – präsent sind. Dieses nur potentiell Präsente in wirkliche Präsenz zu bringen, das ist die Leistung des noetischen Denkens, durch das dann die Sache in ihrer einheitlichen Zusammengehörigkeit unmittelbar deutlich wird (ebenda).

Tatsächlich versteht man das aristotelische Beispiel sofort, wenn man sich die wichtigsten rational erschließbaren Bedingungen des Innenwinkelsummensatzes wieder präsent macht. Für die meisten genügt es zur Erinnerung, wenn man in dem Dreieck ABC (z. B.) in C eine Parallele zu AB einzieht und an die Gleichheit der Wechselwinkel erinnert (Euklid I,29). Denn die eingezogene Parallele zeigt, dass die Winkel α und α' (das ist der Winkel zwischen der in Punkt C eingezogenen Parallele und der Seite AC) Wechselwinkel an Parallelen sind. Ebenso sind die Winkel β und β' (also der Winkel zwischen der Parallele in C und der Seite BC) auch Wechselwinkel und also auch gleich. Zusammen ergänzen sich die Winkel α' und β' mit dem Winkel γ auf 180 Grad. Dieses Ergebnis sieht man, wenn man diese Voraussetzungen kennt, unmittelbar daran, dass diese drei Winkel sich auf der eingezogenen Parallele auf einer Geraden summieren. Und man sieht dies nicht nur, sondern hat ein sicheres Wissen davon, dass es so ist, wenn einem auch die Sätze aus I, 16 und vor allem I, 17 potentiell präsent sind. Denn dann weiß man, dass zwei Dreieckswinkel immer kleiner sind als zwei Rechte, und zwar genau um den dritten. Da man durch die Parallelensätze die Größe von zwei Dreieckswinkeln kennt, weiß man, dass der dritte Winkel (ACB) die beiden anderen zu 180 Grad ergänzt.

Man kann den gleichen Beweis auch mit den Sätzen über Stufen- und Wechselwinkel an Parallelen führen. Dann muss man im Dreieck ABC nicht nur die Linie AC über C hinaus verlängern, sondern in C auch noch eine Parallele zu AB einziehen. Denn dann kann man »sehen«, dass der Winkel um A (α) und der neue Winkel um C (α'), d. h. der Winkel zwischen der neuen Hilfslinie und der über C hinaus verlängerten Geraden, Stufenwinkel an Parallelen und also gleich sind. Die neue Linie zeigt aber auch (»wirklich«), dass der Winkel um B (β) und der Winkel zwischen BC und der neuen Linie Wechselwinkel an Parallelen und also auch gleich sind. Wenn man das erfasst hat, dann »sieht« man unmittelbar, dass die Winkel α' und β' zusammen mit dem Winkel γ Winkel um einen Punkt auf einer Geraden sind, modern formuliert, dass sie 180 Grad bilden – also, so erkennt und weiß man daher nun in einem Hinblick, dass auch die drei Innenwinkel im Dreieck zusammen 180 Grad bilden. Das Beispiel verkürzt einen ziemlich

---

[100] Vgl. IAN MUELLER, Philosophy of Mathematics and Deductive Structure in Euclid's Elements, Cambridge MA. 1981, 19 f., der die Deduktionsschritte, die von der Proposition I, 16 bis zu I, 32 (dem Beweis des Innenwinkelsummensatzes) bei Euklid erforderlich sind, schematisch übersichtlich darstellt. Zur Erklärung s. v. a. MARKUS SCHMITZ, Euklids Geometrie, Würzburg 1997, 153-166.

langen Beweiszusammenhang,[100] für ein grundsätzliches Verständnis der unterschiedlichen Erkenntnisweise von Nous (Vernunft, Intellekt) und *Dianoia* (*Ratio*, Verstand) reicht es aber aus.

Entscheidend ist, dass das Begreifen des Innenwinkelsummensatzes an rationale Voraussetzungen gebunden ist. Diese Voraussetzungen bietet natürlich nicht nur das, was bei Euklid in der *Propositio* I, 29 mit den Parallelensätzen steht; man benötigt ja z. B. auch die Sätze aus I, 16 und I, 17. Zum Ziehen der erforderlichen Parallele benötigt man I, 27 und I, 23 usw.

Die Voraussetzungsreihe (die potentiell zur Verfügung stehen muss und jederzeit aktualisiert werden könnte) ist insgesamt noch viel komplexer und länger. So kann man ja nicht verstehen, was eine Parallele ist, wenn man nicht schon weiß, was eine Gerade ist. Was eine Gerade ist, setzt wieder ein Wissen um vieles andere voraus, etwa ein Wissen um das, was ein Punkt ist, was die kürzeste Verbindung zwischen zwei Punkten ist, und damit auch, was Einheit, Zweiheit, Vielheit, Diskretheit, Kontinuität, Größe usw. sind.

Trotzdem sind die Parallelensätze besonders wichtig, denn in ihnen ist schon zu einer begrifflichen Einheit verbunden, was sonst, um ein Beispiel Platons zu benutzen, wie die Helden im Trojanischen Pferd einfach nebeneinander liegen würde (*Theaitetos* 184d1-5), nämlich die Einsicht in die Gleichheit der Stufen- und Wechselwinkel an Parallelen.

Diese Leistung, alle potentiell nötigen Voraussetzungen zu einer aktual begriffenen Einheit zu verbinden, das genau schafft der über die bloße Kenntnis und diskursive Entwicklung der einzelnen Begriffsmomente des Innenwinkelsummensatzes hinausgehende Erkenntnisakt des *Nous*. Wer – und nur wer – die Gleichheit der Stufen- und Wechselwinkel kennt und im vorliegenden Fall auch beim Sehen erkennt, »sieht« in einem einzigen, unmittelbar ganzen Erfassungsakt, dass und warum die Winkel im Dreieck die genaue Innenwinkelsumme von zwei Rechten bilden. Die Erinnerung daran, dass dem der Geometrie Unkundigen die eingezogene parallele Linie gar nichts sagt, macht klar, weshalb Aristoteles behauptet, dass man einen solchen einheitlichen Zusammenhang entweder als ganzen und auf einmal begreift oder gar nicht.

Da es uns um die Darstellung des Göttlichen im Bild geht, möchte ich wenigstens noch einen knappen Hinweis darauf geben, dass das, was die Vernunft in der beschriebenen Weise einheitlich einsieht, niemals gegenständlich ist. Das »Dreieck selbst«, d. h. das, was bei jedem Dreieck ausmacht, dass es ein Dreieck ist, ist nicht auch selbst ein Dreieck, auch kein sogenannter »Ideator«, kein ideal genau vorgestelltes Dreieck. Denn jedes Dreieck ist zwar dadurch Dreieck, dass es auf eine je bestimmte Weise die Innenwinkelsumme von zwei Rechten hat, es hat aber immer darüber hinaus weitere, zusätzliche Bestimmungen an sich, z. B. ist es gleichseitig oder ungleichseitig. Deshalb gelten in jedem sichtbaren oder vorstellbaren Dreieck auch noch Sätze, die nicht auf sein Dreiecksein zurückführbar sind. So teilt etwa im gleichseitigen Dreieck die Höhe die Basis, im ungleichseitigen tut sie das nicht. Würde man also ein gleichseitiges Dreieck als Ideator wählen, an dem man abliest, was genau ein Dreieck ist, müsste man konsequenter Weise vom ungleichseitigen Dreieck behaupten, es sei kein Dreieck (wie es die Europäer oft von nicht weißen Menschen gemacht haben). Das Dreieck selbst ist also, wie Aristoteles sagt, kein »Eines neben dem Vielen« (*hen pará toon pollōn*), kein Gegenstand neben oder über den anderen Gegenständen, sondern die genau bestimmte

Summe aller Möglichkeiten, ein Dreieck zu sein. Diese Möglichkeit gibt es, wie man sicher wissen kann, wirklich, für alle möglichen »wirklichen« Dreiecke aber ist sie die Bedingung ihrer Möglichkeit. Um zu verstehen, was ein Dreieck ist, zeichnet man aber irgendein Dreieck und sieht von seinen jeweiligen zusätzlichen Besonderheiten ab, um sich ganz auf die Erkenntnis, dass und warum es genau und nur Dreieck ist, zu konzentrieren, wie die Erinnerung an die Hauptstationen dieses Beweises gezeigt hat. Ein einzelnes Dreieck ist also ein Bild, in dem das, was ein Dreieck ist, so, wie es erscheinen müsste, wenn es eine anschauliche Gestalt annehmen könnte, in Erscheinung tritt.

5. Zur Besonderheit einer auf Erfahrung und Kenntnis beruhenden Intuition

Bei einem wissenschaftlichen und besonderes einem mathematischen Erkenntnisvorgang kann man die verschiedenen Schritte von einer ersten *cognitio intuitiva* bis zur einheitlichen Erfassung eines Ganzen in einem noetischen Akt, den man mit gutem, ja mit mehr Recht eine Intuition nennen kann, methodisch durchgehen und die Bedingungen genau kennen, die die abschließende intuitive Erfassung möglich machen. Dass man diese Bedingungen aber auch im wissenschaftlichen Bereich auf die wesentlichen reduzieren und das in ihnen schon Geeinte für die Gesamt-»Schau« nutzen kann, gibt schon einen Fingerzeig darauf, dass der grundsätzliche Unterschied zwischen einer Intuition, die auch ohne genaue Kenntnis der angewendeten Kriterien möglich ist, und einer Intuition, die auf einem erfahrenen Umgang mit für die jeweilige Sache wichtigen Kriterien beruht, nicht nur im streng wissenschaftlichen Bereich relevant ist, sondern auch dort, wo es um den Übergang von nur akzidentellen Gegenstandsanschauungen zu begründeten Meinungen über etwas geht.

Platons wohlwollendes (und häufig wiederholtes) Urteil über den *Demiourgós*, den Handwerker, hat seine Begründung in der Vergleichbarkeit seines Verfahrens mit dem des Wissenschaftlers. Denn der Schreiner etwa, der ein neues Weberschiffchen baut, muss sich dabei auf viele Einzelerfahrungen mit anderen Weberschiffchen und deren Funktion im Webstuhl stützen, um schließlich den richtigen »Einfall« zu finden, wie er ein solches Schiffchen noch besser oder noch geeigneter für ein bestimmtes Material herstellen könnte. Dieser »Einfall« ist kein unwillkürlich daherkommendes Geschehen in ihm, sondern kann nur als der zusammensehende Abschluss vieler Einzelüberlegungen verstanden werden, in dem sich das einzeln Beobachtete und Beurteilte zu einer Einheit zusammenschließt.

6. Exkurs zum Begriff des Denkens in einer Bewusstseins- und einer Unterscheidungsphilosophie

Man könnte Platon leichter und mit mehr Zustimmung folgen, wenn wir nicht gewohnt wären, zum Denken nur solche Akte zu rechnen, die wir mit Bewusstsein vollziehen. Platon wie Aristoteles kennen eine klar differenzierte Abstufung verschiedener Denkakte, einen Begriff für Bewusstsein findet man bei ihnen aber ebenso wenig wie eine sachliche Umschreibung des in diesem Begriff Gemeinten. Einen ersten Terminus, der unserem Bewusstseinsbegriff zumindest analog ist, haben die Stoiker der Antike gebildet. Ihr Terminus ist: *phantasía kataleptiké* (begreifende Vorstellung). Diese »begreifende Vorstellung« ist dadurch ausgezeichnet, dass sie anders als ein bloßer Vorstellungseindruck (*typos en te pysché*) eine aktiv gebildete, klare und deutliche (*enargés*) Vorstellung ist.[101] In der Aufklärungsphilosophie der Neuzeit galt die Klarheit und Deutlichkeit einer Vorstellung als das, was die Rationalität eines Begriffs ausmacht. Christian Wolff hat die klaren und deutlichen Vorstellungen durch den Terminus »Bewusstsein« ersetzt und damit Schule gemacht. Obwohl Kant an mehreren Stellen das Bewusstsein mit »klare und deutliche Vorstellung« umschreibt, ist es vor allem sein fast durchgängiger Gebrauch von Bewusstsein für die Akte des Denkens, der bis heute unseren Begriff von Denken maßgeblich geprägt hat.

Geht man den Gründen nach, weshalb Platon und Aristoteles Denken nicht in einem dem Bewusstsein entsprechenden Sinn verstanden haben, stößt man auf die auch in dieser Abhandlung besprochene Kritik: eine Vorstellung kann immer nur das repräsentieren, was die Wahrnehmung zuvor erfasst hatte, also nur die Erscheinung von etwas, nicht sein wesentliches Sein. Analoges gilt auch vom Verhältnis von Meinung oder Verstand und Bewusstsein. Kinder oder Unerfahrene gehen oft sorglos einer deutlich erkennbaren Gefahr entgegen, weil sie nicht einmal eine Meinung über das Bedrohungspotential dessen, was gerade auf sie zukommt, gebildet haben. Genauso kann sich niemand bewusst vergegenwärtigen, dass eine zu einer Seite im Dreieck gezogene Parallele den Innenwinkelsummensatz verdeutlicht, wenn in seinem Bewusstsein nur die gezogene Parallele, nicht aber deren Bedeutung für die Winkelverhältnisse präsent ist.

---

[101] Vgl. dazu MICHAEL KREWET, Die stoische Theorie der Gefühle. Ihre Aporien, ihre Wirkmacht, Heidelberg 2013, 29–52.

Platons Kritik an einer an bloßen Erscheinungen (in denen das Bewusstsein ja seine von anderen Erkenntnisformen gebildeten Gegenstände repräsentiert) orientierten Erkenntnis ist, wie wir gesehen haben, vor allem, dass sie den, der etwas Bestimmtes erkennen will, ständig in Widersprüche verwickelt. Daraus hat er als Grundaxiom ermittelt, dass alles Denken immer zuerst das Ziel hat, etwas als etwas zu erkennen, und erst dann zufrieden ist, wenn es ein Etwas auch genau und nur in seiner ihm eigenen Bestimmtheit erkannt hat. Aristoteles hat den Grundakt des Denkens deshalb als ein Unterscheiden (*krínein*) bezeichnet.[102] Alles Denken ist von diesem Verständnis her ein Unterscheiden. Unterscheidungsakte kann man einfach ausführen, indem man versucht, Unterschiede zu bemerken, z. B. ein Rot oder ein Grün für sich, eine große oder eine kleine Terz, usw. In diesem Sinn sind auch die einfachsten Wahrnehmungen bereits Unterscheidungsakte. Man kann aber auch durch eine Reflexion auf die »Bedingungen der Möglichkeit« des Unterscheidens Wissen darüber erwerben, wie man das bestimmt unterschiedene Sein von etwas ermittelt und an welchen Kriterien man dies erkennt. Aristoteles nennt deshalb zwar alle Erkenntnisakte Unterscheidungen, differenziert aber zwischen einem bloßen Anwenden von Unterscheidungskriterien und einem aus der Kenntnis dieser Kriterien vollzogenen Erkennen, dessen Arbeitsweise er v. a. in seinen *Zweiten Analytiken* (v. a. Kap. I, 4–5) sorgfältig und ausführlich erklärt.

Beim Wahrnehmen und Vorstellen begnügt man sich mit dem Bemerken von Unterschieden und einem auf Erfahrung gegründeten Einüben dieser Unterschiede. So kann man etwa

---

[102] Vgl. *De anima*, 424 a 5 f.; 426 b 10–14; 427 a 3–5; 429 b 13; 429 b 17; *De motu animalium* 700 b 20 f.

eine kleine Terz hören und durch wiederholtes Hören ihre genaue Charakteristik so gut erfassen, dass man sie sogar gegen eine große (d. h. nur etwas größere) Terz unterscheiden kann. Mit dem Vermögen des Meinens beginnt man sich für Platon wie Aristoteles in der Dimension des Rationalen zu bewegen, die vom Meinen über das diskursiv urteilende und schließende Denken bis zum noetischen Erkennen der Einheit einer Vielheit von Bestimmungen reicht.

Nimmt man diesen platonisch-aristotelischen Begriff von Denken zur Kenntnis, gewinnt die Behauptung, auch die Handwerker richteten sich nach dem »Sein selbst« der von ihnen hergestellten Werkzeuge, eine weit größere Plausibilität, als wenn man ihnen zutrauen sollte, sie reflektierten auf die theoretisch allgemeinen Bedingungen ihrer Arbeit im Sinn einer Verdeutlichung der Schritte ihrer Arbeit durch das Bewusstsein. Der Handwerker muss sich nicht bewusst machen, »jetzt achte ich darauf, wie hart und glatt das Holz für diese oder diese Wolle sein muss«, »jetzt überlege ich, in welcher Form dieses Holz am besten für den Durchlauf durch die Wollfäden geeignet ist«, und dergleichen mehr. Aber er muss auf diese und viele weitere Unterschiede achten und darauf, wie sie in Verbindung miteinander eine neue funktionsfähige Einheit eingehen können.

Vermutlich ist Plotin mit einer klugen Bemerkung im Recht, wenn er feststellt, dass ein Bewusstsein von den Unterscheidungsakten, die man gerade ausführt, für deren Gelingen eher hindernd ist. Wenn man etwas gut unterschieden hat, hat man eben dadurch auch ein Bewusstsein von diesem Unterschied, er entsteht aber nicht aus diesem Bewusstsein, im Gegenteil: nur genau das, was man unterschieden hat, kann man sich auch ins Bewusstsein erheben. Wer nie das Rot des Cingulums eines Kardinals gesehen hat, kann sich auch nicht bewusst machen, wie es aussieht.[103] Das Bewusstsein ist nicht selbst ein Erkenntnisvermögen, es ist ein Medium, in dem man alle verschiedenen Erkenntnisgegenstände sich auf anschauliche Weise vergegenwärtigen kann. Dieser Repräsentationscharakter der Vorstellung ist auch Grund für den nur symbolischen oder intentionalen Gehalt ihrer Gegenstände, die eben dadurch auch immer propositional sind. Das vorgestellte Rot ist immer ein Rot, das auf das wirklich gesehene verweist, und es verweist auf es propositional: »Dieses in meiner Vorstellung vorhandene Rot ist das gesehene Rot (des Kardinalsgürtels).« In diesem propositionalen Charakter des Bewusstseins gründet auch seine substantiellste Schwäche. Denn man kann sich nie sicher sein, ob das vorgestellte Rot, dem man das gesehene zuordnet, auch wirklich zu diesem gesehenen Rot gehört und mit ihm übereinstimmt.

7. Fortsetzung: Zur Besonderheit einer auf Erfahrung und Kenntnis beruhenden Intuition

Von der grundlegenden Schwäche des Bewusstseins, dass es sich der Realität des repräsentierten Gegenstands niemals sicher sein kann, her gesehen werden die vielen Versuche verständlich, in einer dem Bewusstsein vorhergehenden »unmittelbaren Bekanntschaft« eine sichere Basis für den Realitätsgehalt des Denkens zu suchen. Da eine jeder Reflexion vorhergehende Erfahrung aber auch jeder kritischen Kontrolle vorhergeht, kann die Berufung auf sie immer nur unter

---

[103] Vgl. Platon, dazu ARBOGAST SCHMITT, Denken ist Unterscheiden. Eine Kritik an der Gleichsetzung von Denken und Bewusstsein, Heidelberg 2020, v. a. 25–62.

Die Darstellung des Göttlichen im Bild

skeptischen Vorbehalten geschehen. Dieser Vorbehalt kann aber nicht derselbe sein, wenn ein erfahrener Charakterkenner in direktem Blick auf das Verhalten eines Menschen zu der intuitiven Einsicht kommt, (etwa) dass dieser Mensch sich in einer Lebenskrise befindet, wie wenn dies für jemanden einfach ein momentaner Eindruck ist. Ähnliches gilt für den Kenner, der sich lange mit Bildern oder auch nur mit Bildern einer bestimmten Zeit oder eines bestimmten Malers beschäftigt hat, wenn er vor einer Auswahl stehend unmittelbar auf das Bild mit der höchsten Qualität oder mit der sichersten Zuordnung zugeht. Sein Blick wählt mit weit größerer Wahrscheinlichkeit das tatsächlich schönste Bild als der Blick des gewöhnlichen Museumsbesuchers.

Auch wenn ein solches Urteil »intuitiv« und eben wie »auf einen Blick« gefällt scheint – es handelt sich bei ihm in der Regel nicht um einen beliebigen Einfall, sondern um eine unmittelbare Umsetzung und Zusammenschau eines durch lange Erfahrung potentiell vorhandenen Wissens. Dennoch führen die Versuche, die sprachlich propositionale Fixierung im Urteil »dies ist das« zu vermeiden,[104] indem man die Erhebung in ein immer fragmentierendes und reduzierendes Bewusstsein nicht vollzieht, fast alle zur Wahl immer abstrakterer, gegenüber der Konkretheit der jeweiligen Bildinhalte indifferenter Kriterien. Dazu kommt, dass die Vermeidung einer rationalen Kontrolle durch den Verzicht auf die Distinktheit des aus dem Ganzen herausgelösten Einzelnen auch zu einem Verzicht auf die einzelnen Kriterien, aus denen sich die Zu-

---

[104] Vgl. Böhm: »Die ikonische Differenz generiert Sinn, ohne ›ist‹ zu sagen, sie eröffnet Zugänge zur Realität, die ›sich erweisen‹, die ›sich zeigen‹. Bilder sind deiktische Ereignisse.« Vgl. Ders., Ikonische Differenz (s. Anm. 50), 1,170.178, hier: 174.

sammenschau des Kenners ergab, führt. Das heißt: auch eine solche aus Erfahrung hervorgegangene Intuition kann sich nicht verteidigen, sondern ist auf die Evidenz, die sich zeigt, angewiesen. Im Unterschied zu den wissenschaftlich belegbaren Details z. B. der Entstehungsgeschichte eines Bildes durch die Durchleuchtung eines Bildes auf seine verschiedenen Varianten hin, die zur endgültigen Fassung geführt haben, scheint daher die inhaltliche Deutung und die Beurteilung der künstlerischen Qualität eines Bildes mehr Sache von Geschmack und Gefühl als von begründbarem Wissen zu sein. Diesen Eindruck kann man bis zu einem gewissen Grad korrigieren, wenn man die dem Bewusstsein vorhergehenden Erkenntnisakte nicht zu passiv-irrationalen Akten degradiert, sondern auf die in ihnen geleisteten, wenn auch oft nicht ins Bewusstsein erhobenen Unterscheidungsakte achtet. Denn natürlich zeigen sich die Bilder Rembrandts, in denen der Engel Abraham von der Opferung des Sohnes abhält, auch in ihrer material anschaulichen Besonderheit nur, wenn man (u. a.) den Unterschied bemerkt, ob der Engel in plötzlicher Erscheinung Abraham großen Schrecken einjagt oder in sanfter Milde von der Ausführung der schrecklichen Tat befreit, und wenn man dieses Gesamtbild in die in den Einzelheiten des Bildes präsente Geschichte eingeordnet hat.

Die Unterscheidung einer an der *enárgeia* von einer auf die *enérgeia* konzentrierten Kunstauffassung ist für die Erkenntnis dieser Ordnung der Teile untereinander und zum Ganzen wichtig. Platon und Aristoteles haben aber nicht nur diesen Unterschied für sich herauszuarbeiten versucht, es gibt bei ihnen auch ausführliche Erklärungen, weshalb die Darstellung der *enérgeia* von etwas Einfluss auf den Kunstcharakter selbst eines Werks hat und auf welche Weise man die *enérgeia* von etwas darstellen kann und darstellen sollte. Ein Gewinn, den man aus diesen Ausführungen ziehen kann, ist, dass die Beurteilung der Qualität von Kunst sich nicht allein auf die Erfahrung, die in eine abschließende Intuition eingeht, stützen muss, sondern Kriterien für die Schöpfung wie die Rezeption von Kunst entwickeln kann.

8. Das Bild als die Präsenz des Nachgeahmten, wie es wirklich ist

Aristoteles beginnt seine *Poetik* mit einer, wie er sagt, ersten, allgemeinsten Bestimmung: Alle Künste seien Nachahmungen (1447a12–16). Diese ohne jede Begründung vorgebrachte Behauptung hat Aristoteles viel Kritik eingebracht. Denn er scheint mit ihr die Nachahmung einer vorgegebenen Wirklichkeit zur eigentlichen Aufgabe der Kunst zu machen und so nicht nur alle schöpferische Fiktionalität aus ihrem Bereich auszuschließen, sondern zugleich eine geordnete Wirklichkeit vorauszusetzen, aus der allein auch die Kunst Ordnung und Schönheit gewinnen könne. Zudem scheint er sich dadurch in deutlicher Frontstellung von Platons Kritik an der Nachahmung abzusetzen. Aristoteles fährt aber mit einer Erklärung fort, wodurch sich die Nachahmungsweisen der Künste voneinander unterscheiden und leitet diese Unterschiede aus der ihnen allen gemeinsamen Art und Weise ab, wie sie »in etwas Verschiedenem etwas (davon) Verschiedenes auf verschiedene Weise« nachahmen (*Poetik* 1447a16–18). Als Beispiele führt er zuerst die Malerei an, die in Farbe und Form etwas ins Bild bringe, dann die Musik, den Tanz und schließlich die Sprachkünste (1447a19–b9).

Aristoteles greift allerdings mit diesem Nachahmungsverständnis gerade Platons rein formale Bestimmung, wie er sie im *Sophistés* gegeben hat, auf. Die von Platon in gewisser Umständlichkeit formulierte Definition des Bildes ist, es sei »ein auf das Wahre hin ähnlich gemachtes Verschiedenes von gleicher Art« (*Sophistés* 240a7 f.). Auch er beschreibt einfach den Vorgang, wie man etwas nachahmt, und bringt eben dadurch auch den grundsätzlichen Bildcharakter jeder Nachahmung zum Ausdruck. Wer nachahmt, tut dies »immer in etwas Verschiedenem«, d. h. in etwas vom nachgeahmten Gegenstand »Verschiedenem«, also in einem Medium, in dem er nur noch in der Weise dieses Mediums, etwa in Farbe und Form, präsent ist. Wenn Maler etwas im Medium der Farbe abbilden (*apeikázontes*, 1447a19), also etwas vom Gegenstand Verschiedenes darstellen, heißt das nicht, dass dieser nur noch in der Seinsweise des Mediums präsente Gegenstand in seinem »wahren« Sein ein Gegenstand der äußeren Wirklichkeit sein müsse. Aristoteles betont sogar mehrfach in der *Poetik,* dass sich die Künstler nicht an die Wirklichkeit halten müssen. Auch bei vom Dichter frei erschaffenen Figuren (*pepoieména*, 1451b21-23) sei das ästhetische Vergnügen nicht geringer als bei Gestalten der Geschichte, die ohnehin vielen nicht bekannt seien. Ob ein Dichter Sokrates oder Tartaros, das griechische Gegenstück zur »Hölle«, darstellt, macht keinen Unterschied in Bezug auf den Nachahmungscharakter einer Darstellung. Auch der gemalte oder beschriebene Tartaros ist nur im Medium von Farbe oder Sprache und nicht als er selbst präsent.

Entscheidend ist für Aristoteles nicht, ob das Nachgeahmte oder Abgebildete als etwas vom menschlichen Denken und Vorstellen Unabhängiges wirklich existiert, sondern ob der abgebildete Sokrates oder der gemalte Tartaros so dargestellt sind, dass sie als das, was sie wirklich sind, – als ein der Vernunft folgender und sein ganzes Leben nach ihr einrichtender Philosoph bzw. als ein im Sinn des Mythos realer Bestandteil der Weltordnung – erkennbar werden.

Dass es nicht dasselbe ist, ob jemand wirklich als Philosoph oder als wirklich existierender Philosoph (der aber nicht viel von seinem Metier versteht) dargestellt wird, oder ob jemand »nachgeahmt« wird, der wirklich liebt, oder jemand, der sich wirklich verliebt fühlt, aber z. B. nur von einem schönen Anblick fasziniert ist, wird oft übersehen, weil immer wieder *enárgeia*-Vorstellungen die Begriffsbildung überlagern. Auch Cicero z. B. geht bei seinem Versuch, die Aufgabenstellung des Redners zu bestimmen, davon aus, dass »jede seelische Regung von Natur aus ihren Ausdruck, ihre Sprache, ihre Gestik« hat. Wie die Saiten einer Lyra, die bei jeder Berührung anders schwingen, so muss der Redner gleichsam erspüren, wie der ganze Körper, seine Mienen und Stimmen ertönen, wenn er in einer bestimmten inneren Verfassung ist, um sich richtig auf die Wirklichkeit, die er beeinflussen möchte, einzustimmen. (*De oratore* III, LVII, 216). In ähnlicher Weise verlangt Horaz vom Dichter, er solle durch seine Darstellungen dem Wirklichen möglichst nahe kommen (*sint proxima veris*, 338), er müsse »gelernt haben«, was zu jeder Person passt (*personae cuique convenientia*, 316) und was den verschiedenen Naturen als das, was das, was ihnen angemessen ist, gegeben werden muss (*decor naturis dandus*, 157). Bis in die einzelnen äußeren Details beschreibt Seneca die Erscheinungsweisen von Gefühlen. Vom dem, der zornig ist, z. B. erläutert er in eindrucksvoller Anschaulichkeit: »Die Augen flammen und blitzen, das ganze Gesicht ist hochgerötet [...], die Zähne sind zusammengepresst, die Haare stellen sich auf« [...] und er spricht von dem »schauerlichen und entsetzlichen Aussehen solcher sich selbst entstellenden und zur Unkenntlichkeit verzerrten Menschen« (*de ira* II, 1,2).

Die Nachahmungspoetiker der Renaissance und vor allem des Barock haben diese Rhetorisierung der Kunst (der Dichtung wie der Malerei oder der Musik) bekanntlich besonders intensiv rezipiert und daraus ganze Regelwerke abgeleitet, wie sich die Alten, die Jungen ausdrücken und verhalten, wie sich Männer oder Frauen, Herren oder Diener, Politiker oder Kaufleute verhalten, wie man Trauer oder Triumph darstellt, usw. Alle diese Darstellungsanweisungen haben das Ziel, einem Kunstwerk durch einen Bezug auf die Welt, wie sie wirklich ist, Wahrscheinlichkeit zu verschaffen. Das erreicht man auf diese Weise auch oft, verfehlt aber nicht selten eben durch diesen Blick auf das Wahrscheinliche auch die richtige Deutung. In der *Medea* von Euripides z. B. tritt Medea, als sie von der Untreue ihres Mannes, dem sie alles geopfert hatte, erfährt, nach heftigem Jammern, Klagen und Verfluchungen auf die Bühne und hält vor adligen, mit ihr befreundeten Frauen aus Korinth eine rhetorisch geradezu perfekt durchstilisierte Rede, in der sie in ruhiger Klarheit die Freundinnen um Verschwiegenheit bittet, wenn sie nach einer Möglichkeit, ihren Mann zu bestrafen, sucht. Und sie hat mit dieser Rede den gewünschten Erfolg: »Mit Recht wirst du den Mann bestrafen, Medea. Dass du unter deinem Schicksal leidest, wundert mich nicht«, antwortet die Sprecherin des Chors. (vv. 267 f.). Dass Euripides einer Frau, die er gerade in heftigem Schmerz laut wehklagen ließ, eine solche »sophistische« Paraderede in den Mund gelegt hat, wurde ihm von vielen Interpreten als ein völliges Missverständnis der Affektsituation seiner Protagonistin ausgelegt. Euripides belässt es aber nicht bei diesem einen »Fehlgriff«, denn seine Medea beweist sich über fast die ganze weitere Handlung hin als beherrschte, umsichtige Planerin. Sie hält sogar ihrem Mann eine so raffinierte, schmeichlerische Versöhnungsrede, dass dieser sich in völliger Sicherheit und Übereinstimmung mit ihr wiegt. Davon, dass Zorn »ein zeitweiliger Wahnsinn« ist, der »nicht Herr über sich selbst ist, [...] der sich jeder Vernunft und Überlegung verschließt« (Seneca, *De ira* I,1), kann bei Euripides' Medea keine Rede sein. Kluge und angesehene heutige Interpreten haben deshalb sogar den Vorschlag gemacht, die Euripideische *Medea*, auch wenn sie in der gesamten Antike als das Leidenschaftsdrama schlechthin gegolten habe, gar nicht als Affektdarstellung zu verstehen, sondern eher in Analogie zu einem an einem männlichen Ehrenkodex ausgerichteten Verhalten zu begreifen – wie etwa bei den Duellen des 19. Jahrhunderts. Euripides lässt aber durch viele immer wieder eingearbeitete Hinweise keinen Zweifel daran, dass alle diese scheinbar beherrschten, affektfreien Handlungen Medeas im Dienste ihres unbedingten Willens stehen, sich von einem ungestraften Jason nicht verhöhnen zu lassen. Diesem Willen zuliebe unterdrückt sie alle ihre anderen Gefühle, selbst ihre sehr große Liebe zu den Kindern: »Mein Thymos [mein empörter Rachewille] ist der Herr meiner Pläne«, sagt Medea, um zu erklären, weshalb sie das ganze Unglück, das ihr vor allem der Verlust der Kinder bringen wird, vor Augen hat und dennoch auf die Bestrafung Jasons nicht verzichten kann.

Aristoteles unterscheidet in seiner Psychologie einen somatischen Aspekt des Zorns, der sich z. B. im Kochen des Bluts, in lautem Schreien usw. äußert, von der eigentlich psychischen Aktivität, die ausmacht, dass man zürnt:

> »Der Naturwissenschaftler und der Philosoph würden aber [...] auf unterschiedliche Weise definieren, was z. B. Zorn ist: der eine nämlich als Streben, eine Kränkung zu vergelten, der andere als Kochen des Bluts [...]. Von diesen gibt der eine die Materie an, der andere das ›eídos‹ und den Begriff« (*De anima* 403a29-b2).

»Materie« nennt Aristoteles etwas nicht einfach, weil es körperlich ist, wichtiger ist ihm, dass die Materie von etwas immer etwas relativ Unbestimmteres als das *eídos* ist. Aus Backsteinen kann man nicht nur Häuser, sondern auch vieles andere bauen. So kann jemand ein rot unterlaufenes Gesicht haben, laut schreien und dennoch nicht zornig sein, und er kann unter der lieblichsten Stimme die bitterste Wut verbergen. Dass jemand aber eine Kränkung nicht erträgt und Vergeltung für sie will, das gehört immer zum Zorn, gleichgültig in welchen somatischen Formen er sich äußert.

In der Perspektive dieser Unterscheidung, die nicht die Dichter von Aristoteles, sondern die dieser von den Dichtern übernehmen konnte, sind alle Handlungsschritte, die Euripides seine Medea hat ausführen lassen, Akte des Zorns. Um ihn darzustellen, brauchte er nicht die rhetorischen Regeln über die Art der Sprache, der Gesten und Mienen, die man z. B. bei Julius Scaliger und bei vielen Barockrhetorikern als die zu erlernenden Regeln der Zorndarstellung aufgestellt finden kann. Man muss nicht auf die klassische Erlebnisdichtung des 18. Jahrhunderts warten, um eine kritische Stellung gegen das rhetorische Regelwerk beim Dichten zu finden. Euripides hat einen Weg gezeigt, Zorn nicht durch die Fixierung auf typische, wahrscheinliche Züge wiederzugeben, sondern dadurch, dass er alle verschiedenen Reden und Handlungen Medeas als Ausdruck ein und derselben inneren Grundhaltung verstehbar machte.

Der genaueren Klärung der Frage, wie ein solches Zusammenstimmen der einzelnen Handlungen und Verhaltensweisen zu ein und demselben zustande kommt und was es über den Kunstcharakter eines Kunstwerks aussagt, soll das folgende Kapitel gewidmet sein. Man kann aber aus dem bisher Besprochenen schon einige Folgerungen ziehen, die auch das weitere Verständnis erleichtern.

Gerade weil sich Euripides nicht an die rhetorischen Regeln einer Affektdarstellung des Zorns hält, sondern scheinbar dazu gar nicht Passendes zusammenstellt, ist das Handeln seiner Medea ein wirklich individuelles Handeln. Es ist nicht von dem bestimmt, was man meistens und mit großer Wahrscheinlichkeit als Ausdruck von Zorn erwartet, sondern es ist der Zorn einer außergewöhnlichen Frau, die außergewöhnliche Opfer für ihren Mann gebracht hat, die diesem eine außergewöhnlich rettende Hilfe geboten hatte, die durch diesen Mann in einer außergewöhnlich verzweifelten, keineswegs nur durch Eifersucht geprägten Notsituation ist. Und es ist die zusammenhängende Folge von Handlungen, die sich alle aus einer Grundentscheidung ergeben, die die einzelnen Handlungen aus dem, was für diese Medea nicht irgendwie einmal zutreffend ist, erklären, sondern aus Charaktertendenzen, die etwas allgemein Gültiges über sie aussagen.

Im Unterschied dazu würde eine Darstellung typischer Affektszenen, wie man sie in der empirischen Wirklichkeit oft findet, nicht nur auf diese Medea zutreffen, sondern würde sie als ein Exemplar allgemeiner, für viele gültiger Verhaltensmöglichkeiten ausweisen. Auch unter diesem Aspekt bestätigt sich die »Beobachtung«, dass eine Orientierung an den scheinbar konkret individuellen Merkmalen äußerer Phänomene gerade nicht auf konkret Individuelles trifft, sondern eher auf markante Zeichen für etwas, was zugleich für Viele gilt.[105]

---

[105] Wenn z. B. die Kommentatoren der aristotelischen Poetik Vergil für die gelungene Nachahmung von Didos Verhalten loben, weil er berichtet, wie sie sich von dem in der Unterwelt um Versöhnung bittenden Aeneas einfach abwendet und wortlos weggeht (Aeneis, 6,455-476), dann werden sie mit diesem Lob kaum der individuellen Besonderheit dieser Dido gerecht. Denn das Lob besteht in der Feststellung, dass Vergil Didos Verhalten genauso geschildert habe, wie betrogene und verlassene Frauen eben sind.

Aus dieser Umkehr des Verhältnisses von Allgemeinem und Einzelnem ergibt sich auch ein gegenüber dem traditionellen Nachahmungsverständnis umgekehrtes Erkenntnisproblem. Eine Dichtung, die sich am Postulat der Nachahmung der Wirklichkeit ausrichtet, muss ja versuchen, das, was sie darstellt – ob es eine gegebene Wirklichkeit aufnimmt oder etwas frei erfindet – so zu konzipieren, dass das, was sie hervorbringt, eine mögliche Wirklichkeit wiedergibt. Wenn man jemanden sterben lässt, so lautet eine der Regeln, dann muss er z. B. durch einen Stich ins Herz zu Tode kommen, d. h. durch etwas, was auch im richtigen Leben den Tod zur Folge hat.[106] Thomas Mann kokettiert vielleicht noch mit dieser Überregulierung, wenn er seinen Thomas Buddenbrock gegen die Wahrscheinlichkeit an einem Zahnleiden sterben lässt.

Bei diesen Wahrscheinlichkeitskonstruktionen gibt es – für alle Kunstarten – viele Fallstricke. Die rhetorischen Regelwerke, aus denen man entnehmen kann, wie Menschen verschiedenen Alters oder Geschlechts, in verschiedenen Berufen, als Herren oder Diener, in verschiedenen psychischen Verfassungen usw. sprechen oder handeln, damit man eine »Nachahmung«, die in Übereinstimmung mit dem, was im wirklichen Leben möglich ist, verfassen oder bildlich darstellen kann, sind alle Ergebnis von Abstraktionen aus dem

---

Vgl. zu dieser Interpretationstendenz im ganzen BRIGITTE KAPPL, Die Poetik des Aristoteles in der Dichtungstheorie des Cinquecento, Berlin/New York 2006, 71–169, v. a. 162–169. Dido ist bei Vergil aber nicht irgendeine verlassene Frau, sondern eine Frau, die Aeneas zuliebe ihre gesamte Lebenseinstellung umgekehrt hatte und die als Herrscherin ihre ganze Hoffnung für das Wohl ihrer Stadt auf ihn gesetzt hatte.

[106] Vgl. z. B. LODOVICO CASTELVETRO, Poetica d'Aristotele Vulgarizzata e Sposta, hg. Werther Romani, 2 Bde., Roma-Bari 1978–79, I, 251.

»wirklichen Leben«. Dass diese Abstraktionen auch Fehlbildungen sein können, steht außer Zweifel, ganz abgesehen davon, dass sie einen dogmatischen Glauben an eine »Ordnung der Dinge« voraussetzen, der allein durch die Geschichtlichkeit des Lebens in Frage gestellt wird. Wenn Horaz vom Dichter verlangt, er müsse »gelernt haben«, was man dem Vaterland oder den Freunden schuldet, welche Liebe man dem Vater, dem Bruder, dem Gast zukommen lassen soll, was die Pflichten eines Politikers, eines Richters sind, usw. (*ars poetica* 312–316), wird jeder heutige Leser sofort feststellen, dass die Erfüllung der Aufgaben eines Künstlers, wie sie Horaz erwarten konnte, an die geschichtliche Situation seiner Zeit gebunden war. Würde sich ein Künstler heute an das halten, was im Rom des 1. Jahrhunderts v. Chr. wahrscheinliche Regel, ein *exemplar vitae morumque* (a. a. O. 317) war, wäre seine »Nachahmung« voll von Unwahrscheinlichem.

Diese Probleme mit der Geschichtlichkeit des Lebens, die sich aus einer Auslegung der Kunst als Nachahmung ergeben, sind viel diskutiert worden, ähnlich wie die skeptischen Zweifel an dem möglichen Wissen, das ein Schriftsteller oder Künstler über die von ihm dargestellten Personen beansprucht. Besonders der sog. auktoriale Erzähler (gleichgültig, ob sich der Autor mit ihm identifiziert oder nicht), der das Handeln und die Motive des Handelns seiner Figuren darstellen möchte, muss, wenn er im Sinn einer möglichen Wirklichkeit glaubwürdig sein will, sich an Wahrscheinlichkeiten des Lebens halten, auch wenn er sie nicht aus Regeln erlernt, sondern aus eigenem direktem Erleben konstruiert hat. Um an das Problem mit einem Beispiel zu erinnern:

In seinem Roman *Agathon* berichtet Wieland, wie Agathon und seine geliebte Psyche sich nach langen Irrungen und Wirrungen glücklich wiederfinden.

»Ihre Seelen erkannten einander in eben demselben Augenblike, und schienen durch ihre Blike schon in einander zu fliessen, eh ihre Arme sich umfangen [...] konnten. Sie schwiegen eine lange Zeit; dasjenige, was sie empfanden, war über allen Ausdruk; und wozu bedurften sie der Worte? Der Gebrauch der Sprache hört auf, wenn sich die Seelen einander unmittelbar mittheilen, sich unmittelbar anschauen und berühren, und in einem Augenblick mehr empfinden, als die Zunge der Musen selbst in ganzen Jahren auszusprechen vermöchte.«[107]

Wieland schreibt hier als auktorialer Erzähler. Er spricht in eigener Person, gibt einen Blick ins Innere seiner Figuren, indem er, was im Herzen verborgen ist, im hellen Licht des Bewusstseins vergegenwärtigt, und nimmt gefühlvollen Anteil. So erfahren wir von der inneren Bewegung in beiden Liebenden, von einem angenehmen Erstaunen bis zur Entzückung, davon, dass ihre Seelen einander gleich erkannten und schon durch ihre Blicke ineinanderzufließen schienen, ja dass ihre Empfindungen »über allen Ausdruck« waren.

Wenn man an die vielfältige Kritik der Literatur der Moderne des 20. Jahrhunderts am allwissenden Erzähler denkt, wird einem freilich die Frage nicht unberechtigt erscheinen, woher der Erzähler eigentlich dieses genaue Wissen um die inneren Vorgänge in seinen Personen genommen hat und wie er es dem Leser beglaubigt. Woher weiß er, dass die beiden nicht nur die Person des anderen und sein schönes Äußeres erkannt haben, sondern auch ihre Seelen, ja dass das, was sie

---

[107] Vgl. CHRISTOPH MARTIN WIELAND, Geschichte des Agathon, in: Wielands Werke. Historisch-kritische Augabe, hg. von Klaus Manger und Jan Philipp Reemtsma, Bd. 8.1, Berlin 2008, 17. Vgl. ARBOGAST SCHMITT, Epimetheus und Prometheus, oder: Wie man auf verschiedene Weise Latenz präsent machen kann, in: HANS ULRICH GUMBRECHT/FLORIAN KLINGER (Hg.), Latenz – Blinde Passagiere in den Geisteswissenschaften, Göttingen 2011, 95–105.

empfanden, nicht ein gewöhnliches Verliebtsein war, sondern in seiner Außergewöhnlichkeit nicht einmal von den Musen in ganzen Jahren ausgesprochen werden könnte?

Stellt man diese Fragen, fällt sofort auf, dass der Autor auf sie gar keine Antwort gibt. Erstaunen, Entzücken, ein Ineinanderfließen der Seelen sind innerliche Vorgänge, aber sie sind nur abstrakt benannt. Was die beiden Liebenden aneinander entzückt hat, wie sie ihre Seelen erkannt haben und woran, dies zu erkennen ist, überlässt der Erzähler der Kreativität des Lesers. Diese Kreativität zu entwickeln, fällt im Allgemeinen leicht. Es ist nicht schwer, mit »Erstaunen«, »Entzücken« und so weiter irgendwie mit Anschauung und Sinn gefüllte Vorstellungen zu verbinden. Wenn eine Besonderheit der Literatur aber in der Prägnanz und der Individualität ihrer Darstellung liegt, genügen derartige leicht mögliche Subsumtionen nicht. Das, was in dieser Darstellung nicht da ist, ist der konkrete innere Vorgang, der sich in den beiden Liebenden abspielt, wenn sie in Erstaunen, Entzücken aneinandergeraten. An die Stelle dieser konkreten Innerlichkeit tritt eine Benennung dieser Gefühle, die lediglich symbolisch auf die konkreten inneren Akte verweist, die also abstrakt bleibt.

Bei Euripides findet man eine beinahe umgekehrte Form der Darstellung. Wie viele Interpreten kritisch vorgebracht haben, lässt Euripides seine Personen oder deren Partner fast nie über ihr Inneres sprechen. Man weiß nicht einmal sicher, wie wir schon gesehen haben, ob seine Medea in einem Zustand des Zorns ist, geschweige denn, dass wir etwas über die signifikanten Zornmerkmale und die signifikanten inneren Empfindungen Medeas erfahren. Im Gegenteil scheint das meiste, was Medea spricht und tut, überhaupt nicht zum Gefühl des Zorns zu passen. Stattdessen kennt man bei Euripides die Gründe, die Medea in den Zorn treiben, aufs Genaueste. Auch wie dieser so begründete Zorn ihr Handeln prägt und lenkt, erfährt man in allen Stadien ihres Verhaltens. So erzählt Medea z. B. in einer logisch klar aufgebauten, konsequenten Rede die ganze Geschichte ihrer Liebe zu Jason, allerdings nicht einfach »historisch« mit allen ihren Umständen, sondern in strikter Auswahl. Diese Auswahl bezieht sich immer darauf, die niederträchtige, undankbare Schamlosigkeit, die Jasons jetziges Verhalten ihr gegenüber darstellt, in allen ihren Aspekten aufzuweisen: Sie hat ihn gerettet vor den Feuer schnaubenden Stieren, vor dem unüberwindlichen Drachen. Sie hat den Vater und ihr ganzes Haus seinetwegen verraten, hat seinetwegen sogar die Töchter seines Onkels, der ihn vernichten wollte, verführt, den eigenen Vater zu töten. Er hat alle die Eide, die er ihr geschworen hat, trotz ständiger Beteuerungen gebrochen. Sie hat jetzt, – und das zeige seine Schamlosigkeit noch deutlicher – ohne ihn keine Möglichkeit mehr, irgendwo Schutz zu finden: Nach Hause kann sie nicht, nicht zu den von ihr getäuschten Verwandten Jasons. Nun ist sie verbannt, ohne Freunde, ganz allein mit den Kindern, usw. (Vv. 475-515).

Seneca, der auch eine *Medea* verfasst hat, in der ungefähr das gleiche Geschehen wie bei Euripides dargestellt ist, hat seiner Medea modernere Züge gegeben. Diese Medea ist sich ihres Zorns bewusst, sie nimmt ausdrücklich Stellung zu ihm, bejaht, ja steigert ihn in voller Absicht. Sie hört in sich hinein, fühlt, dass sie noch zwischen Zorn und Liebe hin und her schwankt (*quid anime titubas? [...] nunc huc ira, nunc illuc amor diducit.* »Was, mein Herz, schwankst Du? [...] bald zieht dich der Zorn hierhin, bald dorthin die Liebe.« vv. 937-939), um sich schließlich bewusst dem Zorn zu überlassen: (*ira qua ducis sequor,* »Zorn, wohin du mich treibst, ich folge dir« v. 953).

Alles das, was Senecas Medea selbst ausspricht und erklärt, muss man bei Euripides erschließen, allerdings nicht deshalb, weil seine Medea kein Bewusstsein von ihrem Zorn hat, sondern weil sie, statt über ihn zu reden, genau die Aktivität, in der ihr Zorn besteht, in ihrem Reden und Tun ausführt. Ähnlich wie Homer braucht auch Euripides den intelligenten Leser, der begreift, dass die einzelnen Akte Medeas alle Akte des Zorns sind. Der Vorzug bei Euripides ist, dass der Zuschauer oder Leser nicht einfach glauben muss, dass seine Medea in der Verfassung ist, die er ihr zuschreibt. Er hat die Akte, die man in dieser Verfassung vollzieht, direkt vor sich und kann und muss deshalb nicht nur begreifen, dass das Akte des Zorns sind, er kann auch kritisch beurteilen, ob und in welcher Weise sie »wirklich« Akte des Zorns sind. Alles, was Medea aufzählt, ist Bestandteil ihres Zorns und ist immer neu Anlass, diesen Zorn zu festigen und zu steigern. Es gibt nicht den Zorn auf der einen und die Stellungnahme zu ihm auf der anderen Seite, sondern das, was Medea denkt und äußert, ist unmittelbar von den genau zu diesen Gedanken passenden Gefühlen begleitet.

Nicht weil Euripides genau das ermittelt und dargestellt hat, was die historische Medea – wenn es sie denn jemals gegeben hat – wirklich getan hat, ist seine Darstellung glaubwürdig, sondern weil er in seiner Medea einen Charakter erschaffen hat, bei dem alle Züge so zueinander passen, dass sie wirklich Ausdruck einer ganz bestimmten seelischen Verfassung sind. Das Reden und Tun Medeas gibt nicht ein wirkliches Geschehen wieder, sondern gibt wieder, was geschehen müsste, wenn ein Charakter wie Medea in der im Drama vorausgesetzten Situation reden und handeln würde. Als Verwirklichung dieser für Medea eigentümlichen Aktmöglichkeiten aber ist sie in ihrem Reden und Tun präsent, d. h., in ihnen steht sie als der Charakter, der sie ist, direkt vor Augen.

9. Aristoteles' Theorie von Dichtung und Kunst: Darstellung des Möglichen, »wie es geschehen müsste«, als Gestaltungsprinzip

Aristoteles hat nicht nur zur Kunst des »Vor-Augenstellens« etwas zu sagen, er gibt in seiner *Poetik* auch eine Theorie dazu, wie das (z. B. für einen Charakter) Mögliche anschaulich präsent gemacht werden kann und wie diese wirkliche Präsenz des Möglichen Gestaltungsprinzip für ein Kunstwerk werden kann. Die dafür grundlegende, unendlich oft rezipierte und immer wieder neu interpretierte Passage findet man am Anfang des 9. Kapitels seiner *Poetik*. Die seit der Mitte des 16. Jahrhunderts (das ist die Phase, in der man die Poetik wieder neu rezipiert hat) am weitesten verbreiteten Interpretationen deuten diese Passage in der Perspektive der mit dem *enárgeia*-Konzept verbundenen Vorstellung, die Wirklichkeit, die die Kunst nachahmen könne und solle, biete von sich aus eine Ordnung der Dinge.[108] Diese Ordnung in ihrer Allgemeingültigkeit zu erfassen und in der künstlerischen Bearbeitung des Einzelnen zur Darstellung zu bringen, sei die Aufgabe, die Aristoteles der Dichtung und der Kunst überhaupt gestellt habe. Die Überlastung, die in dieser Auslegung die Dinge der empirisch erfahrbaren Wirklichkeit erfahren, haben wir an mehreren Beispielen diskutiert. Aristoteles teilt ein solches Vertrauen in das »Sich-selbst-Zeigen« der Wirklichkeit nicht.

Es ist allerdings genau die Vorerwartung, Aristoteles verstehe unter Nachahmung eine Darstellung der allgemeinen Ordnung der Dinge, indem man sie »gemäß dem Wahr-

---

[108] Vgl. dazu die gründliche Darstellung bei KAPPL, Poetik des Aristoteles (s. Anm. 105).

scheinlichen oder Notwendigen« darstelle, die ein genaues Textverständnis schwierig macht und sogar widersprüchlich erscheinen lässt. Aristoteles sagt nämlich gleich im ersten Satz dieses 9. Kapitels[109]: »Ganz klar ist auf Grund des Gesagten [über die Ganzheit und Einheit eines Werks] auch, dass nicht dies, das wirklich Geschehene wiederzugeben, das dem Dichter ›aufgegebene‹ Werk ist, sondern wie etwas geschehen müsste [*hoía an génoito*[110], und zwar das Mögliche gemäß dem Wahrscheinlichen oder Notwendigen« (1455r36–38).

Auch für den Interpreten macht dieser Satz (ergänzt durch parallele Äußerungen in der *Poetik*) klar, dass Aristoteles eine Nachahmung der geschichtlichen Wirklichkeit ablehnt. Stattdessen fordert er in einer deutlich an Platon (*Politeía* 472c,e) angelehnten Formulierung die Dichtung auf, darzustellen, von welcher Beschaffenheit (*hoía*) etwas sein muss, damit es geschehen könnte, und präzisiert diese platonische Vorgabe mit der Umschreibung, das sei »das Mögliche gemäß dem Wahrscheinlichen oder Notwendigen«. Wie ein Kenner der Modallogik wie Aristoteles verlangen kann, man solle das Mögliche gemäß dem Notwendigen darstellen oder wiedergeben, ist allerdings keineswegs klar und hat auch zu viel Kritik an ihm geführt. Wenn etwas (nur) möglich ist, ist es gerade nicht notwendig.

Der fast durchgängig gesuchte Ausweg aus diesem Dilemma ist die besprochene Vorerwartung. Gegenstand der

---

[109] Vgl. zum Folgenden ausführlich: ARBOGAST SCHMITT, Aristoteles. Poetik, übers. u. erkl. Berlin ²2011, 372–426.

[110] Der griechische Potentialis ist wie das deutsche »dürfte wohl« oft nur der Form nach eine höfliche Einschränkung, dem gemeinten Sinn nach aber eine Verstärkung der Aussage: »Das dürfte wohl ein unhöflicher Mensch sein« meint: »Das ist ein sehr unhöflicher Mensch«. Daher kann auch das »Was wohl geschehen könnte« den Sinn haben: »Was geschehen müsste«.

Dichtung sei für Aristoteles nicht die Wirklichkeit überhaupt mit ihren Zufällen und Unregelmäßigkeiten, sondern allein das Wahrscheinliche und Notwendige in ihr. Wer sich darauf ausrichte, könne auch Glaubwürdigkeit für seine poetischen Erfindungen beanspruchen, denn sie seien dann möglich. Wer dichtet oder im Bild darstellt, dass Sokrates an einem Schierlingstrank gestorben ist, stellt etwas dar, was wahrscheinlich oder notwendig ist. Also bietet sein Werk eine mögliche Wirklichkeit, selbst wenn die von Sokrates erzählte Geschichte gar nicht wahr wäre. Eine Bestätigung dieser Deutung scheint die Folgerung zu bieten, die Aristoteles im nächsten Abschnitt zieht. Denn er folgert, dass eine Darstellung dessen, wie etwas geschehen müsste, »mehr allgemein«, eine rein dem wirklich Geschehenen folgende dagegen auf das Einzelne beschränkt sei.

> »Denn ein Historiker und ein Dichter unterscheiden sich nicht darin, dass sie mit oder ohne Versmaß schreiben (man könnte die Bücher Herodots in Verse bringen, und sie blieben um nichts weniger eine Form der Geschichtsschreibung, in Versen wie ohne Verse), der Unterschied liegt vielmehr darin, dass der eine darstellt, was geschehen ist, der andere dagegen, was geschehen müsste. Deshalb ist die Dichtung auch philosophischer und bedeutender als die Geschichtsschreibung. Die Dichtung nämlich stellt mehr das Allgemeine, die Geschichtsschreibung Einzelnes dar« (1451a38–b7).

Diese Passage legt die Deutung nahe, Aristoteles verstehe unter einer Darstellung gemäß dem Wahrscheinlichen und Notwendigen eine Darstellung des Allgemeinen. Dies scheint auch die Präzisierung des gemeinten Allgemeinen im folgenden Satz zu bestätigen: »Das Allgemeine aber ist: dem Wiebeschaffenen *(too poíō)* kommt in bestimmter Weise Wiebeschaffenes *(poía atta)* zu sagen oder zu tun zu, gemäß dem Wahrscheinlichen oder Notwendigen.« (1451b8–10).

Obwohl dieser Satz die Deutung, das Allgemeine der Dichtung sei das Wahrscheinliche oder Notwendige (im Reden und Tun der Handelnden) zu bestätigen scheint, ergibt sie sich nicht wahrscheinlich aus seiner Grammatik. Denn in vielen Fällen dienen Präpositionalausdrücke wie »gemäß dem Wahrscheinlichen« der genaueren Erklärung des Prädikats. Die Frage wäre dann: »Wie kommt dem Wiebeschaffenen zu, Wiebeschaffenes zu reden oder zu tun?« Und die Antwort wäre: »Es kommt ihm wahrscheinlich oder notwendig zu.« In dieser Lesart sagt Aristoteles nicht, ein Wiebeschaffener – also ein bestimmter Charakter – soll sein Reden und Tun nach dem Wahrscheinlichen ausrichten, sondern er sagt: »Einem Menschen mit bestimmter Beschaffenheit soll es mit Wahrscheinlichkeit oder Notwendigkeit zukommen, dieser Beschaffenheit Gemäßes zu sagen oder zu tun.« Das Handeln eines Charakters soll notwendiger oder wenigstens wahrscheinlicher Ausdruck eben dieses Charakters sein. Diese Interpretation muss man allerdings nicht aus der Grammatik dieses Satzes erschließen, denn Aristoteles gibt sie selbst in einer weit weniger missverständlichen Form bei der Behandlung der richtigen Weise der Charakterdarstellung. Dort nämlich sagt er:

> »Man soll aber bei der Charakterdarstellung genauso wie bei der Synthese der (Einzel-)Handlungen immer das Notwendige oder das Wahrscheinliche suchen, so dass es notwendig oder wahrscheinlich ist, dass ein Mensch von bestimmter Beschaffenheit dieser Beschaffenheit Gemäßes (*ton toioúton ta toiaúta*) sagt oder tut« (1454a33-36).

»Gemäß dem Notwendigen oder Wahrscheinlichen« sind also bloße Verhältnisbestimmungen; sie besagen, wie das Verhältnis eines Charakters zu seinem Handeln sein soll, und stellen dadurch dem Dichter die Aufgabe, seine Personen nur solche Reden halten und nur solche Handlungen ausführen zu lassen, die sich notwendig oder wahrscheinlich aus ihren Charakteren ergeben.

Nur diese Deutung erklärt auch, weshalb Aristoteles es an keiner Stelle für erforderlich hält, zu erklären, was er denn unter dem Wahrscheinlichen oder Notwendigen verstehe. Bei Horaz z. B. findet man ausführlich erklärte Beispiele. Der *doctus imitator* soll wissen und verstehen, was exemplarisch im Leben und Verhalten der Menschen, des Vaters, des Sohns, des Richters usw. ist und soll dies zur Grundlage seines Schaffens machen (*ars poetica* vv. 310–318).

Mit den Problemen dieses Wahrscheinlichkeitsverständnisses haben wir uns schon befasst. Es schließt im Grunde alles Außergewöhnliche aus der Dichtung und der Kunst insgesamt aus. Aristoteles zeigt immer wieder – und besonders in der *Poetik* – dass er eine umfassende Kenntnis der Literatur von Homer bis zu seiner Zeit hat. So gut wie keine der großen Figuren dieser Dichtungen entspricht der angeblich von Aristoteles geforderten Wahrscheinlichkeit. Achill und Odysseus, die beiden Hauptfiguren der *Ilias* und der *Odyssee*, sind keine dem wahrscheinlichen Leben entnommene Figuren und erhalten aus ihm nicht ihre Glaubwürdigkeit. Eher sind sie im Blick auf diese Wahrscheinlichkeiten unglaubwürdige, kaum im realen Leben mögliche Figuren. Gleiches gilt etwa von Antigone, von Aias, Deianeira, Hippolytos, Phaidra, Medea usw., und ganz besonders von Ödipus, der von Aristoteles gleich mehrfach als Exempel tragischen Handelns angeführt wird. Aristoteles führt die Freude, das ästhetische Vergnügen an der Dichtung auf die Freude am Erkennen und Verstehen zurück (1448bb4-17). Welche allgemeine und auch für ihn gültige Erkenntnis soll ein Zuschauer oder Leser des *Ödipus rex* daraus gewinnen, dass er miterlebt, wie jemand zufällig den eigenen Vater tötet und ohne Wissen die Mutter heiratet?

Die Darstellung des Göttlichen im Bild

Ist Ödipus ein *exemplar vitae morumque*?

Wenn Aristoteles formuliert, ein Dichter solle darstellen, »wie etwas geschehen müsste«, d. h. das »Mögliche«, so wie es in einzelnen Reden und Taten verwirklicht wird, stützt er sich auf von Platon Vorformuliertes, ebenso wenn er dieses »Mögliche« ein »Allgemeines« nennt und dieses Allgemeine in der »Beschaffenheit« findet, die in die einzelnen Reden und Taten eingearbeitet sein soll, bestätigen diese Bezüge auch die hier gegebene Interpretation. Aristoteles bewegt sich nicht auf ganz neuem Feld, sondern präzisiert für das »Werk« der Dichtung von Platon Grundgelegtes. Was Platon z. B. vom Weberschiffchen oder vom Bohrer sagt, sagt Aristoteles vom Beil. Sein wesentliches Sein, sein *eídos* und gleichsam seine Seele, sei seine Fähigkeit, zu schneiden. Man kann mit Aristoteles noch präzisieren: An der Fähigkeit zu schneiden erkennt man ein Beil. Die Fähigkeit erkennt man, wenn sie ausgeübt wird, wenn der Akt des Schneidens vollzogen wird. Ob dieser Akt vollzogen wird, erkennt man an dem dabei ausgeführten Werk, d. h. dass etwas bei diesem Akt zerschnitten wird. Aristoteles selbst exemplifiziert diesen Dreischritt an den Grundvermögen des Menschen, am Denk-, Wahrnehmungs- und Ernährungsvermögen (*De anima* II,4, 415a15–23). Wenn man also z. B. von einem menschlichen Organ wissen will, was es ist, fragt man, was es kann. Ein Auge etwa kann sehen. Ob es sehen kann, erkennt man, wenn es den Akt des Sehens ausführt, und diesen wiederum daran, dass es dabei Farbe und Form unterscheidet (zum Auge s. a. a. O. 412b18–413a3).

Es sind diese erkenntnistheoretischen Analysen, von denen Aristoteles auch bei seiner Bestimmung des Gegenstands der Dichtung ausgeht. Wenn man einen Achill oder eine Medea darstellen will, muss man sie dabei zeigen, wie sie aktiv das vollziehen, was ihnen auf Grund ihrer »Beschaffenheit«

möglich ist, d. h. auf Grund der Vermögen und Fähigkeiten, die sie entwickelt haben und über die sie tendenziell verfügen, und dies erkennt man an ihren einzelnen konkreten Reden und Taten. Diese Rückführung konkreter, auch der Wahrnehmung zugänglicher Handlungen (wenn Handlung beides, das Reden und Tun, umfasst) auf das sich in ihnen verwirklichende Potential eines Menschen ist natürlich nur möglich, wenn die dargestellten Handlungen tatsächlich dieses Potential verwirklichen, d. h. wenn der Dichter selbst erkannt hatte, dass sie sich »mit Wahrscheinlichkeit oder Notwendigkeit« aus der charakterlichen Beschaffenheit seiner Personen ergeben, und wenn er daher auch nur solche Handlungen dargestellt hat.

Die große Bedeutung, die Aristoteles dieser Art der Handlungsdarstellung für die Gesamtgestaltung eines Kunstwerks zugemessen hat, ist allerdings nur dann korrekt verstanden, wenn man seinen eigenen Handlungsbegriff beachtet. Zu Recht könnte man, wenn man einen in modernen Sprachen üblichen Handlungsbegriff benutzt, fragen, welcher Zusammenhang überhaupt zwischen der in einem Kunstwerk dargestellten Handlung und seiner künstlerischen Qualität bestehen soll. Besonders auffällig ist ja bei den Tragödien-Aufführungen im 5. Jahrhundert in Athen, dass von vielen Dichtern immer wieder dieselben Handlungen Gegenstand ihrer Werke waren. Die Handlung scheint und schien also über die besondere künstlerische Gestaltung eines Stückes nichts oder nur wenig auszusagen. Aristoteles aber ist überzeugt, es sei die »Synthesis« oder *systasis toon pragmátōn*, die Art der Komposition der Handlungsteile zu einer Handlung, aus der man die wesentlichen Kriterien zur Beurteilung gewinne.

Erschwerend kommt hinzu, dass Aristoteles auch kaum je eine Erklärung dafür gibt, weshalb er überhaupt die Handlung für den eigentlichen Gegenstand von Dichtung und Kunst hält.[111] Auch der Zauber einer Landschaft, die Betrachtung des nächtlichen Himmels, die Gefühle, die man bei einem Gang durch die Natur oder bei dem Zusammensein mit einem Menschen empfindet, sind legitime Gegenstände der Dichtung. Weshalb meint Aristoteles, nur handelnde Menschen seien mögliche Gegenstände für sie?

Tatsächlich hat Aristoteles einen eigenen, im Verhältnis zu dem bei uns üblichen präziseren Handlungsbegriff. Er geht von einer Reflexion auf den Akt aus, den man beim Handeln vollzieht. Grundsätzlich ist Handeln eine Art der Bewegung (*kínesis*), und zwar entweder als ein Übergang von einer Bewegung in eine andere (man hört zu und antwortet auf eine Frage) oder als ein Übergang von der Ruhe in eine Bewegung (man sitzt und steht auf). Aber nicht jede Bewegung ist ein Handeln. Handeln und etwas einem anderen Vorziehen sind ein und dasselbe (*to praktón kai to prohairetón tautó estin, Metaphysik* 1025b24) sagt Aristoteles. Wer etwas vorzieht, hält das, was er vorzieht, für angenehmer oder besser. Gemeint ist damit nicht eine bewusste Reflexion darauf, ob etwas angenehmer oder besser ist, und schon gar nicht eine Reflexion darauf, ob etwas wirklich angenehm oder gut ist. Gemeint ist aber, dass man etwas nicht vorzieht, wenn es einem im Augenblick nicht angenehmer ist oder besser zu sein scheint. Der Bezug auf das Angenehme und Gute beim Handeln ist keine metaphysische Unterstellung, sondern Ergebnis einer bloßen Analyse des Entscheidungsvorgangs. Als ein Akt des Vorziehens oder Meidens ist Handeln daher immer auf Lust oder Unlust bezogen. Handelt man nicht selbst, sondern stellt Handeln

---

[111] Auch Platon geht wie selbstverständlich davon aus, dass Dichtung nur Handelnde zum Gegenstand hat. Vgl. *Politeia* 603c–605a.

dar, hat diese Darstellung daher immer einen Gegenstand, der mit Lust oder Unlust besetzt ist.

Das dürfte der Grund sein, weshalb Aristoteles das, was in der Neuzeit als Lyrik gilt, nicht als eine eigene Unterart der Dichtung behandelt. Dichtung ist für ihn grundsätzlich lyrisch. Wenn Goethe in einem Gedicht über den Züricher See schreibt: »Und frische Nahrung, neues Blut/ saug ich aus freier Welt;/ wie ist Natur so mild und gut,/ die mich am Busen hält!«[112] ist das keine statische Beschreibung einer Gefühlsstimmung, sondern die Wiedergabe einer aktiven Begegnung mit der Natur. Ohne diese Hinwendung gäbe es dieses Gefühl gar nicht. Auch, ja gerade das genießende Empfinden von etwas ist ein Handeln, ein Tätigsein in Bezug auf etwas Lustvolles (oder auch Unlustbereitendes).

Eine Präzisierung ist allerdings noch erforderlich. Kinder und Tiere handeln nach Aristoteles nicht. Denn von Handeln könne erst die Rede sein, wenn jemand seine individuellen Fähigkeiten so weit entwickelt hat, dass er aus sich selbst heraus aktiv werden kann. Das ist der Fall, wenn jemand nicht immer wieder anders auf äußere Einflüsse reagiert, sondern allgemeine Tendenzen, etwas vorzuziehen oder zu meiden, ausgebildet und dadurch bereits eine ihn allgemein prägende »Beschaffenheit«, d. h. Charakter hat. Medea und Achill sind in diesem Sinn Charaktere. Aristoteles gibt deshalb auch eine interessante Erklärung, worauf man achten muss, wenn man charakteristisches Handeln darstellen will, die sich konsequent aus seinem Handlungsbegriff ergibt: »Charakter hat jemand, wenn, wie gesagt, sein Reden oder

---

[112] Goethes Werke, Vollständige Ausgabe letzter Hand, Bd. 2, Stuttgart u. Tübingen 1827, 78 f.

Handeln eine Tendenz, Bestimmtes vorzuziehen, erkennen lässt« (*Poetik* 1454a18 f).

Verfolgt man nicht alles, was jemandem irgendwie zustößt und worauf er mehr oder weniger beliebig oder eben so wie viele andere reagiert, sondern wählt solche Situationen aus, in denen er aus sich, aus seinen ihm eigenen Vorlieben und Neigungen heraus etwas vorzieht oder meidet und also handelt, wird man nicht nur mit dem konfrontiert, was generell lustvoll und gut für ihn ist, – Achill floss, wie er sagt, der Gedanke an die Demütigung des arroganten Agamemnon süßer als Honig hinunter (*Ilias* 18,107 f.) – man begegnet zugleich einem geordneten Verlauf ihres Redens und Tuns. Denn dieses Reden und Tun ist, wenn es Ausdruck eines Handelns ist, zielgerichtet. Wie wir das bei Medea beobachten konnten, hat alles, was Euripides sie tun lässt, seine Ursache in der niederträchtigen Untreue Jasons, die Medea dazu bewegt, sich einen Weg zur Rache zu suchen, auf dem sie konsequent ihr Ziel verfolgt und erst aufhört, als sie es erreicht hat.

Eine ähnlich einheitliche Handlung, bei der man »keinen Teil umstellen oder entfernen kann, ohne dass das Ganze sich ändert« (*Poetik* 1451a 33-35), weil sie »wie bei einem Lebewesen Anfang, Mitte und Ende hat« und dadurch eine »ganze und vollständige Handlung« ist (1459a19f.), schreibt Aristoteles der *Ilias* Homers zu. Statt den ganzen Trojanischen Krieg in seinem Ablauf darstellen zu wollen, habe er sich auf eine »wohlüberschaubare und gut zu erinnernde« Handlung konzentriert, auf den Zorn des Achill. Tatsächlich ist der Handlungsverlauf schnell memoriert[113]: Achill streitet mit Agamemnon, weil dieser, um eine Geliebte nicht aufgeben zu müssen, den

---

[113] Zum Handlungskonzept der Ilias vgl. SCHMITT, Gliedergefüge (s. Anm. 1), 263-317.

Erfolg des ganzen Unternehmens gefährdet. Er zieht sich vom gemeinsamen Kampf zurück, um Agamemnon spüren zu lassen, wie schnell er ohne ihn in Not gerät. Durch die große Not seiner Freunde lässt er sich aber langsam umstimmen, um schließlich, erschüttert durch den Tod seines besten Freundes Patroklos, von seiner Empörung auf Agamemnon ganz abzulassen und sie auf Hektor, den »Mörder« seines Freundes (18,335) zu übertragen. Nach dem Versuch, für seine Mitkämpfer wieder gut zu machen, was er im Zorn versäumt hat, und nach der schließlich gelungenen Rache an Hektor versöhnt er sich mit dessen Vater und lässt Hektor bestatten. Das ist die ganze »Handlung« der *Ilias*.

Man kann den Charakter des Handelns, dass es immer auf das Streben nach einer Lust oder auf die Vermeidung einer Unlust ausgerichtet und deshalb mehr Darstellung von Innerlichkeit als von äußerem Geschehen ist, gerade bei Homer sehr deutlich herausgearbeitet beobachten. Offenbar ist seine dichterische Aufmerksamkeit ganz auf die inneren, gefühlsbestimmten Akte Achills bzw. der mit ihm handelnden Personen konzentriert: Die *Ilias* beginnt mit dem »Mitleid« Achills mit der Not des Heers, seiner »Empörung«, seinem »Zorn« über Agamemnon, der wegen einer Geliebten das ganze gemeinsame Unternehmen gefährdet. Es setzt sich fort mit seinem verständnisvollen »Mitgefühl« mit den Herolden, die Achills Geliebte als Ersatz dafür, dass Agamemnon die seine freigegeben hatte, abholen sollen. Es geht weiter mit den Folgen der *Hybris* Agamemnons gegenüber Achill, mit der »Verblendung« Agamemnons, mit dessen jämmerlicher »Verzagtheit« und »Zerknirschtheit«, als er ohne Achill schnell größte Niederlagen erleidet, und führt so zum »Leid« seiner Freunde, denen Achill in »Liebe« zugetan ist, auch wenn er ihr Leid noch nicht lindern will, deren »Not« er aber nach ihrem Weggang in empathischer Hinwendung beobachtet. »Trauer« und »Reue« umfangen ihn ganz, als sein bester Freund Patroklos, den er den Freunden schließlich zu Hilfe geschickt hatte, gefallen ist. Die »Wut«, alles wiedergutzumachen, bewegt ihn zur Rache an Hektor, der Patroklos getötet hatte, bis er danach »Mitleid« mit dem Vater seines Feindes Hektor empfindet und so seinen »Zorn« endgültig beilegt.

Die Besonderheit dieser Darstellungsweise, die Aristoteles gut auf den Begriff gebracht hat, ist, dass jede einzelne Rede und jeder einzelne Handlungsakt wahrscheinlicher oder notwendiger Ausdruck ein und derselben charakterlichen Beschaffenheit ist. Es ist aber nicht die charakterliche Beschaffenheit als solche, die dargestellt ist, – das könnte nur in allgemeinen, wenn auch vielleicht poetisch-rhetorisch bebilderten Beschreibungen geschehen – sondern es ist eine einzelne Handlung, die aus einer Entscheidung hervorgeht und deren Verlauf in allen Schritten den Weg, wie das in dieser Entscheidung angestrebte Ziel erreicht oder verfehlt wird, wiedergibt. So entsteht einerseits eine konsequent linear sich entwickelnde Handlung, bei der jeder Schritt den vorhergehenden voraussetzt und den nachfolgenden notwendig oder wahrscheinlich macht, andererseits ist diese Handlung von ihrem Anfang bis zu ihrem Ende auf ein und dieselbe charakterliche Beschaffenheit bezogen, d. h. sie hat eine Kreisform, die Anfang und Ende zu einer Einheit zusammenschließt. Auf diese Weise entsteht aus den vielen Einzelhandlungen nicht nur die geordnete Einheit einer einheitlichen Handlung, sondern auch das einheitliche Bild eines Charakters, wie er sich in einzelnen Akten verwirklicht.[114]

---

[114] Zur Achill-Handlung in der Ilias vgl. ARBOGAST SCHMITT, Achill – ein Held? In: KARL-HEINZ BOHRER, KURT SCHEEL (Hg.), Heldengedanken. Über das heroische Phantasma, Sonderheft Merkur 2009, 860–870.

Vielleicht ist an dieser Stelle der Hinweis sinnvoll, dass diese mögliche Einheitsordnung einer Darstellung keine Besonderheit der im Nacheinander der Dichtung sich vollziehenden Darstellung ist, sondern in gleicher Weise, wenn auch unter anderen Beschränkungen, für die bildliche Darstellung gilt. Wie Gottfried Böhm immer wieder aufgewiesen hat, ist auch für die Bildbetrachtung wichtig, das Ineinander von ganzheitlicher Simultaneität und der Diskontinuität der einzelnen Elemente zu beachten und zu deuten. Dass sich Sokrates im Bild von Jacques-Louis David als der über Tod und Tyrannei triumphierende, von keinem Leid um seine Souveränität gebrachte Herr über sich selbst zeigt, setzt das »Hin und Her« des Blicks auf den Kontext, aus dem dieses Selbstverständnis entwickelt wird, voraus: auf die kalte, steinerne Finsternis des Kerkers, auf die für den selbstbestimmten Tod gelösten Fesseln, auf das Außersichsein der jammernden und heulenden Schüler des Sokrates im Gegensatz zu seiner gleichgültig verächtlichen Geste gegenüber dem Schierlingsbecher und auf vieles Weitere mehr. Auch auf dem Bild stehen diese vielen Einzelelemente nicht einfach nebeneinander, sondern bilden eine zusammenstimmende Einheit, in der alles funktional auf den Sieg der Tugend durch Vernunft ausgerichtet ist. Und erst dem, der diesen Kontext erfasst und begreift, steht dieser seine Autonomie überlegen bewahrende Sokrates bildhaft vor Augen.

Formuliert man die Kriterien für die Beurteilung eines Kunstwerks in dieser eher abstrakten Weise, ist allerdings der Unterschied nicht in Rechnung gestellt zwischen einem an der möglichst exakten Wiedergabe der sinnlich erfahrbaren Wirklichkeit interessierten Kunstverständnis und einem, das auf die Voraussetzungen und Vermittlungsbedingungen der *enérgeia* von etwas sich gründet. Die platonische Formel, dass ein gutes Kunstwerk wie ein Lebewesen sein solle, bei dem alle Teile untereinander und zum Ganzen zusammenstimmen (*Phaidros* 264b3-c5; 268a5-6), kann als die die meisten Schulen und Epochen übergreifende Formel gelten. Konzentriert man sich allein auf ihren formalen Aspekt verschwinden allerdings substantielle Unterschiede.

Wenn z. B. Erwin Panofsky die »ungeheuer einschneidende Neuerung der Zentralperspektive« damit erklärt, dass sie »die neue Tatsache« besiegele, dass jetzt ein empirisches Subjekt einem ebenso empirischen Objekt gegenübersteht: Es gilt von nun an, einen Weltausschnitt so darzustellen, wie er von einem bestimmten Menschen, aus einem bestimmten Standpunkt und in einem bestimmten Augenblick gesehen wird«,[115] wiederholt er, merkwürdigerweise ohne darauf Bezug zu nehmen, antike *enárgeia*-Positionen, die wir oben besprochen haben. Für Künstler wie Zeuxis', Parrhasius, Apelles (und viele andere) war die Berechnung der Beobachtungsperspektive genauso wie etwa für die Architekten großer Ge-

---

[115] Vgl. PANOFSKY, Sinn und Deutung in der bildenden Kunst (s. Anm. 84), 300. Hans Belting hat in *Florenz und Bagdad. Eine westöstliche Geschichte des Blicks*, München 2008, auf Alhazen, der auch ein sehr guter Aristoteles-Kenner war, und dessen »erste« mathematisch-geometrische Beschreibung der Perspektive hingewiesen. Alhazen, der mit vielen mathematischen und astronomischen Traditionen der Antike vertraut war, hat kaum die Perspektive »entdeckt«, wohl aber viel zu ihrer Rezeption im lateinischen Westen des Mittelalters (etwa bei Witelo, von dem es auch Arbeiten zur Perspektive gibt) beigetragen. Von einer einschneidenden Neuerung in der Renaissance kann keine Rede sein, wohl aber davon, dass sich die Renaissance-Künstler die antiken Erkenntnisse neu zu eigen gemacht haben. Zur Perspektive in der Antike vgl. z. B. Ancient Perspective and Euclid's Optics, Journal of the Warburg and Courtauld Institutes, 53, 1990, 14-41; BERTHOLD HUB, Die Perspektive der Antike. Archäologie einer symbolischen Form, Frankfurt a. M. 2008, v. a. 40-50.

bäude wie etwa dem Parthenon auf der Akropolis in Athen[116] eine Selbstverständlichkeit. Sie sollte eine mathematisch begründete Erfassung der genauen Proportionen der Dinge ermöglichen und so die Ordnung der künstlerischen Darstellung garantieren.[117] Nicht einmal die Betonung der Abhängigkeit der Perspektive vom subjektiven Standpunkt in einem bestimmten Augenblick kann als eine »einschneidende Neuerung« der Moderne gelten. Man muss nur an Protagoras' Lehre, dass für jeden alles so ist, wie es ihm gerade (oder als Mensch mit seinen normalen Alltagserfahrungen) erscheint, erinnern.

---

[116] Bei der kunsthistorischen Erklärung des Parthenon war es noch bei vielen Archäologen und Kunsthistorikern des letzten Jahrhunderts üblich, die Kurvatur der Basis und die Säulenneigungen genauso wie die nur aus der Höhe perspektivisch richtig erscheinenden Körper auf praktische Erfahrung der antiken Künstler zurückzuführen. Vgl. v. a. ERWIN PANOFSKY, Die Perspektive als »symbolische« Form, in: DERS., Aufsätze zu Grundfragen der Kunstwissenschaft, Berlin 1995, 99–168, v. a. 99ff. Bereits bei R. E. WYCHERLY, The Stones of Athens, Princeton 1978, 110 f. findet sich aber die Kalkulation, dass sich die verlängerten Linien der Säulen der Längsseiten in einer Höhe von 1 1/2 Meilen treffen würden: »it has been calculated that if the lines of the columns on the north and south flanks were prolonged, they would meet at a height of a mile and a half.« (Ich danke für diesen Hinweis Heide Froning-Kähler). Vgl. ähnlich ERNST BERGER, Zum Maß und Proportionensystem des Parthenon, in: DERS., Der Parthenon-Kongress Basel. Referate und Berichte 4. bis 8. April 1982, Mainz 1984, Vol.1., 119-128. S. auch PLATON, der Sophistés 235d–236c auf diese Berechnungen hinweist.

[117] Die oft fein ziselierten Argumente, weshalb erst der Moderne trotz der Vorläufer in der Antike eine eigene und damit auch die eigentliche Entdeckung der Perspektive zuzuschreiben sei, können kaum zutreffend sein, allein deshalb nicht, weil es gerade die vielfachen Nachmessungen, die Studien zu antiken Theoretikern usw. waren, die das neue Interesse an der Perspektive hervorgebracht haben. Vgl. dagegen die umfangreiche Diskussion bei HUB, Die Perspektive der Antike (s. Anm. 115) (auch wichtig wegen der umfassenden Quellenbelege).

Die Besonderheit des platonisch-aristotelischen Kunstverständnisses kann auch durch den Antike-Moderne-Gegensatz nicht getroffen werden. Gerade Platon hatte keine Einwände gegen eine – durch Zählen, Messen, Wägen methodisch geleistete – mathematische Erschließung der empirischen Wirklichkeit. Auch in seiner Auseinandersetzung mit Protagoras' Subjektivismus bezieht sich seine Kritik nicht auf die Beachtung des subjektiven Standpunkts, sondern auf die Verabsolutierung jeweiliger Meinungen, die keiner Kritik mehr zugänglich sind. Alle diese allgemein formalen Gesichtspunkte sind inhaltlich unterbestimmt und deshalb leicht auf ganz verschiedene Konzepte übertragbar.

Der Unterschied ergibt sich erst aus der Kritik an dieser Unterbestimmtheit, die auch eine mit mathematischer Akribie betriebene Empirie, auch unter Einberechnung der subjektiven Beobachterstandpunkte, mit sich bringt – und ausdrücklich auch im Bereich der Kunst. Das ist ja der Hauptpunkt der platonischen Kritik an der Schattenmalerei, dass die ganze technische Raffinesse, mit der sie alle Gegenstände so darstellt, wie sie vom Auge des Betrachters auch in Wirklichkeit gesehen würden, immer auf eine Mischung aus Ordnung und Unordnung trifft, bei der in der Regel die Akzidenzien sich vor das substantielle Sein drängen. Die breite Nase und die wulstigen Lippen sagen nichts über Sokrates aus. Auch wenn man aus vielen als schön geltenden Menschen oder Gegenständen allgemeine Regeln ableitet, in welchen Proportionen der Teile und des Ganzen diese Schönheit darstellbar ist, hat man, selbst wenn man unter Schönheit nur die äußerlich sichtbare Schönheit versteht, das Problem, dass man sich auf eine gerade in einer Zeit, einer Region gültige Schönheitsauffassung fixiert und viele andere Schönheitsvorstellungen ausschließt. Wenn etwa Thomas Mann einen jungen Inder von der Schönheit eines Mädchens mit einer »geräumigen Bauchfläche und prangend ausladendem Hinterteil« hingerissen sein lässt,[118] ist die Proportion von Teil und Ganzem, wie sie etwa der Stoiker Chrysipp in Anlehnung an Polyklet beschreibt, massiv verletzt.[119]

Plotin, einer der gewissenhaftesten Interpreten Platons, kritisiert dieses fixierte Proportionensystem nicht etwa gegen Platon, wie manche Interpreten angenommen haben, sondern mit dem platonischen Eidos-Konzept. So wie ein Handwerker die Maße eines Weberschiffchens nicht aus vorhandenen Exemplaren abstrahiert, sondern im Blick auf das *Eidos* eines Schiffchens, d. h. im Blick die *Dynamis*, die eine bestimmte Aktivität in einem Medium verwirklichen soll, so ist es auch bei Kunstwerken. Selbst die äußere Gestaltung z. B. eines Körpers, etwa einer antiken Aphrodite-Statue, eines Bildes von Rubens, El Greco oder Modigliani, erzielt ihre Qualität nicht durch die Beachtung einer immer gleichen Proportions- und Symmetrie-Regel. Die Proportion muss vom Künstler jeweils neu von seinem Darstellungsziel her gefunden werden und auf es hin müssen die Teile untereinander und zum Ganzen zusammenstimmen. Noch weit mehr gilt diese Forderung, wenn es nicht nur um äußere, sinnlich erscheinende Schönheit geht, sondern um eine im Äußeren

---

118 Vgl. THOMAS MANN, Die vertauschten Köpfe und andere Erzählungen, in: Sämtliche Erzählungen 4, Frankfurt a. M. 1959.
119 Vgl. den Bericht darüber bei GALEN, Placita Hippocratis et Platonis, in: Medicorum Graecorum Opera, ed. Carolus G. Kühn, Leipzig 1823, V,3. Zu Unterscheidung dieses stoischen Proportionsverständnisses von einem platonischen vgl. ARBOGAST SCHMITT, Symmetrie und Schönheit. Plotins Kritik an hellenistischen Proportionslehren. Ihre unterschiedliche Wirkungsgeschichte in Mittelalter und Früher Neuzeit, Wiener Studien, Beiheft 33, Wien 2009, 13–50.

ausgedrückte innere Potenz, etwa wenn es um die Darstellung des leidenden Christus geht. Es wäre absurd, eine solche Darstellung den gleichen Proportionsregeln zu unterwerfen wie eine Aphrodite Kalypygos.

Platon selbst nennt solche generellen Verfahrensregeln ein »Wissen, das von der Kunst [im Sinn von Kunst, Technik und Wissenschaft] notwendig vorausgesetzt« wird (*ta pro tes téchnes anankaía mathémata, Phaidros* 269b/c), das aber nicht bereits selbst Kunst ist. Einem Musiker z. B., der meint, weil er Verfahren kennt, wie man alle Arten von Tönen auf den Saiten eines Instruments erzeugen kann, sei er ein Musiker, lässt er von einem, der sich auf Harmonie versteht, antworten: »Freilich muss auch das wissen, wer ein Tonkünstler werden will, aber das hindert nicht, dass einer auch nicht das geringste von einem Tonsatz versteht, der über deine Fertigkeiten verfügt«, (268e).

Exemplarisch lässt Platon Sokrates an einer ganzen Reihe von Wissenschaften und Künsten Kritik üben, die sich nur auf derartige »Vorkenntnisse« stützen, ohne zu wissen, »was für eine bestimmte Dynamis« zu einer jeden Kunst gehört (268a: *tína [...] échei ten tes téchnes dynamin*). Wer etwa die medizinischen Verfahren kennt, wie man Fieber erzeugt oder beseitigt, wie man Erbrechen herbeiführen kann, usw., und meint, er sei auf Grund dieser Kenntnisse ein Arzt, dem lässt er von zwei Fachleuten sagen, der Mann sei nicht »bei gesundem Verstand (*maínetai*) und meint, weil er aus einem Buch oder durch Zufall irgendwelche Heilmittel gefunden habe, er sei dadurch ein Arzt geworden, obwohl er von der Kunst nichts versteht« (268c).

Auch die Dichtung, die sich auf Verfahren stützt, durch die man befähigt werde zu wissen, wie man Menschen z. B. in bestimmten Affektzuständen reden und agieren lässt, bleibt nicht ohne Kritik. Nicht durch die Beherrschung solcher Regeln werde man ein tragischer Dichter, sondern nur, wenn man sich darauf verstehe, wie man mit Hilfe solcher Darstellungsmittel eine Handlungskomposition, bei der die Teile untereinander und zum Ganzen zusammenstimmen, gestalten müsse, könne man zu einem Dichter, der sich auf Dichtung als Kunst versteht, werden (268c–d).

Den Höhepunkt der Kritik an einem reinen Verfahrenswissen bildet Platons Auseinandersetzung mit der rhetorischen Technik seiner Zeit, die trotz ihrer jungen Entstehungsgeschichte bereits ein hochdifferenziertes Regelwerk entwickelt hatte. Viele Details, die Platon aufzählen lässt, können wir übergehen, weil für sie gleiche Ablehnungsgründe gelten, die alle aus der Perspektive einer tatsächlich kunstgemäßen Rhetorik vorgebracht sind. Für die Bestimmung dieser richtigen Rhetorik greift Platon wie am Anfang des 10. Buches der *Politeía* auf seine Seelenteilungslehre zurück. Da alle Rhetorik zuerst *psychagogía*, eine Leitung der Seele sei, müsse man zuerst kritisch prüfen, ob die Seele etwas Einfaches oder Synthetisches sei. Leitfaden dieser Prüfung ist: »darauf zu achten, welches Vermögen (*dynamis*) etwas hat, durch das es von seiner Natur her etwas aktiv wirken oder von etwas etwas erleiden kann« (270 d).

Da die Seele, wie Platon überzeugt ist, eine Einheit aus mehreren *eíde* ist, kann auch ein Rhetor nicht pauschal Strategien der Überredung und Überzeugung entwickeln, ohne die verschiedenen Funktionszentren der Seele zu kennen und dazu die Art und Weise, wie sie von einzelnen Menschen aktiviert und ausgebildet sind, zu berücksichtigen.

Dem gegenüber, der sein Handeln im Streben nach den Lüsten, die sinnliche Wahrnehmungen bieten, ausrichtet, muss sich ein Rhetor anders verhalten als gegenüber demjenigen, dem Ehre und Anerkennung für seine Leistungen wichtiger als sinnlich-materielle Freuden sind. Und nochmal anders geht eine »kunstgemäße« Rede auf denjenigen ein, bei dem die Vernunft mit dem Blick auf das für den ganzen Menschen Gute die leitende Funktion hat.

Diese Grundunterschiede müssen aber von einem guten Redner nicht nur im allgemeinen beachtet werden, er »muss« auch, wie Platon sagt, »wenn er das begriffen hat, daraufhin auch eben dasselbe [dieselben Unterschiede] in der Praxis und den einzelnen Handlungen beobachten und dem scharf mit der Wahrnehmung nachgehen können; oder er wird nichts mehr kennen als die Regeln, die er damals gehört hat« (271d-e). Die Aufgabe ist deshalb, dass er nicht nur weiß, wie sich z. B. ein epithymetischer, auf sinnlich-materielle Lüste ausgerichteter Mensch verhält, er muss dies auch bei einzelnen Menschen erkennen und bemerken, dass dieser hier jemand ist, der derartigen Tendenzen in seinem Handeln folgt und wie, in welchem Ausmaß und bei welchen Gelegenheiten er dies tut (a.a.O., 271e–272b).

Da für Platon die verschiedenen Grundarten seelischen Verhaltens nicht isoliert für sich sind, sondern Teil des Ganzen der Seele, muss auch das Verhältnis der Teile zueinander beachtet werden. Jemand, der es vorzieht, einer sinnlichen Lust zu folgen, muss das nicht immer tun. Es kommt also darauf an, ob er sich ganz dem sinnlichen Begehren hingibt oder fähig ist, auf die Bedürfnisse der anderen Seelen-»Teile« zu hören, deren bester Zustand ein Zustand der *homodoxía*, der freiwilligen Meinungsgemeinschaft wäre. Gerade auf dieses mögliche Zusammenwirken der Teile muss der Redner in besonderer Weise sein Augenmerk richten, denn nur so kann das wirklich Überzeugende in seiner wirklich kunstgemäßen Wirkung ermittelt und vermittelt werden.

Wirft man von diesen platonischen Ausführungen her einen Blick auf Homer und seine Darstellung göttlichen Handelns gegenüber den Menschen, kann man feststellen, dass diese Götter erstaunlich gute Psychagogen sind, die sich bei ihrer Einflussnahme beinahe gerade so verhalten, wie es Platon von einem guten Redner wünscht: sie nehmen Rücksicht auf die allgemeinen seelischen Tendenzen, denen die Menschen folgen, und beachten dabei zugleich, in welcher Weise und in welchen Verbindungen einzelne Menschen solche Tendenzen verwirklichen.

Das Bild, das Homer von seinen Göttern entwirft, entspricht daher nicht dem Wesen dieser Götter, wie es von sich her ist, seine Götter erscheinen jedem so, wie er in der Lage und willens ist, sie zu erkennen und ihnen zu folgen. Das hat zu vielen Missverständnissen geführt bei solchen Lesern oder Interpreten, die diese unterschiedlichen Bilder der Götter mit ihrem wesentlichen Sein identifiziert haben. Nicht der begrifflichen Analyse, aber der Sache nach befolgt Homer das Prinzip, das z. B. noch Thomas von Aquin formuliert hat: *Manifestum est [...] quod omne quod recipitur in aliquo, recipitur in eo per modum recipientis.* (»Es ist evident, dass alles, was in irgendetwas rezipiert wird, auf die Weise des Rezipierenden rezipiert wird.«)[120]

Mit diesem Götterbild und seinem Verhältnis zur griechischen Religion im Allgemeinen soll sich das folgende Kapitel etwas genauer befassen.

---

[120] Vgl. THOMAS VON AQUIN, Summa theologiae I, 75,a5,resp.2.

IV Die Macht der Gottheit im Bild. Kultische Verehrung und künstlerische Darstellung des Göttlichen im Bild

Das Gottesverständnis der griechischen Religion hat ohne Frage eine große Nähe zum Bild. Das gilt für die kultische Verehrung der Götter ebenso wie für die künstlerische Darstellung von Gottheiten. In einer großen Studie mit dem Titel *Die Macht der Gottheit im Bild* hat Fernande Hölscher gerade das neueste Wissen über die kultische Verehrung der Götter (bis ins 4. Jh.) umfassend und kritisch aufgearbeitet und dabei gezeigt, dass der Glaube an eine bildliche Präsenz der Götter nicht eine primitive Hinwendung zu götzenhaft verehrten Dingen war. Dass Statuen, Bilder und andere Gegenstände zur anschaulichen Verkörperung des Göttlichen wurden, hing vielmehr vom Einbezug dieser bildlich dargestellten Götter in ein kultisches Geschehen ab (ähnlich wie etwa auch im Christentum erst durch Segnung, Wandlung usw. zu einem geheiligten Gegenstand wird, von dem man dann auch eine Wirkung erwarten kann). Eine Götterstatue ist nicht der Gott, sie »wird zum Gott«, wie Fernande Hölscher formuliert.[121] Herakles wurde im Stein, nicht als Stein verehrt (a. a. O., 243).

Zu unterscheiden von der bildlichen Präsenz von Göttern v. a. durch Statuen im Rahmen kultischer Verehrung, die in

---

[121] Vgl. FERNANDE HÖLSCHER, Die Macht der Gottheit im Bild. Archäologische Studien zur griechischen Götterstatue, Heidelberg 2017, s. v. a. Kap. 2, 43-111: »Götterbilder und die Lebendigkeit des Bildes«; s. ähnlich CHRISTOPH AUFFARTH, Das angemessene Bild Gottes: Der olympische Zeus, antike Bildkonvention und die Christologie, in: NATASCHA KREUTZ/BEAT SCHWEIZER (Hgg.), Tekmeria. Archäologische Zeugnisse in ihrer kulturhistorischen und politischen Dimension, Münster 2006, 1-23.

vieler Hinsicht Ähnlichkeiten mit auch im Rahmen anderer Religionen geübter Praxis vollzogen wurde – durch Prozessionen mit der Statue, Bekleiden, Waschen der Statue usw. – ist die künstlerische Darstellung von Gottheiten in plastischer oder bildlicher Darstellung im engeren Sinn, z. B. auf Vasenbildern (andere Bilder sind weitgehend verloren) oder in der Literatur durch bildlich anschauliche Beschreibung in der Dichtung. Dieser Unterschied ist aber nicht grundlegend. Gerade die großen Tempel wie etwa der Parthenon auf der Akropolis in Athen oder der Zeustempel in Olympia bieten Beispiele für die Einheit von Kunst und Kult. Der Einbezug dieser Darstellungen in den Kontext »mythischer« Geschichten verweist auf die Abhängigkeit der kultischen Präsenz von der ihr zugrundeliegenden Erzählung und so auch auf den Übergang des Kults in die Kunst.

1. Die Götter als Bild des menschlichen Inneren bei Homer?

Für die Rezeptionsgeschichte des griechischen Gottesverständnisses ist es Homer, dessen anschauliche Darstellung des Handelns der Götter über die Jahrhunderte hin unser »Bild« von der anthropomorphen und polytheistischen Religion »der« Griechen geprägt hat. Um mit dem bekanntesten Beispiel zu beginnen: Am Anfang der *Ilias* eskaliert der Streit zwischen dem obersten Feldherrn und seinem besten Krieger (s. o.). Auf dem Höhepunkt überlegt Achill, ob er diesen Agamemnon gleich niederstechen oder sich noch einmal beherrschen soll. Da erscheint ihm – nur ihm sichtbar – Athene, rät ihm vom Königsmord ab und macht ihm einen Vorschlag, wie er sich auf andere Weise Genugtuung verschaffen könne (1,149–221). Beurteilt man diesen Vorgang aus der Perspektive eines modernen Bewusstseins, scheint er ein rein innerlicher, allein in Achill sich abspielender Entscheidungsvorgang zu sein. Homer aber hat für die Schilderung dieses Vorgangs eine Göttin, die Göttin der Vernunft, »zur Verfügung«. So kann er einen inneren, unanschaulichen Vorgang in ein konkret anschauliches Geschehen zwischen zwei Personen, einer göttlichen und einer menschlichen, übersetzen. Die mit Achill sprechende Athene steht dem Leser des homerischen Epos als Bild für dessen innere Aktivität vor Augen.

Um die Möglichkeit einer solchen Veranschaulichung innerer Akte haben Homer viele Künstler und Kunsttheoretiker der Moderne beneidet. Vor allem im 19. Jahrhundert gab es nicht wenige, die die ganze homerische Götterwelt nur für einen poetischen Apparat hielten, der ins Bild brachte, worauf die Kunst der Moderne nur noch in reflexiver Beschreibung verweisen konnte. Die Annahme, die Götter hätten für Homer nur eine poetische, darstellungstechnische Aufgabe findet heute allerdings so gut wie keine Zustimmung mehr in der Forschung. Es war vor allem Bruno Snell, einer der besten Homerkenner des 20. Jahrhunderts, der gegen diese Annahme zu zeigen versuchte, dass die Götter für Homer ein notwendiger Teil seines Verständnisses vom Menschen waren. Der Grundgedanke seines einflussreichen Buches *Die Entdeckung des Geistes* ist entwicklungsgeschichtlich. Weil Homer von den Aktivitäten, die unsichtbar im Inneren des Menschen vollzogen werden, noch kein Bewusstsein gehabt habe, habe er innere Akte wie etwas, das von außen in den Menschen hineinwirkt, gedeutet. Während wir also wissen, dass es Achill selbst ist, der für den Entscheidungsvorgang verantwortlich ist, in dem er sich von dem Gedanken, Agamemnon zu töten, abwendet, setzt Snell für Homer voraus, dass er eine solche Entscheidung wie ein Widerfahrnis empfunden habe.

Was, wie wir wissen, »eigentlich« Achill ist, ist für Homer Athene. Goethes poetischer Formulierung: »Was der Mensch als Gott verehrt, ist sein eigenstes Inneres herausgekehrt«, hat Snell einen Platz in der Geschichte mit philologischer Begründung gegeben.[122]

Snells relativ starke Betonung der Unselbständigkeit der homerischen Menschen wird heute von den meisten Homerkennern nicht geteilt, weil die Indizien für die Fähigkeit zu selbständigem Handeln bei Homer zu deutlich sind. Snells entwicklungsgeschichtliche Grundvoraussetzung aber, dass es bei Homer noch keine klare Scheidung zwischen den eigenständigen Akten des Menschen und den Beeinflussungen durch Götter gegeben habe, kann immer noch als gemeinsamer Konsens der Forschung gelten: Die griechische Religion kennt viele Götter, die sich menschlich verhalten und oft auch in Menschengestalt erscheinen oder verehrt werden, weil die Menschen der damaligen Zeit über sich selbst noch nicht aufgeklärt waren. Das, was eigentlich eine selbständige innere Aktivität im Menschen ist, haben sie wie eine göttliche Einwirkung empfunden. Der Vielfalt der »Mächte und Kräfte in der Brust des Menschen« entsprach daher eine Vielheit göttlicher Wesen. Wie Goethe zu Recht feststellte, sind in diesem Bewusstseinszustand eigentlich nicht die Götter anthropomorph, sondern die Menschen theomorph. Sie fühlen sich von göttlichen Mächten bewegt und übertragen dieses ihr von göttlichen Wesenheiten geformtes Innere nach außen auf Mächte, von denen diese Formung auf sie ausgeht.

---

[122] Vgl. BRUNO SNELL, Die Entdeckung des Geistes, Göttingen ⁵1980, v. a. 30–45.

Generelle Vorurteile bringen es oft mit sich, dass man das, was ihnen nicht entspricht, übersieht. So ist es auch bei Athene, die angeblich Achills eigenstes Inneres sein soll, das ihm noch unbekannt ist. Aber Athenes erstes Wort an Achill ist, sie komme von Hera, die sie beide, Agamemnon und ihn, in ihrem Herzen liebe und um sie bekümmert sei (*Ilias* 1, 208 f.). Es bedarf keines Beweises, dass es für diese Liebe in Achills Innerem gerade nicht einmal einen Ansatzpunkt gibt. Homers Athene will offenkundig etwas anderes als Achill selbst. Das geht auch aus dem weiteren Fortgang ihrer Rede hervor, dessen Besonderheit auch leicht dem Vorurteil, Athene stehe für die Stimme der Vernunft in Achill, zum Opfer fällt. Denn sie bittet ihn zwar, das Schwert nicht gegen den König zu ziehen, wandelt aber Achills Drohung, Agamemnon werde seinen Hochmut sicher bald mit dem Leben büßen, nur leicht ab und versichert ihm ihrerseits, Agamemnon werde ihm für diesen seinen Hochmut bald noch dreimal so glänzende Geschenke anbieten [...] (1, 204 f., 212–214).

Man muss diese Art des göttlichen Einflusses nur mit Vergils Bericht über die Art, wie Jupiter durch seinen Boten Merkur den liebestrunkenen Aeneas zur Vernunft bringen ließ, vergleichen, um zu verstehen, dass Athene gegenüber Achill offenbar die Stimme der Vernunft nicht durchgesetzt hat. Merkur fährt Aeneas so an, dass dieser, »angedonnert von solcher Ermahnung und solchem Befehl der Götter«, auf der Stelle von seiner Liebe zu Dido abläßt und nur noch die Ausführung des göttlichen Auftrags im Sinn hat (*Aeneis*, 4, 279–284). Ihren Willen durchsetzen will eigentlich auch Athene. Sie sagt selbst, dass sie Agamemnon und Achill versöhnen möchte, um das gemeinsame Unternehmen gegen Troja nicht zu gefährden. Der Rat aber, den sie Achill gibt, führt zum Tod tausender Griechen (die damals noch Achaier hießen) und beinahe zur Vernichtung des griechischen Heeres. Sie ist nicht die Stimme der Vernunft in Achill, sondern steht für den Rest an Vernunft, zu dem Achill trotz seiner heftigen Erregtheit noch fähig ist. Der Fingerzeig, Achill könne sich auch auf andere Weise als durch den Mord am König Genugtuung verschaffen, macht es ihr möglich, Achill klar zu machen, dass er den König gar nicht töten muss, um sich Genugtuung zu verschaffen.

Homer grenzt das eigene Denken und Wollen Athenes ab gegen das, was er sie zu Achill sagen lässt. Sie ist nicht mit Achills eigenem Inneren identisch, sondern richtet sich nach dem, wozu ein Mensch wie Achill in höchstem Erregungszustand noch bewegt werden kann. Das ist nicht wenig und sagt etwas Positives über Achill aus, dass er ihrer Bitte, er möge sich überreden lassen (1,214), von sich aus folgt mit der Bemerkung, auch wenn die Wut in einem noch so groß sei, sei es besser, auf die Götter zu hören (1, 215–218).

Bevor wir die aus diesem Befund möglichen Schlüsse ziehen, möchte ich noch auf ein weiteres markantes Beispiel zu sprechen kommen, das fast noch deutlicher belegt, dass die Götter für Homer nicht das eigene Innere der Menschen repräsentieren: Telemach, erwachsen geworden, hat sich allein auf die Fahrt gemacht, um etwas über seinen Vater in Erfahrung zu bringen, und ist nun seit drei Wochen in Sparta bei Menelaos und Helena, wo er sich seinem Vater nah fühlt. Athene, die gerade Odysseus zu seinem alten Diener Eumaios (dem »göttlichen Schweinehirten«) aufs Land geschickt hatte, geht daraufhin nach Sparta, um auch Telemach zu Eumaios zu schicken, damit er dort seinen Vater trifft und erkennt. In der Nacht wendet sie sich an Telemach, der, weil er immer an den Vater denken muss, keinen Schlaf findet, und ermahnt ihn, endlich an die Heimfahrt zu denken. Sie fürchte, die Freier seiner Mutter verbrauchten sein ganzes Hab und Gut und verteilten es unter sich. Und er wisse doch auch, wie die Frauen sind. Eine Frau, die sich mit einem neuen Mann verbindet, denkt nicht mehr an ihre früheren Kinder und kümmert sich auch nicht mehr um den Verbleib ihres gestorbenen Mannes (*Odyssee* 15, 1–23). Es ist keine Frage: das, was Athene zu Telemach sagt, entspricht genau dem, was der zu Umsicht und Tatkraft herangereifte Telemach selbst denken könnte. Also, so könnte man schließen, verkörpert für Homer Athene sehr genau das Innere dieses jungen Mannes.

Eben dieser Homer hatte aber gerade berichtet (im Buch 13, 337 f.), dass Athene mit Odysseus beraten hat, wie er Herr über die Freier werden könne, und dass sie ihm dabei versichert hat, er könne sich auf die unverbrüchliche Treue seiner Frau verlassen. Er legt Athene also eine absichtliche Unwahrheit in den Mund, wenn er sie wider besseres Wissen Telemach vor der Untreue seiner Mutter warnen lässt, und das auch noch mit einem Argument, das nur ein Gemeinplatz, kein Urteil über eine Person wie Penelope ist.

Athene tat das, wie sie selbst Odysseus eben beruhigend erklärt hat, in guter erzieherischer Absicht gegenüber Telemach. Das war das Ziel ihres gesamten Verhaltens ihm gegenüber, als sie in Person eines Mentes und Mentors Telemach angeregt hat, immer selbständiger zu denken und zu handeln, damit er sich, wie sie sagt, »edlen Ruhm erwerbe« (13, 422). (In diesem Sinn ist der Anfang der *Odyssee* eine Art Bildungsroman.) Dass Homer sie von dem, was sie als Göttin weiß, zu Telemach nur so viel sagen lässt, wie dieser von sich aus erschließen kann, ist aber ein sicheres Indiz dafür, dass er sie nicht mit dem Inneren Telemachs identifiziert hat. Sie weiß mehr als Telemach und hat andere Pläne als Telemach. Was Homer immer wieder von den Göttern berichtet, dass sie sich an die Menschen, mit denen sie zusammentreffen, angleichen, das lässt er auch Athene gegenüber

Telemach tun. Sie stellt sich auf sein Inneres ein und beachtet dabei nicht nur Telemachs Charakter im Allgemeinen, sondern auch seine Entwicklung vom Kind zum Mann (die sie selbst aktiv begleitet hat) und seine augenblickliche seelische Unruhe, in der er sich nach der langen Abwesenheit von zu Hause befindet.

2. Das Erscheinungsbild der Götter: Zusammenwirken von göttlicher Macht und menschlicher Aktivität

Die intime Kenntnis der seelischen Verfasstheit der Menschen, die Homer den Göttern, die sich einzelnen Menschen zuwenden, zuschreibt, ist einerseits ein klarer Beleg dafür, dass das »anthropomorphe« Auftreten der Götter, von dem er erzählt, für ihn keine Darstellung des eigenen Seins der Götter ist, sondern eine Darstellung, wie sie jeweils einzelnen Menschen oder auch Situationen gegenüber in Erscheinung treten. Andererseits macht eben dieses Wissen um die Eigenaktivität der Menschen, an dem die Götter bei ihren Einflussnahmen geradezu Maß nehmen, die Frage erforderlich, weshalb Homer dieses eigene Denken, Fühlen und Tun der Menschen nicht auch als deren eigenes Tun darstellt, sondern die Götter zumindest als eine bestimmende Determinante dabei mitwirken sieht. Wenn Achill sich vom Äußersten zurückhält, tut er es auf den Rat einer Göttin hin; wenn Telemach schleunigst nach Ithaka und zu Eumaios zurückfährt, tut er es, weil Athene ihn dringend daran erinnert und dazu angetrieben (15, 3) hat. Die Art, wie Götter Menschen erscheinen, entspricht zwar deren Aufnahmekapazität, in eben diesen Erscheinungen aber ist das Denken und Wollen der Gottheit selbst gegenüber dem jeweiligen Menschen wirksam präsent. Athene erscheint Achill so, wie sie einem Menschen wie ihm erscheinen müsste, und übt eben dadurch, auf diese Weise und in diesem Ausmaß ihre göttliche Macht ihm gegenüber aus. Was Aristoteles für die wesentliche Aufgabe der Dichtung hielt, was Platon und später Plotin vor allem bei der Darstellung des Göttlichen befolgt wissen wollten, darzustellen, wie etwas grundsätzlich nicht Sichtbares in sichtbare Erscheinung überführt werden kann, das ist in dichterischer Praxis bei Homer bereits durchgängig ausgeführt.

Dass es für diese letzte Behauptung gute Gründe gibt, soll durch einige aufschlussreiche Beispiele wenigstens wahrscheinlich gemacht werden. Sie sollen aber vor allem dazu dienen, zu klären, weshalb Homer trotz seiner reichen Kenntnis über die inneren seelischen Aktivitäten der Menschen meint, es wirkten Götter auf dieses Innere ein oder in ihm mit. Das erste Beispiel ist besonders anstößig, aber eben wegen seiner Erklärungsbedürftigkeit besonders aussagekräftig: Im vierten Buch der *Ilias* erzählt Homer von der Verführung des Trojaners Pandaros durch Athene, die dies – und auch noch besonders bereitwillig – im Auftrag des Göttervaters Zeus tut (4, 69–105). Diese Szene war für viele einer der Anlässe, die in den homerischen Epen handelnden Götter für amoralisch und willkürlich zu halten, die wie »feudale Adelherren nach Lust und Laune«[123] ihre Lieblinge förderten und oft ohne Not und Grund andere ins Verderben stürzten. Beliebt war der Vergleich mit dem Marionettenspiel: »Im Schnürboden oben sieht man die Unsterblichen auf ihrem Olymp agieren – während unten die Kämpfenden jenen Handlungsraum auszunützen versuchen, der ihnen von den zynisch an der Fäden ziehenden und ihre Taten voyeuristisch kommentierenden Göttern gelassen wird.«[124]

---

[123] Vgl. ALBIN LESKY, Geschichte der griechischen Literatur, Bern ³1971, 89.
[124] Vgl. RAOUL SCHROTT, Homer, Ilias, übertr. v. R. S., München 2008, XV.

Bereits in der Renaissance wurde dieses Urteil über die homerischen Götter zu einem Beweggrund für die Entwicklung eines historischen Denkens, das frühere Epochen nur aus dem, was in ihnen selbst gültig und anerkannt war, zu interpretieren versuchte. Die unsittlichen Liebschaften des obersten Gottes, die vielen Ungerechtigkeiten, wenn Götter Menschen erhoben oder vernichteten, das alles schien für eine moderne, zivilisierte, an einem christlichen Gottesverständnis gebildete Kultur nicht mehr denkbar und konnte nur aus einem noch naiven, mythischen Volksglauben einer vergangenen, für den modernen Menschen nicht mehr verbindlichen Zeit erklärt werden.[125] Die Folgerung,

»hier ist es dem Neueren verwehrt, nach einer vermittelnden Auskunft zu suchen, vielmehr muss er das von Homer Gesagte, so wie es dasteht, in seinem vollen Gewichte nehmen. In dieser Welt zählt eben das Faktische, die Tat als solche« (und die Menschen werden von den Göttern für Taten bestraft, zu denen diese selbst sie angestiftet haben, weil in dieser Welt nur die Tat, nicht die Gesinnung zählt), fordert allerdings selbst dazu auf, »das vom Homer Gesagte, so wie es dasteht, in seinem vollen Gewichte zu nehmen.«[126]

Was also steht da? Zeus und Hera einigen sich, die Troer zu versuchen (*peirán,* 4,66 und noch einmal 4, 71;), »ob sie anfangen, als Erste die Eide zu brechen« (4, 66 f.). In einer gemeinsamen Feier hatten Griechen wie Trojaner heilige Eide geschworen, dass sie auf einen Kampf gegeneinander verzichten wollen. Stattdessen sollten Menelaos und Paris, wie dieser selbst vorgeschlagen hatte, gegeneinander kämpfen. Der Sie-

---

[125] Diese Erklärung gibt schon Castelvetro. Vgl. KAPPL, Die Poetik des Aristoteles (s. Anm. 105), 176–178.
[126] Vgl. ALBIN LESKY, Göttliche und menschliche Motivation im homerischen Epos, Heidelberg 1961 (SB. Akad. Heidelberg 1961,4), 43.

ger dieses Kampfes sollte Helena und all ihre Schätze behalten dürfen oder bekommen, zwischen den beiden Völkern sollten ewiger Friede und Freundschaft herrschen (3,276-290). »Welche dagegen als erste die Eide brechen; denen soll das Gehirn zu Boden fließen wie der Wein hier [beim Opfer], ihnen und ihren Kindern, und Fremde sollen ihre Frauen sich untertan machen« (3,298-301). Das ist es, was die Männer, beim Ausgießen des Weins zur rituellen Bestätigung des Eids »von den ewigen Göttern erbitten« (3,295 f.).

Nimmt man das Gesagte in seinem eigenen Gewicht, dann enthält es keine Ankündigung einer gewaltsamen Einwirkung durch die Götter, wohl aber einer Verführung durch sie. Diese Verführung ist eindeutig moralisch konnotiert. Dazu kommt, dass der, der ihr nachgibt, mit den schlimmsten Strafen bedroht ist. Das erbitten die Menschen selbst von den Göttern. Zur Durchführung dieser Versuchung verwandelt sich Athene, wie Homer weiter berichtet, in den Kameraden eines Pandaros, der als bester Bogenschütze der Trojaner galt. Pandaros erkennt auch gar nicht, dass eine Göttin mit ihm spricht. Auch das, was Athene als dieser Kamerad Laódokos zu Pandaros sagt, hat keine übermenschlichen Bedeutungsaspekte. Sie sagt, was jeder Trojaner in dieser Situation denken könnte: Menelaos hatte Paris fast schon besiegt. Als er ihn am Helm packen wollte, löste sich aber der Riemen, der den Helm am Kopf hielt, so dass Paris davonlaufen konnte[127] und Menelaos nur den Helm zurückbehielt (3,351-379). Wenn man diesen Menelaos, der sich schon als Sieger fühlt, ausschalten könnte, würde einem das bei allen Troern und be-

---

[127] Homer führt die glückliche Lösung des Riemens zum richtigen Zeitpunkt auf Aphrodites Hilfe zurück, ebenso, dass Paris unerkannt verschwinden konnte (3, 380 f.).

sonders bei Paris Dank und Anerkennung einbringen, von dem man sicher herrliche Geschenke bekommen würde. Genau das sagt Athene zu Pandaros (3, 93-100) und appelliert an seinen Verstand (*daíphron*, 4, 92) und seine Courage *(tlaíes ken*: »du traust dich doch«, 3,94), um ihn zu überzeugen (*píthoio,* 4,92). Homer als Erzähler bestätigt am Ende noch einmal, dass Athene diesen Mann ohne Verstand überzeugt, überredet hatte (*phrénas áphroni peíthen*) (3,104).

Dass Homer Athene diesen Pandaros »überreden« lässt, ist keine beiläufige Redeweise. Schon Wolfgang Kullmann hat umfassend belegt, dass die Überredung die häufigste, beinahe die normale Form der göttlichen Einflussnahme auf Menschen ist.[128] Gewalt widerfährt Pandaros in keiner Weise von Athene. Dass sie ihn in Versuchung führt, ist aber offenkundig. Sie führt ihm in verlockender Rede die großartigen Vorteile - beim ganzen Volk wie beim Königssohn - vor Augen, die er mit einem Schuss auf Menelaos gewinnen könnte. Da Homer ihr die Darstellung dieser Verlockungen in den Mund legt, kann man davon ausgehen, dass auch er als Erzähler erreichen möchte, dass der Leser diese Gedanken Athene zuschreibt.

Anders steht es mit der Art und Weise, wie Pandaros auf Athene reagiert. Er zögert keinen Augenblick, sondern nimmt den Bogen zur Hand und ordnet seine Mannen um ihn herum geschickt, um sofort unbeobachtet, d. h. aus dem Hinterhalt, den Pfeil auf Menelaos abzuschießen (3,104 f.). Denkt man an die heilig geschworenen Eide und die angedrohten Strafen der Götter, kann man davon ausgehen, dass es im gesamten Heer der Trojaner und der Griechen kaum einen zweiten gegeben haben dürfte, der sich so bedenkenlos über

---

[128] Vgl. WOLFGANG KULLMANN, Das Wirken der Götter in der Ilias. Untersuchungen zur Frage des homerischen »Götterapparats«, Berlin 1956, bes. 124.

die Eidpflicht hinweggesetzt hätte. Das bemerkt z. B. der neuplatonische Philosoph Proklos, der von einer äußerst seltenen und schwer zu findenden Menschenart spricht, die bereit ist, in einer »gigantischen Seelenhaltung« alles zu riskieren, und sich sogar dem Göttlichen zu widersetzen.[129]

Bei Achill und Telemach konnte man feststellen, wie genau sich Athene auf das Innere der Personen einstellt, auf die sie einwirkt. Auch bei Pandaros weiß sie, was dieser von sich aus anstrebt und will. Dass diesem Pandaros Besitz über alles geht, zeigt Homer auch an anderen Stellen. Im 5. Buch der *Ilias* (5,195-205) wird Pandaros noch einmal als jemand charakterisiert, der sich aus Besitzgier zu größter Dummheit verleiten lässt. Elf Kampfwagen mit Rossen hat er zu Hause gelassen, trotz der eindringlichen Warnung durch den Vater, wie wichtig ein Kampfwagen für einen Krieger ist, aber er merkt erst, als es zu spät ist, wieviel vorteilhafter es für ihn gewesen wäre, nicht nur auf die Schonung seines Besitzes aus zu sein. Dabei gilt es bei Homer schon als große Torheit, auch nur für kurze Zeit nicht dafür zu sorgen, dass der Kampfwagen (um einer Gefahr entgehen zu können) in der Nähe ist.[130] Für Pandaros bedeutet diese Blödigkeit auch tatsächlich sein Ende, das ihm Diomedes mit Hilfe Athenes bereitet (5,280-296).

Es gibt in der Erzählung der Pandaros-Geschichte eine klare Zweiteilung zwischen der menschlichen und der göttlichen Tätigkeit. Sache des Pandaros ist, dass ihm der Gedanke, den Athene ihm vorträgt, sofort gefällt und ihn so ganz überzeugt, dass er ohne auch nur einen Ansatz des Zweifels zur Tat

---

[129] Vgl. PROKLOS, In Platonis rem publicam commentarii, ed. W. Kroll, Leipzig 1899/1901, I, 104.
[130] Vgl. JOSEPH STALLMACH, Ate. Zur Frage des Selbst- und Weltverständnisses des frühgriechischen Menschen, Meisenheim/Glan 1968, 46.

schreitet. Den Gedanken selbst lässt Homer Athene aussprechen und also von außen an diesen Pandaros herantragen. Diese Verlegung eines Gedankens, der in unserem Verständnis auch ein Produkt des eigenen Denkens des Pandaros ist, nach außen und sogar in den Mund einer Gottheit, lässt sich aber, wenn man die Art und Weise, wie Homer Götter Menschen gegenüber handeln lässt, zumindest verstehbar machen, ohne dass man sie einem noch mythisch unselbständigen Bewusstsein zuschreiben müsste. Fragt man zunächst, weshalb Homer gerade Athene und nicht etwa Hera oder Zeus, dessen Wille sich auch in dieser Aktion am Ende erfüllt, den für Pandaros verführerischen Gedanken, wie er schnell sich viele Vorteile verschaffen könne, in den Mund legt, ist der Grund gut ermittelbar. Homer lässt Athene selbst von sich sagen, sie sei unter den Göttern als die Göttin berühmt, die immer auf den wahren Vorteil bedacht sei (*Odyssee* 13,296–299). Um einen praktischen Vorteil, den man in schlauer Klugheit erfassen und begreifen muss, geht es auch Pandaros. Dass Pandaros nur auf einen vermeintlichen, nicht auf seinen wahren Vorteil aus ist, und dennoch von Athene auf ihn hingewiesen wird, passt zu der Art und Weise, wie sie auch Achill und Telemach an ihrer praktischen Klugheit, die bei Aristoteles später *phrónesis* heißen wird, teilhaben lässt. Achill bringt sie zur Vernunft und hält ihn von einem Königsmord ab. Damit sie das erreicht, gesteht sie ihm aber zu, dass er Genugtuung für die unglaubliche Undankbarkeit des Königs und die Entehrung durch ihn suchen darf. Sie gewährt ihm von dem, wofür sie steht, so viel, wie er zu verwirklichen vermag. Genauso handelt sie gegenüber Telemach, den sie nur mit der Vernunft, die diesem schon zur Verfügung steht, bewegt, aber immerhin schon zum Richtigen und für ihn Vorteilhaften hin. Bei Pandaros appelliert sie sogar an seinen Verstand, den er braucht, um die einmalige Chance, die die besondere Situation ihm bietet, zu begreifen.

Plotin macht zu diesem extremen Missbrauch des Verstandes die interessante Bemerkung, dass es auch eine intellektuelle Gerissenheit (*panourgía*) gar nicht geben könnte, wenn es nicht so etwas wie eine allgemeine Vernunft gäbe. Auch jemand, der verschlagen denkt, meint, dass er klug sei, ist aber nicht fähig, das, was wirklich vernünftig und deshalb auch wirklich gut für ihn wäre, zu erkennen. Auch er möchte vernünftig sein, kann es aber nicht.[131]

Wenn man also fragt, weshalb Homer diesen gierigen Pandaros gerade durch Athene versucht werden lässt, muss die Antwort sein, weil auch sein Versuch, eine augenblickliche Situation klug für sich auszunutzen, in den Kompetenzbereich der Göttin fällt, die von sich sagt, dass sie immer den wahren Vorteil im Auge habe. Die Verwechslung dieses wahren Vorteils mit einem Scheinvorteil kann man nach Homer aber keineswegs Athene anlasten. Das geht besonders klar hervor aus der Art und Weise, wie Athene mit Odysseus umgeht. Obwohl Odysseus ihr gegenüber klagt, auch für jemanden, der viel Wissen habe, sei sie schwer erkennbar, mache sie sich doch jedem gleich, zeigt sie sich ihm als sie selbst und teilt ihm auch eben das mit, was sie selbst für richtig und vorteilhaft hält. Und sie begründet dies Odysseus:

>»Beide verstehen wir uns auf das Vorteilhafte. Denn du bist unter den Menschen der bei weitem beste von allen im Raten und Reden, ich aber bin unter allen Göttern gerühmt für mein kluges, Vorteil bringendes Denken (13, 296-299). [...] Deshalb kann ich dich nicht verlassen, auch wenn du im Unglück bist, weil du klug bist, geistesgegenwärtig und immer bei Verstand bleibst« [*echéphron*] (13, 331 f.).

---

[131] Vgl. PLOTIN, Enneade II,3,11.

Athene bestätigt damit mit eigenen Worten das, was man aus der Beobachtung ihres Verhaltens erschließen kann: Sie gibt jedem den Anteil an ihren Kompetenzen, den er von sich aus erreichen kann. Proklos macht zu diesem Verhalten gegenüber den Menschen eine allgemeine Feststellung, die man später auch in einem christlichen Umfeld beinahe wortgleich finden kann. Er sagt: »Alles wird zwar von den Göttern bewegt, aber nach der Eigentümlichkeit der (einzelnen) Menschen.«[132] Ganz ähnlich antwortet Thomas von Aquin auf die Frage, ob es denn einen freien Willen geben könne, wenn doch Gott selbst Ursache von allem sei: *Omnia a deo moventur, sed secundum proprietatem uniuscuiusque*: Alles wird von Gott bewegt, aber nach der Eigentümlichkeit eines jeden.[133]

Thomas von Aquin trifft die gleiche Unterscheidung wie Homer zwischen dem, was von Gott kommt und nicht in der Macht des Menschen liegt, und der Eigenverantwortung, in der der Mensch von seinen Vermögen her Anteil an dem von Gott Gebotenen nimmt. Im Verhältnis zu Homer ist zudem aufschlussreich, dass er auch als Philosoph an der Personalität Gottes festhält. Es ist zwar beinahe ein philosophiegeschichtlicher Topos, dass die olympischen Götter an der Philosophie gestorben sind. Platon aber hält trotz seiner Kritik an der anthropomorphen Gottesauffassung des Mythos und vor allem Homers an der Personalität Gottes fest und hat sich mit dieser Überzeugung über die Spätantike hinaus bis ins Mittelalter durchgesetzt (v. a. gegen Skeptiker, Epikureer und Stoiker).[134]

---

[132] Vgl. PROKLOS, In Platonis (s. Anm. 129), 105.

[133] Vgl. THOMAS, Summa I (s. Anm. 120), q 83 ad 3 und resp. ad 3.

[134] Vgl. ARBOGAST SCHMITT, Gibt es ein Wissen von Gott? Plädoyer für einen rationalen Gottesbegriff, Heidelberg 2019, 110–127.

3. Darstellung des personalen Seins der Götter, wie es den Menschen erscheinen kann

Eine Klärung der scheinbaren Ambivalenz, dass Platon die anthropomorphen Götter Homers kritisiert, dennoch aber an einem personalen Gottesbegriff (sogar im Singular) festhält, kann zu einem besseren Verständnis auch seiner scheinbar zwiespältigen Haltung zur Möglichkeit, Göttliches im Bild darzustellen, beitragen.

Platons Kritik an einer Darstellung des Erscheinenden, wie es erscheint, haben wir kennengelernt. Hält man sich an die Beschreibungen, wie Homer die Götter in Erscheinung treten lässt, kann man nicht bestreiten, dass Homer Bilder zeichnet, die ein hochproblematisches Gottesverständnis erzeugen. Platons Sorge, vor allem Kinder und andere unkritische Menschen könnten durch Homers Art, wie er Götter und Heroen auf sehr menschliche Weise handeln lässt, fehlgeleitet werden, findet allerdings bei den meisten seiner heutigen Leser kein Verständnis. Nimmt man aber die modernen Urteile über die homerischen Götter zur Kenntnis – und zwar nicht nur von normalen Lesern, sondern auch, ja gerade von der wissenschaftlichen Forschung – muss man sich über dieses Unverständnis wundern. Denn genau das Bild von den Göttern, von dem Platon fürchtete, dass es durch eine Homer-Lektüre entstehen könnte, ist das Bild, das die moderne Forschung über die »nach Lust und Laune« handelnden homerischen Götter entwickelt hat. Unberechtigt war seine Sorge nicht. Zu diesem Fehlbild gehört auch, die anthropomorphe Götterdarstellung zum Anlass zu nehmen, auch das personale Gottesverständnis Homers einer voraufgeklärten, mythischen Entwicklungsstufe zuzuweisen. Anders als bei dem anthropomorphen Erscheinen der Götter, in dem sich die

Götter nach Homer den Menschen in immer zu diesen passenden Verwandlungen, d. h. nicht als sie selbst, zeigen, hält er an einem personalen Gottesverständnis trotz aller Verschiedenheiten, in denen er sie erscheinen lässt, fest. Ein wichtiger Beleg dafür ist, dass er immer auch von dem Wissen des Gottes selbst und seinem eigenen Willen berichtet, wenn er z. B. Athene sich gegenüber Odysseus, Achill, Telemach, Pandaros je anders verhalten lässt. Athene handelt dabei immer aktiv von sich aus und immer in Verfügung über die auf den wahren Vorteil ausgerichtete Vernunft, für die sie, wie sie sagt, unter Göttern und Menschen gerühmt ist.

Das, was sie den einzelnen Menschen mitteilt, sind zudem immer Gedanken, die nicht nur durch diese Menschen in der Welt sind. Sie sind allgemeinverständlich. Nicht nur Telemach kann wissen, wie die Frauen sind. Nicht nur Pandaros kann den materiellen Vorteil erkennen, den man sich verschaffen kann, wenn man jemandem hilft, die Folgen einer Niederlage zu vermeiden, usw., auch wenn dieses von vielen Denkbare von Athene den Einzelnen immer so vorgebracht wird, wie es ihrer Erkenntnisfähigkeit und -gewohnheit entspricht. Und wenn sie zu Odysseus sagt, jeder andere würde nur zu gern gleich ins Haus zu seinen Lieben stürzen, wenn er nach langer Zeit heimkommt, ihm aber sei das nicht lieb, bevor er die Situation in seinem Haus nicht geprüft habe (13, 335-337; 382-391), heißt das nicht, dass nur Odysseus vorsichtig sein kann. Sie zeichnet ihn vielmehr gerade dadurch aus, dass er unter den Menschen immer so ist, wie sie als Göttin, d. h. weil er von der jedem gebotenen Vernunft einen richtigen Gebrauch auch dort macht, wo andere sich durch kurzfristige Vorteile längst haben blenden lassen.

In allen Fällen, in denen Homer etwas von Athene kommen lässt, handelt es sich um allgemein denkbare Inhalte, die von vielen erfasst werden können und die nicht in der Welt sind, weil sie von Einzelnen gedacht werden. Der Anteil der Einzelnen ist immer darauf beschränkt, wie genau und wie viel sie von den grundsätzlich von jedem erkennbaren Vorteilen erfassen und wie sie auf sie eingehen. Es sind immer Angebote, von denen man erst einmal erkennen muss, dass sie ein Angebot sind – um dann zu entscheiden, wie man sich auf es einlässt. Das ist auch bei anderen Göttern und ihren Erscheinungsformen so: Für jemand, auf den Schönheit keinen Reiz ausübt (wie z. B. auf den Euripideischen Hippolytos), gibt es auch keine Verführung durch Aphrodite.

Auch wenn diese Denkweise für uns ungewohnt ist, man kann sie nicht einfach und pauschal einem noch »mythischen« Denken zuweisen. Ein Blick voraus auf Parmenides, der sogar eine axiomatisch allgemeine Erkenntnis so darstellt, als sei sie ihm von einer Göttin mitgeteilt, kann einem besseren Verständnis dienen. Die Göttin sagt ihm, dass nur distinkt Seiendes erkannt werden kann, und dass etwas, das gänzlich unbestimmt ist, weder sein noch gedacht werden kann. Das ist im Sinn heutiger Philosophiegeschichte eine Vorform des Widerspruchssatzes, für Platon und Aristoteles liefert es seine Begründung.[135] Nach Aristoteles hat (im Sinn der *Zweiten Analytiken*) alles methodische Denken sein Maß daran, dass man prüft, ob etwas wirklich etwas Bestimmtes ist, und es findet erst sein Ende, wenn es etwas auch genau und nur in dieser – distinkten – Bestimmtheit erfasst hat. Dieses axiomatische Prinzip ist keine Erfindung von Aristoteles, es ist von ihm gefunden als das Prinzip, nach dem alles methodische Denken sich richten muss, wenn es korrekt und über sich selbst aufgeklärt ver-

---

[135] Vgl. ARBOGAST SCHMITT, Art. »Parmenides«, in: JAN URBICH/JÖRG ZIMMER (Hrg.), Handbuch Ontologie, Berlin 2020, 3–11.

fahren will.¹³⁶ Es macht deshalb Sinn, es als etwas zu verstehen, was durch sich selbst offenbar ist und seine Offenbarkeit nicht dem verdankt, der auf es aufmerksam wird. Man erfährt es von etwas, was sich als etwas durch sich Offenbares zeigt. Das ist der Grund, weshalb Parmenides es als die Mitteilung von etwas Göttlichem versteht.

Dass man dieses Göttliche auch als Person denken muss, hält auch Platon für selbstverständlich. An einer berühmten und in der Antike oft zitierten Stelle aus dem Dialog *Sophistés* von Platon fragt der Gesprächsführer, ob das »wahrhaft Seiende« weder lebe noch denke, sondern hehr und heilig, ohne Vernunft zu haben, unbeweglich stehe (248e–250a), und erhält die entrüstete Antwort, das sei völlig absurd. Darin haben die antiken Platoniker und Aristoteliker eine platonische Bestätigung dafür gesehen, dass das Sein selbst Gott sei und die Ideen Gedanken in seinem Geist.¹³⁷

Mit der wichtigen Feststellung: »Der Gott verkehrt nicht [direkt, als er selbst] mit dem Menschen«¹³⁸ (*Symposion* 203a), hat Platon auf Grund seiner erkenntniskritischen Reflexionen darüber, dass das »Sein selbst für sich selbst« eine gar

---

136 Vgl. a. a. O., Art. »Aristoteles«, 27–43, v. a, 34–36.
137 Vgl. schon CORNELIA DE VOGEL, What was God for Plato?, in: DIES., Philosophia. Part I: Studies in Greek Philosophy, Assen 1969, 210–242; s. auch MICHAEL BORDT, Religion und Rationalität von Homer bis Aristoteles, in: J. HERZGSELL/J. PERCIC, Religion und Rationalität, Freiburg, 2011, 22–35.
138 Platon ergänzt: Sondern nur durch *daímones*, d. h. durch vermittelnde Erscheinungswesen des Göttlichen selbst. Diesem Bereich müssten in platonischer Terminologie die homerischen Götter zugeordnet werden. Athene ist nicht die Gottheit der Vernunft selbst und auch nicht nur ein Aspekt im Sein des einen Gottes selbst, sondern das für sich unterscheidbare Vermögen einer praktischen Vernunft. Selbst dieser Teilbereich des Göttlichen wird aber von Platon noch personal verstanden.

nicht mehr mit der materiellen Welt vermischte Seinsweise hat, einen strikt transzendenten Gottesbegriff entfaltet, der weit über das Gottesverständnis, wie man es bei Homer findet, hinausgeht. Dieser neue transzendente Gottesbegriff steht aber nicht in Gegensatz zum homerischen, sondern ist eine stringente und konsequent weitergedachte Entwicklung. Das, was Homer Gott nennt, ist in Platons neuem Verständnis nur ein eingeschränkter Aspekt des Göttlichen selbst. Es ist deshalb für ihn aber nicht etwa ein abstrakter Aspekt des Menschen, keine anthropomorphe Theologisierung von etwas eigentlich Menschlichem, sondern eine untergeordnete Seinsweise des Göttlichen, dem Platon den Begriff »Gott« (*theós*) zwar vorenthält, aber der zwischen den Menschen und Göttern vermittelnden Welt der *Daímones*, des Dämonischen zuordnet. Denn auch für Homer sind die Götter nicht mit ihren anthropomorphen Erscheinungsformen identisch. Selbst dort, wo Homer das Verhalten der Götter untereinander beschreibt, etwa wenn Zeus, Hera und Athene beraten, ob man die Trojaner in Versuchung führen solle, beschreibt er es aus der Perspektive ihres innerweltlichen Wirkens, also so, wie es von den Menschen aus ihrem Wirken erschlossen werden kann.

Gegen diese Darstellungsweise kann man mit Platon einwenden, dass durch sie das, was das eigene Wesen der Götter ausmacht, auch ihres Verhältnisses zueinander und zu Zeus, von dem sie vielleicht nur unterschiedliche Aspekte sind, nicht erfasst ist. Aber sie wird nur für den eine Verfehlung des Göttlichen, der in diesen Erscheinungsformen des Göttlichen nicht Weisen der Teilhabe an ihm, sondern das Wesen selbst der Götter erkennen will. Denn für den, der nach der Art und Weise fragt, wie menschliches Handeln und weltliches Geschehen auf seine je eigene Weise am Göttlichen teilhat, erweist sich Homers Darstellung als erklärende Beschreibung, wie das Göttliche als bestimmende Kraft in der Welt erfahren wird. Wenn z. B. Agamemnon seine Verblendung, auch ohne Achill die Trojaner besiegen zu können, mit schwersten Niederlagen büßen muss, und wenn Achill das Leid seiner Kameraden viel zu lange geschehen und sich erst wieder umstimmen lässt, als sein bester Freund gefallen ist, erleiden beide genau das Schicksal, wie es sich durch sie selbst und durch ihre eigenen Entscheidungen entwickelt hat. Homer aber stellt das ganze Geschehen als Folge eines Planes des Zeus, einer *diós boulé,* dar (*Ilias* 1,502-530; 18, 79 f.). Es erscheint dadurch als ein gerechtes Schicksal, weil jedem genau das widerfahren ist, was sich aus seinem eigenen Handeln ergeben hat. Aus moderner Sicht ist in dieser Darstellung der große Anteil, den Homer Zeus gibt, ohne Relevanz, denn es ist nur geschehen, was aus menschlichem Handeln hervorging. Es gibt in dieser Perspektive also auch keine göttliche Gerechtigkeit, die sich durchgesetzt hat, sondern nur eine realistische Beschreibung der Folgen verfehlten menschlichen Handelns.

Bei der Beschreibung des Einflusses, den Athene auf dieses menschliche Handeln nimmt, haben wir aber gesehen, dass es sich nicht nur um eine poetische Darstellungsform handelt, denn sie umfasst diejenigen den Menschen jeweils gebotenen Möglichkeiten, auf die diese durch die Art, wie sie sie erkennen und wie sie sie aufgreifen, reagieren. Auch die Versuchung der Trojaner, ob sie nach der Niederlage des Paris einen Eidbruch wagen, besteht für Homer in einem göttlichen »Angebot«, genauso wie schon der verwegene Plan Agamemnons, ohne Achill mit dem ganzen Heer zu kämpfen, Folge einer Versuchung durch einen Trugtraum des Zeus war (*Ilias* 2, 1-34). Analog ist Achills tragisches Schicksal wesentlich durch Athene mit verursacht, denn sie hatte ihm geraten, Agamemnon spüren zu lassen, wie wenig er ohne ihn vermag (a.a.O. 1,210-214).

Offenbar ist Homer überzeugt, dass ohne diese für sie ergreifbaren Möglichkeiten die Menschen gar nicht in der Lage gewesen wären, ihre eigenen Entscheidungen zu treffen. Wenn Homer immer wieder und vor allem am Ende feststellt: *Diós eteleíeto boulé*, es erfüllte sich der Plan, der Ratschluss des Zeus, ist das das Ergebnis des Versuchs, am jeweiligen Handeln der Menschen zwischen dem zu unterscheiden, was sie von sich aus in eigener Verfügung tun können, und welcher Anteil an diesem Handeln nicht in ihrer Verfügung steht. Etwas, was von sich her und deshalb für alle erkennbar ist, oder die liebreizende Wirkung der Schönheit wie bei Aphrodite, ist nicht in der Welt, weil ein Mensch das will. Es ist etwas, was er vorfindet, das er mehr oder weniger angemessen erkennen und zu dem er sich mehr oder weniger angemessen verhalten kann. Zu diesen beachtenswerten Differenzierungen gehört auch, wie wir gesehen haben, dass Homer das eine und selbe aktive Wirken einer Gottheit immer klar von ihren verschiedenen Erscheinungsweisen unterscheidet. Athene ist kein trojanischer Kamerad (*Ilias* 4,87), kein adliger Hirtenjunge (*Odyssee* 13,222-225), keine Traumerscheinung (a.a.O. 15, 1-20), kein treuer Freund des Odysseus (Mentor, a.a.O. 1,225ff.) usw., sondern die in ihnen allen präsente eine Göttin der auf den wahren Vorteil bedachten Vernunft (a.a.O. 13, 298-299). Erst dadurch ist es möglich, dass Homer sie als Person versteht, ohne sie zu einem anthropomorphen Wesen zu machen. In platonischer Terminologie ist die homerische Athene ein *Daímon*, der als ein Teilmoment der Vernunft des Zeus im Leben der Menschen erfahren werden kann. Denn »der Gott selbst« ist nicht für den Menschen wahrnehmbar.

4. Die Götter im Bild: subjektiv abstrakte Allegorie oder Teilhabe an der Seinsweise des Göttlichen

An der Philosophie sind die homerischen Götter nicht gestorben,[139] genauer: nicht an derjenigen Philosophie, die über Platon und Aristoteles und deren spätantike Nachfolger bis ins persisch-arabisch-jüdische und lateinische Mittelalter an der Personalität des Göttlichen festgehalten hat.

»Der Tod der Götter durch die Philosophie« ist allerdings keine moderne These. Denn die Lehrmeinung, die alten Götter seien in Wahrheit Kräfte und Mächte in der Welt (*dynámeis*), geht in einer Art erster Aufklärung des Denkens über sich selbst zurück bis auf die frühesten Philosophen Griechenlands. Anlass für diesen Übergang war eben die Darstellung des allzu menschlichen Verhaltens der Götter bei Homer oder auch bei Hesiod, von dem auch Platon fürchtete, dass man es nur zu leicht als eine wahre Beschreibung des Wesens der Götter auffassen könnte. Das Mittel der Verteidigung Homers war die Allegorese. Man wies nach, dass das scheinbar personale Handeln der Götter »eigentlich« eine Einsicht in allgemeine Gesetzmäßigkeiten der Welt voraussetzte und von den alten Dichtern

---

[139] Die These vom Tod der Götter durch die Philosophie hat nicht nur eine breite Akzeptanz in der Philosophiegeschichte, sie wird oft auch gegen die leeren Abstraktionen der Philosophie zugunsten der ästhetisch reichen Götterwelt des Mythos, die man wie selbstverständlich für anthropomorph hält, ausgespielt. So sagt z. B. E. R. DODDS in seinem Kommentar zu den Elementen der Theologie von Proklos: »That Homer's Olympians, the most vividly conceived anthropomorphic beings in all literature, should have ended their career on the dusty shelves of this museum of metaphysical abstraction is one of time's strangest ironies.« ERNEST ROBERT DODDS, The Elements of Theology. A Revised Text with Translation, Introduction, and Commentary, Oxford 1995 (=²1963), 260.

nur in mythischer Umkleidung wiedergegeben worden war. Zeus etwa als der Vater von allem, der alles hervorbringt und ordnet, verkörperte die Macht, die alles bis in Kleinste durchwaltet (*he diá pántōn dihékousa dynamis*). Hera, deren Namen schon die Bedeutung *Aer*, Luft, enthielt und die als Tochter der Rhea (der Fließenden) galt, verkörpere die Luft und das Feuer. Athene stehe für praktische Klugheit (*phronesis*) und Vorsorge (*prónoia*). Dass sie aus dem Kopf des Zeus entsprungen ist, bedeute, dass sie das leitende Vermögen im Menschen sei (*to hegemonikón*), Jungfrau sei sie wegen ihrem von allem Sinnlichen freien Vernunft-Wesen. Aphrodite ist die »Macht, die das Männliche und das Weibliche zusammenführt« (*he synágousa to arrén kai to thély dynamis*), usw.[140]

Bei Homer gibt es gute Gründe für die Deutung, dass für ihn Athene nicht nur ein Zeichen oder ein die Wahrheit verhüllendes Bild für die Vernunft ist, deren Realitätsgehalt von der in der realen Wirklichkeit vorfindlichen und nachweisbaren Vernunft abhängt. Athene ist für ihn selbst die Vernunft, auf die alle die verschiedenen Formen einer mehr oder weni-

---

[140] Vgl. WOLFGANG BERNARD, Spätantike Dichtungstheorien, Stuttgart 1990, 11–22; 74–78. Die oben angeführten Beispiele für die allegorischen Zuschreibungen an die Götter stammen von LUCIUS A. CORNUTUS, Einführung in die griechische Götterlehre, hg. v. Peter Busch u. Jürgen K. Zangenberg, Darmstadt 2010. Cornutus hat die in seiner Zeit (1. Jh. n. Chr.) allgemein bekannten Allegorien der Götter in einer Art Handbuch zusammengefasst. Die Allegorien und Allegoresen aus der Zeit der Vorsokratiker, v. a. von Metrodor von Lampsakos und von Theagenes von Rhegion, sind nur in wenigen Zitaten erhalten. Oliver Primavesi hat überzeugend gezeigt, dass es auch bei Parmenides und Empedokles eine theologische Allegorie gibt. Vgl. OLIVER PRIMAVESI, Theologische Allegorie. Zur philosophischen Funktion einer poetischen Form bei Parmenides und Empedokles. In: MARIETTA HORSTER/CHRISTIANE REITZ (Hg.), Wissensvermittlung in dichterischer Gestalt, Stuttgart 2005, 69–94.

ger gelungenen Vernünftigkeit bei den Menschen und in der Welt zurückgehen. In philosophischer Begrifflichkeit könnte man formulieren, dass sie als sie selbst die Bedingung der Möglichkeit von Vernunft in der Welt ist.

Dieses Verhältnis kehrt schon die frühe, noch in der Zeit der Vorsokratik entwickelte allegorische Deutung um. Athene ist für diese neue Allegorese nicht die Vernunft, sondern Zeichen und Bild für etwas, was man in der Welt vorfinden und (vielleicht) auf den Begriff »Vernunft« bringen kann. Seine Legitimität bekommt das Bild nun dadurch, dass es auf dieses Wirkliche verweist. Wenn Athene dargestellt wird, wie sie in voller Rüstung dem Kopf des Zeus entsteigt, gilt dieses Bild dann nicht als beliebige Fiktion, wenn es im Menschen tatsächlich ein leitendes vernünftiges Vermögen gibt, das aus sich selbst heraus aktiv ist und also als Person, die ihr Sein aus ihrer Herkunft von diesem leitenden Prinzip hat, verstanden werden kann. Formal gesehen steht Athene für einen Begriff von Vernunft, der dann nicht leer ist, wenn unter ihn tatsächlich eine real erfahrbare Vernunft fällt. Nur dann kann man sagen: »Athene ist eigentlich die praktische Vernunft«, »Aphrodite ist eigentlich die Liebe oder die Liebreiz wirkende Kraft der Schönheit«, wenn es dieses »Eigentliche« auch wirklich gibt. Das allegorische Bild, das etwas anderes meint, als es sagt, hat sein Maß an einem abstrakten Begriff, unter den ein die Wirklichkeit allgemein durchdringendes Prinzip fällt. Dieses Prinzip, diese »Kräfte und Mächte« sind das Eigentliche, das in den anschaulichen Gestalten der Götter auf »verhüllte«, verborgene Weise gemeint ist. Die Götter sind in späterer Terminologie allegorische Umhüllungen, Verkleidungen (*peripetásmata, integumenta*) für etwas, das eine aufgeklärtere Denkweise als es selbst zum Vorschein bringt.

Dieses Verhältnis von verhüllter und eigentlicher Seinsweise des Göttlichen, von dessen Realität die ersten Allegoriker wie selbstverständlich ausgehen – die Autorität der alten Dichter verbürgte die ihren Mythen veranschaulichte Wahrheit – wurde im Lauf der langen Tradition von Allegorie und Allegorese von vielen Aspekten her diskutiert und problematisiert.

In ihrer naiven Form setzt die Allegorese einen geordneten Kosmos und dessen Erkennbarkeit voraus, denn nur dann gibt es das, wovon sie erzählt, auch wirklich. Das ist neben vielen weiteren das erste und grundlegende Anfangsproblem, das die frühe Götterallegorese den späteren Allegoriekonzepten hinterlassen hat – das, was man die ontologische Fundierung der Allegorese genannt hat.[141] Eine Kritik an dieser ontologischen Fundierung macht aus dem allegorischen Bild eine subjektive Setzung mit mehr oder weniger intersubjektiver Verbindlichkeit, die sie dadurch zugleich historisiert. Wenn Cornutus[142] z. B. Athene als das *hegemonikón*, das leitende Denkvermögen im Menschen versteht, bedient er sich eines spezifisch stoischen Terminus für dieses Denkvermögen. Für die Stoa ist das hegemonikón eine ausgezeichnete Form der Phantasia, die sogenannte *phantasía kataleptiké*, die Vorstellung, die auf Grund ihrer Klarheit und Deutlichkeit Evidenz schafft und dadurch die Dinge begreift, wie sie wirklich sind. In diesem Begriff von Denken ist also vorausgesetzt, dass man dann die Dinge in ihrem wirklichen Sein erkennt, wenn man sie genauso klar und deutlich, wie

---

[141] Vgl. dazu die fundierten Analysen von ANDREAS KABLITZ, Zwischen Rhetorik und Ontologie. Struktur und Geschichte der Allegorie im Spiegel der jüngeren Literaturwissenschaft, Heidelberg 2016.
[142] Vgl. Anm. 140.

sie der Wahrnehmung erscheinen, auch in der Vorstellung präsent hat. Eine Athene, die eine solche Vernunft als das hegemoniale Vermögen im Menschen verkörpert, ist von einer Athene, die für Vernunft im Sinne Platons oder Aristoteles' stehen könnte, substantiell verschieden. Es ist in jedem Fall eine historisch anders konzipierte Vernunft, auf die sie als Göttin verweist. Eine verbindliche Seinsweise hat sie also nur unter bestimmten historischen Bedingungen, ihr eine ontologische Relevanz zuzuschreiben, wäre naiv. Eine Historisierung der Allegorie gibt ihr also zugleich den Charakter einer mehr oder weniger begründeten subjektiven Setzung, die zuletzt auch eine bloße Setzung, d. h. Fiktion sein kann.

Ein weiterer Grund, der aus der Anfangsphase der Allegorie zu einer Problematisierung der Valenz allegorischer Bilder geführt hat, ist ihr Rationalismus, genauer: die Begrenzung der Bildaussage auf genau den Begriff, für den sie stehen soll. Das ist besonders ausgeprägt bei der auf Hesiod sich stützenden Allegorese der Antike. *Gaia* (Erde) ist die Göttin der Erde, *Uranós* (Himmel) der Gott des Himmels, *Nyx* (Nacht) die Göttin der Nacht, *Heméra* (Tag) Göttin des Tags, *Póntos* (Meer) der Gott des Meeres, oder etwa *Mnemosyne* (Erinnerung) Muse der Erinnerung (*Theogonie* vv. 108-135), *Éris* (Streit) die Göttin des Streits. Hesiod führt später sogar zwei *Érides*, ein gute und eine schlechte, die nur Hader und Feindschaft erregt, aber dennoch nach göttlichem Ratschluss verehrt werden müsse, ein (*Werke und Tage* vv. 11-17), usw. Diese oft bis in die Namensgleichheit reichende Personifizierung bestimmter Grundelemente der Welt gibt es bei Hesiod keineswegs durchgängig, im Gegenteil, bei vielen Göttern und Dämonen ist eine solche Identifizierung schwierig oder gar nicht durchführbar. Die gerade bei den Göttern des Anfangs häufige Gleichheit zwischen Person und gemeinter Sache hat aber viele Deuter angeregt, die Götter allegorisch als Personifikationen physikalischer (Erde, Himmel, Nacht, Tag) oder moralischer Kräfte (z. B. Eris) zu verstehen.

Bei dieser Art allegorischer Verbildlichung geht das Bild fast vollständig in seiner begrifflichen Bedeutung auf. Auch Schilderungen des Handelns dieser allegorisierten Götter haben nur die Aufgabe, die Besonderheit der vom Gott verkörperten *Dynamis* zu erklären. Die Reduktion des Bildes auf seinen Verweis auf einen Begriff, aus dem sich dann sein ganzer Inhalt erklärt, hat in der Geschichte der Allegorie und Allegorese der Neuzeit schließlich zu einer kritischen Ablehnung des in ihr vermuteten Rationalismus geführt. Einen erstaunlichen Beleg für die Konstanz einmal geprägter Deutungen bietet Goethes vielzitierte und bis heute breit diskutierte Charakterisierung der Allegorie in seinen *Maximen und Reflexionen*: »Die Allegorie verwandelt die Erscheinung in einen Begriff, den Begriff in ein Bild, doch so, dass der Begriff im Bilde immer noch begrenzt und vollständig zu halten und zu haben und an demselben auszusprechen ist.«[143] Füllt man diese allgemeine Beschreibung mit einem antiken Beispiel, würde die stoische Allegorie Athenes etwa folgendermaßen lauten: Man beobachtet immer wieder, dass es Evidenz im Bewusstsein gibt und fasst diese Erscheinungen[144] unter dem Begriff des *hegemonikón* zusammen. Diesen Begriff verwandelt man in das anschauliche Bild, wie Athene dem Kopf des

---

[143] Vgl. J. W. v. GOETHE, Maximen und Reflexionen. Nach den Handschriften des Goethe-Schiller-Archivs hg. v. Max Hecker, Weimar 1907, 230 f.
[144] Der Begriff der Erscheinung trifft in diesem Fall korrekt das von den Stoikern Gemeinte: Das, was eine Vorstellung zum Begriff, zum Verstand macht, ist die klare Deutlichkeit, in der ihr etwas Wahrgenommenes präsent ist.

Zeus entsteigt. Dieses Bild sagt genau das aus, was der Begriff bedeutet, d. h. die Entstehung einer leitenden (*hegonikón*), begreifenden Vorstellung (*phantasía kataleptiké*) aus der Evidenz im Bewusstsein, und es enthält in seiner Darstellung auch keinen Überschuss über diesen Begriff, der auf die Verbildlichung dieses Sachverhalts begrenzt ist.

Interessanterweise ist es gerade Platon, der an der Allegorese als Mittel, wissenschaftlich das in den alten mythischen Geschichten Erzählte zu erklären, indem man es auf physikalische Sachverhalte oder moralische Forderungen zurückführt, Kritik übt. Er macht diese Art der »gelehrten« Erklärungen sogar lächerlich. Im Dialog *Phaidros* steht Sokrates mit dem jungen, lernbegierigen Phaidros unter einer Platane an einem bei den Athenern beliebten Ausflugsziel in schöner Natur, einem *locus amoenus*. Phaidros fragt ihn, ob er glaube, dass die Erzählung, an dieser Stelle habe einst Boreas (Nordwind) *Oreithya,* die Tochter des ersten Königs von Athen, geraubt, wahr sei (229c). Sokrates antwortet: wenn er das in Zweifel ziehen würde wie die »Gelehrten«, wäre er nicht in einer Aporie. Denn dann hätte er eine Erklärung und würde sagen, Oreithya sei von einem Windstoß beim Spielen von einem Felsen in der Nähe herabgestoßen worden. Daraus habe man die Geschichte gemacht, sie sei von dem in sie verliebten Windgott Boreas geraubt worden. Würde man sich auf solche Erklärungen einlassen, müsste man allerdings ein geistig sehr wendiger, emsiger und mit wenig Erfolg zufriedener Mann sein, denn dann müsste man auch die Geschichten von den Kentauren wieder (»wissenschaftlich«) richtig stellen (*enanorthoústhai*), dann auch die der Chimäre, ja es komme ein ganzer Haufen von Gorgonen, Pegasen und anderen Wunderwesen auf einen zu. Wer für das alles eine wahrscheinliche Erklärung finden möchte, müsste viel Zeit für

Die Darstellung des Göttlichen im Bild

Der verliebte Boreas raubt Oreithya – für Platon ein Beispiel für Mythendarstellungen, die man nicht rationalistisch auflösen sollte., Attisch-rotfigurige Schale, 430-420 v. Chr., © Bildzitat aus Patrick Schollmeyer, Unter dem Schutz der Götter. Griechisches Leben im Spiegel der Kunst (Zaberns Bildbände zur Archäologie), Mainz 2015.

eine ziemlich stupide Gelehrsamkeit aufbringen (*agroíkos sophía* 229d–e). Ihm fehle dafür die Muße. Der Grund sei, dass er immer noch nicht fähig sei, sich, wie es der Spruch aus Delphi verlange, selbst zu erkennen. Bevor er sich mit Fremdem befasse, müsse er erst prüfen, ob er vielleicht selbst ein wildes Tier sei, noch verschlungener und aufgeblasener (hochmütiger) als Typhon oder ob er ein »gezähmteres« und einfacheres Wesen sei, das Anteil an einer gewissen göttlichen und unaufgedunsenen, bescheideneren Seinsweise habe (230a).

Platon spielt hier, wie man sieht, auf seine Seelenteilungslehre an. Der verschlungene und sich gegen Zeus auflehnende Typhon ist ein Ungeheuer mit vielen Köpfen und einem Schlangenunterleib. In einem ähnlichen Bild beschreibt Platon den sinnlich-begehrlichen Seelenteil, das *epithymetikón*, in der *Politeia* (588c). »Gezähmter« ist ein signifikantes Merkmal des Seelenteils, mit dem man sich »ereifert«, des *thymoeidés*. Das Thymetische im Menschen ist ja das, was sich für die Selbstverwirklichung einsetzt, es hört eher als das Begehrliche auf den vernünftigen Willen in uns, auf das *logistikón*, auf das die Beschreibung, es sei etwas »Einfacheres« und dadurch Göttlicheres, zutrifft (s. oben S. 170-172).

Es gehört zu den Grundüberzeugungen Platons, die die späteren Platoniker und Aristoteliker übernommen und weitergedacht haben, dass für jeden die Welt so ist, wie er sie erkennt.[145] Wer sich ihr also mit seinem sinnlich-begehrlichen Vermögen zuwendet, dem erscheint die Welt so, wie sie den Sinnen erscheint, und sie ist für ihn mit so viel Lust oder Unlust verbunden, wie sie den Sinnen zugänglich ist. Das Bild von den vielen Köpfen des Typhon, die etwas aus immer verschiedener Perspektive verschieden sehen, veranschaulicht das immer wieder Andere, in dem ein und dasselbe sinnlich erfahren werden kann, – schon bei Menschen, die wenig anders aussehen als wir selbst, werden wir leicht irritiert und verkennen ein

---

[145] An eben dieses Prinzip hält sich besonders strikt Proklos in seinem Kommentar zur Platonischen Politeia, in dessen Verlauf er auch die Kritik Platons an Homer aus dessen Rücksicht auf eine Rezeption zu erklären versucht, die sich an das äußere Erscheinen der Götter hält. Sein Hauptargument ist genau die von Platon geforderte Beachtung der verschiedenen Erkenntnisformen, von denen abhängt, wie jemandem das Göttliche erscheint. Vgl. PROKLOS, In Platonis (s. Anm. 129), I, 177-179. Auch ILINCA TANASEANU-DÖBLER, in: Bilder von dem Einen Gott (s. Anm. 10), 95-125, versucht diese Unterschiede zur Recht darauf zurückzuführen, dass Proklos die Art, wie man Gott »visualisieren« kann, von dem Bezug auf die menschliche Seele abhängig macht. Genauer muss man aber beachten, dass es nicht einfach um die Seele, sondern um deren unterschiedliche Erkenntnisfähigkeiten geht.

und dasselbe Menschsein in ihnen und in uns; der zusammengesetzte, verschlungene Körper verbildlicht, dass etwas kein einfaches, sondern ein zusammengesetztes Sein hat – wie z. B. schon ein sinnlich erkennbarer Kreis immer neben seinen Kreiseigenschaften noch viele andere, hinzukommende Eigenschaften hat, etwa dass er aus Sand, Erz, Holz, Kreide, Wachs ist. Dass Platon zweimal zur Charakterisierung dieses Typhon ein Wort aus der Familie *typhos* gebraucht, das wörtlich Dampf, Rauch, Dunst, Qualm, übertragen aber Dünkel, Einbildung, Hochmut bedeutet, wie es zum Namen des Typhon[146] und zu seinem wilden, sich selbst gegen Zeus auflehnenden Wesen passt, weist auf die Tendenz sinnlicher Begierden hin, sich gegenseitig zu unterdrücken und sich sogar gegen die Vernunft zu wenden.

Man darf sich von der Wildheit dieses Bildes nicht täuschen lassen. Platon bezieht es auf die Probleme, die der Normalmensch mit seiner Sinnlichkeit haben kann. Dazu passt z. B., dass Homer Athene gegenüber Pandaros in der Erscheinung eines gewöhnlichen Kriegskameraden auftreten lässt. Bezieht man den Kontext in dieses Bild mit ein, ist der Gedanke, den dieser Kamerad vorbringt, die Aufforderung zu einer, wie Proklos zu Recht feststellte, gigantischen Dreistigkeit. Die Aussicht auf einen, wenn auch großen, materiellen Vorteil kann nur verwirklicht werden, wenn Pandaros bereit ist, heiligste Eide zu brechen und in verblendeter Dummheit den Untergang ganz Trojas herbeizuführen. Denn ohne diesen Eidbruch hätte Troja auch bei einer Niederlage des Paris in Frieden und Freundschaft mit den Griechen weiterleben

---

[146] Ob es sich hier um eine Volksetymologie handelt, ist unklar. Vgl. NORDHEIDER, s.v. *Typhoeus* im Lexikon des Frühgriechischen Epos, Göttingen 2008, 23. Lieferung, 681 f.

können. Dass Athene diesem Pandaros als ein normaler trojanischer Kriegskamerad erscheint, hat seinen Grund also nicht darin, dass sie in dieser Erscheinung in allegorischer Weise auf die »eigentlich« in Pandaros wirksame Vernunft verweist. Es ist genau umgekehrt: Athene als der Kamerad Laódokos ist eine in der Welt wirkende Perversion der Vernunft. Sie ist eine verhüllte, verkleidete, entstellte Weise der Vernunft, die »eigentlich« von Athene kommt und auf sie zurückweist. Das eigentlich Gemeinte ist die Göttin Athene selbst, das allegorische Bild ist Laódokos mit dem von ihm geäußerten Gedanken.

Auch die Art, wie Homer Athene Achill und Telemach erscheinen lässt, hängt von dem Vermögen ab, mit dem sie sie erfahren können. Für beide hat das Streben nach sinnlich-materiellen Vorteilen und Lüsten keine Bedeutung. Achills Streben ist, der Hort aller Griechen und der Zerstörer Trojas zu sein, Telemach versucht, in die Rolle seines Vaters hineinzuwachsen. Beide sind deshalb in einem erregten, aufgewühlten inneren Zustand, den Platon als *thymoeidés*, als thymosartig bezeichnen würde. Beiden sagt Athene, was sie in dieser Verfasstheit und in diesem Zustand verstehen können und wollen. Beiden erscheint sie schon als sie selbst, aber nur in einer kurzen inneren Vision. Auch ihr Erscheinen entspricht der Art, wie sie von ihnen erkannt wird. Athene ist nicht eigentlich Telemachs eigene Vernünftigkeit. In dieser an ihr nur teilhabenden Vernünftigkeit verbirgt sie sich selbst. Telemachs Anteil an der Vernunft, den Homer im Bild der Traumerscheinung Athenes darstellt, verweist auf Athene als den eigentlichen Grund, der ihn zu diesem vernünftigen Denken befähigt.

Diese Umkehrung des in allegorischem Bild Erscheinenden und dem von ihm eigentlich Gemeinten findet man

Die Darstellung des Göttlichen im Bild

selbst bei der Darstellung des Verhältnisses von Odysseus und Athene. Dem von ihr geliebten Odysseus gibt sich Athene selbst zu erkennen, allerdings erst nach einer kleinen Prüfung. Auch ihm erscheint sie zunächst in menschlicher Gestalt, sie glich, wie Homer berichtet, einem sehr gepflegt aussehenden jungen Schafhirten, wie Kinder von Herrschern sind (13, 222–225). Dieser junge Mann macht Odysseus, der gerade in seiner Heimat Ithaka angekommen ist, sein Land aber noch nicht erkannt hat, durch eine wunderbare Schilderung des Reichtums und der Schönheit dieser Insel das Herz warm (13,236–250). Dennoch verstellt sich Odysseus und erzählt eine Lügengeschichte über sich (13,256–286). Gerade das aber gefällt Athene. Sie lächelt, streichelt ihn mit der Hand und spricht ihn – nun in der Erscheinung einer großen, schönen Frau, die sich auf die Herstellung herrlicher Arbeiten versteht – an. Es freut sie, dass er auch ihr gegenüber vorsichtig ist und sie bestätigt ihm, dass sie ihn deshalb nie verlassen könne, weil er immer das, was wirklich vorteilhaft für ihn ist, zu erreichen sucht und sich nicht zu unüberlegtem Handeln verleiten lässt. Weil er deshalb sich in seinem Handeln immer nach dem richtet, nach dem auch sie sich richtet, spricht sie mit ihm in langer, gemeinsamer Beratung wie von Gleich zu Gleich (13,287–440). Dass Athene in verschiedener Gestalt dem Odysseus erscheint, hat seinen Grund offenbar in dem Aspekt von praktischer Vernunft, an dem sie ihn teilhaben lassen will. Als adliger Hirte öffnet sie ihm die Augen für das Wohltuende an seinem Heimatland, als kluge, zu kunstfertiger Arbeit fähige Frau berät sie mit ihm über das richtige Vorgehen, das ihn wieder zum Herrn in einem Haus machen werde.

Dennoch zeigt auch diese Szene, dass Athene für Homer kein »Substitut« für die praktische Vernunft des Menschen ist. Denn selbst Odysseus sagt, dass Athenes Wirksamkeit in der Welt nur schwer zu erkennen sei (13,312 f.), und es ist in allen Beratungen zwischen ihm und Athene immer klar, dass er jeweils nur in kleinen Stücken teilhat an der Vernunft der Göttin, »die in ihrem Verstand alles weiß« (*ení phresí pánta idyía*, 13, 417). Athene als kluge, sich auf kunstvolle Herstellung schöner Werke verstehende Frau ist kein Bild für künstlerisch-technische Fähigkeiten des Menschen. Eine Frau, die sich darauf versteht, ist vielmehr eine Erscheinungsform, wie Athene in der Welt erfahrbar wird. Athene ist das eigentlich Gemeinte, das Bild Athenes als handwerklich tüchtige Frau verweist allegorisch auf sie. Aber es verweist nicht wie bei Pandaros in einer auf das sinnliche Äußere und dessen Vorteile beschränkten Form, auch nicht wie bei Achill oder Telemach in einer Beschränkung auf einen nur in einer bestimmten Situation hilfreichen und förderlichen Vorteil, sondern als Bild für ein klug durchdachtes und klug durchgeführtes Handeln, das auf ein für den ganzen Menschen vorteilhaftes Ziel ausgerichtet ist.

Beachtet man diese Rückverweise auf Athene selbst in den verschiedenen Erscheinungsformen, in denen Homer sie auftreten lässt, lernt man nicht nur in jeder dieser verschiedenen Aktivitäten etwas Anderes, Neues über Athene, man kommt dadurch auch dazu, in jedem einzelnen Bild einen Sinnüberschuss über das jeweils Dargestellte zu bemerken und so etwas über die Seinsfülle Athenes zu erfahren.

Auch wenn der Weg von der Darstellung des Göttlichen durch Homer bis zur Allegorese der Spätantike und bis zur Entwicklung eines mehrfachen Schriftsinns v. a. im Mittelalter noch weit ist – vor allem die Bedingungen für eine möglichst reine, unverfälschte Darstellung des Göttlichen durch eine »entheastische« (gottbegeisterte) Dichtung haben die

spätantiken Platoniker vielfach durchdacht – es ist ein Weg,
der konsequent zu einem Verständnis hinführt, wie die Erscheinungen des Göttlichen in der Welt auf »verkleidete«
Weise das in ihnen wirksame Göttliche zur Anschauung bringen – in klarer Differenz zu der v. a. von der Neuzeit übernommenen vorsokratisch-stoischen Allegorese, für die Götter
nur ein anschauliches Bild für abstrakte Kräfte in der Welt
sind. Die Götter sind keine bloßen Zeichen, sondern das eigentlich Bezeichnete, die Wirklichkeit enthält in verschiedenen Modi Zeichen, die in anschaulich bildlicher Form auf dieses eigentlich Bezeichnete hinweisen.

In wunderbarer poetischer Formulierung ist dieser Grundgedanke noch von Alanus ab Insulis formuliert:

> *Omnis mundi creatura/quasi liber et pictura/nobis est et speculum./*
> *Nostrae vitae, nostrae mortis/nostri status, nostrae sortis/fidele signaculum.*
> »Jedes Geschöpf der Welt ist wie ein Buch und ein Gemälde für uns und ein Spiegel. Für unser Leben, unseren Tod, unsere Verfasstheit und unser Los ein zuverlässiges Zeichen.«[147]

Das Zeichen ist die Welt, die nur in der Weise des Bildes das
uns von Gott zugedachte Schicksal wiederspiegelt.

---

[147] Alanus bezieht diese Deutung in seinem berühmten Gedicht vor allem auf den vergänglichen »Status« des menschlichen Lebens, das in ständigem Wandel schon in seiner Entstehung den Keim zum Vergehen in sich trägt. Die Formulierungen der ersten Strophe lassen aber eine weitere Deutung zu, die das die menschliche Verfasstheit bestimmende Gesetz (*lex*) im Wandel der Erscheinungen erkennt. Zur Interpretation dieses Gedichts vgl. v. a. ANDREAS KABLITZ, Zwischen Rhetorik und Ontologie. Struktur und Geschichte der Allegorie im Spiegel der jüngeren Literaturwissenschaft, Heidelberg 2016, 107–123.

5. Das Paris-Urteil

Die verschiedenen Formen, in denen Athene den Menschen erscheint, sind bei Homer besonders ausführlich und differenziert beschrieben. Von der Sache her kann man analoge Beobachtungen aber bei allen Götterdarstellungen Homers machen. Wenigstens an einem weiteren Beispiel soll noch gezeigt werden, dass die platonische Maxime, es hänge von der Art der Erkenntnis ab, wie einem die Welt erscheint, und dass deshalb auch das Erscheinen der Götter von den Menschen nur so wahrgenommen werden kann, wie sie fähig sind, das eigene Sein der Götter zu erkennen, nicht nur auf Athene zutrifft, sondern ebenso für die Erscheinungen anderer Götter gilt. Ein Beispiel, das eine Nähe zu der Pandaros-Geschichte hat, bietet das sogenannte Paris-Urteil, von dem Homer nur sehr knapp das Wesentliche berichtet. Hera und Athene sei das heilige Troja verhasst gewesen, »wegen des verblendeten Frevels des Alexandros [Paris], der die Göttinnen kränkte, als sie zu ihm auf sein Gehöft kamen, sie [Aphrodite] aber pries, die ihm die Schlimmes bringende Wollust (*machlosyne alegeiné*) verschaffte« (24, 28-30).

Dass Homer das Denken und Wollen der Götter so beschreibt, wie es als Wirkung in der Welt erfahren werden kann, haben wir schon bei der Behandlung der Pandarosszene gesehen. Das wird hier besonders an Aphrodite deutlich, die als Göttin dargestellt wird, die eine Wollust verschafft, die am Ende zu großem Leid führt. Es kann allerdings kaum glaubhaft sein, anzunehmen, Homer schreibe Aphrodite, einer Tochter des Zeus, ein so niederes und für die Menschen verhängnisvolles Wesen zu. Als Hektor seinen Bruder als einen »Unglücksparis« (*Dyspari*) beschimpft (*Ilias* 3,38), der den Troern mit seinen nutzlosen Gaben der Aphrodite nur Schlimmes gebracht habe (3,54–57), akzeptiert Paris den Vorwurf des Bruders als »gebührend« (*kat' aísan,* 3,59), gesteht seinen Fehler ein, verlangt aber, dass er die Gaben der liebreizenden Aphrodite ihm nicht zum Vorwurf mache, denn die Gaben der ehrwürdigen Götter dürfe man nicht verachten (3,64 f.). Auch die einzelnen Figuren bei Homer, wie in diesem Fall Paris, machen den vielfach beobachtbaren Unterschied zwischen dem, was von den Göttern kommt, und dem, wie es die Menschen aufnehmen und was sie daraus machen. Es liegt nicht an der Liebreiz wirkenden Schönheit, die Paris als eine Gabe Aphrodites hat, dass er die ihm mit dieser Gabe verliehenen Möglichkeiten missbraucht hat.

Auch die Erscheinung Aphrodites als einer Wollust verschaffenden Macht hat ihre Besonderheit in der Weise, wie sie Paris erscheint und ihm angenehm und lustvoll ist. Ähnlich wie bei Pandaros findet man auch wichtige Stellen in der homerischen Erzählung, die Paris in charakteristischem Handeln zeigen, aus denen sich der Leser ein Gesamtbild von ihm machen kann. Über sein Verhältnis zu den »Gaben Aphrodites« erfährt man auch im Verlauf der Ilias-Handlung Entscheidendes. Als er Menelaos entkommen war, ging er in sein Haus zurück, wo er auf »kunstreich gearbeitetem« Bett auf Helena, die Aphrodite zu ihm geschickt hatte, wartet. Als sie ihn wegen seiner früheren Prahlerei, er sei stärker als Menelaos, schimpfend anfuhr, sagte er:

> »Komm, lass uns an der Liebe uns erfreuen und legen wir uns nieder. Denn noch nie hat mir das Begehren (nach dir) den Verstand so verdunkelt, auch nicht, als ich dich zuerst aus dem lieblichen Lakedaimon raubte [...] und wir uns auf der Kranae-Insel in Liebe verbanden, so wie ich jetzt dich begehre und ein süßes Verlangen mich ergreift« (3, 440–446).

Auch wenn Paris weiß, dass er durch seine Neigung zum Aphrodisischen viel Unglück über Troja gebracht hat, sein Bild von Aphrodite ist von dieser Neigung geprägt. Von ihr her erscheint ihm Aphrodite als die Göttin, deren Gaben ihm zur Erfüllung seines Begehrens dienen.

In seiner Interpretation des Paris-Urteils betont Proklos, es sei lächerlich, zu meinen, Homer wolle uns erzählen, die Göttinnen Hera, Athene und Aphrodite seien in einem Streitzustand miteinander und bräuchten einen einfachen Hirtenjungen, um über ihren Wert zu entscheiden. Man müsse besser von der Annahme ausgehen, dass sie den Menschen drei Lebenswahlmöglichkeiten zum Angebot machten. Von einer den Menschen gebotenen Lebenswahl spreche auch Platon vielfach und auch er unterscheide zwischen einem *basilikós bios*, einer Lebensform als königlicher Herrscher, die er auf Hera (in Ergänzung zum *philósophos bios* des Zeus) zurückführe, einem auf Anerkennung und Sieg ausgerichtetem Leben (*bíos nikephóros*), wie es Athene bietet, und schließlich einer erotischen Lebensweise, die aus dem Machtbereich der Aphrodite stamme. Paris habe sich aus vernunftloser Gier allein einem Schattenbild der Schönheit Aphrodites (*eídolon tou kaloú*) zugewandt und nur dies in Aphrodite sehen können. Denn es gebe auch eine erotische Attraktivität der geistigen Schönheit, die keineswegs in einem Widerspruch zu den mit Hera und Athene verbundenen Lebensformen stünden.[148]

---

[148] Vgl. PROKLOS, In Platonis (s. Anm. 129), I, 108 f.

6. Die Götter als Extrapolation menschlicher Befindlichkeiten

Eine wirkliche Konfusion im Verständnis würde entstehen, wenn man die Unterscheidung einer himmlischen und einer vielen gemeinsamen, »irdischen« (»pandemischen«) Aphrodite, wie sie Platon den sophistisch geprägten Pausanias im *Symposion* treffen lässt (180c-185c), mit dem Liebe wirkenden Sein der Göttin Aphrodite selbst und dem, was Menschen von ihr zu erkennen in der Lage sind und wie sie ihr zu folgen bereit sind, wie Homer es darstellt, gleichsetzen würde. Pausanias versteht sich als Aufklärer. Sein Aphrodite-Bild geht vom Menschen aus, genauer: von der verschiedenen Art der Menschen, sich dem eigenen erotischen Begehren zu überlassen. Aus dieser Unterscheidung erst leitet er ab, dass es auch zwei verschiedene Aphroditen geben müsse, auf die sich jeweils diese erotischen Triebe beziehen. Pausanias geht es vor allem darum, die athenische Form der männlichen Homoerotik gegen die sinnlich primitive Päderastie der Männer in Böotien abzugrenzen. Den kultivierten Liebhabern Athens sei eine grobe sinnliche Triebbefriedigung widerlich. Sie streben nach einer Freundschaft mit dem jungen Geliebten, für dessen Erziehung und Bildung sie sich verantwortlich fühlen. Das »Gefälligsein« (*charízesthai*), das sie vom Geliebten erwarten, sei daher etwas Freiwilliges, gern als Gegengabe Zugelassenes. Weil es diese zwei Formen des Eros gebe, gebe es auch zwei verschiedene Aphroditen. »Wir wissen nämlich alle, dass es ohne Eros keine Aphrodite gibt« (180d). Pausanias kehrt das traditionelle Verhältnis von Eros, dem Diener Aphrodites, und Aphrodite selbst um. Aphrodite steht dann nicht einfach für die Liebreiz wirkende Schönheit, dem das erotische Begehren folgt. Das, wofür sie steht, hängt vielmehr davon ab, worauf sich unser erotisches Begehren richtet: auf den sinnlichen Reiz, der uns zur Triebbefriedigung drängt, dafür steht die »pandemische Aphrodite«, oder auf den ästhetischen Genuss der Schönheit eines jungen Menschen, der uns zu einem freundschaftlichen und wohltuenden Umgang mit ihm anregt, dafür steht, man könnte auch formulieren, für solche Männer gibt es die »himmlische Aphrodite«.

Das Axiom des Protagoras, dass der Mensch das Maß von allem ist,[149] verwirklicht Pausanias konsequent auch bei seinem »modernen« Gottesverständnis. Weil wir unterschiedliche erotische Bedürfnisse haben, gibt es auch zwei unterschiedliche »göttliche« Ursachen für sie.

Pausanias' Aphroditen als allegorische Bilder für das, was dem Erotiker schön und reizend erscheinen kann, bieten einen interessanten Vorgriff auf die »kritische« Erkenntnis der nur subjektiven Konstruktivität der Allegorie in der Moderne, der für das häufigste Allegorieverständnis bis in die Gegenwart maßgeblich geblieben ist.

Mit ziemlicher Ironie führt Platon im *Symposion* die fast schon lächerliche Weise vor, wie der schon nicht mehr ganz jugendliche »Liebhaber«[150] Pausanias eine subjektive Befind-

---

[149] Vgl. DIELS/KRANZ, Fragmente (s. Anm. 35), B1.

[150] In der griechischen Homoerotik unter Männern spielt der Unterschied zwischen dem Liebhaber (*erastés*) und dem noch ganz jungen Geliebten (*eroménos*) eine große Rolle. Es ist die gerade aufblühende, noch ganz unversehrte Schönheit, die der Liebhaber schon verloren hat, die ihn am Geliebten anzieht. S. dazu z. B. THEOKRIT, Thalysien, vv. 96-127. Der Liebhaber Simichidas droht dort dem von ihm Geliebten sogar damit, er solle von Eros getroffen werden. Er erinnert den Geliebten daran, dass er schon »reifer« sei »als eine Birne«, die Frauen sagten schon, die »schöne Blüte« seiner Jugend schwinde dahin (vv.118-121). Mit diesem Hinweis auf die

lichkeit zur Grundlage seines Bildes vom Gott *Eros* macht. Der im Dialogverlauf auf Pausanias folgende Redner, der Arzt Eryximachos, übertrifft diesen Pausanias aber noch (185e-188e). Es ist seine ärztliche Kunst, durch die er sich fähig fühlt, mit wissenschaftlicher Beherrschung der in der Welt wirkenden Kräfte das Göttliche den menschlichen Bedürfnissen dienstbar zu machen. Deshalb erweitert er die Unterscheidung des Pausanias auf einen »doppelten Eros« (*diploús éros*), der die ganze Welt durchzieht (186b-188e). Ausgangspunkt ist ihm seine medizinische Wissenschaft, die durch ihr Wissen um das harmonische Verhältnis von warm und kalt, trocken und feucht, bitter und süß (usw.) einen dem Menschen bekömmlichen Prozess der Nahrungsaufnahme und Ausscheidung schaffen kann. Dieses dem Menschen wohltuende Verhältnis strebt der gute Eros in uns an und wehrt den schlechten Eros, der die Gegensätze übertreibt, ab. Ähnliche Unterschiede in einem richtigen und falschen erotischen Streben gebe es in der Gymnastik und im Ackerbau, vor allem aber erläutert Eryximachos am Beispiel der Musik den Eros, dem man zu Gefallen sein muss (*dei charízesthai* 187d), den er als den himmlischen Eros (*ouránios*), der zur Muse Urania (die Himmlische) gehört, bezeichnet. Er stellt sich ein bei harmonischen Tonverhältnissen und findet kein Gefallen an allem Dissonanten, nach dem nur der gewöhnliche Eros

---

ihm bald drohende Situation des Liebhabers versucht er ihn zum Mitleid mit ihm zu bewegen und ihm »zu Gefallen zu sein«. S. auch das Gedicht 23: *Erastés* (Der Liebhaber). Eine vorzügliche Interpretation des *Symposion* gibt RAINER THIEL, Irrtum und Wahrheitsfindung. Überlegungen zur Argumentationsstruktur des platonischen *Symposions,* in: STEFAN MATUSCHEK (Hg.): Wo das philosophische Gespräch ganz in Dichtung übergeht. Platons Symposion und seine Wirkung in der Renaissance, Romantik und Moderne, Heidelberg 2002, 5-16.

(*pándemos*) strebt, vor dem man sich in Acht nehmen muss, denn er verführt leicht zu einem ausschweifenden Leben.[151] Mit ähnlichen Begründungen geht Eryximachos noch mehrere Lebensbereiche durch, um damit zu enden, dass man auch den gesamten Verkehr von Göttern und Menschen durch das Wissen (*epísthastai*) um die verschiedenen erotischen Strebungen kunstgerecht regeln könne (als *demiourgós*, Werkmeister, 188d).

Die sophistische Aufklärung, die Platon im *Symposion* von ihrer eher trivialen Seite her charakterisiert, ist im Unterschied zur Aufklärung der Moderne nicht auf eine Bestreitung der Existenz von Göttern ausgerichtet, jedenfalls nicht in ihren Haupttendenzen. Sie zieht die traditionellen Götter nicht grundsätzlich in Zweifel, aber sie versteht sie als Kräfte und Mächte in der Welt, die einer allgemeinen Erfahrung zugänglich sind und die man mit menschlicher Vernunft beherrschen und dem Leben dienstbar machen kann. Trotz der begrenzten, dünkelhaften Vernunft, die Platon an den Reden der beiden Aufklärer vorführt, ist das Anliegen, dessentwegen er im *Symposion* sie ihnen in den Mund gelegt hat, keine Nebensache. Denn geprägt sind ihre Argumente und deren Ziele vom common sense, vom »gesunden Menschenverstand«. Protagoras' sogenannter »homo-mensura-Satz« macht nicht etwa jeden einzelnen Menschen subjektiv zum Maß aller Dinge, sondern, wie schon Kurt von Fritz überzeu-

---

[151] Eryximachos kritisiert deshalb auch die übliche Deutung von Heraklits Rede von einer »in sich entzweiten Stimmung« (DIELS/KRANZ B 51). Es sei »große Unvernunft«, eine in sich entzweite Stimmung für möglich zu halten, Heraklit müsse gemeint haben, dass aus nicht Zusammenpassendem (Höheren, Tieferen usw.) die Tonkunst eine Zusammenstimmung schaffen könne (187 a-b).

gend belegt und erklärt hat,[152] den Normalmenschen mit seinen im Leben bewährten Meinungen und Neigungen, bei denen er sich auf das Wahrscheinliche *(to eikós)* und nicht auf irgendwelche ideologischen Theorien stützt. Diese Ausrichtung an dem, was der Lebensform des Menschen in praktischer Bewährung und mit plausiblen Gründen zuträglich ist, ist in der europäischen Geistesgeschichte immer wieder neu aufgegriffen und in unterschiedlichen Varianten erprobt worden. In der Gegenwart ist es z. B. der sogenannte aristotelische Naturalismus,[153] der, v. a. den Anregungen von Philippa Foot folgend,[154] normative Praktiken in der Ver-

---

[152] Vgl. KURT VON FRITZ, Art. »Protagoras«, in: Paulys Realencyclopädie der classischen Altertumswissenschaft, Bd. 23.1, hg. von Hans Gärtner, Stuttgart 1957, 913–919.

[153] Vgl. dazu v. a. die Besprechung in der Philosophischen Rundschau 65,3, 2018, 175–196 von CHRISTIAN KIETZMANN: Ethik und menschliche Natur – Literatur zum Aristotelischen Naturalismus. Eine gute Kritik an der kaum berechtigten Zuweisung dieses »Naturalismus« an Aristoteles gibt CHRISTOF RAPP, Was ist Aristotelisch am Aristotelischen Naturalismus?, in: MARTIN HÄHNEL (Hg.), Aristotelischer Naturalismus, Stuttgart 2017, 19–41. Leider geht Rapp, obwohl er auf das »ergon-Argument« bei Aristoteles hinweist, nicht auf die ausführlich entwickelten Voraussetzungen dieses Arguments ein, von denen wir wichtige Aspekte oben diskutiert haben. Die Vermeidung eines Metaphysik-Verdachts ist für viele Grund, sich dem vermeintlich allein an einem praktisch gelingenden Leben orientierenden Aristoteles zuwenden, der auf fixierte, absolute, supernaturale Axiome verzichte. Dagegen zeigt aber eine korrekte Auslegung des ergon-Arguments, dass Aristoteles keineswegs an einer nur praktischen Erklärung gelingenden Lebens interessiert ist. Durch die Reflexion auf die dem Menschen eigentümlichen Fähigkeiten kann er deren Ursprung in einer allgemeinen, für alle verbindlichen Vernunft aufweisen, deren Inhalte die reiche Pluralität spezifisch menschlicher Handlungsmöglichkeiten erschließbar machen, die gerade die Fixierung abstrakter Normen vermeiden.

[154] Vgl. PHILIPPA FOOT, Die Natur des Guten, übers. v. Michael Reuter, Frankfurt a. M. 2004.

bindlichkeit der spezifisch menschlichen Lebensform sucht, die zu ihrer Verwirklichung und Optimierung nach Foot v. a. auf Gerechtigkeit und Wohlwollen angewiesen ist. Das ist nicht weit, jedenfalls nicht substantiell, von der Vorstellung entfernt, die Platon Protagoras in seinem nach ihm benannten Dialog entwickeln lässt, menschliches Leben könne nur unter Beachtung von Gerechtigkeit und Anerkennung der Anderen und Respekt vor ihnen gelingen (*Protagoras* 319c–322d).

Die Sophisten und ihre Anhänger sahen kein Problem darin, die Erfüllung menschlicher Bedürfnisse auf »göttliche Gaben« zurückzuführen, die man als wirksam in der Welt erfahren, erkennen und sich durch Wissen und Kunst dienstbar machen kann. Der traditionellen Volksreligion blieben sie deshalb in vieler Hinsicht treu, wie überhaupt die Sophistik viele konservative Züge aufweist. Es sollte nicht alles anders, sondern mit den neuen Techniken, v. a. der Rhetorik, besser werden.

Nimmt man die wichtigsten Arbeiten zur Geschichte der griechischen Religion und der archäologischen Untersuchungen zu den Kulten und Riten der Griechen zur Hand, um sich über das Bild der Griechen von ihren Göttern und Heroen zu informieren, findet man ein überaus reiches, vielfach differenziertes und divergierendes Bild sowohl von den Göttern im Allgemeinen als auch, ja besonders, von den einzelnen Göttern. Jedem Gott wird in verschiedenen geschichtlichen Phasen, in verschiedenen Regionen und verschiedenen Einzelkultstätten eine große Pluralität von Zuständigkeiten zugewiesen, die mehr von den jeweiligen lokalen Gegebenheiten und Bedürfnissen abzuhängen scheinen als von einem einheitlichen Gottesbild. Auch die Religionsgeschichte folgt dem Grundgedanken, dass die Vorstellungen der Menschen von den Göttern vor allem durch ihre jeweiligen Erwartungen und Bedürfnisse geprägt seien. Nicht die Einsicht in die Verbundenheit aller Äußerungen einer Gottheit zu einem wesentlichen Sein, sondern die oft kontingenten Bedingungen, unter denen den Menschen etwas als göttlich erschien, gelten als die beobachtbaren, historisch belegbaren Gründe für den Glauben an Götter. Es ist auch wahrscheinlich, dass diese Auslegung oft die Phänomene richtig beschreibt und deutet.

7. Die Darstellung göttlichen Handelns und die Vollendung, »Areté«, der Kunst

Verfolgt man die Darstellung der Götter in ihrer Gemeinschaft wie in ihrem einzelnen Handeln bei Homer, erhält man ein anderes Bild, als es Platon von sophistischen »Aufklärern« zeichnen lässt, und wie es viele historisch-genetische Darstellungen der griechischen Religion vertreten.

Wenigstens am Beispiel der Athene haben wir die Züge dieses Bildes etwas genauer und in konkreterem Detail untersucht. Athene ist in allen ihren Handlungen, Wirkungen und Erscheinungen bei Homer immer ein und dieselbe. Die Unterschiede im Einzelnen gehen auf die verschiedenen Kompetenzen, die in ihrem Wesen zusammengehören, und auf die verschiedenen Situationen, auf die sie ihrem Wesen gemäßen Einfluss nimmt, zurück. Die religionsgeschichtlichen Beschreibungen der disparaten Züge vieler Götter haben zu einem Teil ihren Grund darin, dass viele nicht beachten, dass die Vorstellung von Göttern mit ganz verschiedenen Erscheinungen und Einflussnahmen ihren Ursprung gerade in der homerischen Tendenz hat, die Götter immer in der Erscheinung zu zeigen, in der sie sich gerade an bestimmte Menschen oder Situationen angleichen. Die Wirkung Homers auch auf die griechische Volksreligion kann kaum überschätzt werden.

Es gibt aber bei Homer selbst einen beachtenswerten Unterschied in der Weise, wie die Menschen Götter und Göttliches erkennen. Denn der Eindruck, bei Homer sei immer klar, welcher Gott mit welchem Plan gerade tätig ist, ist zwar ein Eindruck, den man als Leser leicht gewinnt, er ist aber durchgehend nur für Homer als Erzähler selbst zutreffend, von den Menschen in seinen Erzählungen sind es immer nur wenige und in wenigen Situationen, in denen sie über ein genaues Wissen des göttlichen Einflusses oder wenigstens eine Ahnung von ihm verfügen. In der Regel sprechen die Menschen bei Homer, wenn sie göttliche Mitwirkung vermuten, von *Daimones* (Schicksalszuteiler), d. h. undifferenziert einfach von Göttern oder einem Gott.[155] Dieser Befund bei Homer liefert zugleich eine Bestätigung für einen Bericht von Herodot über die Frühgeschichte des griechischen Götterglaubens.[156] Die vorgriechischen Ureinwohner, die Pelasger, hätten bei allen ihren Opfern nur zu den Göttern im Allgemeinen gebetet, ohne die Götter bei ihrem Namen anzurufen. Sie hätten nämlich noch keine Namen von Göttern, d. h. keine Bezeichnungen zur Unterscheidung der Götter voneinander, gekannt. Von »Göttern« (*theoí*) hätten sie gesprochen, weil die Götter durch Ordnung allen Dingen ihren Platz festgesetzt (*théntes*) hätten und alles, was sie den Menschen zuteilen (*nomás*), in ihren Händen hielten. Viel später hätten sie von den aus

---

[155] Die strikte Unterscheidung zwischen Gott, *theós*, und Dämon, *daímon*, geht v. a. auf Platon zurück. Für die meisten homerischen Menschen sind die Götter Daímones. Vgl. OVE JÖRGENSEN, Das Auftreten der Götter in den Büchern »i«-»m« (9–12) der *Odyssee*, Hermes 39, 1904, 357–382.

[156] Vgl. HERODOT. Historien. Deutsch von Kai Brodersen und Christine Ley-Hutton, Stuttgart 2019, II, 52–53.

Ägypten stammenden Namen der verschiedenen Götter gehört und hätten sie auf den Rat des uralten Orakels in Dodona übernommen. Woraus aber jeder einzelne Gott entstanden sei (z. B. *Okéanos* aus *Gaía* und *Ouranós,* der Ozean aus der Erde und dem Himmel), oder ob sie immer alle dagewesen seien (ohne eine als Entstehungsgeschichte deutbare Hierarchie, etwa von Ouranos und Kronos zu Zeus), und von welcher Gestalt die einzelnen waren, das wüssten sie sozusagen erst seit gestern und vorgestern. Denn es seien erst Homer und Hesiod gewesen, die den Griechen eine »Theogonie«, eine Abstammungsgeschichte der Götter gemacht hätten, die den Göttern Namen gegeben, ihre Amtsbereiche und ihre *téchnai,* ihre »Fertigkeiten« unterschieden und ihre Gestalten beschrieben hätten.

Diese vielzitierte Passage wurde lange und von vielen übersetzt und ausgelegt, als stelle Herodot die Behauptung auf, Homer und Hesiod hätten den Griechen ihre Götter »gegeben«, d. h. in poetisch-schöpferischer Phantasie erschaffen. Nimmt man nicht nur den zentralen Satz, sondern die ganze Passage zum Ausgangspunkt der Interpretation, ergibt sich aber eine Bewegung von einem ersten, noch undifferenzierten Gottesbegriff, der aus dem erfahrbaren Faktum von Ordnung in der Welt erschlossen ist, zu einer immer genaueren Unterscheidung der verschiedenen Wirkungsbereiche der Götter und den Fähigkeiten, die sie jeweils haben: Athene mit dem Bereich der praktischen Vernunft und den von ihr ausgehenden Gedanken, z. B. als kluge Strategin beim Kampf, im Unterschied zu Ares, der Gott von Krieg und wildem Kampfgewühl, mit dem Athene oft im Streit liegt; Aphrodite mit der erotischen Wirkung der Schönheit und ihrem Handeln gegenüber z. B. Helena und Paris, usw.

Homer und Hesiod haben den Griechen keine Götter erschaffen, sondern haben ihre jeweiligen Kompetenzen zu erkennen versucht und voneinander unterschieden. Es ist nicht einfach eine göttliche Einwirkung, wenn Athene sich mit Odysseus berät, sondern etwas, was nur von Athene kommen kann, usw.

Nimmt man die verschiedenen Handlungsweisen zusammen, die Homer in seinen beiden Epen Athene zuschreibt, von denen wir nur einige zentrale besprochen haben, ergibt sich ein ähnlich kohärentes, in sich konsistentes Bild, bei dem die Teile untereinander und zum Ganzen zusammenstimmen, wie Homer es unter den Menschen vor allem von Achill zeichnet.[157] Auch bei Achill fällt die sein verschiedenes Handeln begründende Einheit dem flüchtigen Leser nicht unmittelbar auf. Er zeigt ja sehr unterschiedliche Züge: Er ist mitleidig mit dem an der Seuche leidenden Heer, setzt sich für Gerechtigkeit gegenüber allen ein, ist aber auch jähzornig und verbohrt sich sogar in seinem Zorn, überlässt viele Kameraden einem bitteren Schicksal, zeigt sich aber dennoch überaus besorgt um seine Freunde, kämpft erbarmungslos wie ein »Berserker« nach seinem Wiedereintritt in den Kampf und gewährt niemandem mehr Nachsicht, rächt sich exzessiv an Hektor und misshandelt ihn, versöhnt sich aber wenig später mit seinem Vater, mit dem er mitfühlt und sogar gemeinsam weint, und dem er den Leichnam nicht nur herausgibt, sondern sich sogar zu zehn Tagen Frieden verpflichtet, damit er ordnungsgemäß bestattet werden kann.

Diese Art der Darstellung eines Charakters hat schon Horaz missfallen. Wer einen Charakter darstellt, müsse sich darum bemühen, dass alles, was er von ihm zeigt, mit sich

---

[157] Zu Achill bei Homer, vgl. SCHMITT, Achill – ein Held (s. Anm. 114).

übereinstimmt (*sibi convenientia, Ars poetica* v 119). Ein Achill, den man wieder auf die Bühne bringen will, müsse rastlos, zornwütig, unerbittlich, heftig sein, der bestreitet, dass es für ihn Rechte gibt, die ihn binden, der sich alles mit der Waffe verschafft *(ars poetica* 120–122). Es ist keine Frage, diese poetischen Forderungen erfüllt Homer nicht. Man muss sich aber nur an die Art und Weise erinnern, wie Athene Achill zwar von der Tötung des Königs abhält, ihm aber Freiraum dafür lässt, seinem nicht unberechtigten Zorn Genugtuung zu verschaffen, um zu verstehen, dass Homer größte Sorgfalt bei der Erklärung, wie die verschiedenen Züge in Achill zusammenpassen und also *sibi convenientia* sind, hat walten lassen.

Ähnliches kann man von seiner Darstellung der einzelnen Götter und besonders von Athene sagen. Auch diese Athene tut und erwirkt vieles, was scheinbar nicht zusammen- und auf keinen Fall zu ihr als Göttin der immer auf den wahren Vorteil gerichteten Vernunft passt. Bei der Besprechung dieses nicht Zusammenpassenden konnte man aber sehen, dass gerade dies das besondere Wesen Athenes ausmacht, dass sie sich nicht gegen alle gleich verhält, sondern sich nach der Verschiedenheit derer richtet, denen sie sich zuwendet. Man kann nicht einfach feststellen, dass Athene Pandaros und die Troer zum Eidbruch und damit zu einem großen Verbrechen verführt, während sie Achill gerade von einem großen Verbrechen abhält. Sie verrät deshalb kein »frühes«, noch widersprüchliches Gottesverständnis, das sich dem unseren entzieht, sondern sie gewährt jedem so viel Anteil an der auf das Vorteilhafte gerichteten Vernunft, wie er davon zu erfassen vermag. Über den Vorteil, den Geld und Ansehen bei den »Oberen« bringt, hinaus, kann ein Pandaros nicht denken. Diese Begrenztheit stammt nicht von Athene. Dass diese Begrenzung des Blicks auf das erkennbar Vorteilhafte keine willkürliche Beeinflussung des Menschen Pandaros ist, kann man auch daran erkennen, dass es genau dieser begrenzte, auf die Schonung des eigenen Besitzes gerichtete Verstand ist (5, 210–216), der Pandaros in einer Kampfsituation das Leben kostet (5, 290–296), von der jeder sonst von den Kämpfern weiß, dass er hier sein Leben nur sichern kann, wenn er seinen Besitz an Pferden und Kampfwagen nicht schont. Diesen Blick auf das im Kampf erforderliche Vorteilhafte hat Pandaros nicht, und wird deshalb nicht von Athene, sondern durch sich selbst mit dem Tod bestraft.

Bei Athene dagegen findet man keine Tendenz (auch wenn dies von nicht wenigen behauptet wird), dass sie die Anteilnahme an ihrer Vernunft – etwa aus göttlichem Neid – begrenzen möchte. Homer berichtet im Gegenteil davon, dass sie bei Menschen wie etwa bei Telemach, die von sich aus nach einem selbständigeren und besseren Anteil an Vernunft streben, aktiv mitwirkt, um dieses Streben zu fördern. Im Gespräch mit Zeus, von dem Homer am Anfang der Odyssee berichtet, betont sie selbst diese Absicht: »Ich will nach Ithaka gehen, um ihm [Odysseus] den Sohn noch mehr anzutreiben und seinen Verstand zu kräftigen [...] damit er sich edlen Ruhm unter den Menschen erwerbe« (*Odyssee* 1, 89 f.; 95). Das tut sie in Gestalt eines Gastfreundes (Mentes) und eines alten Freundes von Odysseus (Mentor) und schließlich in einem Traumgesicht so, dass sie Telemach immer genau so viel anbietet, dass er den eigenen Verstand daran bewähren und entwickeln kann.

Das Erscheinungsbild, das Homer zeichnet, wie sie sich nach dem Gespräch der Götter auf die Erde leicht wie mit dem Wehen des Windes bewegt, mit dem wehrhaften Speer in der Hand, mit dem sie die bezwingt, denen sie zürnt, und mit dem sie schließlich als Taphierfürst am vorderen Tor des Palastes des Odysseus tritt, entspricht schon ganz dem Bild, in dem Athene von Malern und Bildhauern später immer wieder dargestellt wurde (1, 95–105). Auch von den verschiedenen *téchnai,* den verschiedenen Fertigkeiten, die Homer ihr zuschreibt und die in der späteren Tradition oft mit ihr verbunden werden, steht sie in allen Bereichen für die kluge, rationale Durchführung, die zu einem guten, vorteilhaften Ergebnis und »Werk« führt. Auch dabei ist sie immer dieselbe. Athene ist keine Göttin der Maurer oder der Schiffsbauer, sondern steht für das, was diese und andere Berufe zur Kunst macht. Als *Athene Ergáne*, als »Meisterin« des – oft weiblichen – Handwerks, ist sie für die geschickte, erfolgreiche Tätigkeit bei der Herstellung zuständig, usw. Und wenn sie Odysseus dabei unterstützt, wie er allein einen Sieg über die vielen Freier seiner Frau erringen könnte, tut sie dies nicht als Göttin von Kampf und Krieg – dafür ist Ares zuständig, mit

Athene Ergáne – Inbegriff der Bedeutung Athenes für Kunst und Handwerk, Oinoche im Alten Museum Berlin, ca. 460 v. Chr., © Bildzitat aus: Junker, Klaus / Strohwald, Sabrina, Götter als Erfinder. Die Entstehung der Kultur in der griechischen Kunst, Darmstadt 2012, 79.

dem sie öfter in eine Auseinandersetzung gerät – sondern als kluge Strategin.

Zur Besonderheit ihres Handelns sowohl in Ausübung ihrer Kompetenzen wie auch in ihrem verschiedenen Verhalten gegenüber verschiedenen Menschen passt auch immer das Erscheinungsbild, in dem Homer sie auftreten lässt. Es ist keineswegs beliebig, in welcher Gestalt Homer sie erscheinen oder welchem Menschen er sie sich angleichen lässt. So erscheint Athene z. B. dem Telemach zuerst in der Gestalt des Mentes, dann des Mentor. Mentes ist ein angesehener Führer der Taphier und ein alter Gastfreund des Hauses des Laertes, des Vaters von Odysseus. Das gibt ihr die Gelegenheit, mit Telemach so über die Situation seines Hauses zu sprechen, wie sie ein erfahrener und kluger Mensch von außen beurteilt. Außerdem kann sie ihm in dieser Gestalt auch Hinweise auf Odysseus, der noch am Leben sei, geben, und kann ihm raten, wie er jetzt einen ersten Versuch machen kann, sich v. a. durch die Einberufung einer Volksversammlung gegen die Freier zur Wehr zu setzen. Am Ende rät sie ihm, nach Pylos und Sparta zu fahren, ob er dort vielleicht etwas von seinem Vater hören könne (1,105-418). Als Telemach zur Durchführung dieses Plans schreitet, unterstützt sie ihn dabei in Gestalt des Mentor, der ein alter Freund seines Vaters ist und die Sorge für sein Haus übernommen hat. Mit ihm ist auch Telemach vertraut. Sie begleitet ihn bis zur ersten Station seiner Reise, bis zum Palast des Nestor in Pylos, um ihn, so vorbereitet, allein auf die Weiterreise nach Sparta zu schicken. Dort aber, das haben wir besprochen, greift sie, nachdem sich Telemach drei Wochen, d. h. viel zu lang, aufgehalten hat, in der Nacht, in der Telemach unruhig vor Sorgen um den Vater wach liegt, als Traumgesicht ein, um in ihm auch die Sorgen um den Zustand auf Ithaka wieder lebendig werden zu lassen.

Die Darstellung des Göttlichen im Bild

Als Mentes und Mentor verlässt Athene Telemach jedesmal ganz plötzlich. Homer sagt, »wie ein Vogel«, »einem Seeadler gleichend« (1,320; 3, 372). Das bewirkt in Telemach eine Ahnung, dass ihm in Mentes und Mentor eine göttliche Hilfe gewährt worden sein könnte, bei Mentor bestätigt der alte, kluge Nestor diese Vermutung (3,375–384), Telemach selbst geriet darüber in Erstaunen (dem Anfang der Philosophie) und wandte sich sofort zur Tat (1, 320–324). Da Homer durchweg davon berichtet und Odysseus ausdrücklich zu Athene sagen lässt: »Du machst dich selbst jedem gleich« (13, 323), ist es nicht sinnvoll, über die mögliche Vogelgestalt der olympischen Götter nachzudenken. Richtiger ist es wohl immer, nach der jeweiligen Handlungsabsicht Athenes bzw. der Götter im Allgemeinen zu fragen. Offenkundig will Athene durch die plötzliche und leichte Art ihres Verschwindens ins Staunen bringen und zum Nachdenken anregen. Das gelingt ihr auch bei Telemach, der zwar nicht wie sein Vater Athene als sie selbst erkennt, der aber ihr Wirken in sich spürt.[158]

Im Blick auf die Handlungsintention ist die Reihenfolge: Mentes, Mentor, Traumgesicht nicht beliebig. Zuerst regt sie

---

[158] In ähnlicher Weise lässt Homer Athene noch einmal verschwinden in der Szene, in der Odysseus den Kampf mit den Freiern beginnt. Dabei unterstützt sie auch ihn in Gestalt des Mentor und fliegt als Schwalbe davon auf einen Dachbalken (*Odyssee* 22, 240). Die Voraussetzung für diese anregende, wenn auch nicht offenbare göttliche Unterstützung ist immer, dass die so Unterstützten von sich aus schon anstrebten, wozu sie vom Gott gefördert werden. So berichtet Homer z. B. auch von den beiden Aianten, die in schwerer Kampfsituation sich neu anstrengten, dass sie Poseidon in Person des Kalchas dazu ermuntert habe, denn »sie waren selbst schon begierig« (*memaóte, Ilias* 13,46). Auch hier fliegt Poseidon »wie ein Falke« davon. Dieses schnelle Verschwinden bemerken die beiden Aias und erkennen, dass sie von einem Gott unterstützt wurden (13, 59–75).

Telemach zur Findung eines eigenen Urteils über seine Situation an, dann hilft sie ihm bei der Durchführung seiner neu gewonnenen Planungen, um ihn schließlich, als er sich zu sehr in der Nähe des Vaters fühlt, an seine eigenen Erkenntnisse über den Zustand seines Hauses zu erinnern.

Was für die Erscheinungen Athenes vor Telemach gilt, kann man in vielfältiger Weise auch bei ihrem Verhalten gegenüber anderen Menschen beobachten: Sie erscheint immer so, wie es den Anteil an vorteilhaftem Denken, den sie jemandem gewährt, unterstützt: Bei Odysseus macht sie ihm das Herz als junger Adelssohn warm durch einen ersten Blick auf seine wiedergefundene Heimat (13, 221–239), als *Athene Ergáne*, als kluge »Meisterin« im Handwerk (13, 287: *aglaá érga idyía*), berät sie mit ihm, wie er sein Haus zurückgewinnen kann. Auch dass sie Pandaros als gewöhnlicher Kamerad erscheint, hat damit zu tun, dass der Vorteil, von dem sie erwartet, dass er Pandaros einleuchtet, ein gewöhnlicher, mit wenig Verstand erkennbarer Vorteil ist (auch wenn Pandaros von diesem normalen Meinen dadurch in »gigantischer« Weise abweicht, dass ihm dieser leicht vermutbare Vorteil so viel wert ist, dass er heiligste Eide bricht und Trojas Untergang riskiert).

Auch bei der Weise, wie Homer berichtet, dass Athene jeweils erscheint, kann man also ähnlich wie bei den jeweiligen Aktionen, die sie durchführt, feststellen – und es gibt dafür noch sehr viele weitere Belege –, dass sie immer genau so erscheint und handelt, wie sich das erkennbar Vorteilhafte in der jeweiligen Situation oder bei den jeweiligen Menschen durchsetzen lässt. Sie ist trotz der äußeren Verschiedenheiten ihres Auftretens immer dieselbe. Das ist deshalb so, weil die jeweiligen Verschiedenheiten nicht etwas Beliebiges sind, das aus einer äußeren Situation kommt oder durch äußere Umstände ihre eigene Aktivität verändert; die Veränderung kommt immer aus ihr selbst und sie kommt auch immer zum richtigen Zeitpunkt und bei einem richtigen Anlass.

Aristoteles unterscheidet, um herauszuarbeiten, worin die künstlerische Qualität einer Dichtung besteht, das, was ein Dichter in seiner Dichtung darstellt (wie v. a. Homer) oder darstellen sollte, von dem, was ein Historiker darstellen kann und muss, wenn er geschichtliches Geschehen korrekt wiedergeben will. Auch wer geschichtliches Geschehen verstehen und erklären möchte, wird zuerst auf die Akteure und deren Motive achten, von denen dieses Geschehen oft maßgeblich bestimmt wird, und er wird auch äußere Ursachenzusammenhänge mit berücksichtigen, um die verschiedenen Einflüsse zusammenzuführen, die den Verlauf dieses Geschehens bestimmen. Aber er muss damit rechnen, dass sich die Akteure nicht immer konsequent verhalten, sondern durch augenblicksbedingte oder andere willkürliche Vorlieben und Neigungen ihr Handeln unberechenbar und damit auch unanalysierbar machen. Analoges gilt für äußere Einflüsse, die nicht selten von zufällig Eintreffendem geprägt sind.

Das ist bei einem Künstler, der Handlung nachahmt, grundlegend anders. Wenn er, wie das nach dem Urteil des Aristoteles Homer beispielhaft durchgeführt hat, von einer aus den allgemeinen Potenzen eines Charakters bestimmten Entscheidung ausgeht und deren wahrscheinliche oder notwendige Konsequenzen beachtet, wird ihm eine Darstellung gelingen, bei der jeder Teilschritt dem vorhergehenden konsistent folgt, bei der man keinen Teil umstellen, wegnehmen oder hinzufügen kann (Kap. 8), ohne dass das Ganze sich ändern würde, so dass eine Komposition (*systasis, synthesis*) entsteht »mit Anfang, Mitte und Ende«, die »wie ein Lebewesen ein einheitliches Ganzes« (*hen hólon*) ist und dadurch ein mit dieser Kunst verbundenes ästhetisches Vergnügen (*ten oikeían hedonén*) schafft (Poetik 1459a17-21).

Dass diese Analyse nicht nur auf die Darstellung menschlichen Handelns zutrifft, wie man es an der Handlung Achills in der *Ilias* exemplarisch erkennen kann, sondern auch, ja noch klarer und konsistenter göttliches Handeln richtig beschreibt, wird man nicht bestreiten, wenn man das Handeln einzelner Götter, wie wir das am Beispiel Athenes getan haben, in den verschiedenen von Homer berichteten Facetten beachtet. Athene handelt immer aus den für sie eigentümlichen Kompetenzen heraus, sie tut dies immer an der richtigen Stelle und im richtigen Augenblick (im *kairós*), alle ihre einzelnen Aktivitäten stehen nicht beliebig nebeneinander, sondern folgen in klarem Aufbau aufeinander – wie in der Folge von Athene als Mentes, Mentor und als Traumgesicht gegenüber Telemach – und sie sind nie mit beliebigen, nicht zum Ganzen passenden Zusätzen durchmischt.

Erst durch diese Weise der Darstellung gewinnt die Rede von der *oikeía enérgeia*, der eigentümlichen Aktivität, durch die man etwas so vor Augen stellt, dass es auch als es selbst gegenwärtig ist, ihren vollen Sinn. Gemeint ist damit nicht nur, dass man alles, was man darstellt, irgendwie lebendig und dramatisch darstellen solle, um so eine intensivere Wirkung zu erreichen, gemeint ist vielmehr die durchgängige Bestimmtheit aller Teile eines Ganzen und ihre Zugehörigkeit zueinander, die aus der Erkenntnis der Grundtendenzen des Charakters eines Menschen oder eines Gottes entsteht, die dadurch befähigt, ihre wahrscheinliche oder notwendige Verwirklichung in einzelnen Teilhandlungen zum Ausdruck zu bringen, aus der dann der Leser oder Betrachter auf das diesen einzelnen Realisationen zugrundeliegende Allgemeine des Charakters zurück schließen kann.

Dieses Allgemeine besteht deshalb auch nicht in allgemeinen Normen und Regeln, auch nicht in dem Wissen um allgemeine Verhaltenstypen – etwa eines Familienvaters, von jungen oder alten Menschen, von Frauen oder Männern, usw. –, alle diese Formen des Allgemeinen sind immer von schon vorgeprägten einzelnen Verwirklichungen und damit vom historisch sich Änderndem abhängig. Die Forderung dagegen, dass man einen Menschen oder Gott in dem ihm eigentümlichen Ausdruck seines Wesens zeigen soll, ist geschichtsunabhängig. Man misst die Richtigkeit der homerischen Darstellung nicht daran, dass er in Achill die perfekte Verkörperung eines homerischen Kriegers erfasst hat, und auch nicht, dass er in ihm die Verkörperung eines noch ganz im Äußeren aufgehenden Inneren, wie man es für den »epischen« Menschen meint, erschließen zu können, darstellt. Diese Richtigkeit ist vielmehr eine Richtigkeit, die jeder Künstler zu seiner Zeit und mit seinen Mitteln neu suchen und darstellen kann, gleichgültig, ob er zeigt, wie sich ein seine souveräne Selbsbestimmtheit demonstrierenden Sokrates gegenüber dem ihm bevorstehenden Tod verhält, oder wie sich ein von Gott gesandter Engel und ein zitternd seinen schweren Auftrag ausführender Abraham zueinander verhalten. Die künstlerische Qualität liegt in jedem Fall in der richtigen Erfassung des jeweiligen Handlungszusammenhangs mit seinen in der Individualität des Handelnden liegenden allgemeinen Voraussetzungen. Es ist das Individuum Achill, für das allgemein gilt, dass er sich für das Wohl der Gemeinschaft einsetzt, für die gerechte Verteilung von Vorteilen und Nachteilen, für die Bestrafung derer, denen er ein ungerechtes Verhalten gegen sich unterstellt, bis zur Bereitschaft, sich sogar mit dem Vater seines größten Gegners zu versöhnen.

Und es ist das individuelle Handeln der Göttin Athene, deren allgemeine Kompetenzen sich in den verschiedenen Formen, wie sie in menschliches Handeln eingreift, verwirklichen, und aus denen der mitdenkende Leser sie in der zusammenpassenden Summe ihrer Möglichkeiten immer konkreter und reicher erfassen kann.

Fast alle antiken Theoretiker, die sich mit der Aufgabenstellung einer künstlerischen Darstellung von Wirklichkeit befasst haben, waren der Überzeugung, dass sie sich bei den verschiedenen Künsten nicht grundsätzlich unterscheidet. Auch Aristoteles beginnt seine *Poetik* mit der keiner weiteren Erklärung bedürftig scheinenden Feststellung, dass alle Künste Nachahmungen seien, weil sie in etwas Verschiedenem etwas Verschiedenes auf verschiedene Weise nachahmen. Ob man Sokrates als Maler im Bild, als Schriftsteller in der Sprache, als Tänzer in zeitlich und räumlich gestalteter Bewegung (1447a27 f.) darstellt, diese Medien bringen immer etwas von ihnen Verschiedenes zu einer anschaulichen Vorstellung. Jedenfalls ist das die am häufigsten gegebene Erklärung, die vor allem von Aristoteles konsequent zu Ende gedacht ist, weil er zeigt, dass der vom Medium verschiedene Gegenstand nur dann als er selbst in einem je einzelnen Medium präsent sein kann, wenn er in einer Realisationsform seiner allgemeinen Wesensmöglichkeiten dargestellt ist, d. h. wenn er etwas als selbst nicht Sichtbares ins Bild bringt.

In der Wahrscheinlichkeit oder Notwendigkeit, mit der eine einzelne Aktivität Ausdruck dessen ist, was einem Menschen oder Gott von sich aus möglich und nicht Umständen oder Zufällen geschuldet ist, liegt für Aristoteles auch das Qualitätskriterium, das gute von weniger guter oder schlechter Kunst unterscheidet. Beim Menschen rät er deshalb, dass man auf die allgemeinen Tendenzen achten müsse, zu denen jemand durch Entwicklung seiner Fähigkeiten eine Neigung oder Abneigung gebildet habe – und am besten erkennbar würden sie, wenn man auf die Entscheidungen achtet, in denen jemand etwas vorzieht oder meidet (*Poetik* Kap. 15). Dieses Postulat lässt sich auch auf Götter übertragen. Wie man am Beispiel des Handelns von Athene besonders gut zeigen kann, stellt es Homer immer dort dar, wo er in der konkreten Wirklichkeit menschlicher Situationen eine Erfahrung ihres Wirkens zu erkennen glaubt. In diesem Verfahren liegt der Realismus Homers, aus ihm gewinnt er auch die Glaubwürdigkeit seines Bildes von Athene. Immer wenn er etwas auf das Handeln Athenes zurückführt, – wenn Achill sich vom Mord am König zurück hält, wenn Odysseus nach seiner Heimkunft nicht blind ins Haus stürzt, sondern einen Plan entwickelt, wie er wieder Haus und Ehefrau zurückgewinnen könne, oder wenn er auf eine Bestrafung seiner Dienerinnen verzichtet, um seinen Sieg über die Freier nicht zu gefährden, wenn Telemach nach zu langer Abwesenheit sich an die Notwendigkeit, sich um den Zustand zuhause zu kümmern, erinnert, wenn ein Pandaros meint, er könne durch einen Frevel sich einen riesigen materiellen Vorteil verschaffen, usw., immer dann sieht Homer nicht irgendwelche menschlichen oder auch unbestimmte göttliche Ursachen am Werk, er unterscheidet die Bedingungen der Möglichkeit eines solchen Handelns der Menschen genau und führt sie auf Athene zurück.

Dass viele seiner Leser und vor allem viele seiner wissenschaftlichen Interpreten wegen der Unterschiedlichkeit dieser Einzelfälle, bei denen die Herkunft aus einer auf den Vorteil gerichteten göttlichen Vernunft nicht immer leicht identifizierbar ist, in Athenes Wirken mehr Willkür und Beliebigkeit als Notwendigkeit und Wahrscheinlichkeit erkennen, bildet einen gewissen Nachteil dieses Verfahrens, vor dem auch Platon gewarnt hat. Trotzdem ist es gerade Platon, der bei dem Versuch, zu erklären, weshalb eine staatliche Gemeinschaft nur glücklich sein könne, wenn sie von Philosophen geleitet wird, ein ähnliches, wenn auch philosophisch auf den Begriff gebrachtes Verfahren empfiehlt, wie man es bei Homer beobachten kann (*Politeia* 501a-c): Er vergleicht diese Philosophen mit Malern, die sich auf ein göttliches Urbild stützen, wenn sie ihr Bild anfertigen. Sie nehmen den Staat und die Charaktere der Menschen wie eine Bildtafel zur Hand und reinigen sie zunächst, was nicht ganz leicht sei.

Was er unter diesem Reinigungsvorgang meint, führt er nicht aus. Es ist aber klar, dass beim Malen der Grund so sein muss, dass er die Linien der Zeichnung und die aufgetragenen Farben nicht verfälscht. Im Sinn der Kritik, die Platon an der bloßen Wiedergabe der Erscheinungsweisen von etwas übt, muss die Reinigung der Charaktere darauf bezogen sein, dass die Besonderheit der einzelnen Charaktere nicht durch die äußeren Umstände und Eigenheiten, in denen man sie in der empirischen »Wirklichkeit« vorfindet, verfälscht sein dürfen. Da er im Folgenden davon spricht, dass das, was das Gerechte, Schöne, Besonnene, usw. als es selbst seinem Wesen nach ist, in die Menschen der Stadt hineingebildet werden soll, muss die Reinigung bedeuten, dass sie nicht durch die Vorstellung von einzelnen gerechten Verfahren oder die Vorstellung von einzelnen schönen Dingen daran gehindert werden, statt auf das Gerechte, Schöne selbst zu blicken, sich an die schon vorhandenen Erscheinungen davon halten – so wie sich auch der Handwerker, der die bestmögliche *kerkís* (Weberschiffchen) herstellen will, nicht an vorhandene Stücke, sondern an »das Sein selbst der *kerkís*«, d. h. an die Aufgabe, das Werk (*érgon*), das sie erfüllen kann und soll, hält. Gleich zu Beginn der *Politeía* hatte Sokrates ja selbst dem alten, besonnenen Kephalos abgerungen, dass man das Gerechte nicht einmal in etwas, was in den meisten Fällen als gerecht gilt, z. B. im Schutz des Eigentums, suchen darf, sondern in dem, was dem Menschen zur bestmöglichen Verwirklichung seines Menschseins dient (s. oben S. 102 f).

Nach dieser Reinigung, so fährt Sokrates fort, werden diese Maler oft nach beiden Seiten hinblicken, auf das, was das Gerechte, Schöne und alles Derartige selbst ist, und auf dasjenige (sc. davon), was sie in die Menschen hineinbilden, indem sie aus ihren Handlungsweisen dadurch, dass sie sie miteinander mischen und verbinden, etwas dem Menschen Entsprechendes (*andreíkelon*) schaffen. Vorbild und Maß dafür sei ihnen Homer, der dieses Entsprechende, wo es sich unter Menschen findet, das Gottartige und Gottähnliche genannt hat. Auf diese Weise werden sie einiges löschen, anderes neu einzeichnen, bis sie die menschlichen Verhaltensweisen, soweit wie möglich, so gemacht hätten, dass sie gottgeliebt seien.»Auf diese Weise entstünde wohl, sagte er [Glaukon, der Gesprächspartner], die schönste Zeichnung« (501c).

Tatsächlich verfährt Homer bei seiner Menschen- wie Götterdarstellung im Grundsätzlichen, wie Platon es ihm zuschreibt. Auch er »reinigt« seine Personen. Über Achill erfährt man nichts von dem, was alles in seinem rein geschichtlichen Dasein an Beiläufigem, Unwesentlichem, Zufälligem antreffbar ist. Homer konzentriert sich ganz auf das, was als eine Entscheidung gerade von ihm als dem besonderen Charakter mit seinen Tendenzen, wie sie für ihn eigentümlich sind, möglich ist und stellt es so dar, wie es sich auf die jeweilige einzelne Handlung auswirkt. Dass er es bei den Erzählungen von den Göttern genauso hält, ist durch das Beispiel Athenes gut dokumentiert. Die Wahrscheinlichkeit und Notwendigkeit, mit der die einzelnen, oft scheinbar divergierenden Aktivitäten, die Athene ausführt, auch auf sie zurückgeführt werden können, hat daher einen theologisch-moralischen und einen künstlerischen Aspekt. Theologisch-moralisch bedeutet das, dass sie alle letztlich der Durchsetzung der Gerechtigkeit des Zeus dienen. Künstlerisch daran ist, dass nur auf diese Weise ihr Handeln in einer *synthesis tōn pragmátōn,* in einer durchgängig und konsistent bestimmten Handlungskomposition dargestellt werden kann. Die künstlerische Qualität der Darstellung ihres Handelns ist dadurch zugleich der Ausweis der Wirklichkeit ihrer Präsenz in allen Bildern, in denen Homer sie erscheinen lässt.

Vergleicht man dieses Verfahren mit den Verfahren, die in der Antike zur Erzielung einer möglichst perfekten *enárgeia,* einer möglichst vollkommenen sinnlichen Präsenz der wahrnehmbar existierenden Wirklichkeit im Bild, ausgebildet und diskutiert wurden, kann man sehen, dass beide Verfahren, das der *enárgeia* wie der *enérgeia* nicht auf simplen Maximen beruhen. Die künstlerisch gelungene *enárgeia* benötigt ein großes mathematisch-geometrisches Wissen um die Perspektive, sie braucht viele Erfahrungen mit der richtigen Farbgebung, mit der Weise, wie das dem Auge Zugängliche zugleich die Eindrücke anderer Wahrnehmungen, z. B. den Duft von Äpfeln, den Schweiß eines Sportlers, wiedergeben kann, usw.

Aber auch ein Künstler, dem die Darstellung der *enérgeia* von etwas ein Anliegen ist, kann sich nicht einfach vornehmen, Gefühle, Willensentscheidungen und andere innere Aktivitäten darstellen zu wollen. Denn innere Akte darzustellen, gehört auch zu den Kunstfertigkeiten der *enárgeia*-Maler. So war z. B. Zeuxis mit sich selbst unzufrieden, weil er einen Buben, der Trauben trug, nicht so gemalt hatte, dass sich Tauben vor ihm fürchteten. Die Meinung, dass innere Akte einfach in der äußerer Erscheinung mitenthalten und also vom Künstler in sie eingearbeitet werden könnten – wie etwa ein

Furcht einflößender Blick – beruht allerdings auf einer Überschätzung dessen, was man wahrnehmen kann. Deshalb muss man mit vielfachen Irreführungen derartiger Darstellungen rechnen, etwa wenn man Odysseus darstellt, wie man ihn sieht, und ihm dadurch die Erscheinung eines Dummkopfes gibt. Die Überzeugung, die etwa Schadewaldt in Nachfolge einer vor allem in der Zeit der Klassik entwickelten Deutung formuliert: bei Homer gebe »das sicher und rein erfasste Erscheinungsbild zugleich den inneren Wesensgrundriss her«,[159] verführt zu einer metaphysischen Überhöhung der Anschauung – auch bei Homer. Die Fähigkeit, die eigentümliche Aktivität von etwas darzustellen, setzt vielmehr eine besondere Erkenntnis voraus, die Platon zuerst den Handwerkern, in höherem Maß den Künstlern und in höchstem Maß den Philosophen zuschreibt. Man muss in der Lage sein, in etwas Einzelnem, etwa einem Werkstück, die Verwirklichung von etwas nicht nur in diesem Einzelnen, sondern allgemein Möglichem zu erkennen und so seine Besonderheit in der jeweiligen Verwirklichung dieses Möglichen vor Augen führen zu können. Beim Menschen ist dieses Mögliche sein Charakter als Inbegriff der von ihm zu festen Haltungen ausgebildeten Fähigkeiten, über die er als Mensch generell und nicht nur in einzelnen Situationen verfügt. Diese nicht als sie selbst sichtbaren Grundtendenzen muss der Künstler als die wirkenden Motive in den einzelnen Handlungen eines bestimmten Menschen erfassen. Durch die Zusammengehörigkeit aller dieser Einzelakte zur Ausführung einer ganzen, einheitlichen Handlung ist sie dann die bildhafte Dokumentation von etwas Allgemeinem in jedem einzelnen Akt dieses Menschen. Dass es Homer gelungen ist, die einheitliche Zu-

---

[159] Vgl. SCHADEWALDT, Die homerische Gleichniswelt (s. Anm. 45), 150 f.

Athena Lemnia – Rekonstruktion einer Darstellung Athenes durch Phidias, die ihre wichtigsten Wesenszüge zum Ausdruck zu bringen sucht., Abguss des Athena-Lemnia-Torsos des Albertinums Dresden im Moskauer Puschkin-Museum, © *Wikimedia Commons /*

sammengehörigkeit vieler, oft scheinbar weit voneinander verschiedener Akte, die als wirkend in der Welt erfahren werden können, als die Erscheinungsformen des einen Wesens einer bestimmten Göttin, eben Athenes, zu erkennen und konsequent als wahrscheinlichen und notwendigen Ausdruck der reichen Potenzen dieser Göttin darzustellen, muss nach Aristoteles, und vielleicht nicht nur nach Aristoteles, als Zeichen höchster Kunst gelten.

Es liegt nicht in der Kompetenz des Philologen, die Qualität antiker Malerei und Plastik zu beurteilen. Für die vielfache und sehr große Bewunderung, die in der Antike dem Künstler Phidias entgegengebracht wurde, gibt Plotin die Begründung, er habe bei der Schaffung der Zeusstatue in Olympia den Gott so dargestellt, »wie er wirklich werden müsste, wenn er für unsere Augen erkennbar erscheinen wollte«.[160]

Denn Phidias habe nicht irgendein sinnliches Vorbild, sondern Zeus' göttliche Seinsaktivität zum Maß für seine Darstellung genommen. Diese Erklärung steht in völligem Einklang mit den Urteilsprinzipien für gute Kunst, wie sie Platon und Aristoteles entwickelt haben. Eine solchen Prinzipien folgende Darstellung kann das Wesen des Göttlichen so ins Bild bringen, dass es als es selbst in ihm präsent ist. Belege dafür zu sammeln, die zeigen, dass die Befolgung dieser Prinzipien in griechischer Dichtung und Kunst und ihre philosophische Begründung eine kritische Auseinandersetzung immer noch lohnen, war das Anliegen dieser kleinen Abhandlung.

---

160 Eine analoge Qualität kann man in Phidias' Athene-Statuen erkennen. Die Rekonstruktion der Athena Lemnia nach römischen Marmorkopien, wie sie in den Staatlichen Kunstsammlungen Dresden, zu sehen ist, zusammen mit der römischen Kopie des Kopfes der Athena-Lemnia (Bologna, Museo Civico) können dafür als passendes Beispiel genommen werden.

Register

Personen

Alanus ab Insulis 339
Apelles 20, 295
Aristoteles 40, 94–96, 98, 110 f., 115, 124, 165–167, 171, 190, 193, 206, 208, 223–225–227, 229–233, 236, 241, 243, 251, 254, 256 f., 260, 262–265, 268–270, 273 f., 282–291, 293, 297, 311, 316, 321, 326, 330, 347, 359, 362, 368 f.

Barth, Karl 12, 54–58
Baumgarten, Alexander Gottlieb 237–239, 242–244, 248–250
Beierwaltes, Werner 104, 106–109, 114 f., 123 f.
Blumenberg, Hans 60, 66, 111 f.,180
Böhm, Gottfried 251 f., 294
Bouhours, Dominique 247
Brandt, Reinhard 87, 91, 221
Broodthaers, Marcel 27 f.
Buchner, Augustus 238 f.
Bultmann, Rudolf 11–13, 17, 20, 22, 54–57
Busch, Werner 216, 219

Cicero, Marcus Tullius 201, 271
Cornutus, Lucius Annaeus 329

David, Jacques-Louis 220–222, 252, 294

De Crousaz, Jean Pierre 245
Dilthey, Wilhelm 63, 66, 68, 74, 125
Dionysius Areopagita 108

Epikur 237, 251
Eriugena, Johannes Scotus 108
Euklid 257, 259
Euripides 272–275, 279–281, 291

Fellmann, Ferdinand 66–76, 81, 87, 90–92
Fichte, Johann Gottlieb 14, 84, 98, 102–104, 109, 114 f., 123 f.
Foot, Philippa 347 f.
Foucault, Michel 24–28, 226
Fuchs, Ernst 55–58, 62
Fuhrmann, Manfred 241

Gadamer, Hans-Georg 64, 73
Goethe, Johann Wolfgang (von) 290, 306, 331
Gottsched, Johann Christoph 241

Heidegger, Martin 56 f., 59, 64, 111, 251
Henrich, Dieter 104–106, 109, 115, 123 f.
Hesiod 326, 330, 351
Hölscher, Fernande 303
Homer 15 f., 164–166, 204–209, 211 f., 214–216, 219, 223 f., 281, 286, 291 f., 302, 304–320, 323–327,

REGISTER

335–338, 340–343, 349–361, 363–367
Horaz 237, 244, 271, 277, 286, 352
Husserl, Edmund 67, 87

Jonas, Hans 96–98, 115 f., 124
Jüngel, Eberhard 55, 58–60, 62

Kant, Immanuel 52, 61, 74, 102, 104, 179, 222, 229, 247, 255 f., 263
Kullmann, Wolfgang 314

La Rochefoucauld, François de 246 f., 253
Laforgue, Jules 240
Leibniz, Gottfried Wilhelm 243, 249–251
Lessing, Gotthold Ephraim 209–212, 215, 252
Lukrez 237, 248 f., 251
Luther, Martin 58, 61, 78, 137–140, 164

Magritte, René 12 f., 17, 21–23, 25–29, 226
Malewitsch, Kasimir Sewerinowitsch 61
Mann, Thomas 276, 297
McLuhan, Marshall 76, 91
Moxter, Michael 55, 60–62

Nikolaus von Kues 108

Pannenberg, Wolfhart 62
Panofsky, Erwin 295
Parmenides 321 f.
Parrhasius 191, 195–197, 295
Phidias 16, 168, 368 f.
Platon 14, 39, 76, 84, 95, 98–102, 106–111, 114 f., 123 f., 166 f., 170 f., 173 f., 176–186, 188, 190–199, 202, 205 f., 215, 223, 225–227, 230, 241, 244–246, 251, 253–255, 259, 262–265, 268–270, 283, 287, 294, 297–302, 311, 318 f., 321–323, 325 f., 330, 332–336, 339 f., 342–344, 346, 348 f., 364 f., 367, 369
Plotin 168, 241, 265, 298, 311, 317, 368
Proklos 315, 318, 335, 342
Protagoras 296 f., 344, 346, 348

Quintilian 224, 233–235, 245

Rembrandt 216–220, 268
Rorty, Richard 65, 91
Ruskin, John 239 f.

Schadewaldt, Wolfgang 208 f., 367
Schelling, Friedrich Wilhelm Joseph 108, 142
Schleiermacher, Friedrich Daniel Ernst 48–52, 62 f.
Seel, Martin 250
Seitter, Walter 27 f.
Seneca, Lucius Annaeus 271, 273, 280 f.
Snell, Bruno 305 f.
Sokrates 15, 170, 172–174, 176 f., 181 f., 186–191, 201–205, 220–222, 227, 229, 252 f., 270, 284, 294, 297, 299, 332, 361 f., 364 f.
Sylvester, David 23

Thomas von Aquin 302, 318
Timm, Hermann 48, 53, 62
Tomasello, Michael 87, 91
Troeltsch, Ernst 48, 51–53, 62

Vergil 235 f., 307
Von Fritz, Kurt 346

Wieland, Christoph Martin 277 f.
Wolff, Christian 243, 255, 263

Zeuxis von Herakleia 165 f., 191, 195 f., 198, 233, 295, 366

Sachen

actus – siehe enérgeia
Allegorese – siehe Allegorie
Allegorie 164, 326, 328–332, 336, 338 f., 344
allegorisch – siehe Allegorie
All-Einheit 106, 109
Ambivalenzmanagement 36, 126
anschaulich – siehe Anschaulichkeit
Anschaulichkeit 14, 18, 28 f., 52, 72, 89–91, 117 f., 120, 122, 126, 128, 140, 155 f., 158, 160, 206–209, 212, 215–218, 222–225, 234–236, 255, 261, 266, 268, 271, 282, 303–305, 328, 331, 339, 362
anthropomorph 304, 306, 310, 318 f., 323, 325
Antirealismus 148–150, 152, 158
Ästhetik 15, 53, 60, 197, 237, 240–242, 248, 250, 270, 286, 344, 360
ästhetisch – siehe Ästhetik
Aufklärung 41, 111, 263, 326, 346

Barock 272, 274
Barthianismus, hermeneutischer 58
Bildbegriff 15, 36, 47, 50, 55, 60, 67 f., 81, 103, 114, 123, 134 f., 160, 161 f., 251–253
Bilderverbot 11, 19 f., 34, 36, 53, 61, 128, 132, 134, 156
Bildontologie 208
bildtheoretisch – siehe Bildtheorie
Bildtheorie 14, 81–84, 86, 114, 134, 137
Bildvermögen 13, 33–36, 46 f., 53,

Register

61–63, 70, 75, 81, 83–86, 88–92, 97 f., 102–104, 115 f., 118–120, 122–126, 130 f., 135, 140 f., 143–145, 147, 153, 156 f., 159, 179
Bildwissenschaft – siehe Bildbegriff

Christus 14, 29, 52, 139 f., 142, 157, 167 f., 299

Dianoia 259
Digitalisierung 80, 92

eídos 173–175, 177–179, 182 f., 185, 187, 189, 204, 273 f., 287, 298
Einbildungskraft – siehe Bildvermögen
enárgeia 15 f., 162, 165 f., 233–235, 237, 268, 271, 282, 295, 366
enérgeia 15 f., 166 f., 223 f., 233, 257, 268 f., 294, 360, 366
Entmythologisierung 11–13, 17, 20, 27 f., 32
Epikureer – siehe Epikureismus
Epikureismus 249, 318
erkenntnistheoretisch – siehe Erkenntnistheorie
Erkenntnistheorie 149, 225, 240, 248, 287
Erzählung 17 f., 29–32, 131 f., 136, 146, 164, 210, 304, 315, 332, 341, 350, 365
evidentia – siehe enárgeia
Exil, babylonisches 133 f.

Fantasie 49, 67 f., 70, 72, 81

Hellenismus 110

idéa – siehe Idee
Idealismus, Deutscher 66, 107, 109, 147
Idee 24, 35 f., 95, 97–101, 122, 177–182, 186, 189–191, 193, 210, 255, 322
Inbild 93, 121 f., 124–126, 154

Jesus, erinnerter 129–132
Jesus, geglaubter 129–132
Jesus, historischer 54, 56, 58, 62, 129
Jesus, wirklicher 129 f.

Kontrafaktizität 34, 62, 86, 91–93, 104, 109, 115–118, 120–122, 124–126, 133, 141, 154
Kulturprotestantismus 60

Logos 64, 101, 251 f.

Metapher 55 f., 59 f., 71–73, 108, 119 f., 160, 178, 199, 223
metaphorisch – siehe Metapher
Metaphorologie – siehe Metapher
Metaphysik 14, 35, 39, 48, 51, 57, 61, 90, 92–99, 103 f., 106–108, 113, 115, 124 f., 242, 251, 257, 289
mímesis – siehe Nachahmung
Monotheismus 128, 132, 134, 169
Mythen – siehe Mythos
Mythos 11, 21, 27 f., 41, 98, 101, 196, 271, 318, 329

Nachahmung 117, 163, 170, 173, 177, 190 f., 198, 215, 223, 227, 241 f., 269 f., 272, 276 f., 282 f., 362

narrativ 18, 74, 145 f., 212
Naturalismus 347
Neuplatonismus 107, 114, 315
Nominalismus 111
Nous 102, 256 f., 259

Offenbarungstheologie 45, 54 f., 59 f., 62

parádeigma – siehe Vorbild
Paradoxie 28 f.
Physiognom 200 f.
Polytheismus 169
Pragmatismus, symbolischer 63, 66, 75, 91, 124
Projektion 41, 101, 123, 127, 143 f., 157

Realismus 67, 70, 127, 147–150, 152 f., 158, 160, 363
Relativismus 148, 150–152, 158
Religionstheologie 45, 47 f., 54, 62, 152
Renaissance 110, 244, 272, 312

Sakrament 57, 132, 146, 156
sakramental – siehe Sakrament
Schattenmaler – siehe Schattenmalerei
Schattenmalerei 170, 191 f., 197 f., 206, 210, 297
Schöpfung 241, 269
Schriftprinzip 36, 42 f, 63
Seele 100, 170, 172 f., 192–195, 198, 278 f., 287, 300 f., 315
Seelenteil 194 f., 300, 333, 334
Sinnlichkeit 111, 119, 122, 164, 194, 238 f., 242 f., 248, 251 f., 335

Skeptiker 318
skiagraphía – siehe Schattenmalerei
Sprachereignis 57, 59
Sprachvermögen 89 f., 118–123, 126
Stoa 194, 222, 262, 298, 318, 329
Stoiker – siehe Stoa
Subjektivität 47–49, 51, 59, 87, 89, 102–106, 109

Theologie, bildhermeneutische 13, 33, 35, 137, 148, 154, 158, 160
Theologie, negative 14, 34, 61, 112, 126
thymoeidés – siehe Thymos
Thymos 171, 192, 273, 334, 336
Tragödie 196, 288
Trinitätslehre 142, 157
Trinitätstheologie 57
turn, imagic 66
turn, linguistic 64 f.

Unterscheidungsphilosophie 110 f., 113, 262
Urbild 50, 52, 70, 100, 124, 179, 364

Vernunftvermögen 90 f., 121–123, 126
Vorbild 172, 178 f., 186, 192, 365, 369
Vorstellungsphilosophie 110 f., 113

Wahrnehmung 33, 41, 50, 58, 60, 65, 68, 70–73, 81, 83–85, 92–95, 98, 111, 115–118, 120, 124, 135, 140, 166, 171, 180, 193 f., 197 f., 225 f., 229–235, 237, 240, 249, 251, 254, 256, 263 f., 287 f., 300 f., 330, 366
Weltbild 74 f.
Wort Gottes 14, 55, 57, 128, 139 f., 156

Die Autoren

Malte Dominik Krüger,

Dr. theol., Jahrgang 1974, studierte Evangelische Theologie und Philosophie in Tübingen, Wien und Göttingen. Er wurde in Tübingen promoviert und habilitierte sich in Halle/Saale. Seit 2016 ist er Professor für Systematische Theologie und Religionsphilosophie an der Universität Marburg und Direktor des Rudolf-Bultmann-Instituts für Hermeneutik. Er arbeitet insbesondere im Anschluss an kulturwissenschaftliche Gegenwartsdebatten und Einsichten des Deutschen Idealismus an dem Projekt einer bildhermeneutischen Theologie, die konstruktiv-kritisch auch dem Erbe Rudolf Bultmanns verpflichtet ist.

Andreas Lindemann,

Dr. theol., Jahrgang 1943, studierte Evangelische Theologie in Tübingen und Göttingen. Er wurde in Göttingen promoviert und habilitierte sich dort. Von 1978 bis 2009 war er Professor für Neues Testament an der Kirchlichen Hochschule Bethel. Er ist Verfasser von neutestamentlichen Grundlagenwerken und insbesondere von Studien zur Paulus- und Evangelienforschung sowie zur Hermeneutik. An der Gründung der Rudolf-Bultmann-Gesellschaft für Hermeneutische Theologie war er beteiligt. Lindemann ist Mitglied mehrerer wissenschaftlicher Gesellschaften und war u. a. Präsident der Studiorum Novi Testamenti Societas (2009/2010) sowie Direktor der Evangelischen Forschungsakademie (2007-2018).

Arbogast Schmitt,

Dr. phil., Jahrgang 1943, studierte klassische Philologie, Philosophie und Germanistik in Würzburg und Berlin. Er wurde in Würzburg promoviert und habilitierte sich dort. Von 1982 bis 1991 war er Professor für Gräzistik an der Universität Mainz und von 1991 bis 2011 an der Universität Marburg. Seit 2011 ist er Honorarprofessor in Berlin. Schmitt hat Grundlagenwerke – insbesondere zur Tragödie und zu Homer, Platon und Aristoteles – verfasst. Schmitt ist Mitglied mehrerer wissenschaftlicher Gesellschaften, u. a. der Göttinger Akademie der Wissenschaften